国家出版基金项目
NATIONAL PUBLICATION FOUNDATION

上海三联人文经典书库

129

古人的读与写

[美] 威廉·哈里斯 著

崔国强 译

ANCIENT LITERACY

上海三联书店

"十四五"国家重点图书出版规划项目

国家出版基金资助项目

本书为吉林财经大学资助出版译著

古人的读与写

出于深化各自专业研究的需要,对其他学科知识的渴求也越来越迫切,以求能开阔视野,迸发出学术灵感、思想火花。近年来,我们与国外学术界的交往日渐增强,合格的学术翻译队伍也日益扩大,同时我们也深信,学术垃圾的泛滥只是当今学术生产面相之一隅,高质量、原创作的学术著作也在当今的学术中坚和默坐书斋的读书种子中不断产生。然囿于种种原因,人文社会科学各学科的发展并不平衡,学术出版方面也有畸轻畸重的情形(比如国内还鲜有把国人在海外获得博士学位的优秀论文系统地引介到学术界)。

有鉴于此,我们计划组织出版"上海三联人文经典书库",将从译介西学成果、推出原创精品、整理已有典籍三方面展开。译介西学成果拟从西方近现代经典(自文艺复兴以来,但以二战前后的西学著作为主)、西方古代经典(文艺复兴前的西方原典)两方面着手;原创精品取"汉语思想系列"为范畴,不断向学术界推出汉语世界精品力作;整理已有典籍则以民国时期的翻译著作为主。现阶段我们拟从历史、考古、宗教、哲学、艺术等领域着手,在上述三个方面对学术宝库进行挖掘,从而为人文社会科学的发展作出一些贡献,以求为 21 世纪中国的学术大厦添一砖一瓦。

总　序

陈　恒

　　自百余年前中国学术开始现代转型以来,我国人文社会科学研究历经几代学者不懈努力已取得了可观成就。学术翻译在其中功不可没,严复的开创之功自不必多说,民国时期译介的西方学术著作更大大促进了汉语学术的发展,有助于我国学人开眼看世界,知外域除坚船利器外尚有学问典章可资引进。20 世纪 80 年代以来,中国学术界又开始了一轮至今势头不衰的引介国外学术著作之浪潮,这对中国知识界学术思想的积累和发展乃至对中国社会进步所起到的推动作用,可谓有目共睹。新一轮西学东渐的同时,中国学者在某些领域也进行了开创性研究,出版了不少重要的论著,发表了不少有价值的论文。借此如株苗之嫁接,已生成糅合东西学术精义的果实。我们有充分的理由企盼着,既有着自身深厚的民族传统为根基、呈现出鲜明的本土问题意识,又吸纳了国际学术界多方面成果的学术研究,将会日益滋长繁荣起来。

　　值得注意的是,20 世纪 80 年代以降,西方学术界自身的转型也越来越改变了其传统的学术形态和研究方法,学术史、科学史、考古史、宗教史、性别史、哲学史、艺术史、人类学、语言学、社会学、民俗学等学科的研究日益繁荣。研究方法、手段、内容日新月异,这些领域的变化在很大程度上改变了整个人文社会科学的面貌,也极大地影响了近年来中国学术界的学术取向。不同学科的学者

谨以此书缅怀伊丽莎白·哈里斯（1910—1975）

目 录

中译本序

我希望本书能够阐明其主旨。若简要解释一下本书的写作目的，并进一步述及我对同一主题的近期研究，或许会有所帮助。

希腊人与罗马人为现代世界留下了丰富遗产，但就像历史上同期的中国人，他们生活的世界与我们、乃至一个世纪前先人所生活的世界大相径庭。关注并考量这些区别是古代史学工作者面临的重要挑战。欲准确了解社会精英阶层乃至城镇之外人们的生活是极其困难的。本书之前我已完成两部著作，很大程度上皆是关于政治上有权势者的行为，因此我希望尽可能撰述古希腊罗马世界某种"底层的历史"。在这期间，大约是 1980 年，我拜读了史学家卡尔洛·希伯拉、劳伦斯·斯通以及人类学家杰克·古迪等人的新作，是有关其他时期的读写与读写的文化影响的；另一重要影响因素是当时邮提的希腊罗马治下古埃及草纸文献研究——关于古代读写问题最重要的一组文献证据。与此同时，我愈发意识到一种突出的文化与编史误像在古典学者间盛行，大意为古典时期"几乎人人"具备读写能力。本书中，我将以读写在希腊—罗马世界的演变与发展为基础，修正学界在此问题方面的误读，涵盖的时间段限为公元前 800 年至公元 400 年，即西方所称"古代历史"的核心时期。

本书于 1989 年出版，在一定程度引起轰动，引发诸多反响。熟知相关文献证据的史家与古典学者基本同意本书的主要结论，并给予大量的评论。关于文字在早期基督教所起的作用以及传统上所称的"instrumentum domesticum"，即刻写在可携带物件上的短铭文，如酒与橄榄油容器上的标识、赤陶土灯具上工匠的名字以及陶器拥有者的名字，近来有一些重要的成果。我个人关于古

1

代读写方面的新近研究有两部著作即将出版，涉及内容如下：罗马治下埃及的文献证据、罗马帝国学校的分布状况，以及庞贝城大量的随意刻泐（可谓老生常谈）。

本书将古代希腊—罗马的读写状况置于整个读写历史——从古代近东直至当代的大背景下，采用的是比较研究法。目前，哥伦比亚大学的同事李峰教授与我本人领导的几位学者在进行一项比较研究，对象为古代地中海世界与古代东亚，尤其是中国汉代的读与写。现已证实此研究颇具意义，研究成果约在2014年或2015年问世。

若我能再次撰写一部古代读写方面的长论，或许我会返回至希腊化时代（传统断代的公元前323年至前31年）。如我在本书所述，古希腊人在该时期或许达到了古代地中海世界最高的读写水平。当时很多人持革命性的理念，认为所有自由民的男童，甚至是女童，都应该接受学校教育。此理念的缘起、传播、影响乃至后来是如何消亡的，是值得进一步思考的议题。

威廉·哈里斯

记于2013年6月

序　言

　　一些希腊人早在公元前 14 世纪（若非更早的话）便具备了书写能力。他们当时所使用的文字被称作线文 B（源于线文 A，克里特在约公元前 1700 年即已使用的一种文字），计有 90 余个音节符号。对此种文字知识的掌握似乎主要限于王室司书等少数专业人士，而使用文字的首要目的似乎是为米诺斯或迈锡尼的王公们记录和清算账目。尽管由线文 B 娩生出的文字在塞浦路斯继续使用到公元前 3 世纪，但在希腊大陆及诸岛，这种文字在大毁灭时期消亡，导致迈锡尼文明在公元前 12 世纪告终。因此，迨至约公元前 1100 年，整个希腊几乎又回到目不识丁的蒙昧状态。

　　大体上讲，以上是对公元前两千纪希腊人读写能力的共识，文字于公元前 750 年不久前的某个时间在希腊重现亦是公认的事实。所有人都认为新的字母系源自腓尼基字母，与线文 B 毫无关联。然而，关于这种文字的出现时间当下又起争议。迄今为止，就这种最早的希腊文字所发表的一些例证（A. 霍伊贝克，《维茨布格尔古典学年鉴》，xii［1986］，第 7—20 页）大致可追溯到公元前 800 年（据传另有一篇极早的资料已付梓，不过在时间上应不会更早）。尽管希腊的考古发现在近几十年成果丰硕，但发现于 1871 年的迪普隆陶樽仍是已知最早的资料，至少不会晚于已发现的任何其他文献（关于不同意见，请参阅 L. H. 杰弗里，《剑桥古代史》，第三卷，第一分册，［第三版，剑桥，1982 年］，第 828 页）。另外，某些闪语文献专家认为希腊文字应为腓尼基文字的一个分支，但要早于以上推断的年代，大概形成于公元前 12 或前 11 世纪。形成此观点的依据，是作为希腊字母前身的腓尼基文字在那时已被弃用（尤可参阅 J. 纳维，《字母的早期历史》[耶路撒冷

1

与莱顿，1982 年]）。尽管我们对这一时期的腓尼基字母的了解仅局限于为数不多的几篇文献资料，但如此推理却令人信服。

对此问题，本人虽然不能给予完全肯定的答复，但也不必在一本论述有关希腊人和罗马人读写能力方面的书中妄下结论。如果有关希腊字母早期年代的推断可以坐实的话，我们显然面临着文字在几个世纪使用非常受限的境况，而这也十分切合我在本书第三章中提出的观点，即读写能力在公元前 8 世纪和前 7 世纪的传播相当缓慢。也许我们会质疑，现存最早的某些希腊铭文代表了一种相当成熟的文字体系，尽管这种想法或可将希腊字母产生的时间追溯到公元前 750 年之前的某个时间。再者，较为传统的纪年方法并未给研究希腊读写状况的史学家造成任何麻烦。

总之，本研究的主题是希腊人和罗马人的读写能力，时间跨度迄于公元前 8 世纪——希腊人开始学会书写一些非音节文字，止于公元 5 世纪。

《古人的读与写》这一标题似乎易被误解，因为本书的研究对象仅限于希腊人和罗马人。如此选择有其便利之处，但绝不意味着希腊和罗马人较之于苏美尔人或古埃及人更加值得研究。本书大题也反映了我的观点，即希腊人与罗马人的读与写是一种独立的现象，有其发生、发展演变及衰落的过程。同时，我也没有忽略这样一个事实，即希腊人与罗马人的读写活动常存在于其他文化尚存、甚至占优的背景中，这也是第七章中着重强调的。

在进行此项研究的过程中，我获得数家机构的帮助，因此要向所有的相关官员致以诚挚的谢意。约翰·西蒙·古根海姆纪念基金会提供本人研究基金；圣灵学院资助我成为其访问学者；哥伦比亚大学批准了我的公休假期；而美国哲学学会则承担了我的部分差旅费；另外，本书的部分书稿是在美利坚罗马学院宜人的环境下完成的。在此祝愿上述五所研究机构蒸蒸日上。

此外，与挚友、学界同道及不知名的听众频繁的交流亦使我受益匪浅，其中不乏口头交流，也有文字上的来往。这当中可道出名姓的大有人在，若一一列举，我可能会因遗漏本该感激的某些友人而挂一漏万，也可能会因搬出专家权威使拙著增辉而担嫌，故不再赘述。

然而，在我的内心中对曾为本书提供过资料或其他帮助的众多友人和相知充满感激之情，因此，我须向以下诸人表达谢意：约翰·贝恩斯、玛丽·比尔德、马尔科姆·贝尔、约翰·博德尔、格伦·鲍尔索克、彼得·布朗、P. A. 布伦特、古列尔莫·卡瓦略、S. J. D. 科恩、米雷耶·科尔比耶、J. H. 达姆斯、黛安娜·迪莉娅、M. 德蒂恩内、理查德·邓肯-琼斯、安德烈娅·贾尔迪纳、J. F. 吉列姆、克里斯琴·哈比希特、艾伦·霍尔、安·汉森、F. D. 哈维、基斯·霍普金斯、尼古拉斯·霍斯福尔、克里斯托弗·琼斯、路德维希·克嫩、约翰·伦兹、沃尔瑟·路德维希、拉姆齐·麦克马伦、斯特拉·G. 米勒、约翰·海因·芒迪、奥斯温·默里、詹姆斯·帕克、西尔维奥·潘丘埃拉、克里斯托弗·帕斯洛、查尔斯·雷丁、艾拉·卡琳娜·拉莫、L. 理查森、伊戈尔·舍普琴柯、莫顿·史密斯、海基·索林、雷蒙德·斯塔尔、苏珊·特列吉里亚以及安德鲁·华莱士-哈德里尔。

对学者而言，收到老友也许可读的手稿并不总是心情愉悦的事情。但我对以下提到的朋友深表敬佩，他们没有抱怨，劳心劳力阅读了全部或部分书稿，给出的建议使本书增色，他们是：艾伦·伯格霍尔德（普罗维登斯）、艾伦·鲍曼（牛津）、露西娅·克里斯库奥洛（博洛尼亚）、杰济·林德基斯（查珀尔希尔，北卡罗来纳州）、迈尔斯·麦克唐奈（纽约）、卡罗琳·威廉森（伯明顿，印第安纳州）、克拉斯·沃普（阿姆斯特丹）。

多年前，当数月的辛劳让我充满自信，本以为自己已尽悉与罗马人读写能力相关的知识时，埃夫丽尔·卡梅伦善意地向我提出建议，大致的意思是说我尚未提出真正令人感兴趣的问题（当然，某些专家的批评建议往往是切中要害的）。她的建议至今仍令我感怀。此外，我还想对仔细阅读并提出善意批评的格伦·W. 莫斯特致以诚挚的敬意，他谦逊的个性令我难以对其溢美。可以说，正是在其父爱般关怀与鼓励下，才使我决心完成此书，而作为声望和才识远不及于他的文献学者，完成这样一本书确实会感到有些力不从心。

　　本书定稿于 1988 年元月，此后，我只是为本书的参考书目增添了几部我所接触到的出版物。

威廉·V.哈里斯

缩略语

　　古代著作家的名字及其著作系根据标准方法写成缩略形式。不明之处，请参阅里戴尔-斯科特-琼斯（Liddell-Scott-Jones）的《希-英大辞典》《牛津拉丁语词典》或《牛津古典辞书》。晚期古代的某些文本，要么鲜为人知，要么不容易确定出处，本人在此添加了一系列丛书（*CCSL*，*CSEL*，*PG*，*PL* 及 *SC*），以供查阅这些文本。对于那些通过首页即可轻松辨认的有关于草纸文献的出版物，有疑问的读者可参阅标准参考读物，诸如特纳（E. G. Turner）的《希腊草纸文献导读》[*Greek Papyri. An Introduction*（Oxford，1968）]；奥茨（J. F. Oates）和巴纳尔（R. S. Bagnall）等编著的《希腊草纸文献及陶片的书目一览》第三版（*Checklist of Editions of Greek Papyri and Ostraca*），同见美国草纸文献学家学会简报的增刊（*Bulletin of the American Society of Papyrologists* Suppl. 5，1985）。除如下所标注的之外，期刊名，如古典学年鉴一样，均为缩略形式。

AAASH	*Acta Antiqua Academiae Scientiarum Hungaricae*
Abh. Gött.	*Abhandlungen der Akademie der Wissenschaften in Göttingen*，*Phil.-hist. Klasse*
AE	*L'année épigraphique*
ANRW	*Aufstieg und Niedergang der Römischen Welt*，ed. H. Temporini，innumerable vols.（Berlin & New York，1972—　　）
Arch. Stor. Pugl.	*Archivio storico pugliese*
ASNSP	*Annali della Scuola normale superiore di Pisa*
BACT	*Bulletin archéologique du Comité des travaux historiques*
BGU	*Aegyptische Urkunden aus den*（*Königlichen*）*Museen zu Berlin. Griechische Urkunden*

BMQ	*British Museum Quarterly*
Bull. Ep.	J. & L. Robert, *Bulletin épigraphique*, published annually in REG, reprinted separately
CAF	*Comicorum Atticorum Fragmenta*, ed. T. Kock
CCSL	*Corpus Christianorum, Series Latina*
Cd'E	*Chronique d'Egypte*
CIG	*Corpus Inscriptionum Graecarum*
CIL	*Corpus Inscriptionum Latinarum*
CPIud	*Corpus Papyrorum Iudaicarum*
CPL	*Corpus Papyrorum Latinarum*
CRF	*Comicorum Romanorum Fragmenta*, ed. O. Ribbeck
CSEL	*Corpus Scriptorum Ecclesiasticorum Latinorum*
C. Tb.	*Codex Theodosianus*
CVA	*Corpus Vasorum Antiquorum*
Dig.	*Digesta*
Diz. Ep	*Dizionario epigrafico di anticbità romine*, *ed.* E. de Ruggiero
D-K	H. Diels & W. Kranz (eds.), *Die Fragmente der Vorsokratiker* (8th ed., Berlin, 1956)
EAA	*Enciclopedia dell'*
EFH	*Entretiens* [*de la Fondition Hardt*] *sur l'antiquité classique*
ESAR	*Economic Survey of Ancient Rome*, ed. T. Frank
FCG	*Fragmenta Comicorum Graecorum*, ed. A. Meineke
FGrH	*Die Fragmente der griechischen Historiker*, ed. F. Jacoby
FHG	*Fragmenta Historicorum*, ed. C. Müller
FIRA	*Fontes Iuris Romani Anteiustiniani*, ed. S. Riccobono et al.
HRR	*Historicorum Ronamorum Reliquiae*, ed. H. Peter
HSCPh	*Harvard Studies in Classical philology*
IG	*Inscriptiones Graecae*
IGRR	*Inscriptiones Graecae ad Res Romanas Pertinentes*
IGSK	*Die Inschriften der griechischen Städte Kleinasiens*
ILCV	*Inscriptiones Latinae Christianae Veteres*
ILLRP	*Inscriptiones Latinae Liberae Rei Publicae*
ILS	*Inscriptiones Latinae Selectae*, ed. H. Dessau
Inscr. It.	*Inscriptiones Italiae*

IRT	*The Inscriptions of Roman Tripolitania*
I. v.Priene	*Inschriften von Priene*
JIH	*Journal of Interdisciplinary History*
KAI	*Kanaanäische und aramäische Inschriften*, ed. H. Donner & W. Röllig
Marrou, Histoire	*H. I.Marrou, Histoire de l'éducation dans l'antiquité* (7th ed., Paris, n. d.)
MEFRA	*Mélanges d'archéologie et d'histoire de l'Ecole française de Rome, Antiquité*
Meiggs & Lewis, GHI	*R. Meiggs & D. M. Lewis, A Selection of Greek Historical Inscriptions* (Oxford, 1969)
Mem. Acc. Linc.	*Memorie dell'Accademia nazionale dei Lincei*
Mus. Helv.	*Museum Helveticum*
Not. Sc.	*Notizie degli scavi di antichità*
N. Th.	*Leges Novellae ad Theodosianum Pertinentes*, edited with C. Th.
O. Bodl.	*Greek Ostraca in the Bodleian Library at Oxford*, ed. J. G. Tait et al.
O. Mich	*Greek Ostraca in the University of Michigan Collection*, ed. L. Amundsen
ORF^3	*Oratorum Romanorum Fragmenta*, ed. H [enrica] (=Enrica) Malcovati, 3rd ed.
PG	*Patrologia Graeca*
PL	*Patrologia Latina*
PSI	*Papiri greci e latini* (*Pubblicazioni della Società italiana per la ricerca dei papiri ...*)
Publ. Soc. Fouad	*Publications de la Société Fouad I de papyrologie*
RE	*Realencyclopädie der classischen Altertumswissenschaft*, ed. Pauly-Wissowa-Kroll
Rev. arch.	*Revue archéologique*
Rev. Et. Aug.	*Revue des études augustiniennes*
RIB	*The Roman Inscriptions of Britain*
RLAC	*Reallexikon für Antike und Christentum*
S & C	*Scrittura e Civiltà*

SB	*Sammelbuch griechischer Urkunden aus Aegypten*, ed. F. Preisigke et al.; or *Sitzungsberichte*
SBAW	*Sitzungsberichte der Bayerischen Akademie der Wissenschaften*
SC	*Sources chrétiennes*
SEG	*Supplementum Epigraphicum Graecum*
Sel. Pap.	*Select Papyri*, ed. A. S. Hunt et al., Loeb Classical Library
*SIG*³	*Sylloge Inscriptionum Graecarum*, 3ʳᵈ ed.
SVF	*Stoicorum Veterum Fragmenta*, ed. H. von Arnim
Symb. Osl.	*Symbolae Osloenses*
TAM	*Tituli Asiae Minoris*
UPZ	*Urkunden der Ptolemäerzeit*, ed. U. Wilcken
W. Chr.	L. Mitteis & U. Wilcken (eds.), *Grundzüge und Chrestomathie der Papyruskunde*, vol. i
ZSS	*Zeitschrift der Savigny-Stiftung, Romanistische Abteilung*

第一部分

导　论

一、古希腊人与罗马人的读写水平

在希腊—罗马世界，多少人具备读的能力？又有多少人具备写的能力？这些看似简单的问题便是本书的缘起。古典时代的希腊和罗马世界，读写能力在居民之间——富人与穷人、自由民与奴隶、男人与女人以及城镇居民与乡野村民之间的分布究竟有多广呢？对这一问题的探究将从希腊字母表的产生述及到公元5世纪，因为这一时期的读与写是一种独特的现象。之所以这样说，从某种意义上讲，是因为至少到公元3世纪，读写能力一经在某一地区传播开来，就很少出现严重的衰退，而从另一种意义说，是因为读写能力一直由不间断的文化传统来支撑。

在每个拥有书写能力的社会，具备读写能力者与目不识丁者是可以区分的，而且有时是需要这种区分的。当然，任何能够做出这种区分的读写能力定义都不可避免带有主观任意的成分，到目前为止，还没有哪种界定方式能被人们接受。联合国教科文组织曾做过一次有意义的尝试：提出文盲应是指"那些不能有意识地读写日常生活中简单语句的人"。[①]但从联合国教科文组织最近发布的世界读写能力调查来看（1977年），并不是所有回应国家的官员都遵照这种界定方法，最该责备的违反者当属那些工业化国

---

① 1958年联合国教科文组织的定义，引自该组织的 *Statistics of Educational Attainment and Illiteracy 1945—1974*，12（联合国教科文组织1977年于巴黎发表的第22号统计报告和研究）。法文版中使用了"exposé（报告）"一词，表明这份研究的篇幅较长。

家的官员们，因为他们并未就此提供准确的信息。① 看来无论是联合国教科文组织还是任何其他人，欲提出一个能够广为人们接受的界定方法是不可能的。

使这种混乱更为严重的是英语中相关词汇的意义及使用，更确切地说是"literate"和"illiterate"两个形容词。它们通常用来指一般意义上的文化，而不是基本的读写能力（特别是"illiterate"一词的使用）。可以称某些学者"illiterate"，但此类学者业已超出本书的主题。

历史学家和社会学家采用不同的方法界定读写能力。诸如婚姻登记等署名证据不仅实用，而且具有约束性。因此，一些当代学者在研究读写历史时，将能否写出自己的名字看作是重要的、甚至是唯一的读写能力标准。② 实际上，在那些重视签字的文化社会里，署名是一些人仅有的书写能力。书写所带来的诸多裨益显然与这些人无缘，通常他们也无法享受到阅读的益处。那些应邀在婚姻登记表上签字的人也不太可能是共同体中的任意成员。本书中，我们自然会关注哪些人能够、哪些不能够签署相关文件，但不会将这种签字能力看作是最重要的读写能力证据。

其他历史学家转而用更为普遍的读的能力来界定读写能力，③ 这种以读为准的定义常常比以写为标准的定义更广为人所用。

---

① 由于不完全抽样调查和所涉年龄段的多样性，这项调查的价值也随之降低。

② 见 如 L. Stone *P & P* xlii（1969），98—99；M. Sanderson, *P & P* lvi（1972），75；K. A. Lockridge, *Literacy in Colonial New England*（New York, 1974），尤见 7—13；R. W. Beales, *JIH* ix（1978—1979），93—102；D. Cressy, *Literacy and the Social Order. Reading and Writing in Tudor and Stuart England*（Cambridge, 1980）。有观点从广义视角出发，认为签名能力与读写能力是紧密相关联的，对此见 F. Furet & W. Sachs, *Annales E. S. C.* xxix（1974），715—721。然而，在 18 世纪的英格兰，究竟有多少人能够在婚姻登记中签名，又有多少人能够书写更多的内容，其比例尚不清楚。关于对签名实证价值的怀疑看法，见 P. Collinson, *Times Literacy Supplement*, 8 January 1981, 31。

③ 见如 C. Cipolla, *Literacy and Development in the West*（Harmondsworth, 1969），14—15。

古人的读与写

　　相比于以"阅读"或"签名"为标准的界定方式，联合国教科文组织的定义更为准确，因为该定义要求那些具备读写能力者要掌握比阅读更为主动的能力，且要达到真正实用的程度，但这样的界定方式也不成熟。事实上，对于每种书写形式的语言，读写能力都可分为无限的等级。[①] 虽然任何一项针对人口众多的共同体的读写能力研究都无法穷尽读写能力的无限区分，但至少要避免对具备读写能力和目不识丁做出过于极端的区别。起码要考虑到那类可以称之为"不完全具备读写能力"的人，即那些可以用较慢的速度书写或完全不能写，但可以阅读不太复杂或较短篇幅的人。这些"不完全具有读写能力"的人必定难以归类，但我们在研究中会予以相应的关注。

　　在某些文化中，不具备书写能力的读者，即只掌握了"读"的能力却不能"写"的人，构成一个庞大的群体。举一个非近现代的例子，新近的一本书认为在中世纪的英格兰，似乎"读的能力"与"写的能力"具有很强的独立性。[②] 不得不注意到这种可能性：在古希腊和古罗马人之间，读与写的能力水平存在着巨大的偏差。然而，我们并没有特别的理由认为当时真正具备"读的能力"却"没有书写能力"的人大量存在。

　　犹如当下对"读写能力"一词模糊不清一样，其在古代也是模糊不清。像"illiterate"一词，希腊语里的"agrammatos"和拉丁语里的"illitteratus"似乎游离于"未受过教育"和"没有读写能力"这两种意义之间。狭义上，"litteras（ne）scire（不）识字"这一表达方式指"没有文化"而不是"无读写能力"。[③] 在公文中，

---

① 该观点采自 I. S. Kirsch & A. Jungeblut, *Literacy：Profiles of America's Young Adults*（美教育测试署第 16- PL -02 号报告，Princeton，1986）。

② M. T. Clanchy, *From Memory to Written Record：England：1066—1307*（Cambridge，Mass.，1979），183 中述及用皮纸和羽毛笔书写的实际困难和其他限制因素，以此支撑自己的观点。尽管书写材料的问题值得考量，但至少在古代，阅读的实际困难要高于现在。

③ 如 Sen. *Suas*. vii.13 中所示："你的父亲称其不识字"（qui patrem tuum negabat litteras scire；因此在 *Diz. Ep.*［1964］s. v. "littera"，1421 中，E. de Ruggiero 和 M. Sordi 被误解）。

希腊语和拉丁语所有关于"识文断字"的表述方式均被狭隘地认为是"读写能力",①但文人笔下对"读写能力"用辞的模糊在柏拉图和色诺芬②时代就已存在,并且一直延续到古代晚期。③亚里士多德甚至用"agrammatos"一词来形容动物"不能发出清晰连贯的声音"。④拉丁语"illitteratus"一词原本狭义地指代"目不识丁",反义词是"litteratus",而恰巧小塞内卡有时也采用类似的表达法。⑤即便这样原始的清晰记载曾存在的话,早在公元前2世纪也已经消失了。⑥及至西塞罗时代,"litteratus"通常指"受过教育的",而"illitteratus"用来指"没有文化的"。⑦即便我们清楚

5

① 希腊语的例证众多,见原文141。拉丁语的例证见 *FIRA* iii no. 150(a)&(b)以及 F. Sbordone 编辑的 *RAAN* li(1976),145—147;另见 Paulus, *Dig.* xxvii.1.6.19 所转引的"他自称不识字(eius qui se neget litteras scire)"。

② 在 Pl. *Tim*. 23a 中,"agrammatos"一词似乎指"不能读或写",而 Xen. *Mem.* iv.2.20 中更倾向于表示没有文化。

③ 参见 R. A. Kaster, *TAPhA* cxiii(1983),343。

④ *Hist. An.* i.1.488a33.

⑤ Sen. *De ben*. v.13.3:"考虑到某些事物的相似性,它们是可以用意义不完全相同的名词指代的;同理,尽管某个人并非完全目不识丁,只是未掌握更高级别的知识,我们也称其为'illiterate'"(quaedam, etiam si vera non sunt, propter similitudinem eodem vocabulo comprehensa sunt ... sic inlitteratum non ex toto rudem, sed ad litteras altiores non perductum);尽管文中将"illitteratus"一词广义上的含义视作狭隘意义的延伸,但并未述明后种意义先于前者出现(若没有条理严密的历史词典,这几乎是无法阐明的问题)。Suet. *De gramm*. 4 中称"litteratus"一词曾用于指"文法(grammaticus)",不同观点见 E. W. Bower, *Hermes* lxxxix(1961),462—477。

⑥ 在 Cato, *Orig*. fr. 31(*HRR* i.64)中,"inliterati"可能指狭义上的目不识丁。但如 H. Grundmann, *Archiv für Kulturgeschichte* xl(1958),15 所述,该词在 Caecilius Statius(flor. 200—170)第60行(*CRF* ii.51)中是否同样意义狭隘,尚不得知。另一存疑的篇章是 Lucilius 649 Marx 或 674 Warmington"他们和我一样,皆目不识丁"(et tu idem inliteratum me atque idiotam dicers);格伦德曼(Grundmann 16)通过释读紧随其后的一行文字,将"inliteratum"解作"没有文化",但这两行或许并非原始文献中的接续文字。格伦德曼认为该词的狭隘意义在实际和专业书写中使用的时间最长,但尚无证据表明此用法曾消匿;在古代晚期,随着基本读写能力在某种程度上的衰退,这种用法极其普遍。

⑦ Cic. *De orat*. ii.6.25;另见 Grundmann,16—18。

地了解古代文献所指的是基本读写能力而不是更高水平的教育程度，也无法弄清一个人到底需要具备多少知识才称得上是"识文断字"。我们必须逐一地研究此类表述方式。偶有草纸文献显示一些所谓的"目不识丁者"署名，表明想要"识文断字"，仅靠署名的能力是不够的。①

按理说，希腊语和拉丁语中"读写能力"的专名应该能够提供一些关于希腊人和罗马人精神世界的有效信息，但事实上并没有明显的暗示。比如，公元前 5 世纪的希腊没有"agrammatos"或任何其他用来表述"目不识丁"的词汇便值得怀疑，这与上文述及的模糊一起，标志着希腊人和罗马人普遍认为基本读写能力的习得本身并不重要。我们或许认为如此提法有一定的真实性，但并不足以从专名中得出稳妥的结论，因为"illiterate"（和"unlettered"）在 19 世纪仍是模糊不清的表述，尽管基本读写已得到倾力推广，这两个词的界定到现在依然模棱两可。

在整个希腊—罗马世界，或是说其中某个特定的范畴内到底有多少人具备读写能力、多少人不完全具备读写能力以及多少人目不识丁呢？显然，我们永远也不能给出清晰的数字答案。然而，针对这种实际情况，一些学者却令人费解地全然回避数字估算。一位史学家写道"罗马帝国的读写水平是可以接受的"，② 这些论述使模糊一直在延续。在像"古代世界的一些地方有着很高或很低的读写能力"之类的见解中，我们体会不出更深的意义

①　*P. Oxy.* xxxiii.2676（公元 151 年）；另见 H. C. Youtie，*GRBS* xii（1971），254 中的相关评注："agrammatos（没文化者？或不具备读写能力者？）"写下了"Αμοιτας Διοννσιον επιδεχομαι（我接待狄俄尼苏斯）"。叙利亚语资料 *P. Dura* 28 中有一个类似例证。在 *P. Petaus* 11 中，乡村写工佩塔乌斯（Petaus）称其同行能够签名，以此证明此人并非目不识丁；不过这或许是特例（且不谈文本问题，对此可参见 Youtie 240，注释 8）。

②　Cipolla，*Literacy and Development* 38。由于卡瓦略不愿意对读写能力的普及程度给予数字估计，导致其有关罗马读写能力的重要著作在准确性上大打折扣；见 *Alfabetismo e cultura scritta nella storia della società italiana. Atti del seminario tenutosi a Perugia il 29—30 marzo 1977*（Perugia，1978），120 等。

来。且如此模糊的见解几乎毁掉了针对该问题的所有研究。因此，本着古代人中接近有读写能力的人数一定很低的原则，冒险去承担估算数字的任务是有意义的，尽管实际证明这些数字的极限甚广。

在广泛的读写能力、所谓的"写工的读写能力"和"工匠的读写能力"方面，我们至少应对希腊人和罗马人进行准确的定位。"写工的读写能力"指的是统治了古代近东文化、米诺斯和迈锡尼世界的一种读写能力。这种能力局限在特殊的社会群体，服务于特定的目的，比如记录王宫的数据。[①] 从晚期古代到至少公元12世纪，"写工的读写能力"俨然成为西欧的主流。[②] 至于笔者所说的"工匠的读写能力"，并不是指某个工匠的读写能力，而是大多数或近多数精工巧匠拥有读写能力的状况。女性、干粗活的劳工以及农工基本上没有读写能力，这也是16世纪至18世纪欧洲和北美大多数教育水平较高地区普遍存在的现象。

然而，我们严重缺乏能够转化为古人读写能力数据的证据，尽管这会产生负面影响，我们却受益匪浅，因为这将确保我们给予社会阶层足够的重视。研究其他文化中读写能力水平的史学家似乎将总人口中读、写能力的百分比数字设为最终研究目标，或许还会按照性别分类研究。实际得到的结果可能并不如仔细研究读写能力是否在某一社会阶层中传播的事实那样细节化。

对于通过特定历史时期或社会学等视角探究古希腊和罗马读写能力的学者来说，很明显，真正意义上的普遍读写能力在古代世界里似乎从未出现过。然而，大多数就此问题有过论著的古典学者并不赞同该观点。尽管这些判断在数字方面一直很模糊，但无疑带来了乐观的迹象，甚至可以说是非常乐观的迹象。

例如，对古典时代雅典进行的一项最彻底的研究得出如此结

① 关于王朝时代埃及读写的普及程度，见 J. Baines & C. J. Eyre, *Göttinger Miszellen* lxi(1983), 65—96；另见 J. Baines, *Man* xviii(1983), 尤见 584—586。

② 在 D. Daiches & A. Thorlby (eds.), *The Mediaeval World* (London, 1973), 555—556 中，M. B. Parkes 将之描述为"专业的读写能力"。

论：在公元前 5 世纪和前 4 世纪，"绝大多数雅典公民"是具备读写能力的，① 尽管很多阿提卡地区的乡村居民以及雅典女性并无读写能力或至少"不完全具备读写能力"②（从而不难看出，这种观点几乎是自相矛盾的）。唯一一位曾对古典时代雅典的读写能力水平持截然不同意见的学者是哈斯布罗克（Hasebroek）。他认为公元前 4 世纪的雅典商业仍极其依赖口头交流方式。③ 但就雅典而言，权威观点所达成的共识是显而易见的，大体上，人们对希腊也时而持类似观点。最近一本书声称在公元前 750 年至前 650 年这一时期内，"写的能力"在希腊得到了广泛传播，当时许多地区的确出现过一些书写的迹象。因而从现代意义上说，古风时代的希腊是一个具备读写能力的社会。④ 甚至曾有人认为连粗野的斯巴达人在当时亦具备较强的读写能力。⑤

关于罗马帝国，长期以来盛行着一种类似的乐观看法。比如，在马加特（Marquardt）所著有关罗马人私生活的标准读本中曾这样写道："不仅在罗马城，而且在整个罗马帝国都有很多人学习读与写的技能"；⑥ 最早研究罗马人读写能力问题的学者之一——吉耶曼（A.-M. Guillemin）也曾争辩道："古代罗马很少有目不识丁

---

① F. D. Harvey, *REG* lxxix（1966），628.

② 见 Harvey 629；M. Stubbs, *Language and Literacy. The Sociolinguistics of Reading and Writing*（London，1980）27 中称，"在公元前 500 年的雅典，可能大部分公民都能阅读刊布在城邦内的法令条文"（他依照惯例援引两位权威人士的观点，尽管两者皆没有掌握证据）。他致力于读写水平的研究，明白此番言论可能会使雅典成为历史特例。

③ J. Hasebroek, *Hermes* lviii（1923），393—425；参见维拉诺维兹（Wilamowitz）在 U. von Wilamowitz- Moellendorff et al., *Staat und Gesellschaft der Griechen und Römer*（2ed.，Leipzig & Berlin，1923），77—78 中的简述。海乌洛克（Havelock）认为约在公元前 430 年，雅典地区掌握读写能力的人从少数快速发展到广泛，详见原书 94，注释 135。

④ O. Murray, *Early Greece*（Brighton，1980），94，96.

⑤ 据 P. A. Cartledge, *JHS* xcviii（1978）28 所述，即便是"斯巴达身份最为卑微的士兵"都具备读写能力，但书写能力在大多数人中还只是"初级的"（37）。

⑥ J. Marquardt, *Das Privatleben der Römer*（2 ed.，Leipzig，1886），96.

者，即使在奴隶中也罕见"；①在庞贝城发现的大量随意刻泐给坦泽（H. H. Tanzer）留下了非常深刻的印象，她兴奋地得出了如下结论：在庞贝城，几乎所有人都具备读的能力，且所有人明显也都具备写的能力；②一位与罗伯茨（C. H. Roberts）一样以文献著称的学者坚信：在公元 1 世纪的近东地区，读写几乎在所有社会阶层中广泛传播。③上述观点业已传达给那些不能自已作出判断的人了。④

　　罗马治下的意大利是所研究问题的重要组成部分。古文字学家卡瓦略（G. Cavallo）提出了一种区别更为细微的看法。⑤他似乎认为大多数人并无读写能力，而且对于帝国时期意大利女性在读写能力方面所取得的成就，卡瓦略给出的评价明显不高。与此同时，他对读写能力水平的数字估算使学术性的模糊继续。在支持之余，他引用了另一位学者的观点，即"读写能力在当时达到了很高的水平"。⑥

　　在邮提（H. C. Youtie）关于希腊草纸文献证据的著作中，可以发现更加清晰有力且意义重大的不同见解。⑦不同于其他任何有关读写在古代世界传播的观点，其所得结论的特殊之处在于它们是以大量文献为依据的。一大批源于希腊化时代埃及与罗马治

---

① A.-M. Guillemin, *Le public et la vie littéraire à Rome*（Paris，1937），77.

② H. H. Tanzer, *The Common People of Pompeii: A Study of the Graffiti*（Baltimore，1939），83.

③ 采自 *Cambridge History of the Bible i*（Cambridge，1970），48。

④ R. Pattison, *On Literacy. The Politics of the Word from Homer to the Age of Rock*（Oxford，1982），63 中认为是罗马人"开创了广泛阅读及书写的体系"。

⑤ 见 卡 瓦 略 在 *Alfabetismo* 以 及 M. Vegetti（ed.），*Oralità, scrittura, spettacolo*（Turin，1983）173—180 中的观点（文中述及若干地理方位，但以罗马和意大利为主；他谈及那里有较高的读写水平，见 173；但承认大多数人并不具备读写能力，见 174）。

⑥ 在 *Alfabetismo* 121 中，卡瓦略引用 A. Petrucci, *Studi medievali* x.2（1970）160 中的观点，而且他另在他处表达过类似的观点。

⑦ H. C. Youtie, *Cd'E* lxxxi（1966），127—143；*HSCPh* lxxv（1971），161—176；*GRBS* xii（1971），239—261；*ZPE* xvii（1975），201—221，xix（1975），101—108.

下埃及的各类草纸文献（其中约 1500 份业已出版）明确提及：至少有一位或更多的首领不具备读写能力。[1] 该证据有利于详细述清"具备读写能力者"、"不完全具备读写能力者"以及"目不识丁者"是如何在希腊影响以及罗马治下的埃及发挥各自作用的。就"读写能力"如何在希腊世界的其他地方发挥作用的问题，我们也能得到一些启示。然而，据大量的资料显示，托勒密王朝和罗马治下的埃及社会结构极其特殊，而且从某种程度上讲，希腊人是有特权的。邮提认为在工匠和农民阶层中，大多数男性皆目不识丁；而处于相同社会阶层的女性，具备"读写能力"的也绝不常见（问题是这些人中的绝大多数实际上将埃及语作为他们的主要或唯一口头语言，他们的读写能力可能与普通希腊人和罗马人大相径庭）。因而，就埃及的读写能力水平发表过最详尽研究成果的学者不会对罗马世界的读写水平给予高度评价。

10 　　乍一看来，对于古希腊人和罗马人之中到底有多高的"读写能力"，我们的探究能力似乎微不足道。暂且不提 19 世纪，通过与 16—17 世纪欧洲一些国家的读写能力的发现相比较，我们的探究能力确实很微小。不过取得一定的进展是可能的。首先，除古典时代的雅典、斯巴达以及希腊—罗马治下的埃及外，还从未有过收集、分析现存相关证据的坚定尝试，即便对于古典时代的雅典、斯巴达和希腊罗马治下的埃及，我们的研究仍存在较大空间。目前有大量证据，大都为文本形式，但并非全部。有些如基础教育方面的证据显然是间接的。业已发现的有关古代学校的资料给"读写能力"研究带来的启示，我们还从未执着地探求过。无论如何，仔细研究包括草纸文献在内的所有相关资料极其重要，结果应会导致，甚至资料本身就会否定先前那些乐观的结论。[2]

---

① 不幸的是，自 E. Majer-Leonhard, AΓPAMMATOI. *In Aegypto qui litteras sciverint qui nesciverint ex papyris graecis quantum fieri potest exploratur*（Frankfurt-A.-M., 1913, 530 条）后便不再有目录可循。R. Calderini, *Aegyptus* xxx（1950）, 17—41 中文章的依据是另外 556 条目录，但作者并未发表这些目录。

② 缺少对文本资料的认识并非导致此类观点的主因，原因在于阶层观和对古代社会的理想化认识。

现存的古希腊和拉丁语铭文，无论在数量上还是种类上都不胜枚举。在了解“读写能力”的历史方面，这些铭文的意义是一个亟待解决的问题。当几位学者被某权威期刊问及这些铭文对认识古典世界读写能力水平有何作用时，① 他们给出的答案大都模棱两可，这并不奇怪，因为此问题确实很难回答。应仔细研究那些存有大量铭文的城邦，如古典时代的雅典、帝国时代的罗马和庞贝城；还应仔细研究纪念碑文的各种用途。凡是有铭文的地方，便有“读写能力”的存在，只不过这种能力到底有多高有待考量。②

然而，要想研究古代社会读写能力的水平，比较分析法也起着至关重要的作用。此举并非对那些乏味的设想作出的随意装饰。因为这种方法卷入一系列的争论，总的来说如下：对其他社会“读写能力”的量化研究，尤其是对近现代欧洲读写能力水平提高的研究表明，只有满足一定的先决条件，只有出现能够带来变化的积极力量，“写的能力”才能不再是少数专业人士、神职人员
或社会精英才能取得的神圣成就。这种强大的力量既可以是经济 11
的、社会的，也可以是意识形态的，抑或是这些因素的任意结合，甚至还可以是政治力量，如明治维新后的日本或古巴和尼加拉瓜，近代由那些相信“读写能力”广泛传播的积极作用者进行的政治改革，业已导致“具备基本读写能力”的人在数量上骤增。如果没有这些先决条件和积极力量，读写能力将始终是一种限定性所有物，这似乎是完全可以接受的情况，即便在那些受“书写文字”潜移默化渗透的文化里亦是如此。接下来的几章会表明，希腊—罗马世界始终缺乏能够使读写能力广泛传播的重要先决条件，而

① S & C v (1981), 265—312.

② 富兰克林（S. Franklin）借与古罗斯国（Kievan Russia，约 1050—1200 年）相比较，说明书写在希腊罗马社会服务于各种目的，包括随意刻泐（*Speculum* lx [1985]，尤见 6—7），尽管根据近现代或现代的标准，读写水平在当时显然很低（见 Franklin 37）。这警示我们在通过铭文资料探究读写能力水平的过程中要审慎。

且也从未出现过能够产生"广泛读写能力"的积极力量。

虽然前人已有重要研究问世，但劳伦斯·斯通（Lawrence Stone）于 1969 年所著的关于"英格兰地区广泛读写能力的源起"一文，才称得上是在某一国家范围内解释这种现象的第一次较系统的尝试。① 他将促成英格兰地区广泛读写能力的主要原因归于三种积极因素。从 16 世纪到 19 世纪的不同时期，它们发挥了巨大的推动作用。毫无疑问，第一种因素是印刷机的产生和流传；第二种因素是新教教义，尤其是其严格的组织形式，主张每个教徒独立阅读《圣经》的重要性；第三种因素则是工业革命伊始的需求，即需要更多具备读写能力的劳动力。除上述三个主要因素外，还有一些重要的次级因素。其中一个相关原因是相比于希腊—罗马世界，慈善家乃至后来的国家本身有了向外分配基本教育资源的意愿。② 由于工业化与读写能力之间的关系所造成的特殊困难，学界对每一种要素的重要性皆有较大争论。③ 但在我看来，抛开经济、社会和科技进步，在细节上弄清像新教教义这样的意识形态因素对读写能力究竟有多大影响显然是有意义的，但实际上没有必要去解决这些争论。无论如何，总体思路是明确的，即只有大股的积极力量才能使"读写能力"广泛传播。

12

关于读写能力的发展，一些其他的研究争论应有许多其他的重要因素。就像一位史学家经过精心的因果关系研究法得出的结论那样：在 18 世纪，新英格兰地区广泛读写能力现象的出现，很

---

① Stone, *P & P* xlii（1969）69—139；作者还研究了苏格兰和法国的相关问题。

② 该结论略显突兀，实际上它忽略了斯通（Stone）描述的所有具体的社会变化。另需指出，他在不同章节的论述存在说法不一的问题。

③ 关于后一问题，参见 M. Sanderson, *P & P* lvi（1972），75—104；进一步的研究和书目，见 H. J. Graff, *The Literacy Myth：Literacy and the Social Structure in the Nineteenth-Century City*（New York, 1979），225—226 或 Graff（ed.），*Literacy and Social Development in the West：A Reader*（Cambridge, 1981），255—256。在短期影响方面，争论已经达到了白热化程度，且在工业崛起的过程中，少有人注意读写与繁复的商业和交通系统发展之间的联系。

大程度上是因为城镇化进程或其习惯上所说的"人口稠密度"（因为我们所讨论的群体通常很小）。他认为，重要的并不是波士顿的人口从 5000 增加到 15000，而是人口范围在 500 至 1000 的小城镇的大量增加，因为此类社会群体才使学校教育变得可行，再小的话则失去了意义。[①] 在其他地区，快速的城镇化进程有时会对读写能力水平的发展产生消极影响，因为这会使学校的设施吃紧。[②] 规模极小的居民点与真正意义上的乡村生活模式会阻碍基础教育的发展，而随着城镇的形成，读写能力发展的机会则大大增加。如此概论似乎足够稳妥。

读写能力在希腊—罗马世界广泛传播，可以探寻到促成这种发展的先决条件和积极因素，这曾是不争的论点。但并没有真正意义上读写能力的普及，甚至上文所提到的"工匠所拥有的读写能力水平"也只是在有限的范围内才能取得的成就。古典世界，即使在其鼎盛时期，也缺少可带来广泛读写能力的特性。由此我们可以断定当时大多数人仍旧不能识文断字。在大多数地区的大部分时间里，那些教育资源分配权的掌控者并没有努力去实现读写能力普及化的动机。因此，这种体制上的漏洞在很大程度上阻碍了广泛读写能力的发展，首当其冲的便是缺少有资助的学校。

一些有利于读写能力传播的先决条件相继出现。腓尼基人和希腊人发明了一种短却有效的字母表，最大限度地简化了学习读写的任务。然而，像后来诸事件反复说明的那样，这种文字并未以任何形式自然而然地广泛传播开来。西方文化业已经历诸多世纪的历史进程。那些 5 岁孩童即可以学会的读写技能，却几乎没

13

---

① Lockridge, *Literacy in Colonial New England*, 57—71（其中，洛克里奇使用了"social concentration"这种不当的表述）; *Annales E. S. C.* xxxii（1977），505 或 Graff, *Literacy and Social Development*，186。曾有一项关于学校的法令，要求所有达到 50 户人家的城镇必须开设一所学校（Lockridge 65—66）; 该法令在古代世界的"不可行性"给我们带来了很大启示; 究其背景，则显然是新教教义的巨大影响。

② 参见 Stone, *P & P* xlii（1969），69。

有人习得（相反，尽管日语书写系统非常复杂，但几乎所有人都具备读写能力，这种现象应该引起我们思考究竟是什么造成了如此困难）。

公元 15 世纪在美因茨发明的印刷机并未以一种简单、快速的方式促成读写能力的推广。然而，能够以低成本大量生产文本的技术是读写能力广泛传播的重要先决条件。尽管有位学者认为当时许多罗马人读要闻，但在古代世界是非常缺乏这种条件的。[①] 虽然专业写工的速度很快，[②] 但由于缺乏廉价的（也缺乏新的及和时宜的）读物，读写能力在整个社会范围内的发展受到了极大限制。这种限制到底有多严重是一个复杂的问题，在本书中将重复出现。学者们经常模糊地认为古代城邦到处都是可读物，[③] 且这种观点确实存在真实性。但这并不足认为大多数城镇居民能够自行阅读（但他们都在公众场合接收刊布的信息），更不能认为他们具备书写能力。还有一个事实：读写能力在古腾堡时代比中世纪早期更加普遍。[④] 与几个世纪前的最低谷相比，读写水平已有长足进步。在欧洲的许多地区，教育扩展的过程已经持续了整整三个世纪的时间。在印刷机出现之前，已知任何一段历史文化都未能取得超越"工匠读写能力"的成就。

尽管与早期现代世界的条件并无根本上的不同，但古典时代

14

---

① *L' écriture et la psychologie des peuples*（*XXIIᵉ semaine de synthèse*）[Paris，1963] 208 中马里查尔（R. Marichal）的观点；他还宣称就像现在我们治理国家一样，罗马的统治依赖于纸，至少这是一个可以理解的观点。唯一广为流传的古代文字是"钱币铭文"，充其量再加上赤陶土灯具上刻写的制造者名字；这些文字的含义将在专门的课题里进行研究。

② T. Kleberg，*Buchhandel und Verlagswesen in der Antike*（Darmstadt，1967），31. 所引证据说服力并不强：Mart. ii.1.5.

③ 参见 Tanzer，*Common People of Pompeii*，83；J. Vogt，*RhM* cxvi（1973），137。

④ 有关印刷术出现之前几个世纪书的生产情况，如见 E. Eisenstein，*The Printing Press as an Agent of Change*（Cambridge，1979），i.11—16；C. Bozzolo，D. Coq & E. Ornato，*S & C* viii（1984），129—160；关于同时期教育的发展，见 A. T. Grafton，*JIH* xi（1980—81），273—275。

其他一些技术条件却使得很难将读写付之于应用。在许多地区，比较便捷的书写材料对于大部分人来说都是非常昂贵的。一段时期内，笨重的陶器碎片普遍充当书写材料，足以证明当时好的书写材料是何等匮乏。尽管古典时代对感光眼镜并非一无所知，但眼镜是所缺少的另一便利条件。对于那些从小视力便有缺陷的人而言，如果他们能存活下来，便会发现如果没有感光透镜，书写文字的使用会受到限制。因为有时写在墙上或书卷里的内容会很难看清或根本无法识读。[1]

在任何一个取得了广泛读写能力成就的近现代国家，依仗的基本媒介便是学校组成的网络，通常是宗教或国家资助的学校网络，抑或是由国家有效扶持的大规模"读写"阵营。[2] 本质上讲，对特定文字的学习可以稍借学校来传播，也可不依靠学校。[3] 一个国家的大部分读写能力可以建立在家庭内部教育基础之上；[4] 我们应注意大多数希腊人和罗马人具备在家里学习读写的可能性，还需注意那些不常见的组织孩子教育的方式，如通过临时教师或流动教师。据证实，在罗马帝国经常有同时从事其他职业的教师。

15

---

[1] Quint. *Inst.* x.3.31 述及视力缺陷者使用蜡板之不便，而蜡板在当时是极其普遍而又相对廉价的书写材料。

[2] 在 *Literacy and Social Development* 7 中，格拉夫（H. J. Graff）称"瑞典人在没有接受正规学校教育的情况下普及了读写能力"时，实际上他所指为阅读能力（见 E. Johansson, *Literacy and Social Development*, 152—154）。瑞典和芬兰在这些方面都属特例：由于宗教原因，政府 1686 年颁布的教会法及其他一些法令勒令所有的父母教孩子读书；另外如人们所见，17 和 18 世纪的瑞典开设了大量的学校（Johansson 163 中对此的解释并不清楚，不过书中图 8.8 表明，普遍的书写能力是在 1850 年普及学校教育后才实现的）。

[3] 关于读写能力，文献资料中有一个广为人知的例证，即利比里亚的瓦伊人既使用自己的文字，同时也使用阿拉伯和罗马文字；其自身的文字传承几乎完全是在正规的学校教育之外进行的（S. Scribner & M. Cole, *The Psychology of Literacy* [Cambridge, Mass., 1981], 65—68）；约 20% 的成年男性掌握了读写能力（Scribner & Cole 63），而女性基本没有掌握。

[4] 参见 Cipolla, *Literacy and Development*, 25; T. W. Laqueur, *Oxford Review of Education* ii（1976），256—260。

对于那些超越普通工匠读写水平的人类群体而言，必然有大量的学校，包括开设在小型共同体里的学校，这是极其普通又可想而知的。从大量证据中我们不难看出，近现代英格兰投入 ① 大量金钱到基础教育中；而在 17 世纪的苏格兰及 18 世纪的普鲁士，立法明文规定支持义务教育；②18 世纪英格兰一位史学家认为该地区广泛读写能力的发展特别依赖于学校教育；③ 至于日本，早在德川时代（1603—1867）便开始为穷人提供部分免费教育，④ 但直到 1868 年明治维新时期的学校教育大发展之前，日本社会始终处于一种只具备普通"工匠读写能力水平"的状态；在 19 世纪初期的埃及，所有重要的城镇都有慈善资助的若干学校；在开罗，具备读写能力的男性在四分之一到三分之一之间（表明整个国家的读写能力水平低于 5%）。⑤ 如果没有广泛的学校网络，包括一些受资助的学校，取得广泛的读写能力也并非没有可能。但那些声称发现了这种现象的史学家恐怕就有麻烦了。

学校并不总是教授文字的必要场所。在这些早期现代社会中，有相当部分的读写能力不是在学校里习得的，而是在家里。即便这样，学校体系仍是至关重要的，因为学校体系不仅极大地加强，而且还扩展基本的读写能力。此外，学校还是社会高度重视教育的象征。

在古代希腊和罗马，学校体系在很大程度上来说不足称道。

---

① 关于 1500—1659 年间的情况，见 Cressy, *Literacy and the Social Order*, 164—165；关于 18 和 19 世纪早期学校的一些简述，见 Stone, *P & P* lxii（1969），114—115；有关 16 至 18 世纪法国学校的密集程度，见 R. Chartier, M. M. Compère & D. Julia, *L'éducation en France du XVIme au XVIIIme siècle*（Paris, 1976），45—85。

② 参见 Stone 96。

③ Lockridge, *Literacy in Colonial New England*, 57—58.

④ 关于 17 世纪 70 年代之前的情况，见 R. P. Dore, *Education in Tokugawa Japan*（London, 1965），244 等。

⑤ G. J. G. de Chabrol de Volvic, in *Description de L'Egypte* xviii（2 ed., Paris, 1826），62—65。

到公元前 5 世纪，学校明显成了希腊城镇生活的普遍特点。阿斯
图帕拉埃亚（Astypalaea）和穆卡莱苏斯（Mycalessus）这类小城
的学校是当时希腊文化状况的重要写照。即便有对学校的资助，
也是零星少见（第四章将会进一步探究的现象）。在希腊化时代，
比较先进的希腊城邦进行了卓越的革新，实行资助教育甚至全民
教育。然而，这些方案在罗马时代明显淡化，而且在罗马帝国，
没有任何地方存在有效的学校网络。考虑到现有证据的总体特点，
诚然，不能坚持"不提及"就代表着缺少某种东西本身，比如乡
村学校的数量可能比证据显示的要多。由于学校教师的薪酬可能
极少，因此在许多地区，基础教育所需的费用定然与无资助学校
的费用相同。但问题的根本就在于对基础教育的资助少之又少。
就我们所知，只有在文明程度更高、更富有的希腊化城邦中，才
有对基础教育的资助。

城邦本身也是一个重要因素，而且洛克里奇（K. A. Lockridge）
关于新英格兰地区"人口稠密度"的观点或许是极其重要的。无
论如何，乡村生活模式显然不利于读写能力的传播。希腊人和罗
马人自己也常将"无知"，尤其是"目不识丁"与"乡村生活"联
系到一起。[①] 将其用作惯用语句的事实并不意味着如此现象不真
实。至于城镇化了的希腊人和罗马人与此问题存在多大关联是十
分棘手的问题，即他们聚居在一起，形成一定的规模（与那些仅
仅有城邦组织形式的地方不同），且该问题的答案从一个时期到
另一个时期，从一个地区到另一个地区大相径庭。可以说，古典
世界中最重要的发明便是城邦（如我们所见，城邦的建立在一定
程度上依赖于写的能力）。然而毫无疑问，无论按 19 世纪的标
准还是现代的标准衡量，整个古典时代总体上盛行的是乡村生活
模式。

[①] Eur. *Thes*. 382 Nauck；Ps.-Lys. xx.11；Plin. *NH* xxv.6；Plu. *Arist*. 7；Quint. *Inst*.
ii.21.16（此处，"illitteratus"的含义无疑只是"未开化的"，参见 *Inst*. v.11.19）；
Longus i.8。

古人的读与写

在过去的 200 年里，无论工业化进程与诸如大市场形成之类的经济变化在不同时期给"读写能力"造成哪些具体影响，① 毋庸置疑，希腊与罗马的经济结构以及这种经济内需要的劳动对读写水平产生过难以估量的影响。这种影响可能是决定性的且正在被低估，因为日常经济生活中的文件、注释、清单和标签等文献资料均不易留存，而在埃及之外，仅有极少诸如此类的资料留存至今。

在希腊罗马世界里，像交易数量和非自由劳动力数量等问题也随着时间和地点的不同而差异化。当然，我们缺乏数据支持，即使是规模问题也很难厘清。可以清楚地看到，复杂的、尤其是远距离的贸易关系鼓励书写，而且还赋予读写能力在其他条件下不具备的价值。那么在一个古希腊城邦，远距离贸易的规模有多大呢？也许实践多数贸易所需的文字工作可以由少量专门从事该行业奴隶的读写能力来完成。有理由相信，至陶片放逐法颁布之时，成千上万的雅典居民（至少）已经掌握了一定的读写能力。他们学习读与写有一些经济原因，笔者认为这点是可能的，但并不绝对，梭伦（Solon）鼓励技艺可能与此相关。从实际意义上讲，唯一可证实的便是没有任何一个古代国家能达到工业革命后出现的复杂经济的水平。在这种复杂经济里，受过一定教育的民众也被认为是良好国家经济不可或缺的一部分。从理论上讲，少数一些古代城市的状况应与此相差无几，如帝国时期的奥斯提亚（Ostia）；此外，有时人与人之间，贸易伙伴之间的经济往来复杂，芝诺（Zeno）的草纸文献举出一个发生在公元前 3 世纪的恰当例证，且每一份罗马大财产的管理均是例证。在纯经济活动之外，对于一些古代军队，尤其是元首统治下的罗马军队，要求大量具备读写能力的人随时服役。

但必须将两种经济区分开来。一方面是一种提供一定量文

---

① 表明近来有关读与写的历史著作的主要败笔：关于经济变革与工匠读写能力或者说广泛读写能力两者间相互影响的论点，始终缺少有说服力的解释。

书工作且适当激励工匠和商店主学习读与写的经济；另一方面是
劳动者和消费者普遍具备读写能力的经济。很明显，希腊人和罗
马人从未超越过前一种境界。欲弄清当时的经济结构之所以没有
对广泛读写能力的需求，我们只需记住一些要素的缺失：没有印
制的宣传品，甚至 18 世纪出现的印制宣传品亦无处可寻；没有
保险、没有时间表，更不用说"工业化"时代的书写交流方式了
（据悉，这或许是一种 16 世纪伴随着《圣经》的大量流通而产生
的交流方式）。[1] 另外，像许多其他民族一样，希腊和罗马人中一
直不乏代写者和替阅者。因此，对于远远超越普通工匠的读写能
力，当时的社会并没有经济上的需求。

　　接下来的几页不断出现两个重要问题，使经济结构对读写
能力水平的影响变得更加复杂。这两个问题是：希腊人和罗马
人对机会成本的理解（以及对社会流动的理解）及对童工的态
度，暂时可以简单将两个问题格式化。父母将孩子送至学校抑
或教授他们读与写，是期望换回经济利益吗？在可选择启蒙教
育的社会阶层中，家长们是否是那样做的呢？总的说来，对后
一问题的答案很可能是否定的。由于出身自由的人相对缺乏从
事书写工作的机会，自然会导致那样的结果。有关童工的书面资
料少之又少，其实际情况仍然很朦胧。[2] 身为奴隶的儿童经常从
很小就开始劳动，甚至从 5 岁就开始。目前基本没有穷苦的自
由民的孩子出外劳作的证据，他们大多数情况下可能从事季节
性、临时或者零星的工作（似乎只有工业革命是在奴隶制框架之
外开始对童工的系统剥削）。在希腊和罗马世界有大量奴隶的地
方，如此情况可能使更多自由民的孩子去上学，抑或说有能力去
上学。基本上不存在自由民的孩子由于他们父母不愿意放弃孩
子的劳动收获而被挡在学校大门之外的情形。不像在早期现代
社会经常发生的那样，大多数人均认为学校的日程需要给农时

18

19

---

[1]　此处断然不是对古希腊罗马经济原始性观点的认同。

[2]　K. R. Bradley, *Historical Reflections* xii（1985），311—330 是一项有价值的研究。

让路。

　　对古代经济体系的这些基本设想及其对古代读写水平的影响应使我们清楚地认识到：这种体系完全不同于那些促进读写能力广泛发展的体系。

　　宗教原因也常使许多人掌握读的能力。甚至在宗教改革之前，连新教教徒发起的运动，如 1380 年起英格兰的劳拉派发起的宗教运动，都对该趋势产生了一定影响。①毫无疑问，新教教义对阅读《圣经》的要求为广泛的读写能力在苏格兰、英格兰和路德宗统治的德国早期发展作出了重要贡献。②瑞典新教区和马萨诸塞湾殖民地很早便开始了普及义务教育的尝试，后者从 1642 年便已开始。③近来有观点认为，德国新教教义与广泛读写能力之间的因果关系比先前预想发挥作用要晚，而且更加复杂。即使该观点是正确的，宏观的论点也不受影响。④

　　大多数研究过该现象的人对新教一种特定的价值取向给读写能力带来的影响均未能给予足够重视，那就是崇尚个人奋斗。这种观点与我们的调查研究并非没有关联。可以试问：在古希腊和罗马，是否存在同样能诱使人们学习读写能力的哲理或信仰呢？（我们将会在第八章中讨论早期基督教教义对读写能力的影响）事实上，希腊人之间也存在着一种观点，即所有的男性公民都应该学习读与写。只有越来越多的人有意识地支持这样的理念，我们才可以称其为"意识形态"。在古典时代的希腊，究竟这种观点最早是

---

① M. Aston, *History* lxii（1977），尤见 355—356。关于瓦勒度教派和胡斯派影响的相似性，见 H. Hajdu, *Lesen und schreiben im spätmittelalter*（Pécs, 1931），12, 36。

② 参见 Stone, *P & P* lxii（1969），76—83；Lockridge, *Literacy in Colonial New England* 49—51，97—101。斯堪的纳维亚半岛的情况与之相似，即仅实现了普遍的读的能力。

③ Stone 80.

④ R. Gawthrop & G. Strauss, *P & P* civ（1984），31—35；作者肯定了读与写在 18 世纪的重要发展。

在何时何地向外传播仍有待探究。显然，这种观念在希腊化时代的一些城邦中广泛流传，最终得到西西里的狄奥多鲁斯（Diodorus Siculus）的高度认可。[1] 从某种程度上，此观念延续至元首统治时代。

狄奥多鲁斯曾称卡塔纳（Catana）的立法者哈容达斯（Charondas）制订了一则完善的法律，而以前的立法者都忽略了这样的法律：

他规定所有公民的儿子都应该习字；城邦将支付老师的报酬，因为他认为如果不这样做，没有条件和不能支付学费者将会被迫与他们最美好的追求相隔离；这位立法者把写的能力（grammatike）列于其他形式的知识之首并持之有故……又有谁能谱写一曲知识的赞歌呢？

这些理念的根据与实际影响值得研究。其中的影响可能包括：导致已知四座希腊化城邦对组织普遍教育的尝试，其他几个城邦内也有类似的迹象。还有一些后续反响，包括安东尼时代吕西亚（Lycia）那次组织普遍教育的尝试。另外，即使这种希腊观念没有引发政策性或慈善的行动，也对个人产生了影响。人们支持这样的理念，且一些人无疑是循此而为的。

但即便在希腊人当中，这种观念的影响力也没有蔓延开来。它缺少一种清晰、合理的解释，而且还受阻于未能成为一种意识形态的事实。即使在那些充满了政治争论的希腊城邦，启蒙教育也很少被看成是重要的问题。

近现代有关读写能力的可用数据对我们的研究至关重要。像大多数社会统计的数据那样，它们的可信度有限。[2] 要想获取准确的有关读写能力的数据，就需要对"读写能力"下一个准确的定义，而且必须配有一个认真负责的调查组。近来，美国的调查便

---

[1]　xii.12—13；原书26援引更多内容。

[2]　在 *International Encyclopedia of the Social Sciences*（New York，1968）s. v. "literacy，" 415—416 中，戈尔登（H. H. Golden）简要评述了建立和厘清读写能力相关数据的难度。

21　缺失了这些先决条件，① 结果导致无人知晓究竟有多少美国人目不识丁。不过显而易见，这个数字要比审计署提前预想的高出很多。唯一的争议便是到底有多大出入。② 表 1 中的数字给出了在近现代条件下，不同国家和地区的目不识丁者所占的比率。在研究这些国家和地区的时候，我们不应只是考虑它们的滞后性，还应考虑到它们较之于希腊和罗马世界的进步性（在印刷和学校体系等方面）。这些数字并未表明古人在读写能力方面一定落后于 20 世纪中叶的摩洛哥人或突尼斯人，但却意味着不同意此类观点的学者需要证据支持。元首治下罗马帝国的目不识丁率总体上可能高于90%。甚至受教育程度最高的人群——笔者认为，主要见于公元前 4 世纪至前 1 世纪的希腊城邦之中，他们的目不识丁率，如果算上女性和乡村人口，也远超 50%。厘清这些设想是接下来几章的主要目的之一。

　　读写能力的已知数据引发对古代世界的另外两点认识。一是应避免用某位工匠的读写能力去推断穷人的读写能力。不仅因为将单个人的读写能力作为典型有问题，更重要的是，从总体上说，工匠的读写能力要比普通人高出许多。例如，据一研究者估计，在1580 年至 1700 年间，英格兰地区具备读写能力的成年人大概远不22　足 20%，但却有 70% 的金匠和 73% 的面包师具备署名的能力。③

---

① 审计署欲以调查问卷的形式处理该问题。J. Kozol, *Illiterate America*（New York, 1985）, 37 对该问题进行了概述：鉴于当时大多数人具备读写能力，读写能力问卷依据的是 1940 年的调查问题。1970 年再度使用时，没有问及实际的应用技巧，却只是调查成年人的学龄。当时将 4 年学龄作为有读写能力的标志；另假定 80% 学龄不足 4 年的人具备读的能力。根据这一标准，调查结果显示 99% 的美国人具备读写能力。欲进一步了解审计署在该问题上的瑕疵，见 Kozol 37—38；另见 D. Harman, *Harvard Educational Review* xl（1970）, 229—230。

② 关于超过三分之一的美国成年人在"功能上"缺乏读写能力，或者说仅具备有限读写能力的观点，见 Kozol 8—10；另见 R. S. Nickerson, *Visible Language* xix（1985）, 312—313。

③ Cressy, *Literacy and the Social Order* 132—133。关于 18 世纪法国各行业的读写能力，见 Chartier, Compère & Julia, *L'éducation en France* 101—105。

表 1　对不同国家读写能力进行的数据估算

地　区	时间	读写能力的界定方式	目不识丁的百分比 %
调查显示的数据			
摩洛哥	1960	能够写	86.2
突尼斯	1961	能够写	84.5
阿尔及利亚	1948	能够写	82.2
埃及	1948	能够写	80.1[a]
坎帕尼亚区（意）	1871	能够读	80
意大利	1871	能够读	69
拉齐奥区（意）	1871	能够读	68
希腊（65 岁以上）	1951	能够写	56.6
葡萄牙	1950	能够写	44.1
史学家估算的数据			
俄罗斯	1850	能够读	90—95
西班牙	1857	能够读	75

注：摩洛哥、突尼斯、阿尔及利亚、埃及、希腊及葡萄牙部分引自 UNESCO, *Statistics of Educational Attainment and Illiteracy 1945—1974*（联合国教科文组织 1977 年于巴黎发表的第 22 号统计报告和研究），表 6；坎帕尼亚区、意大利及拉齐奥区部分出自意大利的调查数据，见 C. Cipolla, *Literacy and Development in the West*（Harmondsworth, 1969），19, 127；关于俄罗斯及西班牙部分，见 Cipolla 115 中估算的数据。

　　第二点认识与性别有关。在对古代世界读写能力的研究中，一个学术理念上常见的错误就是很少注意或根本不注意女性。最近的一些研究试图对此予以矫正，[①] 接下来的几章将会进一步探究该问题。需指出，在那些普遍目不识丁的社会里，女性的目不识丁率往往高于男性，在传统社会中这种差异更加明显。在希腊乡

---

① 关于希腊女性的读写能力，见 S. G. Cole in H. P. Foley（ed.），*Reflections of Women in Antiquity*（New York, 1981），219—245。

村地区，1951 年男性的文盲率为 14.9%，女性为 49.9%。[①] 然而，当时的希腊正是一个处于快速转型中的国家。更具早期现代气息的当属 1871 年的西西里岛，男性的文盲率为 79%，女性的文盲率为 91%（撒丁岛显示数据为男性的 81% 对女性的 92%）。[②] 当然，男女之间读写能力水平的比率并不是固定的，而出现更大的差异亦是可能现象。当文盲率接近 100% 时，男女之间的文盲比实际上接近 1:1。[③] 可以认为具备读写能力的男性在数量上明显高于女性，但须将比较置于一个具备工匠读写能力水平的世界中，当然也可以是一个具备写工读写能力水平的世界。在古代不同的环境下，男女之间读写能力水平的差距到底有多大则取决于随后几章中将要最大限度地去探究的一些问题。

在缺失关于古希腊和罗马读写能力水平数据证据的情况下，应怎样去避免模糊呢？读写能力并非抽象存在，而是与其他社会和文化特点紧密关联。我们可以说在这样或那样的条件下，某一特定的居民群体的读写能力不大可能超过 10%、25% 或 50%；还比如说，如果没有那些受到资助的学校，也没有农民、工匠和日工教他们的孩子学习读与写的强烈动机，读写能力可能仍会停留在一定的水平之下。诚然，没有人会认为哪一个古代的社会群体可以与现代的、有更好数据统计支持的群体相媲美。毋庸置疑，目前只能以这种方式得出一些大概的结论——一大堆接近事实真相的可能性。此类结论不得不以学者们"保留性的状语"出发，但猜想数字答案的尝试可以而且也应该进行下去。

---

① 联合国教科文组织，*Statistics* 207。

② 见 Cipolla, *Literacy and Development* 18，采自普查结果。类似例证见 R. Houston, *Social History* viii（1983），271—272；相反例证不多见且可能均与移民有关，如 1891 年后的爱尔兰（Cipolla 125）、1953 年的古巴（联合国教科文组织，*Statistics* 159）以及同时期的牙买加和马提尼岛（同上，165—166）。

③ 参见 Cipolla 56n。

二、读写在希腊—罗马世界的作用

即便能够更准确地把握读与写在希腊—罗马世界的普及程度，我们也很难弄清书写文字在希腊人和罗马人生活中究竟起到过怎样的作用，确切地说，我们不能完全理解为什么读与写在当时发展到了一定的高度，而后却没有继续发展下去。正是这些不解，给我们提出了一些新的问题。

这些新问题与希腊人和罗马人使用文字的具体情况相关，因此也揭示了读、写所起到的作用。人们在多大程度上，以及在哪些情况下不再依赖于口头交流，抑或说开始依靠书写文字呢？该问题涵盖社会生活的许多领域，比如文学和法律、历史记忆、政治宣传、财产管理与军事组织等，这里只列举其中的一些。尽管我们亦在其他方面投入了一定的精力，比如说法律条令在口头形式与书写形式上的混合，但近代对该问题研究的关注点还是集中在诗歌创作上，这点不难理解。本书的一个主要目的是至少勾勒出一幅草图，看看当时的人们用书写文字做什么。不过，欲在短时间内详细了解该问题是不可能的。

除读与写在古希腊和罗马所起的作用之外，就希腊人和罗马人对世界的认识方式在多大程度上依赖于读写、或者在多大程度上停留在口头交流方式上，还有一些深层次的问题。文字的应用如何影响思维模式？没有人能解释清楚，而且从未有人声称知晓答案。关于这一重大的文化史问题——读写文化在一定程度上的出现以及口承文化在一定程度上的衰落，本书的研究算不上系统，也难称全面，不过倒是可以提供一些启示。

几篇古代的论述列举了文字的一些作用。在《政治学》(*Politics*)一书偏离主题的议论中，亚里士多德将"书写"的作用归为四类：赚钱、管理家庭事务、传授知识(mathesis)以及组织公民活动。[①]下面是前引的狄奥多鲁斯的一段话，证实其对文字的高度评价，原文内容如下：

> 正是有了书写文字，人们才得以完成日常生活中最重要且最有意义的事务——选举、书信、遗嘱(diathekai)、立法以及其他所有使生活走上正轨的事务。谁能为书写文化谱写一首颂辞呢？因为只有文字才能将逝者重新带回到活人的记忆中，且通过书写文字，相隔甚远的人们可以相互沟通，好似就在身边。书写文字具备的公信力(asphaleia)还是战时民族之间或王者之间签订契约的最好凭证。一般来讲，只有书写文字才能将智者的至理名言、神谕、哲学原理以及文化传统(paideia)保存下来，并使得它们得以世代相传。因此，生命起源于自然界，而美好的生活源于以书写文字为基础的教育。[②]

这是对希腊书写文字一些更为积极作用的揭示，这些显然还远远不够。在接下来的章节中，我们将会探究书写文字在不同历史时期所起到的作用，主要是在经济和法律领域的作用（大量文献资料），还有在民事、宗教、各种纪念性活动、文化传播以及书信往来等领域的作用；另外，书写文字在学校教育中的作用本身亦值得关注。

书写文字通常起到如下作用，尽管其中一些的实现并不完全依赖于文字。几乎每种作用都有两重性——既方便书写者，也方

[①] *Pol.* viii.3.1338a15—17：读与写对于商业、家庭管理、获取知识以及公民生活中的许多追求都是非常有益的（χρήσιμον ὥσπερ τὰ γράμματα πρὸς χρηματισμὸν καί πρὸς οἰκουομίαν καί πρὸς μάθησιν καί πρὸς πολιτικὰς πολιτικάς πράξεις πολλάς）。

[②] xii. 13，此处为意译。

便读者。主要包括：

标明所有权；

记录账目；

做供货标记；

开具收据；

标识商品或货物；

记录重量或尺寸；

订立契约；

书写信件；

训示下属；

为己记录有效信息；

立遗嘱；

记载条约；

颁布法律法规；

刊布法令；

展示政治标语；

钱币上的铭文；

进行投票；

记录诉讼程序；

记录官员升迁；

编纂军事数据；

编写德莫、公民和其他人等的名录；

记录授予公民权；

记录释奴；

记录出生和死亡；

记录地方法官的名字；

向官方提出申请或请愿；

回复请愿；

26

通告娱乐活动；

向显贵致敬；
纪念某人出席活动；
缅怀死者；

向神灵献祭；
公布宗教历法；
记录祈祷词；
传播预言；
记录咒语；
诅咒他人；
传播神话；

传播文学作品；
传播信息的概要（教材等）；
完成学校作业。

凡此种种，当然不能完全阐释书写文字在古代的作用，但上述各项可能涵盖了文字的大部分用途。①

任何类似的列举都难免夹杂着主观因素。我们应适时探索读写文化在当时人们生活中的影响究竟有多深，以及书写文字的权威性究竟有多高。这类探索可与我们的主观片面相抵。

通过列举选举和契约的例证，狄奥多鲁斯表明他已经意识到，当时的人们使用书写文字绝不只是出于跨时空交流信息的简单目的，其他一些需求，比如在要求庄重性时，也会导致信息的文字化。可以发现，在选票中使用书写文字的目的之一就是将选举非

①　关于文字在碑铭中的使用，M. Guarducci, *Epigrafia greca* ii—iv（Rome, 1969—1978）中提供了极其完整的目录。

言语化，即用秘密选举来代替公开选举。在诸多情况下，口头传递的信息可能与明文规定的有所出入，而在信息发出者想要获取某种政治权力或社会地位时，这种"不同"尤其明显。推测书写文本中所包含的"真正"信息是危险的，但如果忽视造就这些文本的强大动机，则有另外的风险。根据近来备受争议的记录阿尔瓦尔兄弟会（Arval Brothers）言行的题字，① 可以看出书写文本能够在一定程度上或很大程度上起到一种符号功能。这种作用会产生与文字表达或至少某种书写形似相伴的权威性，而展示读写行为的油画或浮雕却不具备如此权威性。人们常说：书写文字拥有与生俱来的高贵品质，敢于挑战时间。② 毋庸置疑，在古代人们普遍对此体会颇深。现在不得不用各种文本文献考虑该问题，包括公元五世纪雅典盟金的清单（是因雅典公民要求政治权利，相关官员在公众面前进行安抚吗？）、公元 1 世纪庞贝城绘制的选举宣传画（有些是稀奇古怪的宣传，因为根本就没有竞争对手），以及一些罗马墓志铭，其作者似乎普遍热衷于强调社会阶层的差异。

　　应不断研究上述书写行为背后所隐藏的信息，而书写者、抑或委托书写者的个人与群体的目的何在。由于二十世纪在书写语言和口头语言的使用中充斥着蓄意欺骗和滥用，也许现在理应善于分析文字的各种功能了。由维特根斯坦（Wittgenstein）发起、两代人从哲学角度对语言进行的详细研究或许有一定价值。不过在这些研究中，历史学家和人类学家并未对书写语言的符号功能给予足够论述。③ 现在应跨越这些尚未得出结论的问题，少走弯路。

28

---

① M. Beard, *PBSR* liii（1985），114—162.

② R. Pattison, *On Literacy. The Politics of the Word from Homer to the Age of Rock*（Oxford, 1982），37.

③ 历史学家关于此类问题的最有价值单项研究为 M. T. Clanchy, *From Memory to Written Record；England, 1066—1307*（Cambridge, Mass., 1979）；另见 B. V. Street, *Literacy in Theory and Practice*（Cambridge, 1984），84—86。有人认为"文字永远是对会话的模仿"，此观点明显是错误的（W. J. Ong, *Orality and Literacy. The Technologizing of the Word*［London, 1982］，102）；当人们开始利用书写文字的持久特性，书写文字便不再是对口头交流方式的模仿。

意在施展计谋的人可以对书写文字加以利用。或许可以猜想，古希腊人和罗马人也曾感受到文字神奇或类似的力量。① 然而，如果说文字的大多数功用都是神奇的难免牵强，因此我们将再次面临重复出现的问题，即如何正确考量一个从未充分研究过的因素。②

学界通常认为按现在的标准，希腊和罗马世界在口头交流方面保持着高度独立，这种状况不仅出现于古风时代的希腊和罗马、古典时代和希腊化时代的希腊诸城邦，甚至出现于罗马帝国最为发达的城镇。欲得到清晰、生动的解释，只需比较一下古代政治说教形式（主要是政治演说）与电子手段严重影响我们思想之前年代里大量使用的文字宣传。文学的传播也是一个重要的例证，如我们所见，其传播一直比想象中更为口头化。绝大多数民众的生活不需要依靠文字，即便对文字的间接使用亦属罕见。

因此，书写文字对古代社会个人的重要性始终不及任何早期近代文化，更无法与近代世界相提并论。尽管从希腊和罗马历史的早期开始，读写能力在政治和社会精锐中便已非常普遍，但对大多数人而言，只要能够接受，即便没有读写能力也可以过活。

在古希腊和罗马世界的相关资料中，读写状况与目不识丁状况通常未得到重视或强调，如此境况的出现是有征兆的，而我们原本寄望资料中会有所提及。迄今所知，古典时代雅典的民主政治家对全民教育并不感兴趣。像塞奥弗拉斯图斯（Theophrastus）所著的《论性格》中出现的乡下人，基本皆为目不识丁者，但著作缺少具体细节。③ 卢克莱修（Lucretius）对"文化起源"的解释

---

① 一篇可追溯至公元前 675 年至前 650 年间的文本清晰且启发意义。该段文字见于库迈的一件油瓶上："窃我者会变瞎"（ός δ'àν με κλεφσει θυφλος έσται，*IG* xiv.865 或 L. H. Jeffery, *The Local Scripts of Archaic Greece* [Oxford, 1961], 240，注释 3）。

② 有关文字在希腊和罗马之外古代文化中的神秘功用，见 G. van der Leeuw, *Phänomenologie der Religion* (2 ed., Tübingen, 1956), 494—503。

③ Theophr. *Char.* 4.

中也忽视了书写技艺。① 可以认为，希腊与罗马著作家述及不具备读写能力的"弊端"与"缺点"的情况出奇地罕见。尽管狄奥多鲁斯确然谈及缺乏读写能力的弊端，认为目不识丁意味着脱离"最高贵的追求"，② 但并不意味着无法享有权利与维持生计。

　　希腊—罗马世界的几点条件降低了个人读写的必要性。其中一点是"古人的记忆力"。③ 人们普遍认为，柏拉图让苏格拉底对斐德鲁斯（Phaedrus）讲述的"埃及神话"便说明如下事实：书写文字为那些具备读写能力的人提供了一种可以依赖的外界工具，不但没有提高记忆力，反而带来了健忘。④ 恺撒赞同柏拉图笔下苏格拉底的观点，因为在其对高卢人所作的种族式评论中，认为文字削弱了记忆力。⑤ 关于柏拉图是否认为文字确会产生这种效果，我们并不了解，但这种观点有争议。生活在（或经历过）一个广泛使用书写文字的年代里，柏拉图应该有一些真知灼见，但其本人是否有特殊的记忆功力却不得而知（《菲德罗篇》描述的主要记忆壮举是识文断字的菲德罗试图凭记忆力记住吕西亚［Lysias］所著的一段文字）。

　　实际上，无论两种活动的心理基础是什么，凭记忆力记住

30

———————

① 他只说道："文字并非很久以前产生"（nec multo priu' sunt elementa reperta），v. 1445。关于最早的文字发明者，先前存在诸多不同观点，见 F. Dornseiff, *Das Alphabet in Mystik und Magie*（2 ed., Leipzig & Berlin, 1925），5—9；L. H. Jeffery in *Europa. Festschrift für Ernst Grumach*（Berlin, 1967），152—166；可以补充的是，伊西斯的几则谕言为她赢得了创制文字的殊荣，见 Y. Grandjean, *Une nouvelle arétalogie d'Isis à Maronée*（Leiden, 1975），75。

② Diod. Sic. xii.12.4.

③ 关于该问题，见 J. A. Notopoulos, *TAPhA* lxix（1938），465—493，但研究的说服力不足。

④ Pl. *Phaedr.* 274c—275b；有关记忆力在柏拉图眼中的重要性，见 M. Bretone, *Quaderni di storia* xx（1984），223—231。如我们所见，柏拉图对文字的批判已超出该议题的范畴。

⑤ Caes. *BG* vi.14.4："其实通常而言，学生在文字的帮助下似乎不用多么刻苦，同时也缓解了记忆压力"（quod fere plerisque accidit ut praesidio litterarum diligentiam in perdiscendo ac memoriam remittant）；但或许这只是柏拉图的观点。

长篇篇章的能力与回忆所需信息的能力之间毕竟存在着很大的差异。[①] 由于一些明显的原因，超强记忆力的壮举往往是指对篇章或名单的记忆。作为一种规律，对所需信息的记忆并不依赖于对长篇篇章的记忆，这种规律在缺乏读写能力的文化中尤其显著，但这只是一种需实证检验的假想。最近的一些研究表明从短期看，读写能力的习得不会损害记忆力。[②] 但若如此，苏格拉底和恺撒的说法将被彻底地摒弃。我们将很快发现这方面的其他相关证据。

无论如何，我们有理由相信，在那些缺乏读写能力的文化中，人们对篇幅较长的文字往往有卓越、超强的记忆力。塔希提岛即为有力例证，因为直至 1985 年岛上才出现书写形式的语言。据传，一些最早学习读写的塔希提人仅凭记忆力背诵成本的《新约》。[③]

从本质上讲，记忆壮举的话题被一些夸大其辞搅得混乱不堪。不难相信诡辩家希庇亚斯（Hippias）只要听过一遍，就能轻而易举地重复 50 个名字。[④] 但当普林尼（Pliny）断言西庇阿（L. Scipio，可能为公元 190 年的执政官）掌握所有罗马人的名字时，意味着他几乎记下了 25 万个名字，卡尔马达斯（Charmadas）凭

31

[①] 参见 Marrou, *Histoire* 99；关于记忆心理学，尤见 M. M. Gruneberg, P. E. Morris & R. N. Sykes（eds.），*Practical Aspects of Memory*（London, 1978），另见期刊 *Memory and Cognition*。

[②] S. Scribner & M. Cole, *The Psychology of Literacy*（Cambridge, Mass., 1981），124—126, 221—233.

[③] G. Duverdier, *Revue française d'histoire du livre* xlii（1971），43—44，其依据为传教士威廉·埃利斯的记载（见 William Ellis, *Polynesian Researches*, *during a Residence of Nearly Six Years in the South Sea Islands*［London, 1829］，ii.20），但威廉·埃利斯并未给出细节。民族志中通常出现惊人记忆力的描写，见 S. Gandz, *Osiris* vii（1939），305—306；关于吠陀经应是经口头传播的说法，见 Ong, *Orality and Literacy* 65—66；Street, *Literacy in Theory and Practice* 98。有关 16 世纪印加人超强的记忆力，见 A. Seppilli, *La memoria e l'assenza. Tradizione orale e civiltà della scrittura nell'America dei Conquistadores*（Bologna, 1979），57—63。

[④] Pl. *Hipp. Mai.* 285e.

记忆力背下亚历山大城学宫里所有的藏书同样值得怀疑 ①。普林尼还举出居鲁士（Cyrus，他掌握所有士兵的名字）、基内亚斯（Cineas）——皮鲁士王（Pyrrhus）的使臣（到达罗马城一天后便记下所有元老及骑兵的名字），以及密特里达提斯（Mithridates，以 22 种不同语言讲述他的话题）。显然，除了所描述这些记忆壮举，普林尼还知道其他一些壮举。② 在其人类学研究中，他认为"记忆力"是非常值得研究的领域。③ 这些观点具有重要意义。

这些例证背后隐藏的史实难以明辨。古代人在大部分时间里应该是凭记忆力记住文本内容的，但一个人对文本的记忆不一定精确，即便按现在的标准也是如此；从古人的引用方法中也可以推断出如此结论。④ 通过将记忆女神谟涅摩绪涅（Mnemosyne）描绘为天与地在太古时代结合所生之女，而后谟涅摩绪涅与宙斯（Zeus）结合并生育了缪斯（Muses），⑤ 赫希俄德（Hesiod）阐释出希腊文化中对"记忆力"的尊重根深蒂固。古希腊和罗马的教育非常强调凭记忆力学习知识；⑥ 在希腊化时代某些城邦的学校，

① Plin. *NH* vii.88—89。其他关于记忆壮举的资料包括：Xen. *Symp*. iii.5—6（尼塞拉图斯［Niceratus］可背诵《伊利亚特》和《奥德赛》的全部内容）；Pl. *Menex*. 236bc；Cic. *Tusc. Disp*. i.59；Sen. *Contr*. i praef. 18—19 等等。另参见 E. Wüst in *RE*（1932）s. v. "Mnemnonik，" cols. 2264—2265。
② "关于生活中最重要的工具——记忆力，难说谁在这方面最为卓越，许多人因记忆力而声名大振"（Memoria necessarium maxime vitae bonum cui praecipua fuerit haud facile dictu est tam multis eius gloriam adeptis）：vii. 88。
③ 关于早期基督徒记忆文本的壮举，见原书 301。
④ 关于古人的引用方法，暂见 W. C. Helmbold & E. N. O'Neil, *Plutarch's Quotations*（Baltimore，1959），viii—ix。南斯拉夫史诗吟唱者德莫·佐基奇（Demo Zogić）告诉知情者，他凭借记忆力逐字地重复同一首诗歌，但从未以读写方式进行记忆；A. B. Lord, *The singer of Tales*（Cambridge, Mass.，1960），27，另参见 119。据 Ong, *Orality and Literacy*，60—66，在口承文化中，记忆往往使言语失准。
⑤ *Theog*. 135, 53—54。在赫希俄德与荷马史诗中，当诗人需要进行"长篇"吟诵时，通常会向缪斯祈祷，见 W. W. Minton, *TAPhA* xci（1960），293。
⑥ 参见 Pl. *Protag*. 325e, *Laws* vii. 809—811（"背下全部诗词"），Ps.-Plu. *De lib. educ*. 13 或 *Mor*. 9ef。

孩童比拼记忆力并争夺奖品；[1] 老塞内卡更是夸下海口，称其在学童时代就能按顺序背诵刚刚读给他的两千人名单，不仅如此，他还能倒背 200 多行诗。[2] 罗马帝国治下的一位希腊著作家将培养学生的记忆力视作早期教育的主要目的。[3] 尤其对于一位演说家而言，凭记忆力演说至关重要，而配以一系列专门的技巧也是必要的。科奥斯岛（Ceos）的西莫尼德斯（Simonides）对此深信不疑，这也是他在演说方面出众的原因。[4] 当时的雅典人通过向叙拉古占领者背诵欧里庇得斯（Euripides）剧作的方式获取礼物或自由，他们至少要掌握剧中内容的一两句，从这则故事中也可以有所收获。普鲁塔克（Plutarch）提供了一则类似的例证，是关于一些卡乌诺斯（Caunus）人如何获准进入叙拉古港的（因为欧里庇得斯的声名在叙拉古以及卡乌诺斯地区非常显赫）。[5]

然而，上文所提到的记忆力佼佼者皆是具备读写能力者。在现今的研究中，那些目不识丁者以及半文盲的记忆力似乎更为重要。至少有理由认为，相比于具备读写能力者，这类人更能使文字记录显得多余。柏拉图持相同观点，一些比较性的证据可以支撑其观点。以非读写形式保持记忆显然存在诸多限制。最近的一项研究表明，人们发现在尚未掌握读写能力的人学习读、写时，一个有利条件便是容易利用清单和图表；[6] 此说法显然存在真实性。但另一方面，赫希俄德、荷马以及希罗多德等希腊著作家的著述无疑反映着读写能力出现之前的世界，其中可以发现古人对分类

---

[1] 参见 Marrou, *Histoire* 252。

[2] Sen. *Contr.* i praef. 2.

[3] Ps.-Plu. l. c.

[4] 见 F. A. Yates, *The Art of Memory*（London, 1966），1—49。

[5] Satyrus *Vita Eur.* 39.xix（p. 75 Arrighetti），Plu. *Nic.* 29.

[6] J. Goody, *The Domestication of the Savage Mind*（Cambridge, 1977），尤见 82—111，该部分主要探究前希腊时代近东地区的读与写；在 F. Lasserre & P. Mudry（eds.），*Formes de pensée dans la collection hippocratique*（Geneva, 1983），150—152 中，洛尼（I. M. Lonie）为证明列举清单能力是具备读写能力文化的典型特征，甚至述及了《希波克拉底文集》。

记录信息的喜好，警示我们不要低估那些缺乏读写能力者列举清单并记下所列之物的能力。①

目不识丁者与半文盲通常可以间接利用或受惠于文字，因此降低了个人学习读与写的必要性。如同许多其他读写水平较低的社会，此现象在古希腊和罗马世界经常出现。②

古人间接利用文字的方式有许多。可以让他人代替自己读、写法律和商业文件；可以让旁观者来阅读或解释铭文；也可以倾听相关人员演讲或吟诗。草纸文献提供了大量关于第一种方式的资料，而且有时不妨仔细研究一下目不识丁者间接利用文字的情况，如泰德菲亚（Theadelphia）的奥列里乌斯·萨卡昂（Aurelius Sakaon），一位富裕的村夫（在第八章中将会出现），有确凿的证据表明他不具备读写能力，但他却熟知如何利用文字。有一条文字证据：在罗马治下的埃及，一位不通读写的警察以文字形式宣称其在某个地方刊布了一则由埃及最高行政长官下发的布告。如这则例证所示，在同一场景中，不具备读写能力的个人很容易便可与文字产生联系。③

就古希腊罗马世界的埃及那些不具备读写能力却必须或希望订立书写文件的居民，邮提进行了仔细研究，对他们过着充实而不受困扰的生活而感到惊诧，或许邮提低估了目不识丁的风险和弊端。④ 毕竟，在文字形式的交易中，缺乏读写能力使人不得不依赖他人的诚信。邮提指出，在当时的埃及，人们大体上倾向于在近亲中寻找代理人，如果没有具备读写能力的亲友，便寻求公共

①　关于希腊出现文字最早阶段的其他清单类证据见 W. Schmid & O. Stählin, *Geschichte der griechischen Literatur* i.1（Munich, 1929），661。

②　如 Clanchy, *From Memory to Written Record*, 2，描述了中世纪英格兰那些"即便还未掌握写工水平的读写能力，却可以书写的人"。诺曼底的查理曼大帝和威廉是中世纪早期统治者中缺乏读写能力或不完全具备读写能力的典型代表。至 13 世纪的后 50 年，至少有些农夫已经通过文书转让财产（Clanchy 34）。

③　*P. Fayum* 24.

④　H. C. Youtie, *ZPE* xvii（1975），201—221.

抄书吏的帮助。毫无疑问，类似的情况也发生在其他地区。诚然，所有这一切并不意味着间接使用文书者数量庞大，只是降低个人学习读与写必要性的一种因素。

"那上面说了什么？"就古代某一城镇中一篇公共铭文发问的人奢望有人能给予解答。这可能是庞贝城尤利亚·费里克斯（Julia Felix）房中风俗画上的一幕。在画中，一些人在阅读集会上展出的一段文字，还有人在一旁观看（见图 7）。无论如何，这一定是当时地中海沿岸诸城中常见的景象，因为人们的大部分时间是在户外公共场所度过的。在这些地区，识字者与目不识丁者一起谈论刻文及所刊布文字的含义；写工们孜孜不倦地从事着他们的工作，为那些不能正确书写者谋利。甚至在私人生活中，可能有中间人代理。受过教育的家庭成员可以帮助未受过教育的成员（草纸文献业已确定：在同一家庭内部，具备读写能力与目不识丁的成员共存并非罕见）。

这种"二手的"读写能力大都依赖于他人的诚信，也依赖于他人的乐于助人与训教精神，有时只需他们履行自己的责任。几乎毫无疑问，当时的社会并未采取任何措施保护目不识丁者，以避免不通读写的弊害（罗马法令只有少许保障性规定）。[①]尽管对于一个缺乏读写能力的人来说，可能有理解文字材料的愿望以及使用它们的意愿，但对于那些生活在具备一定读写水平的文化中的人而言，不会自然而然地拥有这样的愿望和意愿。有些因素缓和了读写能力缺失的影响，但缓和的程度有限。

与此同时，就像戏剧表演一样，演讲和诗词吟诵将文字形式的思想以口头形式传送给听众。每座希腊城邦都有许多可以倾听的内容；而且罗马的每座城通常都有一个剧院、一个集会广场，还有其他一些可以进行交流的公共及私人场所，不过在时间和

---

① *Dig.* xxii.6 述及"不了解法律与事实"（De iuris et facti ignorantia），并未给不了解法律者带来慰藉。见 T. Mommsen, *Römisches Strafrecht*（Leipzig，1899），92—94。其实万物本身并没有蒙蔽那些缺乏读写能力者之意（*P. Oxy.* i.71 是对埃及治者的请愿，抱怨蒙蔽缺乏读写能力者）。

空间上均受到严格的限制。① 例如，如果你没有在第一时间观看到《俄狄浦斯王》(Oedipus Tyrannus)，欲再次观看的话，需要等待很长时间。如果居住在卡普亚（Capua），参加罗马的"集会"（contio）并非易事。另外，还有重要的一点，即大多数希腊人和罗马人都生活在农村或乡野。

古风时代以后，希腊和罗马的社会精英一直广泛使用文字，而当时的世界亦是由文字界定的。然而，希腊人和罗马人在生活中保留了一种强力的"口头"元素亦属事实。② 对此，我并不是说他们在日常生活中严重依赖于口头交流方式，因为他们如何摆脱对口头交流方式的过分依赖呢？甚至我们又如何做到呢？③ 我的意思是说，在其他文化中由书写语言承担的任务，希腊人和罗马人却以口头语言来完成。他们自己并不写信，而是口述；他们倾听政治要闻，却从不阅读这些消息；他们聆听诗词吟诵并观看表演、或听奴隶为他们阅读，因而也就无需亲自阅读文字资料。凡此种种，这里只列举其中的一些。如此现象会对不完全具备及不具备读写能力者产生影响吗？以政策传播为例，由于其通过口头语言广泛传播，因而同样缓和了缺乏读写能力的弊端。

对于给予古代读写水平高度评价者，笔者在前文以"乐观的"形容他们的态度，并据此揣测具备读写能力与缺乏读写能力的影响。从某程度上讲，"乐观"一词的使用只是为方便计。实际上，该词确实充分反映出笔者对"读写对希腊人和罗马人总体影响"的看法。然而，读写的影响及内涵仍然是极富争议的问题。

① 如 M. Stubbs（*Language and Literacy. The Sociolinguistics of Reading and Writing* [London, 1980], 13）所述，"与读者不同的是，听者需要即时弄懂所讲内容"。

② 大声阅读的做法便是一种证明。关于"口头"元素保留程度的观点并不一致，尤见 J. Balogh, *Philologus* lxxxii (1927), 84—109, 202—240；B. M. W. Knox, *GRBS* ix (1968), 421—435（后者甚至赞同"书通常也是大声阅读的"观点）。

③ 有观点错误地认为在具备读写能力的世界里，口头语言便失去了作用；Pattison, *On Literacy* 24—25 中对此进行了犀利的讽刺，另为读写能力提出一个难称为定义的界定方式。

古人的读与写

　　本书并未将读写能力偶像化或理想化。在接下来的几章中，有关文字是一种权力工具的细节将会大量出现（这一点并未将文字邪恶化）。文字有时还导致读、写产生之前的文化里从未出现过的欺瞒、困惑以及守旧性。不可否认，通过削弱以口头交流方式为主的传统文化，读与写会促成一种体现出特有剥削方式的相对现代世界。① 鉴于社会、政治以及经济组织形式的发展水平，不可避免会产生读写的受害者与受益者。尽管本章已长篇论述，但读写能力对古希腊和罗马的个人而言仍是非常重要的积极成就。关于读与写的积极影响，当代学者还远未达成共识。事实上，这种

36

论点正在遭受抨击，如此消极态度的缘由值得探究。

　　最早提及文字的欧洲文献是《伊利亚特》，通过导致柏勒罗丰（Bellerophon）之死展示文字的危害。在那之后，书写文字一直与不吉利的事情联系在一起。② 对读写本身的经典批判出现在《菲德罗篇》中，但这并未改变柏拉图在《法律篇》提出教育计划及其中对读写的一贯看法。③ 无论如何，在存留下来的古代著作家的著作中，很少有人认为读写能力会给个人或某一共同体带来负面影响，也很少有人认为有无读写能力无关紧要。显然，伴随着对原始文化的现代关注与理想化，这种观点得到了巩固。就我所知，最早将缺乏读写能力与好的事物联系到一起的资料是冈萨罗（Gonzalo）在《暴风雨》中理想主义的演说（公元 1611 年）：

　　　　相反，我认为共产会抹杀一切。例如我所认可的交易就不会存在；不会出现行政长官的名字；书信将永远不为人知；财富、财产和服务等等，均将无从谈起……④

---

① 参见 Clanchy, *From Memory to Written Record*, 264, 对诺曼征服时期英格兰研究工作的概论。

② 见原书 48。

③ 参见 Pl. *Laws* vii.809e—810b。

④ II. i.143—147；另需见 Verg. *Georg.* ii.502，此处详细论述幸运的村民并未认识到因文字而出现的"大量集会或档案馆"（insanum ... forum aut populi tabularia）。

在 1726 年出版的《格列夫游记》中，斯威夫特（Swift）描述了一个比人类文明化程度更高的种族——具有人类理性的马。作为马，它们缺乏读写能力的事实并没有不利影响。①

爱弥尔（Emile）所接受的"自然"教育使得其在 10 岁时就可以完美地进行读写，但卢梭（Rousseau）并不情愿将如此成就与书联系起来。②迨至 20 世纪，对读与写广泛传播的敌对声音主要来源于那些认为读与写的传播会损害自己利益者。他们认为读与写的传播会花费成本或引发社会动荡。③对普及教育持保守态度的反对者认为这会阻碍人们学习有用或需要的知识。伴随着人类学历史上马林诺夫斯基（Malinowski）—梅德（Mead）时代的出现，知识分子中对部族的、原始的和遥远的事物的崇拜开始表现出更为极端的形式。劳伦斯（D. H. Lawrence）如斯谴责文字的传播：

> "事实上，我们可以阻止我们的孩子学习麻风病的原理及读书看报……多数人应该永远不去学习读与写，永远不要。"④这便是那个年代一位最仁慈者的言辞。

约 30 年后，在《悲伤的话题》(*Tristes Tropiques*) 中，李维-斯特劳斯（Lévi-Strauss）描述了巴西马托格罗索（Mato Grosso）地区一位南比卡瓦拉族（Nambikwara）的小首领是如何运用文字的。⑤借此机会，列维-斯特劳斯进一步映射出书写能力在文明史

37

---

① *Gulliver's Travels*，第四部分，第三和第九章。从那之前开始，人们已经意识到读写的普及可能对财产和正教产生威胁：参见 L. Stone, *P & P* xlii（1969），84—85。

② J.-J. Rousseau, *Emile* 译本；A. Bloom（New York, 1979），117："几乎可以肯定，爱弥尔在十岁前就一定完全知道如何进行读写，坦率地讲，我认为这与在十五岁之前掌握读写并无区别。"

③ 参见 Stone 88—89。

④ *Fantasia of the Unconscious*（New York, 1922），116.

⑤ C. Lévi-Strauss, *Tristes Tropiques* 的译本；J.& D. Weightman（London, 1973），296—297 及 300。

古人的读与写

中起到的作用：

> 城邦和帝国的产生是仅有的一直有文字相伴的社会现象。正是通过城邦和帝国，大量的个人能够统一在同一政治体系内，同时被分成不同的群体或阶层……这一切似乎更有利于人们之间的剥削利用，而不是教化……如果我的假想正确，那就迫使我们必须相信：书写交流方式的首要作用是促进了奴隶制的发展。①

这段文字出自一段有重要意义的篇章，其真实性尚需进一步探究。当前完全可以称这段文字在一定程度上是矛盾的：一端是少数人通过文字将自己的意志强加于广大群众的社会条件，而另一端是满足广泛读写的条件，即大多数人可能受控于文字，但普通民众存在思想上、经济上甚至政治上独立于文字之外的可能性。②

近来，一些著作家依然认为读写本身并不一定给掌握它们的人带来任何益处（人们轻易地就会相信读与写不会自然而然地给个人带来益处）。该论点涉及的两条主线均延伸至古代。第一条主线与列维-斯特劳斯的观点紧密相连，他认为读与写是一种"对社会和文化进行控制与领导的工具"。③ 作为行使权力的手段，文字的使用引起了广泛关注。文字形式的法律条文和行政文书能够以不同的方式去帮助那些清楚如何使用它们的掌权者。该主线的另一面是宗教领域。从书写历史的早期开始，人们就认为神灵是通过文字显威的。④ "神令"不断以文字形式呈现。摩西（Moses）是最为人们熟知的传播神令的"媒介"。在希腊人之后不久，宙斯便学会了使用书板。这说明宣称宗教权力者用真实或形式上的书

38

---

① C. Lévi-Strauss, *Tristes Tropiques* 的译本；J.& D. Weightman（London, 1973），299。
② 根据 Lévi-Strauss, 300, 伴随读写能力的普及产生的是征募与无产阶级化。
③ H. J. Graff in Graff（ed.），*Literacy and Social Development in the West：A Reader*（Cambridge, 1981），4。
④ J. Goody in D. Tannen（ed.），*Spoken and Written Language：Exploring Orality and Literacy*（Norwood, N. J., 1982），211。

写文字来提高威信。

　　另外，书写文字能够促进话语的神圣化亦值得讨论。在《伊利亚特》和《奥德赛》出现写本后，它们便成为古希腊人塑造下一代性格的依据，直至古典晚期；《埃涅阿斯记》(*Aeneid*) 曾在罗马人中起到同样的作用；因此完全可以说文本文字成为文化控制的工具（某种程度上说，不了解荷马史诗的古希腊人无疑会被同胞认为是粗俗怪异的）。难道它们不是温柔的"控制工具"吗？

　　事实上，此种论据的软肋在于：霸权性和侵略性的行为会不知不觉地被社会体制的工具所掩盖，转而发展成为良性因素。文字使帝国的出现成为可能，就我们所知，只有印加人（Incas）在缺少文字的情况下建立了帝国，而他们赖以维系领土主权的是一种有效的助记性工具——绳文；① 文字对城邦的形成同样至关重要，那是否可以说城邦在很大程度上是剥削之源呢？文化控制的概念同样非常复杂，因为一部成文法典可能有弊有利，至少在法典不是过于无法传播或无法理解时如此。下文还会再回到这些问题上来。

　　论点的第二条主线是：读写对先进文化的宏观形成，尤其是对逻辑、批判以及历史的思维方式形成的贡献远不及想象中的那样卓越，无论对先前那些缺乏读写能力的文化还是具备读写能力文化中那些目不识丁者皆如此。就"读与写引发了古希腊知识文化的巨大变革"的议题，学者之间存在着严重的两极分歧。该观点最大的支持者系海乌洛克（E. A. Havelock）和古迪（J. Goody），② 另一端则是一些完全否认读与写功绩的学者。本书的第

39

---

①　J. V. Murra, *Formaciones económicas y políticas del mundo andino*（Lima, 1975），243—254；M. & R. Ascher, *Code of the Quipu: A Study in Media, Mathematics, and Culture*（Ann Arbor, 1981）.

②　尤见 E. A. Havelock, *Preface to Plato*（Cambridge, Mass., 1963），*The Origins of Western Literacy*（Toronto, 1976），*The Literate Revolution in Greece and Its Cultural Consequences*（Princeton, 1982）主要是其先前作品的翻印；J. Goody & I. Watt, *CSSH* v（1962—1963），304—345 于 J. Goody（ed.），*Literacy in Traditional Societies*（Cambridge, 1968），27—68 中重印；Goody, *Domestication*（参见 *The Logic of Writing and the Organization of Society*[Cambridge, 1986]）。古典学家的回应主要包括对海乌洛克著作进行的有理批判（如 F. Solmsen, *AJPh* lxxxvii[1966]，99—105；F. D. Harvey, *CR* xxviii[1978]，130—131）。

三、四两章以及末尾部分将再论及这一问题（欲完全解决该问题，需对古典世界文化史有完整、全新的认识）。一方面，有人认为文字使得古希腊人具备了组织城邦的可能；再者，文字使得他们能够、甚至引导他们形成一种批判的态度，因为文字允许他们得以同时作出许多可供比较的主张和定论。接踵而至的是哲学领域与科学领域的发展。文字还使得古希腊人可以在公共场所刊布法律条文，此种方式与其他方式一起促进了民主的传播。批判的态度，加之文字记录中包含的对过去发生事物的积累，带动了编史的发展。读与写，换言之：

> 使得人们可以对演讲内容进行筛选……这种筛选有利于批判活动范畴的扩展，从而带来理性、怀疑精神和逻辑的发展……由于文字以一种特殊的方式将演讲内容展现在人们面前，这就促进了批判主义的发展。与此同时，文字还有利于知识的积累……记忆存储的问题也就不再左右人们的知识生活。[1]

这些混乱且不切实际的想法已导致"技术决定论"和其他一些消极回应。近来有一位著作家声称，"文字并未给希腊人带去怀疑的、逻辑的、历史的抑或民主的观念，相反，文字为这些倾向在后来的发展提供了机遇"。[2] 接着这位著作家转向异常困难的任务，指出这些倾向在古希腊人开始书写时业已在希腊社会凸显。荷马笔下的奥德赛是以一种批判方式筛选语言的吗？如果是，那意味着什么呢？在注意到一些研究将古典时代希腊社会状况归因于读写的影响后，另一位批判家更加细微地对海乌洛克和古迪的观点提出异议，[3] 认为读写对古希腊的影响微乎其微。不幸的是，

---

[1] Goody, *Domestication* 37.

[2] Pattison, *On Literacy* 45.

[3] Street, *Literacy in Theory and Practice*, 49—56 及 62—63；参见 103—125。"科技决定论"：51。

他的论证方式不够专业，因而不具备说服力。①

　　面临诸如海乌洛克和古迪等学者所提出的观点的史学家，其反应可能是呼吁具体细节。如果古希腊人是在读与写的影响下变得更为理性、富有怀疑精神且有逻辑的话，如何才能证明其真实性呢？在城邦起源问题上，文字到底起到了何种作用；读与写的传播可能一度引出哪些民主措施和理念呢；另外，欲想知道哪些人涉及其中，即哪些社会群体或社会阶层参与了这些重大的变化。这些都是非常复杂的问题，诚然，除了读与写的传播外，还应仔细考虑一下其他的历史原因。有位著作家欣喜地注意到习得读写能力如同饮酒：根据个人所处的环境、生理和心理状况，影响可能是剧烈的，也可能是微小的。② 若多饮定会产生效果。

　　由于对读与写的认知影响了解甚少，此处不会妄下结论。读与写对个人的影响难以判断，主要是因为所谓的"读、写与生活经历中其他主要变化的共变"。③ 换言之，不能因为一个人具备读写能力就说他展现出这样或那样的心理特质，而同样的心理特质也无法说明主体就具备了读写能力。到目前为止，在当代背景下对读写能力进行探索的最系统尝试使得其著者评述道：处于研究中的人类群体（利比里亚人）并未因读写的影响而经历任何快速的知识或社会变革。④ 但这里所说的读写属特例，研究背景与古代地中海沿岸的情况有着天壤之别，因此在对古希腊人和罗马人的研究中并无直接借鉴意义。

　　对于先前缺乏读写能力，后为自己设计字母表，并逐渐将文

41

---

① 例如，斯提特（Street）认为，希腊的编年史较之以前并无进步，因为它"充斥着思想意识形态"（54）。此观点完全忽视了一些史学大家业已取得的前所未有的突破，即用批判的方法进行叙述并阐释政治事件的逻辑。

② Pattison 41.

③ Scribner & Cole, *The Psychology of Literacy 10*, 见 13 和 55；关于这一高难度课题，另见 C. R. Hallpike, *The Foundations of Primitive Thought*（Oxford, 1979），126—131。

④ Scribner & Cole 234—260.

字应用于诸多不同领域（按现在的标准揣测）的人类群体，读写可能对他们带来的长期影响其实是无法测度的。该问题超出了比较历史学的范畴，而大部分的证据均出自希腊。另外，我们不应只关注读与写的基本影响，还应注意真正的读写机制所产生的影响，即一种在社会结构和经济体系范围之内、所有成员都能触及的读写体系。实际上，欲描述读与写对希腊和罗马文化（无论是从更广的意义上讲，还是从比较狭隘的范畴讲）的影响是非常艰难的任务。

接下来的几章并不会试图全力探索该任务。因为先要解决一些重要的问题，关于希腊和罗马读与写的最基本事实需优先涉及。应遵循第一章中所采用的办法，尝试着确立古代读写能力存在的社会范畴；同时通过构想古希腊人和罗马人使用读与写的不同方式，来探索读与写在古代生活中的重要之处和不足道的方面。

42

第二部分
希腊人的读写能力与目不识丁的状况

三、读写在古风时代的传播

在公元前八世纪或之前不久，确切地说，可能在公元前 750 年之前，[①] 希腊人便创造出完善的字母文字。某位或某些不知名者将腓尼基文字转为希腊所用，并加入五个关键的符号表示元音，而这几个符号同样借鉴于腓尼基文字。[②] 我们不清楚其中的缘由，也就是说，我们不明白希腊字母表的最早使用者想要将何种信息或记录转为书写形式。可能是因为这些希腊人参与了海上贸易，所以才创造了文字，但对此我们并不能确定，甚至尚未弄清希腊人究竟是如何认识到文字的作用的。[③]

45

---

① 有关时间问题的概论，见 A. Heubeck, *Schrift* (*Archaeologia Homerica* iii. X, Göttingen, 1979), 75—76; B. S. J. Isserlin, *Kadmos* xxii (1983), 151—163; 最早的铭文，见 A. Johnston in R. Hägg (ed.), *The Greek Renaissance of the Eighth Century B. C.: Tradition and Innovation* (Stockholm, 1983), 63—68。

② 参见 L. H. Jeffery, *The Local Scripts of Archaic Greece* (Oxford, 1961), 1—40; G. Pfohl (ed.), *Das Alphabet. Entstehung und Entwicklung der griechischen Schrift* (Darmstadt, 1968)。

③ 格罗茨（G. Glotz）认为文字可以记账，见 *Ancient Greece at Work* 的译本；M. R. Dobie (London, 1926), 116; 文字可能用于库存管理，之后不久便出现了简单的商业信件。鉴于现存资料的种类，Johnston (67) 中 "在现存公元前 600 年之前的希腊史料中，并未发现许多数字" 的观点并无价值。他强调 "是出于所有权的考虑"。最近屡屡出现的 "文字被装备成一种专门的工具，扮演着口头诗歌所起到过的作用" 的观点（H. T. Wade-Gery, *The Poet of the Iliad* [Cambridge, 1952], 13—14; K. Robb, E. A. Havelock & J. P. Hershbell [eds.], *Communication Arts in the Ancient World* [New York, 1978], 23—36)，在古代便已为人所知（Diod. Sic. iii.67.1: 林努斯 [Linus] 创造了希腊字母表)。然而，该观点好像略带浪漫主义色彩，而且建立在 "一些早期文本不可用" 这一谬论的基础上，其依据是现存的最早文本无法使用（大概是因为文字刻写在易腐化的材料上)。随着与腓尼基人的交往不断频繁，文字得到了改进，这也与 "最早的文字出现在商业中" 的观点相符。

尽管腓尼基文字中有些字母已经具备元音的属性，但无论如何，加入五个元音的做法极具革命意义。[1] 公众在面临比希腊语和拉丁语更加难懂的文字时仍可习得读写能力，尽管有时人们并不这样认为，但却是符合实际的。现代许多国家，尤其是日本的实例表明：作为读写能力普及基础的文字无需与现在所使用的文字一样简单。且大多数以色列人都惯用没有元音符的希伯来语。然而在古代艰苦的教育条件下，没有基础教材可供使用，希腊字母简单且完善的特点长远看来有利于其传播。本章将详细研究从希腊字母表的产生至约公元前480年希腊字母表在社会范畴内传播的广度。公元前480年恰巧是一个合适的界线，因为能够证明读与写业已在大部分希腊人口中广泛传播的最早证据恰是该日期之前不久。

尽管现在经常有人持反对意见，但在希腊字母文字初创时期并未见对这种文字的广泛使用。[2] 现存有关希腊人读与写最初250年的铭文资料相对稀少，可能给人以错误的表象，因为刻写于陶片上的文字存留下来的概率并不高；而那些写在草纸、皮纸（曾用于记录德尔斐的阿波罗神谕）或木料（雅典人曾用其刻写法令）上的文字定然会腐烂。无论如何，现存铭文篇幅之简短，表明当时大多数希腊人极少使用文字。后来数代希腊人对文字的使用也只是局限于某些特定的目的，使用者人数亦是寥寥无几。现存数量最大的一组公元前八至前七世纪的铭文可用来确定陶器主人的身份，杰弗里（L. H. Jeffery）辑录了其中约100篇。[3] 已知还有少数带有刻文的墓碑、宗教题献与工匠签名。一些最早期雅典陶

---

[1]　Jeffery 22.

[2]　Murray, *Early Greece*; J. N. Coldstream, *Geometric Greece*（London, 1977），301 述及"读写的快速传播"；另见 A. Burns, *JHI* xlii（1981），374, B. M. W. Knox, *Cambridge History of Classical Literature* i（Cambridge, 1985），5。

[3]　已发表的最古老的希腊铭文见于迪普隆瓶 [*IG* i².919]，刻文表明该瓶为舞蹈比赛奖品；G. Annibaldis & O. Vox, *Glotta* liv（1976），223—228。图例见 Heubeck, *Schrift* 116。

器上的铭文，由于刻文中总是使用动词"graphein"并重复使用字母表中的前几个字母，隐约表明书写在当时仍是一项最为卓越的成就。①

与此同时，对几乎所有古希腊人而言，草纸昂贵且难于获取。② 尽管我们尚不清楚有组织的读写教育始于何时，但立足于公元前八世纪的视角，则很可能是几代人之后的事情。

在公元前七世纪中后期克里特岛东部的德莱罗斯（Dreros）的石刻上，出现了一些篇幅不长的法律；③ 后来的雅典人认为，他们最早的手抄本法律见于公元前七世纪 20 年代，即德拉古（Draco）时代。④ 这种观点看似合乎情理，至少其中涉及对杀人罪的处置办法。及至公元前七世纪末，其他城邦可能同样拥有了成文法律。与此同时，文字的作用可能还扩展至远距离的外交及贸易领域。开始以文字形式记载诗歌的时间颇具争议，可能是在公元前 730 年至前 700 年间，但定然早于公元前 600 年。公元前六世纪期间，

---

① 参见 R. S. Young, *AJA* xliv（1940），8。对"*graphein*"一词的重复使用见 M. K. Langdon, *A Sanctuary of Zeus on Mount Hymettos*（Hesperia Suppl. Xvi, Princeton, 1976），18—21, 46—47（她想当然地认为公元前 600 年的阿提卡"具备读写能力者与目不识丁者数量相当"）。其他早期阿提卡的字母铭文有：C. W. Blegen, *AJA* xxxviii（1934），15—16；E. Brann, *Hesperia* xxx（1961），146。古风时代希腊的字母铭文为 M. Lejeune, *RPh* lvii（1983），8。公元前 600 年之前伊奥尼亚和科林斯陶瓶上的标识，见 A. W. Johnston, *Trademarks on Greek Vases*（Warminster, 1979）。

② 参见 Hdt. v. 58.2。

③ 关于德莱罗斯，见 Jeffery, *Local Scripts* 311 no. la；Meiggs & Lewis, *GHI* no.2。某些铭文的纪年存在较大争议，此处不作讨论。根据现存证据，公元前八世纪或前七世纪的古希腊殖民地无一有建城文献。即便有 A. J. Graham, *JHS* lxxx（1960），94—111，依照现在的标准，也无法将 *SEG* ix.3（昔兰尼）复原到公元前七世纪的模样（铭文本身是公元前 4 世纪的）。或许 Polyb. xii.9.3 中提到过的洛克里斯人（Locrians）与意大利殖民者之间缔结的条约并不真实（见 F. W. Walbank 的评注），波利比阿在该问题上的论点说服力不足。

④ 据称在［Aristot.］*Ath. Pol.*41.2. *Ath. Pol.*3.4 中，前德拉古的决策记录员（*thesmothetai*?）记录下了法律（*ta thesmia*），但该资料颇具争议。

伊奥尼亚哲学家们同样在使用文字。所举例证在不同程度上均为根本性的转变。但相比于公元前六世纪中期之后形成的文字应用体系，之前对文字的使用仍很有限。

那么在希腊早期，哪些人具备读写能力呢？此类人遍及希腊各地：罗德斯岛（Rhodes）、锡拉（Thera）、克里特岛（Crete）、纳克索斯岛（Naxos）、雅典（Athens）、埃伊纳岛（Aegina）、科林斯（Corinth）、西库翁（Sicyon）、阿哥斯地区（Argolid）、拉哥尼亚（Laconia）、埃托利亚（Aetolia）、科尔居拉岛（Corcyra）、皮特库赛（Pithecusae）、库迈（Cumae）以及其他一些地区。然而，涉及具体哪个社会阶层有读写能力时，所有的一切都只是猜想。认为当时实现了"广泛的读与写"断然是错误的，但若称普通百姓在某种程度上具备条件且业已学习书写，难道没有可能是真实的吗？[①] 早期墓志铭无益于该问题的研究，宗教题献同样无济于事。有证据表明，公元前七世纪的一些石匠、青铜匠及陶工已意识到书写技能的用途。在习得书写能力后，他们大概将这种技能传给了子孙后代。[②] 显然，书写技能并未仅局限于贵族或特权阶级，但似乎只是那些有超凡进取精神或极为幸运的人才可能具备读写能力。

关于该时期女性的读写能力，目前缺乏具体的资料。但我们不得不认为绝大多数女性与读写无缘。萨福（Sappho）可能于公元前七世纪最后 25 年在莱斯沃斯（Lesbos）或西西里岛学习了读与写。尽管萨福的例证并非绝无仅有，但应将其视作一个特例。萨福的家庭在当时应属特权家庭。[③]

从社会阶层的角度看，第一批真正引人注目的文本可能是公元前 593/592 年希腊雇佣兵在阿布辛拜勒神庙（Abu Simbel）的留

47

---

① Jeffery 63 中述及了"漫不经心的刻渺"，但这种看似随意的"刻渺"也许并非事实。

② 同上，参见 62。

③ W. Aly, *RE*（1920）s. v. "Sappho，" col. 2361 提供了相关资料。

题，因为刻写者并不包括贵族、商人和工匠。[1] 留题中似乎涉及 9 位刻写者，其中有 2 位来自雅律索斯（Ialysus，即罗德斯岛），另有 2 人分别来自特奥斯（Teos）和克罗丰（Colophon）。[2] 其中的一篇留题有 36 字，另一篇有 13 字，余下的则极其简单。尽管尚无证据，但这些刻写者可能并非普通士兵。[3]

48

在荷马与赫西俄德的文本中，并未表明书写在诗人生活世界的日常领域里曾起到何等重要作用。实际上有一则闻名的例证：《伊里亚特》第六章第 168 行中出现 "semata lugra"——"晦气的标志"，用以形容阿哥斯（Argive）王子普罗托斯（Proetus）写在书板上的信，这是仅有的由某位诗人对书写技艺的谈论。[4] 单是将诗记录下来本身已是意义重大，这并不意味着当时有广大的读者群。几乎所有人都仍然以听的方式接触诗歌。唯一一部可能乍一开始就拥有了相当数量听众（亦是实际的读者）的早期诗歌为《工作与时日》，但现在看来，《工作与时日》并不是一首对农民进行说教的诗，而是智慧文学的一则范例。[5] 因此，相较于先前近东地区同类风格的作品，这首诗的读者数量不会更多。[6] 有意思的是，

---

[1] 见 A. Bernand & O. Masson, *REG* lxx (1957), 1—46; Meiggs & Lewis, *GHI* no.7。

[2] 或许这些人皆与瑙克拉提斯（Naucratis）的商业占领有关（所涉之城，见 Hdt. ii.178.2）。

[3] Bernand & Masson 20.

[4] 诗人是否认为书写对王子而言是一种有特殊目的的活动？或许他认为书写本身就是一种凶兆。他坚信普罗托斯（Proetus）之信的邪恶（非常邪恶 θυμοφθόρα πολλά, 169；邪恶的标志 σῆμα κακόν, 178）。关于其后不久将文字与凶兆联系在一起的说法，见 Archilochus fr. 224 Lasserre 或 185 West（ἀχνυμένη σκυτάλη）；另有 B. Gentili, *Poesia e pubblico nella Grecia antica*（Bari, 1984）, 26, 注释 77 中的评论。"灾难的标志"（σήματα λυγρά）或许专指线文 B，但可能性微乎其微（如见 L. A. Stella, *Tradizione micenea e poesia dell'Iliade*［Rome, 1978］, 166—167）。关于该问题的全面分析，见 Heubeck, *Schrift* 128—146。

[5] F. Dornseiff, *Philologus* lxxxix (1934), 397—415; M. L. West, *Hesiod, Works and Days*（Oxford, 1978）, 25—30.

[6] West（60）抄用原文前几行以强调这一点。

塞莫尼德斯（Semonides）和阿尔凯奥斯（Alcaeus）也了解这首诗，[①] 之所以有趣，主要是因为他们均非彼奥提亚人（Boeotians）。然而，这对了解公众的读写状况并无任何帮助。显而易见，在以文字形式记载诗歌前，古希腊史诗的吟诵者即已开始在各地巡演。

因此，目前没有碑文或文献能证明在公元前 600 年之前，相当一部分希腊人已具备读写能力。

毫无疑问，书写能力在公元前六世纪的希腊得以发展，现存铭文的数量即可证明，例如杰弗里在选目中列举了约 450 篇铭文（其中包括钱币铭文）。它们分布于广阔的地理范畴，这在某种程度上或许能够反映出读写本身的发展，但文字的功用并未产生多大变化。有观点认为这些铭文表明大量读者的存在，[②] 且毋庸置疑的是，具备读写能力的人数也有相对增长。在诸如雅典、科林斯及米利都（Miletus）等文明程度最高的城邦中，定然有数百受众，许多希腊城邦都有数十位精通读写者。至少尚无能够证明公元前六世纪后期之前存在更广阔读者群的证据。但值得一提的是，许多小邦也涉及其中。甚至已知最早的散文著作家之一菲莱库德斯（Pherecydes）——活跃于公元前六世纪中期或之前不久，尽管他一生大部分时间一定漂泊在外，但他是苏罗斯（Syros）人，[③] 这似乎也有说服力。菲莱库德斯选择散文体撰述他的宇宙起源学说，摒弃了诗体为听众和读者带来辅助记忆的便利，此举显然为其书写文本得到接受迈出重要一步。

49

---

① West 61.

② Burns, *JHI* xlii（1981），374.

③ 关于此人的证据，见 D-K i.43—51。据《苏达辞书》（Suidas s. v., iv.713 Adler）记载，"有人称"此人是第一个发表散文的人（见 G. S. Kirk & J. E. Raven, *The Presocratic Philosophers*［Cambridge, 1957］，49—50）。究竟谁是最早发表散文的人尚不能确定：H. Thesleff, *Arctos* n. s. iv（1966），90。阿那克西曼德很有可能在斐莱德斯（Pherecydes）之前写过散文（见 F. Solmsen, *AJPh* lxxxvii［1966］，104）。

　　然而，文字在公元前六世纪得以更加广泛地服务于新功用。在此之前很少见到这些新用途，抑或说只局限于极少数地区。已知雅典最早的官方司书似乎可以追溯至公元前 550 年之前。[①] 据此类人可推断：公元前六世纪的公共生活或准公共生活中越来越多地使用文字。

　　经各种揣度，碑铭材料揭示出读与写在三个新领域中的使用。最为人所熟知的是在公元前六世纪，以文字形式刻写法律并将其刊布于众的现象变得更为普遍。而在公元前 600 年以前，此举可能仅局限于少数几个城邦。从某种宽泛的意义上说，现在所掌握的关于雅典和基奥斯（Chios）的公开证据具有偶然性，[②] 但有证据表明其他城邦的类似举动。此外，从帕罗斯（Paros，600—550？）、埃雷特里亚（Eretria，550—525？）、洛克里斯（Ozolian Locris，525—500？）、埃利斯（Elis，525—500？）以及克里特岛的一些小城还留存下来一两种法律文献，[③] 甚至说这些法律的原文

50

---

① 对司书（grammateis）的了解仅局限于两篇题献：A. E. Raubitschek, *Dedications from the Athenian Akropolis*（Cambridge, Mass., 1949），第 327 及第 328 篇。其后不久，萨摩斯岛的波利克拉泰斯出现文职人员（Hdt. iii. 123），此人后来极具权势（绝非巧合）。公元前五纪伊特鲁里亚的一个类似例证，见原书 150。佩恩（H. Payne）论及三尊造像，显示出公元前六世纪最后三十年雅典司书的优越地位，详见 *Archaic Marble Sculpture from the Acropolis*（2 ed., Oxford, 1950），图版 118（E. A. Havelock, *New Literary History* viii [1976—77], 384—385 或 *The Literate Revolution in Greece and Its Cultural Consequences* [Princeton, 1982], 200—201 之中的评论有误导性）。

② 雅典：笔者不对德拉古作评论，但梭伦的法令在颁布后不久便以文字形式记录是不容否认的（见 E. Ruschenbusch, ΣΟΛΩΝΟΣ NOMOI [Wiesbaden, 1969], 62—69 中收集的证据；fr. 24 Diehl 或 36 West 中称其写下自己的法律）。最有可能的时间为公元前 594 年。现存最早的雅典法律文本是 *IG* i³.1（或 Meiggs & Lewis, *GHI* no.14），是一部约公元前 510—500 年间的"圣典法"；关于基奥斯的法律，参见 Meiggs & Lewis, no.8。

③ Paros：*IG* xii.5.105（Jeffery, *Local Scripts* 305, no.26）；Eretria：E. Vanderpool & W. P. Wallace, *Hesperia* xxxiii（1964），381—391（或 Jeffery 87, no.9）；Ozolian Locris：Jeffery 108, no.2；Elis：Jeffery 220, nos. 2, 4, 5。克里特岛的法律文本见 Jeffery, 315—316。对于尚未确定释读方法的文本，作者未加引用。

本可能也十分简短。无论如何，一两则法律刊布于众并不能说明城邦的所有人口，甚至说大部分人口会直接受到文字影响，这是毫无疑问的。然而，这些法律充分显示出一种态度的转变。当下，有人认为在我们所研究的古代城邦中，相当数量的公民有权了解法律，也有条件从书写文本中受益，且法律条文的内容是固定的。此类观点的局限性显而易见：我们所面对的并非数量庞大的法典，当时许多公民可能仍需借助他人之口去了解法律。另外，在古代的任何时期，无论是立法还是诉讼，均不可能在希腊人的日常生活中起到过重要作用。至于公元前六世纪的神圣法典，只有少数几个条目留存下来，① 据认为，这部法典拥有大量读者群的可能性更低。但重要的是，文字形式的法律或多或少地具备了某种权威性，契约的情况同样如此。现存最早的契约（其中总共有 26 个字）可能是在神灵的庇佑下签订于奥林匹亚（Olympia），签订的时间最有可能是在公元前 575 年至前 550 年间。此举是为了赋予契约一种"恒久"的效应，而契约的书写形式可能也服务于这一目的。② 另外一种有代表性的公共文本来自约公元前 500 年的雅典，其出现的形式特殊，被刻在了公有的度量衡上。③

读写发展的第二个重要体现是及至公元前六世纪末，已经有近 40 个希腊城邦将自己的城邦名，通常是以缩略形式打造在钱币上。其后不久，更多的城邦效仿此种做法。④ 这并不足以证明这些

① 如克莱昂纳（Cleonae）的法律，见 Jeffery 150，注释 6；提林斯（Tiryns）的法律，同上，见注释 8 或 F. Sokolowski, Lois sacrées des cités grecques. Supplément［Paris, 1962］，第 26 篇；阿哥斯的法律，见 Jeffery 168，注释 8 或 Sokolowski，第 27 篇。

② 毋庸怀疑，在此之前业已存在文字形式的契约。叙巴里斯（Sybaris）和塞戴奥伊（Serdaioi）立约：Meiggs & Lewis, GHI no.10。其他早期例证，见 M. Guarducci, Epigrafia greca ii（Rome, 1969），536—542。

③ 相关证据见 M. Lang in Lang & M. Crosby, Weight, Measures, and Tokens（或 The Athenian Agora x，Princeton, 1964），25—26，61—62。

④ 基于 Jeffery, Local Scripts。另见 C. Renfrew & M. Wagstaff（eds.）, An Island Polity 中的地图；The Archaeology of Exploitation in Melos（Cambridge, 1982），5：即使某些西部城邦不计算在内，仍有 75 座城邦曾在约公元前 500 年时发行钱币。

51　城邦的大多数公民已经具备了哪怕是"简单的读写能力"。不过却表明在整个希腊世界，即从黑海到意大利南部的广大区域，城邦官员通常为大规模生产的物件贴上文字标签。尽管此处所论的钱币在数量上定然十分有限，但经过许多人传递后，使人们对书写文字更为熟悉了。

　　第三组揭示一系列事实真相的资料是雅典黑绘陶瓶铭文。现在罕有公元前六世纪前 25 年的铭文资料。后来发现约公元前 575 年的弗朗索瓦（François）陶瓶备受瞩目，瓶口处至少有 129 行铭文（签名及名字）。如此密密麻麻的布局说明在所研究的社会环境下文字仍旧是新鲜事物。① 另有其他一些黑绘陶瓶揭示着同样的状况，不过在铭文的规模上逊色于弗朗索瓦陶瓶。② 更重要的还是时而出现在后来黑绘陶瓶上不明内容的刻渥（该时期的黑绘陶瓶大都无铭文），③ 因为这些刻渥既表明文字在买家（显然都是富人）中间享有很高的荣耀，又表明目不识丁对他们而言并非羞耻（来客不会因怪诞的言语而感到惊奇）。或许是由于读写水平的提高，这类刻渥在公元前五世纪早期逐渐变少。④

　　在公元前六世纪后 50 年，雅典的读写水平显著提高。庇西特拉图斯欲用铭文与纪念碑做宣传活动的尝试就证明了这一点。毫无疑问，其他城邦中那些有抱负的政客同样利用铭文与纪念碑进

------

① 关于铭文，见 M. Cristofani in *Materiali per servire alla storia del Vaso François* 或 *Bollettino d'arte*，Serie speciale i（1981），177—178。在基乌希（Chiusi）发现的陶瓶可能并非针对希腊市场而制。关于画匠对书写的态度，见 Havelock，*The literate Revolution* 37，注释 42。

② 如波士顿的两个陶杯（波士顿美术博物馆）：99. 518（波士顿波吕菲姆斯画匠）（J. D. Beazley，*Athenian Black-Figure Vase-Painters*［Oxford，1956］，198，尽管其中并未述及文字），61. 1073（Neandros）（Beazley，*Paralipomena*［Oxford，1971］，69—70）。

③ 关于该问题，参见 J. Boardman，*Athenian Black Figure Vases*（London，1974），200—201。关于公元前 575—前 500 年间科林斯陶瓶口那些无意义的刻渥，见 CVA *Sweden* fasc.2（Stockholm，1983），图 164。

④ J. Boardman，*Athenian Red Figure Vases. The Archaic Period*（London，1975），213.

行政治宣传。有一篇冒充柏拉图习作的文本，是关于庇西特拉图斯（Peisistratus）之子希帕尔库斯（Hipparchus）文化政策的，该文本记述希帕尔库斯"怀着教育公民"的意愿将诗歌引入雅典。在教完城邦公民后，他开始着手教育乡村居民。具体的做法是：在城区通往各德莫的道路上建造刻有赫耳墨斯（Hermes）头像的方形石柱，每尊石柱上均刻有"此为希帕尔库斯的纪念碑"的字样，下面还附有精辟的格言，诸如"切莫欺友！"[①] 其中一尊赫耳墨斯像石柱上的铭文留存下来。[②] 这并不是说希帕尔库斯试图系统教授公民读的能力，更不是说他认为阿提卡的所有乡下人都已经可以阅读了。确切地说，他清楚地知道每个地区都不乏能够阅读较短文本者，于是他对此加以利用，服务于政治目的。如果说这些带有家长式腔调且普遍存在的铭文能够充分揭示僭主的无上权力，也是合乎道理的。[③]

　　另有事实可表明庇西特拉图斯的子嗣非常重视书写文字，即在希庇亚斯（Hippias）被放逐前，其手中已经握有一部神谕集，神谕数量相当可观（克莱奥美奈斯［Cleomenes］将其取走，带至斯巴达）。希帕尔库斯的助手奥诺马克里图斯（Onomacritus）似乎曾帮助庇西特拉图斯家族收集神谕。希罗多德将奥诺马克里图斯描述成"神谕收集者、穆萨埃乌斯（Musaeus）神谕的编纂者"。由于篡改穆萨埃乌斯的一则预言，奥诺马克里图斯牵涉其中并一度失去了庇西特拉图斯的信任（遗憾的是，希帕尔库斯到底是因为个人信念的原因还是政治原因而反对篡改神谕，尚无法知晓，

52

---

① Ps.-Pl. *Hipparch.* 228b—229d。作者的释读（228e4—7）揭示希帕尔库斯的目标人群是那些有条件定期造访城区者。相关背景知识及推论，见最新发表的 B. M. Lavelle, *Echos du monde classique* xxix（1985），411—420。

② *IG* i².837（参见 *SEG* x.345 或 Jeffery, *Local Scripts* 78, no.35），出自科洛庇（Koropi），从该城跨越希迈图斯（Hymettus）山。其他有铭文的庇西斯特拉图斯纪念碑，见 Jeffery 78，第37与第38条。

③ 有时僭主可能想通过其他方式来展示文字的威严或神秘性，例如传说中庇西斯特拉图斯对荷马史诗的修改、庇西斯特拉图斯以及萨摩斯岛的波利克拉泰斯修建的学宫（Athen. i.3a）。

但后一种原因的可能性更大）。无论如何，此类例证可以带来诸多启示：不仅僭主认为收集书写形式的文本是重要的，且它们本身就拥有一种值得篡改的高超地位。①

53　　就在希帕尔库斯于阿提卡城区进行宣传活动之后的几年里，雅典人发明、或者说采用陶片放逐法（公元前 510 至前 508 年）。有人将此看作当时大部分男性公民具备书写能力的证据。② 只有在六千票以上表决同意将候选者放逐时，陶片放逐法才生效。③ 近来的学术研究往往得出如下结论：起初在公民大会上讨论陶片放逐，如果想放逐某位候选者，只需 201 票表决票，④ 这便降低了读与写在克利斯提尼（Cleisthenes）时代的重要性。然而，最晚至公元前五世纪 80 年代，对与会投票者的法定人数有了规定，要求至少为六千人，⑤ 如此数量的投票者绝不是短时间能够凑齐的。也就是说，当时雅典男性公民数量大致不过三万人，据认为至少有六千人能够投书写形式的表决票。换言之，他们能够将陌生人的名字刻在陶片上。

　　事实上，这远不足以成为普遍读写能力的证据。另外，按照习惯性做法，投票者只需刻写候选者的名字。⑥ 如果情况属实，即

---

① 希庇亚斯（Hippias）神谕集：Hdt. v.90。奥诺马克里图斯（Onomacritus）：雅典神谕散播者，其集作的顺序按穆萨埃乌斯神谕设定（Hdt. vii.6）。篡改的内容大致是勒莫诺斯岛（Lemnos）附近的岛屿会沉入大海。

② G. Nieddu, *S & C* vi（1982），246（"la maggioranza del corpo sociale"）；关于陶片放逐对研究雅典读写水平的实证价值，F. D. Harvey, *REG* lxxix（1966），590—593 中持相对怀疑的态度。

③ R. Thomsen, *The Origin of Ostracism*（Copenhagen，1972），66 n.23；P. J. Rhodes, *comm. on*［Aristot.］*Ath. Pol.* 22.3（p.270）。

④ C. Pecorella Longo, *Historia* xxix（1980），257—281。该趋势缘起于 *Vat. Gr.*1144（J. J. Keaney & A. E. Raubitschek, *AJPh* xciii, 1972, 87—91）部分内容的再版。

⑤ 很可能是在公元前 501/500 年前：Pecorella Longo 270—273。

⑥ 一少部分投票者不仅刻写候选者的姓名、父系祖先名和出生地（出生地不常有）：E. Vanderpool, *Ostracism at Athens*（Cincinnati，1970），8—9。另外，尽管当时书写的客观条件困难，但范德波尔（Vanderpool）与其他一些学者共同印制的选择放逐对象场景的图片，并不意味着刻字有多么困难。

便那些投票者也无需具备多高的读写能力。在考察一个藏有 191
片陶片（投票放逐地米斯托克利的陶片）的遗址时，一位洞察力
很强的考古学家发现这些陶片仅出自 14 人之手。[1] 换言之，这些
陶片在一定程度上是大规模刻制的（见图 1）。使用此类陶片者并
不一定目不识丁，可能是为了方便起见，才事先准备好刻有候选
者名字的陶片。另一方面，现实中许多其他陶片也极有可能是以
大批量刻制的，但并未像方才述及的 191 片陶片被仔细探究过。[2]

　　陶片放逐法的相关资料表明，迨至公元前五世纪 80 年代，数
以千计的雅典人至少都具备了一定的读写能力。但这无法充分证
明学校教育的情况，至克利斯提尼时代才有相当的证据揭示学校
教育。虽如此，陶片放逐法的相关资料清楚地表明，在公元前五
世纪与前四世纪之交，有一些进行启蒙教育的学校教授书写技
能。[3] 应注意到雅典不是唯一的，可能也不是最早使用陶片放逐法
的城邦。这一点十分重要，因为阿哥斯（Argos）、叙拉古、麦加
拉（Megara）和米利都均曾实施过陶片放逐。[4]

　　陶片放逐法似乎还表明文字在公众中赢得了普遍的尊重。最
能证明该论点的是：雅典人将书写文本看作是进行此类庄重事务
的恰当方式。

　　在克利斯提尼时代，雅典人还认识到文字在公民生活中的其
他功用。尤其从该时期起，阿提卡各德莫似乎开始使用文字对公
民登记注册。[5]

54

---

[1]　O. Broneer, *Hesperia* vii（1938），228—243.

[2]　如果十四种笔体未在该处废弃选举场的同一贮藏点，则是很难发现的。认为
　　陶片放逐的"心理依托"是口头方式（Havelock, *New Literary History* viii
　　[1976—1977]，383 或 *The Literate Revolution* 199）不合理。但从上文所提到的
　　"乐观者们"对放逐法的推论来看，这些人已入误像。

[3]　Marrou, *Histoire* 83.

[4]　阿哥斯：Aristot. *Pol.* v.3.1302b18（将阿哥斯列于雅典之前）；叙拉古：Diod.
　　Sic. xi. 86—87（放逐法被称作 *petalismos*，因为那里的选举者将文字写于叶
　　子上）。关于麦加拉及米利都，见 Schol. Ar. *Eq.* 855.

[5]　C. Hignett, *A History of the Athenian Constitution*（Oxford, 1952），136.

古人的读与写

公元前六世纪后期，雅典文字形式的神谕集提出一个显然无法回答的问题，即文字最早是在什么时候应用于神谕的。德尔斐神谕通常以口头形式出现。那些被派往向神请示的人可能写下神的教诲，[1] 这种现象在古风时代后期可能越来越普遍。但另一方面，无论如何，文字显然不是神谕传播的必要组成部分。至于文字在宗教领域的其他功用，现存确凿证据证实，有些地方在公元前六世纪业已开始使用带有文字的诅咒板。[2]

由上所见，至公元前六世纪末，文字进一步扩展了在文学、公民生活、政治以及宗教等领域的功用，取得了长足的发展。尽管该时期的现有证据尚不足以草拟一份清单，有条理地列举文字在古典时代可能发挥的作用，但绝不能忽视文字在公元前480年之前数十年中的其他一些功用。

55　　　有一个令人费解的指控领域，即文字在法律事务中的使用。雅典人最终发明了一种叫作"graphe"（意为"书写"）的法律程序，同时大量使用书写文件服务于特定的法律目的。文书是从何时开始在法律事务中发挥作用呢？"horoi"，即土地界标，在阿提卡用于标记负债人的土地，后被梭伦（Solon）移除。认为界标上有刻文是颇具诱惑力的想法，不过事实可能并非如此。至于"graphai"，据传是梭伦在赋予所有公民"代伤者索要赔偿"的权利时创建的。[3] 不过并没有哪位希腊著作家曾出此言论，且直至公元前五世纪20年代才首次出现了对"graphai"的提及。[4] 事实上，现在并无关于雅典人在公元前六世纪使用遗嘱或契约的证据，即使到了公元前4世纪，文字在雅典人的遗嘱或契约领域所发挥的作用仍微乎其微。虽然这些不起眼的论点并无过高价值，但我们

---

① Hdt. i.48（德尔斐的吕底亚人）可反映出这是长期行为；Eur. fr. 627 Nauck（皮纸上的阿波罗神谕）同样如此，相关内容不大可能是以文字形式提交的。

② 见原书83，注释83。

③ ［Aristot.］*Ath. Pol.* 9.1；A. R. W. Harrison, *The Law of Athens* ii（Oxford, 1971），76.

④ G. M. Calhoun, *TAPhA* 1（1919），180.

需要做出如下猜想：至少在希波战争前，个人法律事务并未在多大程度上使雅典人参与书写。

　　另一个问题是信件。在公元前八世纪与前七世纪期间，希腊人开启了远程殖民与贸易的世界，这似乎是信件产生的自然条件。撇开普罗托斯（Proetus）的例证不谈，现在掌握信件资料的匮乏似乎是偶然现象。目前看来，最早的历史信件来自公元前六世纪二十年代初，是萨摩斯岛（Samos）的波利克拉泰斯（Polycrates）与阿马西斯王（Amasis）之间的通信。① 但一封最具价值的早期信件留存下来，是约公元前 500 年刻于铅板上的私人信件，发现于黑海北岸的布列赞岛（Berezan）。② 信件的编辑者与写工的愚笨是件趣事，但最重要的是从中可以看出：当时即便是普通希腊人也清楚文字可以用于远距离交流。另外还需注意，信件的作者之所以写信，是因为他身处极度的痛苦中（面临着被奴役的危险），③ 这条消息显然是发往米利都的子邦奥尔比亚（Olbia），抑或是从那里发出的。这封信很有代表性：说明此时已可以书写困境求救的信息，但作者可能受限于书写材料的不便，他可能勉强知道如何表达自己的境况。④

　　简言之，欲弄清文字在当时的重要性极为困难。文字一直被少数特权者所使用，而广大的乡村人对文字则鲜有耳闻或漠不关心。然而，对于相当数量的城邦居民而言，书写文本有时会涉及利益，甚至是至关重要的。

56

---

① Hdt. iii.40—43.

② 见 Y. G. Vinogradov, *VDI* cxviii（1971），74—100；J. Chadwick, *PCPhS* xix（1973），35—37；B. Bravo, *Dialogues d'histoire ancienne* i（1974），111—187；J. & L. Robert, *Bull. Ep.* 1976，251—252 等相关资料。本书参照杰弗里（L. H. Jeffery）的断代，Chadwick 35 中有引用。

③ 与之相关的是：该信件自称为 τὸ μολίβδιου（铅管）。作者很可能不清楚选用哪个词表述 "letter"。

④ 对于另一份发现于西班牙恩波里翁（Emporion）、刻于铅板上的商业信件，可能由一位弗凯亚人所刻写，见 E. Sanmartí & R. A. Santiago, *ZPE* lxviii（1987），119—127。时间大概是公元前 5 世纪的前 25 年。

古人的读与写

那么，最早的希腊学校的情况又是怎样的呢？① 公元前六世纪时定然已经存在一些学校。倘若先前述及的有关启蒙学校的法律确由卡塔纳的立法者卡容达斯（Charondas）颁布，那么他应该站在了古希腊教育的历史开端。但该法令更像是公元前五世纪四十年代或后来制定的。② 我们手中所掌握的有关学校的具体证据，最早的是公元前496年的基奥斯、前五世纪九十年代的阿斯图帕拉埃亚（亦在爱琴海的东南部），以及极富争议的前480年的特罗伊曾（Troezen）。③ 另外，埃里安（Aelian）所讲述的关于密提林岛（Mytilene）的故事也极具诱惑力。故事暗示密提林及其全部属地均设有教授"识文断字"的学校，故事中的时间与上文几个例证大体相同，抑或更早。④ 无论如何这些例证均具偶然性，无法揭示学校在当时是否为新事物。至于梭伦提议的学校教育法令显然是不切实际的。⑤ 尽管如此，实际上仍可以肯定，及至希波战争时期，雅典已经拥有一些传授"知识"的学校。⑥

在述及基奥斯和阿斯图帕拉埃亚的例证时，最引人注目之处是其中涉及大量儿童。在基奥斯，曾有120名男童正在学写字，恰逢屋顶坍塌，只有一人生还。为方便论证，如果我们假设每5年为一个学龄群，那么得到的结果非常有趣，即至少有2000位自

57

---

① 我们无需强调在该时期末，相当一部分希腊人即使在没有学校教育的情况下仍然学习了读与写。在古典时代，学校教育的主要职能仅停留在教授习字的层面（Xen. *Cyr.* i.2.6）。

② 见原书98。

③ 基奥斯：Hdt. vi.27.2；阿斯图帕拉埃亚：Paus. vi.9.6—7；特罗伊曾：Plu. *Them.* 10.5。

④ Aelian, *VH* vii.15 "当密提林人统治海域时"，他们禁止叛军教授孩子习字或其他技艺以示惩罚。根据 E. Ziebarth, *Aus dem griechischen Schulwesen*（2 ed., Leipzig & Berlin, 1914），32，注释6中的说法，该故事并无价值。

⑤ 参见 Ruschenbusch, *ΣΟΛΩΝΟΣ NOMOI* 110；P. Schmitter, *Die hellenistische Erziehung im Spiegel der Néα Κωμῳδία und der Fabula Palliata*（Bonn, 1972），112—115。

⑥ 尽管海乌洛克称"有组织的初级水平阅读机制传至雅典学校的时间不可能早于公元前430年"，见 *New Literary History* viii（1976—77），371 或 *The Literate Revolution* 187；关于陶瓶刻绘的证据，请见下文。

由民将他们的孩子送至这所学校。① 在阿斯图帕拉埃亚一处保桑尼阿斯专门称之为"学校"的屋舍里，奥林匹亚拳击手克莱奥米德斯（Cleomedes）造成屋顶坍塌，致使 60 名男童身亡。② 实际上，这些数字使我们相信：至公元前五世纪 90 年代，几乎所有的希腊富人及一部分穷人将自己的儿子送去学习。据普鲁塔克记载，在公元前五世纪 80 年代，特罗伊曾城支付那些教授从雅典撤离过来的男童教师薪水，相比而言，这则故事的可信度更低。③ 经观察发现，前两个相对真实的故事均出自上文述及的爱琴海东南岸，密提林岛距此不远。

　　对大量男童（尽管一些地方可能存在女童接受教育的情况，但目前尚无证据）进行有组织的教育活动是一项了不起的创新，但尚未发现哪位希腊著作家曾提供这方面的资料。这种教育最有可能缘起于为宗教节日进行的有组织的唱诗训练，但尚不清楚训练是何时转变成教学活动的。诚然，有理由去设想早期学校更愿意进行音乐和运动项目的训练，而非教授读写。这看似与阿里斯托芬（Aristophanes）的想法一致，④ 且海乌洛克也如此认为，他宣称在公元前 430 年之前，雅典的学校并没有进行过多少有组织的书写教育。⑤ 尽管"希罗多德了解公元前 496 年基奥斯地区学校教育的情况"的观点不能完全为人所信，不过他很有可能了解当时

58

---

① "孩童"（paides）一定都是男童。关于构成五年为单位的学龄人口比重问题，见 B. W. Frier, *HSCPh* lxxxvi（1982），尤见 245。

② 依旧是"paides"的问题。相比于希罗多德的说法，该故事并不足信。保桑尼阿斯继续讲述了克莱奥美奈斯人如何在阿斯图帕拉埃亚岛被尊为英雄的传奇故事。该岛很小（1951 年的人口为 1789）。

③ 相关细节显示是一位尼卡戈拉斯（Nicagoras）人提出该法令，这支撑了故事的可信度，揭示着雅典和特罗伊曾的孩子们通常会去学校，但显然并不是所有的社会阶层均如此。参见 A. R. Hands, *Charities and Social Aid in Greece and Rome*（London, 1968），125。Ziebarth, *Aus dem griechischen Schulwesen* 32—33；C. Habicht, *Hermes* lxxxix［1961］，20—21 两份研究认为该故事并不足信。

④ Ar. *Nub.* 963—976；参见 *Eq.* 987—996。

⑤ 同上，见上页注⑥。

古人的读与写

在类似于他所生活的城邦内提供的是何种教育。根据公元前五世纪雅典陶瓶上所描绘的学校场景，可以确定"习字"是当时雅典学校课程安排的一部分，抑或是全部内容。[①] 如此说来，相比于阿里斯托芬其他对历史的推想，其有关学校教育的言论可信度较低。

如此说法仍无法解释古风时代的希腊人缘何决定将他们的儿子送至学校，学习读写及其他技能。这样的决定可能是基于物质上的优势（不过对大多数人而言，物质条件并不充裕），或是基于对社会地位的觊觎、基于文字在公民生活中的价值，也可能基于让男童能够进一步接触荷马史诗的愿望（荷马史诗中的内容在学校教育中最为常见），抑或是这些动机的任意结合。欲解决上述问题，需对古风时代希腊人的思想状况有更深层次的认识，仅凭现有的资料远远不够。也就是说，尚不能明确地阐释笔者称之为"工匠读写能力"的读写水平在希腊世界的传播。

现在可以尝试性地概括在古风时代的希腊，就具备读写能力的希腊人数量问题而言，我们到底了解多少（所知并不多）。在第一章中所建立的社会大环境，换言之，由于当时缺少有利于读与写传播的社会、经济以及技术条件，迫使我们不得不仔细审视所有宣称"古希腊的读写水平很高"的支持性言论。然而，至公元前480年，某些城邦中的一些希腊人可能已经掌握了接近于"工匠读写水平"的读写能力。

在上文引用的所有证据中，陶片放逐（不仅仅是雅典）与学校教育给我们留下了一些极为深刻的印象。表明至古风时代末期，在一些希腊城邦中，不仅存在少数待在家里却具备良好的书写能力者，而且肯定有极少数人（至少在男性公民中如此）在读、写方面均达到一定的水平，只不过能力仍有限罢了。除此之外，这些证据似乎没有更多价值。

有一则证据似乎表明约至公元前480年，读写业已取得长足的发展，它是希罗多德记载的阿尔特弥斯战争后地米斯托克利

---

① 见原书97。

的故事。从大的背景看，故事的准确性遭到严重质疑。据称，地米斯托克利绕过波斯船队可能会集结的水域航行，并给薛西斯（Xerxes）的伊奥尼亚水军写了一封爱国动员书。希罗多德提供的87字动员书其实是自己编纂的。据他记载，地米斯托克利的目的可能是赢得伊奥尼亚人支持或是离间计，让薛西斯失去对希腊盟军的信任，[①] 乍一开始动员书并未奏效。[②] 尽管相比于大部分其他地区的希腊人，当时伊奥尼亚人具备读写能力的可能性更大，但希罗多德无论如何也没有考虑到并非所有士兵都有能力自己阅读这封动员书。在地米斯托克利或希罗多德所记载的年代，认为所有的普通士兵都具备阅读能力的想法显然是自欺欺人的。

59

爱琴海东南岸（覆盖从基奥斯到罗德斯岛的广大区域）在读与写传播方面特殊的特殊性质，从阿布辛拜勒神庙（Abu Simbel）内的刻渤至后来的整个古典时代均显露无遗。也许还应加上莱斯沃斯，尤其是如果"学校在当地很早就发展起来"的观点属实的话。迄今为止，还没有哪条证据能够最终证明该地区的城邦比希腊其他地区的读写水平高出一筹。不过，似乎在我们发现关于希腊化时代和罗马帝国时期的强有力证据——相对发达的学校教育体系的证据之前便可以推断：当时伊奥尼亚和多利亚居民可能已经形成一种确保将大多数孩童送至学校接受读写教育的传统。或许这就是为什么从公元前575年至前550年这一时期后，伊奥尼亚文字一直体现着草书体的影响，似乎连泥瓦匠都习惯了书写。[③] 另外，伊奥尼亚文字这种假设出来的杰出性，或许能够解释伊奥尼亚字母在希腊其他地区传播的现象（见于墓志铭），否则该现象难以解释。

---

① Hdt. viii.22。除其他因素外，这段文字因篇幅过长而不足信。希罗多德的记述服务于其笔下地米斯托克利足智多谋的形象（S. West, *CQ* xxxv［1985］，286）。另见 R. W. Macan 的评论。

② Hdt. viii.85.2.

③ 相关实证，见 Jeffery, *Local Scripts* 57, 327；Havelock, *The Literate Revolution* 22 中认为最早的学校见于伊奥尼亚。

对于读与写未在古风时代的希腊广泛传播的说法，除一些宏观的考虑因素外，还有一些具体的迹象。前文业已述及一些诸如此类的资料，例如出现于公元前六世纪雅典陶瓶上的粗刻，第四章中还会出现更多。作为能够揭示"在约公元前500年的克里特岛，真正具备读写能力的男性寥寥无几"的证据，我们可以提及由某个城邦（可惜无法辨认）与一名斯潘斯狄奥斯人（Spensithios）签订的合同，任用此人为公共写工（poinikastas）及档案保管，合同中开出的条件相当慷慨。①

综上可以得出如下结论：古风时代希腊社会的读写水平无非停留在较低层次的工匠读写水平。按照先前提到过的界定方法，如果说总人口中有10%具备读写能力便是惊人的数据了。然而，只要达到工匠的读写水平，无论程度如何，均是了不起的成就。究其原因，尽管读写发展的基础是字母表，但如果没有其他领域的共同发展，这种创举可能会失去意义。

关于何种力量将中世纪晚期写工的读写水平转化为工匠的读写水平，目前存在一种普遍的理论，即高度强调行政文件、商业文件，以及使用这些文件的意愿。②据认为，正是类似的意愿对希腊，尤其是公元前六世纪以后的希腊产生难以估量的影响，对早期希腊历史持美好而乐观观点者反对这种看法。尽管如此，该论点还是有一定道理的。城邦、远程贸易及重装步兵式的战事业已对希腊的生活产生深远影响，及至公元前六世纪，已兴起一种强有力的公民意识。因此，随着文字在公民生活中极其重要的作用（用于书写法律条文、做记录、进行宣传活动，以及实施陶片

---

① 关于这份合同，见 L. H. Jeffery & A. Morpurgo-Davies, *Kadmos* ix（1970），118—154；H. van Effenterre, *BCH* xcvii（1973），31—46 等。这份可世代传承的合同赋予他诸多特权，包括地方行政官（*kosmoi*）权利。

② H. Lülfing, *Johannes Gutenberg und das Buchwesen des 14. und 15. Jahrhunderts*（Munich, 1969），12—24；M. T. Clanchy, *From Memory to Written Record*: *England*, 1066—1307（Cambridge, Mass., 1979）；E. Eisenstein, *The Printing Press as an Agent of Change*（Cambridge, 1979），i.62.

放逐）愈发显著，凡有能力支付学费者皆会自发将男童送去学习，哪怕只是学习简单的读与写。有能力支付学费的人至少都是重装步兵以上的阶层。能够处理复杂书写文本的能力或许会增加古希腊人在其阶层中的政治自信。尚无可靠证据证实"受人尊崇的公民必须能够识文断字"的理念在古风时代就已开始盛行，但它的根源定然是在古风时代。

新型教育的影响是复杂议题，例如，它将《伊利亚特》和《奥德赛》中不可取的英雄主义、尚武与宗教理念植入众多普通希腊人的思想中，这种植入是有争议的。

至于读写文化，或更确切地说，半读写文化的出现所产生的更为广阔影响，至少希罗多德给出了一点启示。因为他宣称是赫希俄德和荷马"创造了希腊神谱"，赋予了众神的神职，区分了他们的荣誉与技能并理清他们的排列次序。① 虽然希罗多德未曾如此评述，但赫希俄德和荷马的文字（而非任何早期思想家）之所以成为宗教事务中的权威，是因为这些诗人进行书写，包括柏拉图的《理想国》在内的诸多文本表明确是如此。他们在宗教事务中的言论逐渐成为该领域中最古老的知识。关于文字是如何将知识神圣化的问题，恐怕没有更为清晰的例证了。

我们将希腊古风时代视为一个革命性的时代。继而又会出现这样的问题：读与写及其传播对社会巨变产生了多大影响？每每提及读与写的发展，人们不禁会想象其所带来的巨大影响，这种影响不仅体现在文学（严格地说，文学的发展并不依赖"读懂字母表"）、城邦、民主、哲学及史料编纂等领域，还包括理性认识的提高。现阶段只能就该问题做一些简单的评论，仅此而已。

公元前八世纪少数希腊人所掌握的书写能力并未能促使城邦的兴起，甚至不足以提供城邦产生的基本前提条件。现在的问题是，城邦观念的兴起是否先于广泛工匠读写水平的出现（如前文所示），还是两者以相反的顺序出现。它们的出现都历经漫长过程且难以追

61

———————————

① Hdt. ii.53.

溯产生的时间。毫无疑问，即便是最低层次的读写能力，也会使城邦相对复杂的经济生活方式（如大型的、有秩序的市场）变得容易。从某种意义上说，城邦与读写之间是相互促进的。然而，如果将最早的文字形式的法律与公共集会的证据看成是古典城邦与古典观念开始形成的标志，则未免过于超前，因为公元前六世纪晚期及前五世纪早期的证据才揭示读与写业已取得卓越的发展。

读与写的兴起是如何影响古风时代政治权力的分配呢？这个问题更加难以回答。因为雅典是唯一可以在细节上追溯到早期发展的"民主实体"（当然，此处所讲绝非理想意义上的民主）。但即便是诸如克利斯提尼改革这样的核心政治问题，现在仍极富争议。那些民主政客们从未将"培养读写能力"看成一项公共事业或议题，他们对此并不感兴趣。他们未曾将普遍的读写能力看作是民主政府的标志或必需物；同样，他们也没有意识到民主政府应促进读与写的发展。公民政府在希腊的产生明显与非贵族公民信念的提升相关联，抑或说有一定的联系，因为他们坚信自己的价值、权利和应尽的义务。这样的信念鼓励古希腊人识文断字，并让男童接受读写教育。如此便促进了读写能力的广泛传播，为陶片放逐提供了先决条件。文字可以通过各种各样的方式服务于民主，但也可能阻碍民主的发展，希帕尔库斯的例证系为反例，但读写与民主之间必然存在联系。可以提出如此假想：读写能力给雅典男性自由民带来的自信，尤其是处理复杂的管理事务的能力，使得统治阶级更加难以限制他们的政治权利，如若没有读写带来的影响，欲限制公民的政治权利便不会如此困难。然而，这样的进步是公元前五世纪80年代及之后所取得的。同样的态势也出现在大多数其他的希腊城邦中，但这种因果联系存在不确定性，因为在基奥斯和米利都等可能拥有大量具备读写能力的公民城邦，民主治邦时常遇到困难。

读写的兴起与早期哲学发展之间的联系更加难以捉摸。但像读写与民主一样，两者之间亦存在联系。至少早期伊奥尼亚哲学家通过书写方式保存并传播思想的欲望，不可避免地开创了一种相对基础的对话体系，因为所有志向远大的思想家均在不断挑战前辈的观点，即便是他们最为尊崇的前辈。由此不难发现，读写本身并未导致对宇宙万物、自然现象的思辨态度，因为相信书写形式的作品的权威性或许很容易（尽管该论点与前文那些极其困难的问题相悖）。

希腊哲学的历史从未彻底探究过读写与哲学发展的关系。[1] 米利都的（而非泰勒斯人）阿那克西曼德（Anaximander）和阿纳克西美奈斯（Anaximenes）是最早的思想以文字形式被保存下来的哲学家，[2] 但他们的影响成为最扑朔迷离的问题。亚里士多德之前未曾有人提及过这些人，更不用说他们的著作了。[3] 事实上，迄今所知，古代哲学家的文字记述在生活的年代及随后不久的年代均产生了强烈反响，最早的当属克罗丰（Colophon）的色诺芬。[4] 值得注意的是，他的著作并不是以散文论著的形式撰写的，而是以能够被公众所接受的诗歌形式。其作品创作的年代颇具争议，但不大可能早于公元前六世纪的最后 25 年。赫拉克利特的情况说明：在色诺芬之后的一代哲学家中（再次出现了时间问题），书写仍是成为一名哲学家的必要条件。在亚里士多德看来，赫拉克利特的书难以读懂，[5] 但却因其观点而广为流传。[6]

63

---

[1] 关于该问题，G. E. R. Lloyd, *Magic, Reason and Experience*（Cambridge, 1979），239—240 中提供了一些有价值的评论。

[2] 据 Themistius *Or.* xxvi.317 记载：泰勒斯的劲敌——阿那克西曼德是第一位敢于公开发表自然说（*logos*）的希腊人（最早的时间约是公元前 580 年），其内容可能非常简短（Diog. Laert. ii.2）。Clem. Alex. *Strom.* i. 78 对阿纳克萨哥拉（Anaxagoras）的描述模棱两可，所指可能是阿那克西曼德的丰功伟绩。

[3] W. K. C. Guthrie, *A History of Greek Philosophy* i（Cambridge, 1962），72.

[4] Guthrie 368。虽然出生于克罗丰，但他一生大部分时间可能在西部拓殖地度过。

[5] 有关赫拉克利特（Heraclitus）探寻最佳交流方式的迫切心情，见 Havelock, *BICS* xiii（1966），57 或 *The Literate Revolution* 245—246。赫拉克利特可能希望将其著作的唯一副本、三部分的 "自然说"（Φυσικὸς λόγος）以及他对物质世界的言论保存在以弗所（他的故乡）的阿耳特弥斯神庙内（参见 Diog. Laert. ix.6）；另见 M. L. West, *Early Greek Philosophy and the Orient*（Oxford, 1971），5.

[6] 出现在已知最早哲学家名录（Plato，见 *Prot.* 343a）中的七圣贤非常符合古风时代希腊的特色。迄今所知，这些人中仅有一位曾为公众书写，那就是梭伦，此举主要是出于政治原因。名单写出后即可长期保存。

古人的读与写

对于上文述及的这些古代哲学家，我们还想弄清楚他们的思想以文字形式传播的广度。他们会以文字形式彼此回应各自的观点吗？可惜的是，探究读与写对早期希腊哲学的影响超出了本书的研究范围。①

从某种程度来讲，现在仍无法厘清古风时代希腊的读写水平。不用说古希腊的其他地区，即便是伊奥尼亚和雅典，通读写者与具备一定读写能力之人的数量仍然无法确定。另一方面，尽管与所谓的"广泛的读写能力"相去甚远，但可以肯定的是许多地区实现了略高于写工读写能力的水平。无论如何，有足够多的古希腊人学习读与写，使得读写的功能得以稳定地发展，其中以公共生活领域最为明显。读写功用的发展使更多人意识到，应该让他们的儿子甚至是女儿成为具备读写能力的人。

64

---

① Hecataeus, *FGrH* 1 F1 提出一个类似问题："这些东西在我眼中是什么样的，我就怎么写。因为在我看来，古希腊故事数量众多且内容荒谬。" F. Jacoby, 2 ed., 535 认为赫卡塔埃乌斯（Hecataeus）反对"书写"，但此观点的可信度不高。

四、读写在古典时代的发展与局限

回溯公元前六世纪末期，目前能够证明该时期希腊人读写能力与目不识丁状况的证据极其有限；对于公元前五世纪，我们的处境同样尴尬，但就目不识丁状况而言，现已掌握一些直接的证据，对希腊社会（至少雅典）的日常生活也有了更具体的认识。

现存公元前五世纪与前四世纪有关于读写能力的证据大都出自雅典。在该时期的希腊人中，雅典人在读写能力方面是否为典型尤其值得怀疑，事实上他们可能无法代表所有的希腊人。从公元前五世纪 80 年代起，雅典成为最富裕的城邦，后来一度自称为"希腊的学校"。当时的雅典相对较民主，任何未曾参与政治的人均被视作"无用者"，至少"葬礼演辞"中如此宣称。① 虽然这种理想的民主观念一直远未能完全实现，但绝不仅是伯里克利（Pericles）的个人幻想。相比于色萨利（Thessaly）、弗基斯（Phocis）、埃利斯等地区，雅典的读写能力可能高出许多。实际上，"古典时代斯巴达"的读写能力可能极其低下。

雅典不同于希腊大部还体现在另一方面，即其广阔的地理范围。这一因素定然对读写能力水平产生过负面影响，而整个"希腊城镇化的程度"这一棘手的问题亦与此相关。了解总人口中多大部分生活在城邑或非常接近城邑，进而从城邑所开设的学校与其所提供的其他有利于读写能力发展的条件中受益会有重要的意义。希腊

---

① Thuc. ii.41.1, 40.2.

经济尤以农业为主的特点同样须予以重视。然而，如第一章中所见，足够大的城邑并非读写发展的必要条件，希腊的小地方亦可能供养起学校校长，如上文述及的阿斯图帕拉埃亚（Astypalaea）与将要论及的穆卡莱索斯（Mycalessus）两地即可为例。与此同时，还应牢记城邑居民与乡野村民之间的模糊界限——某些城邦（poleis）幅员甚小，很大一部分农耕者可能居住在城区，至少一年中的大部分时间如此。但即便在公元前431年雅典这座帝国都城达到鼎盛时，大多数雅典人仍居住在乡村，这是事实。修昔底德（Thucydides）曾专门述及这一点。[1] 不过他只是在某种程度上对雅典与其他城进行区分，所以这一问题需要再论；[2] 其他著作家对解决此问题也无甚助益，对此所能做的只是给予关注。

读写的作用

考虑读写能力在古典时代希腊普及的程度之前，须回溯公元前479年至前323年期间文字功用的渐进过程。

该时期的若干剧作赞美书写能力，所表达的情感在某些方面存有争议，但重要的是认清相关诗人欲在公众前指出文字的益处。在戏剧《被缚的普罗米修斯》（Prometheus）中，被塑造为文字发明者的主人公将文字描述为记忆的全能助手以及"缪斯宠幸的工匠"，但剧作中没有更详细的描述。[3] 在业已遗失的欧里庇得斯剧作《帕拉麦德斯》（Palamedes）中，同样被认为是文字发明者的

---

[1] Thuc. ii.14.2。城邑与乡村德莫之间的关系，仍见 B. Haussoullier, *La vie municipale en Attique*（Paris, 1884），178—200；可参见 D. Whitehead, *The Demes of Attica 508/7-ca. 250 B. C.*（Princeton, 1986）。

[2] 戈姆（A. W. Gomme，对15.1的注释）认为，他只是在对雅典与科林斯和米利都等高度发达的城邦进行区分。古典时代雅典乡村聚落这一大的问题，见 E. Ruschenbusch, *ASNSP* ser. 3 xiii（1983），171—194；R. Osborne, *ABSA* lxxx（1985），119—128 以及后者的 *Classical Landscape with Figures*（London, 1987），53—74。

[3] Aesch. *PV* 460—1（ἐξηῦρον αὐτοῖς γραμμάτων τε συνθέσεις, /μνήμην ἁπάντων, μουσομήτορ᾽ ἐργάνην）。高尔吉亚（Gorgias）将文字描述为"记忆助手"（μνήμης ὄργανον, 82 BIIa.30 D-K）。

主人公为文字献上一篇篇幅更长的颂词：文字使人得以了解海外所发生的一切（笔者在此处考虑的应是书信）；文字帮助传赠遗产（因为文字使得财产清单成为可能）；文字可以解决争端等，但这些似乎并未详尽主人公的列举。在欧里庇得斯的戏剧《乞愿者》（*Supplices*）中，提休斯（Theseus）颂扬了文字形式的法律。[①] 因此，对于公元前五世纪后期雅典参加戏剧表演节中那些比较细心的人而言，亚里士多德所宣称的文字所具的四种功用——赚钱、管理家政、学习以及处理公民事务[②] 中的任何一种，均不可能令他们感到任何的惊讶。

66

可以从亚里士多德所举文字的前两项功用着手，展开更为细致的研究。文字在劳作、金钱与贸易的世界里曾起到哪些作用呢？及至此时，阿提卡一份大财产的管理自然会涉及文字。该问题方面的主要著作为色诺芬的《经济论》（*Oeconomicus*）。在该著作中，庄园主伊斯科马库斯（Ischomachus）与其久病卧榻的妻子在某种意义上均属具备读写能力者，并利用文字治家，丈夫将自己所列账目交予妻子过目。[③] 然而，这户人家实际上处于公元前五世纪雅典社会经济等级的最上层，更何况有理想化的成分；据认为，伊斯科马库斯一度拥有价值超过 70 塔兰特的财产。[④] 显然，色诺芬宣扬伊斯科马库斯使用文字形式的文件是件趣事。毫无疑问，色诺芬自己同样使用书写文件。笔者认为富裕家庭的丈夫具备记录账目的能力且确实会这样做，而妻子能够读懂这些账目，无论如何，这种偶然的想法却也极有可能是真实的。据传，一位处在同一社会阶层的富有监护人拥有在许

①　Eur. *Palam.* 582 Nauck，*Suppl.* 433—437（原书 76 有引用）；德莫克利特（Democritus）从不同的角度宣称（68 B179 D-K）学习文字会帮助男童养成谦逊（*aidos*）的性格。

②　*Pol.* viii.3.133 8a15—17.

③　Xen. *Oec.* ix. 10.

④　其生平的详细资料，见 J. K. Davies, *Athenian Propertied Families*, 600—300 B. C.（Oxford, 1971), 265—268。

多领域投资的背景，他对自己的监护职责进行了文字记录，吕希亚斯（Lysias）在约公元前 400 年撰写的一篇演辞中述及这名监护人的活动；演讲者向陪审员描述这些记录，但缺乏具体细节。①

　　然而，没有丝毫的理由认为普通的希腊农耕者曾使用文字。一些地区的农耕者可能具备读写能力，但即便如此也并非出于经济需要。一个稍显天真的论点将斯特瑞普西亚德（Strepsiades）从《云》中提炼出来作为证据。阿里斯托芬将斯特瑞普西亚德刻画为可以记录某种形式的账目。② 由此看来，及至公元前 423 年，一部分雅典戏剧观众已熟悉文字记录的概念。另一方面，即便这一幕意味着某位普通农民能够记账，却并不能表明"住在乡下未受过教育的老人"普遍都能记账，即具备读写能力。③ 至少在某些时候，斯特瑞普西亚德被视作富人——他并非普通农耕者，而是乡村的庄园主。④ 即便不完全具备读写能力也可以记录某种形式的账目，而且当斯特瑞普西亚德与债主发生分歧时，并未参照书面凭证。⑤ 由于《云》为喜剧，其实证价值略打折扣。在琼森（Jonson）的戏剧《人各有癖》（*Every Man Out of His Humour*，1599 年）中，"令人厌烦的"乡巴佬索尔迪多（Sordido）大部分时间都在阅读年鉴，这提供了一些关于戏剧观众的资料，但从中却得不到任何有

67

---

① Lys. xxxii. 19—22。关于狄奥基顿（Diogeiton）与狄奥多图斯（Diodotus）的家境，见 Davies 151—154。

② Ar. *Nub*. 18—24：κἀκφερε τὸ γραμματεῖον，可能被认为是表层打蜡的木板。要注意的是仅作为书写材料，"grammateion" 是如何轻易地成为现代意义上的"分类账"或"账簿"的，对此见 F. D. Harvey，*REG* lxxx（1966），612（本章用大篇幅驳斥哈维的结论，但就之前所著的有关于古希腊读写能力的著作，哈维的文章向前迈出了重要一步，一直是必不可少的读物）。

③ Harvey 611—613，由于疏忽了社会差异，文中对文书在古典时代雅典功用的阐释受到影响。对斯特莱普西亚德社会地位的讨论，见 K. J. Dover's comm.，pp. xxvii-xxviii。

④ 见 *Nub*. 41—47 等。

⑤ *Nub*. 1214—1302.

关英国农民的信息。在喜剧中，一位挥金如土的败家子的父亲应该有一些用来表达哀伤之情的文字记录。

人们可能自然产生如下想法：在公元前五世纪与前四世纪，比较富裕的希腊人普遍使用文字形式的清单、库存、账目，尤其是当他们参与到钱铺业、贸易或制造等行业的时候。然而，对于那些较低的社会阶层，目前掌握的证据微不足道。显然，缺少论据的论点无法带我们走得更远；但在另一方面，没有任何证据表明工匠，甚至雅典的工匠曾大量使用这类文本。当希腊人宣传待售商品时，他们极少使用或根本不使用文字。[①]

迄今为止，前文所提及的诸多文字用法中可能没有哪一种是全新的，而且一般来说，新用法也很难像上文述及的用法那样得到鉴别。学徒契约可能是一个特例。从色诺芬的文本中业已推断出"当年轻人成为学徒时，其学徒条款包含在一份书面协议（*sungraphe*）中"。[②]伊索克拉底（Isocrates）提及关于训练的"sumbolaia"[③]也一定是书面协议。但老生常谈，此处论及的仍是社会的上层。色诺芬的言论只是表明，当一位身处骑士阶层的希腊人让孩子学习一门技能（*techne*）时，通常会与师傅签订一份契约。现在还发现公元前四世纪与雇工签订书面契约的证据，但这些是劳动力市场的极特例，也没有任何理由认为"雇工通常会有

68

---

① Harvey 613 引用公元前四世纪的放逐陶片，上面刻写着家用器皿的清单，他认为"是某位陶工为已售或待售物品所列清单"。清单见于 M. Lang, *Graffiti and Dipinti*（或 *The Athenian Agora* xxi, Princeton, 1976), B 12，可追溯至公元前四世纪后期或前三世纪早期；B 13 与 B 14 为相似的列举，但篇幅较短。兰格（Lang）认为这些是购物清单的观点完全难以置信，而她似乎还认为这些是库存清单。公元前五世纪后期许多织机的线梭留存下来，有些可见字母，个别有刻文，见 M. Guarducci, *Epigrafia greca* iii (Rome, 1974), 539—540; F. Ferrandini Troisi, in *Decima miscellanea greca e romana* (Rome, 1986), 91—114。古希腊人为所售物品进行的宣传，见 G. Raskin, *Handelsreclame en soortgelijke praktijken bij Grieken en Romeinen* (Louvain, 1936), 41。

② Xen. *De eq.* 2.2; Harvey 607.

③ Isocr. xiii.6.

文字形式的劳动契约"。①

公元前四世纪的雅典还存在其他类型的书面契约。现存的演说辞中频繁出现为海上贸易而发生的借贷。这些借贷通常得以记录，②某种程度上（可以猜想）是因为借贷的数额巨大、内容复杂，但也出于一种特定的原因，即借贷人可能会消失在海外。③及至公元前340年前后，雅典的商业法认同书面证据的有效性，规定某些特定的案件只能以书面合同提起控诉，④这显然是一个变革的例证。在公元前四世纪，一些数额较大的租约同样以文字形式记录；另外一些借贷也得以记录，但借贷的数额同样巨大，几乎找不出带有具体数额的例证。⑤这些借贷以一块块土地石碑（horoi）标识。从借贷的数额看，它们似乎是富人之间的交易，这些土地肯定与家业微薄的农户无关。⑥

69

---

① Harvey 607 中引用四篇文本。Aeschin. i. 160—165（346 B. C.）涉及的是依照契约从事卖淫活动的男性，表明尽管埃斯基奈斯（Aeschines）本人抵制（165），但该时期的"伙伴（hetairos）"关系通常有文字记录。但这显然是特例，不可信且带有阶级色彩，以此将书面契约合理化；Lys. iii.22（约公元前390 年）涉及的是一组类似的关系（顺便提一句，已知古典时代希腊的书面契约中，最小的一笔金额为 300 德拉克马）；而另外两篇文本是分别与一位画匠（Ps.-Andoc. iv.17）和一位雕刻家（Dem. xviii.102）签订的契约，这两份更不可能是典型的劳动契约。

② Harvey 606.

③ 参见 M. I. Finley，*Studies in Land and Credit in Ancient Athens, 500—200 B. C.*（New Brunswich, N. J., 1952），22。

④ Ps.-Dem. xxxii.1 中述及商业案件（dikai emporikai，参见 L. Gernet，*REG* li〔1938〕，21—26 或 *Droit et société dans la Grèce ancienne*〔Paris, 1955〕，186—189；但该文本并不能证实他所宣称的"书面协议（sungraphe）此时已成为雅典所有商业的标准契约"）。

⑤ 租赁合同：Harvey 606—607；但 *IG* i².337（或 Meiggs & Lewis, *GHI* no. 62）属另一类合同，为公共文件；借贷：Ps.-Dem. xxxiii.12 中的借贷金额为 4000 德拉马克，liii.9—10 中的金额为 1000 德拉马克；关于公元前四世纪的钱铺中使用哪些类型的文书，未曾使用哪些类型的文书，见 J. Hasebroek, *Hermes* lv（1920），113—173。

⑥ Finley 79—87；P. Millett, *Opus* i（1982），223。已定年的土地界标或债石（horoi）最早可追溯至公元前 363 年至前 362 年。

在公元前四世纪，对如何使用书面契约的认识可能已超越所有这些实例所揭示的社会范畴，且延伸至更低的社会阶层。有时雄辩家提及书面协议，将其看作日常生活中司空见惯的部分；① 那些即便不在富人之列的陪审员或许至少能够理解相关书面契约。当色诺芬提议马的主人应当与驯马师签订书面契约时，② 他认为契约的乙方全然不可能是社会精英，却明白契约的内容。

亚里士多德认为每个城邦应设一名负责私人契约登记的官员（实际上雅典并无此类官员，而是在个体公民那里存放契约）。此举表明在公元前350年至前325年，书写文件对于一小部分有影响力的希腊人普遍且重要。③

我们已从商业领域一步步转移至法律程序。其他一些法律实践证实文字功用的扩展，例如，从伊塞埃乌斯（Isaeus）那里可以得知当时的遗嘱继承（希腊人在死后决定将由谁接收其财产的主要方法，但这并非标准情况，因为它对拥有合法继承者的人不可用）已涉及使用文字。④ 然而，对遗嘱欺诈行为的控告似乎相当常见，⑤ 揭示出雅典人的意识里普遍不信任诸如此类的文件。

70

---

① Ps.-Andoc. iv.17（见于公元前四世纪九十或八十年代，但未当众讲演）；公元前四世纪五十年代或稍后的演说辞，见 Aeschin. i.161, Dem. xlvi.28 与 Ps.-Dem. xxxiii.36；几十年之后的演说辞，见亚里士多德的 *Rhet.* i.15.22.1376b11—14。

② 复见 Xen. *De eq.* 2.2。

③ Aristot. Pol. vi.8.1321b34—38 中称："有另一种官职（arche），必须去那里登记（anagraphesthai）私人契约与法庭裁决；这名官员还记录公诉案与诉讼状。在有些地方，这些职责是分离的"，参见 W. Lambrinudakis & M. Wörrle, *Chiron* xiii（1983），336—337。公元前四世纪雅典的资料，见 G. M. Calhoun, *CPh* ix（1914），142。

④ 文字可用于财产清单，所以在遗赠财产方面可能长期扮演着重要作用（见 Eur. *Palam.* 578 Nauck）。最早间接提及以书面形式安排财物（用"遗嘱"一词来形容有误导性）似乎是 Soph. *Trach.* 157 以及 Ar. *Vesp.* 583—586（参见 Gernet, *REG* xxxiii〔1920〕，255—256 或 *Droit et société* 146）；伊塞埃乌斯（Isaeus）同样间接提及书面安排财物的做法，尤见 iv.13, vi.7, vii.2, ix.2, xi.8；关于对雅典财产继承办法的论述，见 W. E. Thompson, *Prudentia* xiii（1981），13—23，Harvey, *REG* lxxix（1966），617 中将书面安排财物看成是"至少相对富有者"的活动，此观点正确无疑。

⑤ Isaeus i.41, iv.12—14, vii.2 等，参见 Calhoun, *CPh* ix（1914），134—144。

　　书写非常适用于释放奴隶的程序，因为刻文赋予奴隶释放一种持久性，这是先前的奴隶主希望驳倒的。已知最早刻写的文本约见于公元前425年，且根据公元前四世纪至前2世纪期间释放奴隶的铭文，这些文本通常与宗教崇拜相关且在希腊世界相当普遍。① 对于这些超越口头言辞、致力于保证所传递信息持续有效的书写文本，很难再找到更加清晰的例证。

　　与书面法律功用日益增强紧密相连的，是许多希腊人对成文法价值的认同。早在公元前六世纪，这种认同便已经在一些地区建立起来，但此后才获得更广泛的基础。

　　及至公元前五世纪的最后25年，书面诉讼已用于雅典的公诉及自诉领域，公元前425年与前424年的书面诉讼材料已分别对此予以证实。实际的书写工作是由法庭的司书完成的。② 然而，至德摩斯提尼（Demosthenes）时代，当事人似乎通常自行撰写诉讼材料，抑或说至少他们有义务准备好诉讼材料，这种变化可追溯至公元前四世纪七十年代。③ 此外，至德摩斯提尼时代，雅典一则重要的法令要求在某些类型的案件中，所有目击者提供的证据均须以文字形式呈送。④ 虽然根本没有理由设想诉讼材料必须由本人亲笔书写，但文字重要性的提高显而易见。这种变化约可追溯至公元前380年至前364年间。据称，书面证据具有事后无法删减或补充内容的优点，换言之，书写使得法律证据变得不易更改而

71

---

① 　见 Guarducci, *Epigrafia greca* iii. 263—294。

② 　G. M. Calhoun, *TAPhA* 1(1919), 180—182.

③ 　Calhoun 183—193. 在提及诉状时，之前演说者采取的形式是"他发誓如此"，该时期的演说者却称"这便是他所写的内容"（190），但卡卢恩（Calhoun）或许过于教条，未将先前的某些例证考虑其中：Andoc. i.43, 47（约公元前399年）与 Ar. *Plut.* 480—481（约公元前388年）便值得重新审视。

④ 　*Dem. xlv.44*: ὁ νόμος μαρτυρεῖν ἐν γραμματείῳ κελεύει, ἵνα μήτ᾽ ἀφελεῖν ἐξῇ μήτε προσθεῖναι τοῖς γεγραμμένοις μηδέν, 另见 E. Leisi, *Der Zeuge im attischen Recht* (Frauenfeld, 1908), 75—77; 时间见 R. J. Bonner & G. Smith, *The Administration of Justice from Homer to Atistotle* i (Chicago, 1930), 353—362, 他们对这种变化感到不解，是因为没有注意到先前提供证据需要目击者拥有较高的社会地位，而此时则依赖于文书。最早提及书面证词的是伊塞埃乌斯（Isaeus v. 3; 公元前392年—前387年, Bonner & Smith i. 358），但提供书面证词在当时属自愿行为，而非必须。

正规。关于书面诉讼从强制到自愿，我们偶然得知伯里克利是第一位用书面材料在法庭里发言的人，可能在其后不久阿里斯托芬也有提及，这注定成为公元前四世纪一个激烈争论的话题。①

后来，塞奥弗拉斯图斯勾画了一位诉讼人，其衣服内有一文件筒（*echinos*），手握书卷。② 当然，在公元前五世纪中期情况不会如此。正是文字在公元前四世纪的使用，尤其是在契约及法律证据方面使用的急剧增加才导致如此广泛的日常文书工作。

然而，纵使有上述种种在文字使用方面的进展，但法律实践像当时大宗买卖的管理一样，在很大程度上仍以口头方式为主，并不依赖文书。③ 文书中几乎没有关于买卖的法律，主要是实证目击者与口头契约，④ 收据在当时尚不为人所知。⑤ 虽然文书已具有权威性，但仍由口头证词所主导：当宣读一雅典证人的证据时，其本人必须在场予以证实。⑥ 出现如此状况的原因并非希腊文字本来不适合签名，⑦ 而是由于口头处理问题的方式已经确立且普遍

72

①　Suidas iv.1179 Adler（对此种观点的怀疑，见 M. Lavency, *LEC* xxvii［1959］, 354）；Ar. *Vesp.* 960—961。

②　Theophr. *Char.* 6.8 中提到那位无耻之徒。塞奥弗拉斯图斯的《论性格》（*Characters*）本身便代表着一个演说者使用书卷协助演说准备工作的时代，见 D. J. Furley, *Symb. Osl.* xxx（1953），56—60。

③　参见 G. Pasquali, *SIFC* vii（1929），243—249。

④　F. Pringsheim, *The Greek Law of Sale*（Weimar, 1950），43. 至约公元前 330 年，未经见证的书面契约在雅典是有效的：F. Pringsheim in *Aequitas und Bona Fides. Fesgabe zum 70. Geburtstag von August Simonius*（Basel, 1955），290—291。

⑤　J. Hasebroek, *Hermes* lviii（1923），393—395.

⑥　参见 Dem. xlvi.6 等。

⑦　与 Pasquali 246 所述相符。但他认为用古典时代希腊书体之外的方式签名是不可能的（Harvey, *REG* lxxix［1966］, 610—611，以及 R. Bogaert, *Banques et banquiers dans les cités grecques*［Leiden, 1968］, 337 中赞同此观点），此观点不能完全令人信服。据认为，在公元前四世纪的雅典，每个人都有自己的笔迹：Dem. xxix.21（E. Berneker 误解的一段篇章，见 RE Suppl. x（1965）s. v. χειρόγραφον, col. 126）；Ps.-Dem. xxxiii.17. 参见 Hyperid. *Lycophr.* fr. IVa, from Pollux ii.152. 公元前四世纪的雅典极有可能存在草书，对此观点的支持者，见 E. G. Turner, *Athenian Books in the Fifth and Fourth Centuries B. C.*（London, 1952），8；但草书的形成是逐渐的过程，不应形成于公元前 323 年之前；参见 G. Cavallo, *Scriptorium* xxii（1968），291—292；*Paläographie der griechischen Papyri* i, plates vol. I（Stuttgart, 1967）中对塞德（R. Seider）的观点进行了评论。

为人们所理解，书信及其他类型的文书有着"欺诈之源"的名声，这种恶名还不时被发现的造假所强化。即便是高度信赖签名的我们，为了某些特定的目的，也常要求对文件进行备份或有证人在场。古希腊人拥有鉴别书写文件真伪的办法——使用戒指印章[1]与证人。在公元前五世纪后期至前四世纪，这些机制帮助希腊人极大地增加对文书的使用，但对文书的传统看法在一定程度上仍继续存在。

该时期的经济生活与法律事务中越来越多地使用文字，欲对此构建详细的年表，其困难显而易见（见本章末年表）。不同城邦在文字使用方面的发展定然存在显著差异。至于雅典，可以将公元前五世纪三十至二十年代设想为文字功用快速扩展的年代。此外，还有另一个较不确定的文字功用快速扩展的时期，大体始于吕希亚斯与伊塞埃乌斯时代，延续至德摩斯提尼时代。有一种观点认为，书面契约在该时期越来越多的使用与投资资本的增长密切相关，[2]但也有一部分人解释这种现象的出现显然是因为人们越来越认同文字的权威性。

"文字有助于传授知识（*mathesis*），即学习"，暂不论亚里士多德的这一评论，我们要考虑的是文字在政治实践（*politikai praxeis*），即公民事务中所起到的作用。在古典时代，文字在公民事务中的使用同样大幅增加。一些城邦所设官员有被称为"mnemones"（记事者），在公元前五世纪中期，至少有些"mnemones"的确倚仗记忆力工作。[3]然而，及至亚里士多德时代，他们通常从事日常文书工作。[4]至此时，许多希腊城邦的管理机制

[1] 见 Dem. xxxvii.42；深入研究见 R. J. Bonner, *CPh* iii（1908），399—407。

[2] L. Gernet, *REG* li（1938），29—32 或 *Droit et société* 191—193.

[3] 因此在 *SIG*³ 45（约公元前 460 年的哈利卡纳苏斯）或 Meiggs & Lewis, *GHI* no. 32，第 20—22 行中，陪审团须宣誓"记事者（mnemones）掌握的情况有约束力"。参见 G. Busolt, *Griechische Staatskunde* i（Munich, 1920），488；另见公元前五世纪五六十年代特奥斯（Teos）一篇问题文本，即 P. Herrmann 所发表的 *Chiron* xi（1981），1—30，第 d18 行。

[4] Aristot. *Pol.* vi.8.1321b38—40.

早已依赖于拥有大量至少具备基本读写能力的公民。可以概略地发现，文字在公元前五世纪至前四世纪雅典的公民生活中所发挥的作用是如何与日俱增的。显而易见，至公元前五世纪，可能除斯巴达外，任何想要在雅典或其他希腊城邦的公共事务中扮演支配角色的人都必须具备读写能力且能够使用文字。对于只是想行使公民权利的人，如此要求的真实度有多高仍有待于考量。首先须考虑文字在城邦事务中用于哪些领域，未被用于哪些领域。

在此，雅典的"代表性"问题注定会再次出现。雅典铭文给人的印象是从公元前五世纪中期起，文书遍及雅典的公共生活。尽管在其他城邦同样涌现出越来越多的书面法令与条约，但城邦内铭文的数量远不及雅典。从某种程度上讲，这极有可能是基于财力的差异：雅典为帝国的都城，按古典时代希腊的标准，雅典充斥着财富且正是雅典见证了公共铭文的大发展。① 但有时"skopein toi boulomenoi"（致敬查验者）② 这一表述中所包含的民主观念似乎也会导致这种差异，③ 这种观念并不是雅典所独有的。

上一章节中关注到文字在雅典公共生活中，尤其是克利斯提尼时代之后所起到的愈发重要的作用。这些变化意味着双牛级（zeugites）阶层，即普遍所说的重装步兵阶层，具备一定程度的读写能力。要求至少六千票才有效的陶片放逐法是最清晰可见的例证，此举于公元前四世纪80年代成功付诸实践，在随后少数几个时期使用，从地米斯托克利（Themistocles，约公元前470年）到西伯尔保卢斯（Hyperbolus，公元前417年），包括此二人在内，其间共有七人遭放逐。④ 在公元前480年后的几十年里，文字在希腊公共生活中的功用似乎逐渐增强。迄今所知，有利于外邦

74

---

① 参见 M. I. Finley, *Annales E. S. C.* xxxvii（1982），705，雅典大理石的供应情况通常较好，可能也对此产生过一些影响。

② 关于该问题，见 W. Larfeld, *Handbuch der griechischen Epigraphik* ii（Leipzig, 1902），720；B. D. Meritt, *Epigraphica Attica*（Cambridge, Mass., 1940），90。

③ 参见 P. A. Cartledge, *JHS* xcviii（1978），36。

④ 见 P. J. Rhodes, comm. on［Aristot.］*Ath. Pol.*, 271。

人的嘉奖令约始于公元前 460 年。① 城邦法令、缔约与公共题献的铭刻始于先前更早的年代。极有可能是在那之后，光荣烈士名录在雅典建立，戈尔图斯（Gortyn）的法典成文以及各种公共经济账目，同样，后一类大多出自雅典。② 此时，掌管财务的官员像比较富裕的个人那样保有文字形式的账目。所有这些，抑或大多数书写文件定然是从先前时期业已存在的各类文书发展而来的。

公元前五世纪的文字与雅典帝国之间的关系引出复杂的问题。在对盟友行使权力时，雅典对文字的使用程度如何呢？雅典是否有可能在缺少书面讯息与记录的情况下而行使这种权力？无论如何，《雅典盟金录》中所收录的大量的铭文资料只代表帝国所使用文字的小部分，其中的许多文书在帝国管理以及表达雅典人至高权力方面曾起到至关重要的作用，这一点清晰可见。修昔底德曾评论道，在提洛同盟的早期历史中，雅典人"在管理方面便已极其严密"，③ 而且收缴盟金与船只同样是要求极高的行政任务。如果没有大批具备读写能力的公民群体，雅典是无法完成这一艰巨任务的。在公元前四世纪七十年代，出现大量通读写者当属相当新奇的现象。

与此同时，人们对成文法价值的信任程度显然变得更加强烈。早期立法者——不仅是梭伦，还有洛克里斯的扎勒库斯（Zaleucus）、卡塔纳的卡容达斯及其他人等立法活动的传说广为流传，如果弄清这些传说从何时开始盛行将是很有趣的事。现在愈发证实高尔吉亚（Gorgias）的观点，他宣称成文法是正义的守护者，④ 这可能是众多具有"民主"观念的希腊人曾共同拥护的观点。欧里庇得斯的剧作《乞愿者》中出现的提休斯的观点，在诗

① I. Calabi Limentani, *QUCC* xvi（1984），91.

② 分别见 D. W. Bradeen, *The Funerary Inscriptions*（或 *The Athenian Agora* xvii, Princeton, 1974），nos. 1—16 与 R. F. Willetts, *The Law Code of Gortyn* 或 *Kadoms* Suppl. i（1967）；B. D. Meritt, *Athenian Financial Documents of the Fifth Century*（Ann Arbor, 1932）。

③ i.99.1.

④ 82 B11a.30 D-K.

人看来无疑是可信的，而且一定反映了大多数观众的感受。剧中，在将暴政与一个拥有广为人们所接受的法律体系的城邦进行对比之后，国王继续道：

> 在法律成文之后，穷人与富人就会拥有平等的诉讼权 [*dike*]；如果穷人被中伤，便可以控告富人，且如果小人物占理的话，便可以在法庭上击败大人物。①

在伯罗奔尼撒战争期间，文字在民事和政治生活中的使用很可能有所增加（战争作为催化剂，其在这场社会变化中所起的作用是一个无法回答的问题）。政治宣传册是该时期的一种新型文本，以伪色诺芬的《雅典政制》(*Constitution of Athens*，即"老寡头政治"，一位雅典人撰写，很可能成书于战争早期）为代表。有征兆显示，至公元前五世纪后期，官方要求雅典某个年龄段的公民服兵役的指示便是以书面宣言的形式发布，此举更加实用。② 据传，名单刊布于广场上十位部落英雄造像的座基处，座基开始用作公共告示板，同时也用于其他目的。例如，新提出的法案文本须刊布于此，之后一段时间内这里还用于刊布青年名录。③ 在公

---

① Eur. Supp. 433—437. 关于这几行字，索托巴埃乌斯（Stobaeus）提供的版本（49）实际上已删减，表明此种观点有时似乎带有政治情感，否则便说明发现的文本应属于希腊化时代。

② [Aristot.]*Ath. Pol.* 53.7；参见 Ar. *Av.* 448—450，*Pax* 1179—84；Dem. liv.3。

③ 据认为，造像可追溯至公元前 430 年之后不久，见 T. L. Shear, *Hesperia* xxxix（1970），尤见 209—212（但这尊造像或许不是最早的，参见 Rhodes on [Aristot.]*Ath. Pol.* 21.6）。Ar. *Pax* 1179—84 中最早证实其座基的告示板功用（其中称那些英雄为乡村人）；后来 Andoc. i.83 再次对此给予证实，称公元前 403/402 年的一则法令要求立法者（nomothetai）应将法案文本刊布于部落英雄造像对面的告示板上（en sanisin），且规定明确通过的法律应刻于"之前刊布它们的墙上"。在这之后间接提及的资料包括 Isaeus v.38；Dem. xx.94（表明法律提议必须在公民大会上宣读），xxi.103, xxiv.18, 25；男青年名录，见 [Aristot.] *Ath. Pol.* 53.4，另见 R. E. Wycherley, *Literary and Epigraphical Testimonia*（或 *The Athenian Agora* iii, Princeton, 1957），85—90。

76 元前 411 年至前 410 年政治危机期间，可能是早期法律的书写文本获得了极大重视，最终的结果是，题献者（anagrapheis）被派往复制得到确认的梭伦与德拉古的法令，这对研究而言显然意义重大。① 在公元前 403 年或前 402 年通过了一项法令，规定"地方行政官无论如何都不可以使用非书面法令"。② 与此同时，在经历一段时期的公众事务记录保存的混乱无序后，雅典人创建了一座国家档案馆，约建于公元前 409 年至前 405 年之间的某个时间。③ 即便不高估一条毫无根据论点的重要性，自然也可以将阿里斯托芬公元前 405 年的《蛙》视作地位较低的"公共司书（hupogrammateis）"阶层的最早出处。④

出于某些目的，公元前四世纪雅典的民主政治大量使用文字。关于公元前 403 年至前 321 年这一时期，现在至少有公民大会通过 482 项法令的铭文证据。⑤ 议事会的主席不仅公布议事会议程的布告，同时他们还下达召开公民大会的书面通知 ⑥（并未清晰表明所有与会成员能够读懂这些书面材料）。如同被宣判的罪犯名单那样，城邦债务人的名字也会写在公示板上。⑦ 在公元前四世纪，每位愿意承担陪审工作的雅典公民均有一块铜板（后改用木质），上面刻写人名与德莫名，⑧ 表明此人通常至少需具备自己阅读铜板内

---

① 尼科马库斯（Nicomachus）是其中最著名的。概括性论述，见 D. M. MacDowell, *The Law in Classical Athens*（London，1978），46—47。

② Andoc. i.85. 此举并未阻止援引非书面法律（*agraphoi nomoi*）；参见 E. Weiss, *Griechisches Privatrecht*（Leipzig，1923），75，注释 140。

③ A. L. Boegehold, *AJA* lxxvi（1972），23—30。

④ Ar. *Ran.* 1084；参见 Lys. xxx.28；Dem. xix. 237。

⑤ M. H. Hansen, *GRBS* xix（1978），317 n.6 或 *The Athenian Ecclesia*（Copenhagen，1983），163 n.6。

⑥ ［Aristot.］*Ath. Pol.* 43.3—4；关于这些做法始自何时，现在又面临没有任何资料的局面。Aeschin. ii.60—61（公元前 343 年）中述及下达召开公民大会的书面通知。

⑦ Dem. xxv.70；Isocr. xv.237。

⑧ 关于这些板（*pinakia*），见［Aristot.］*Ath. Pol.* 63.4；Harvey, *REG* lxxix（1966），595；J. H. Kroll, *Athenian Bronze Allotment Plates*（Cambridge，Mass.，1972）。法庭安排陪审团的复杂体系，见 *Ath. Pol.* 63—65。

容的能力。公元前四世纪三十年代一篇法庭演说中引人注目的一段称，演说者会将被告亲属的辩护词全部列于书写板（pinax），此举无非是考虑坐在法庭最远端者无法看清。① 然而，雅典大型陪审案件表决的组织形式并不要求陪审员能读会写，此举或许是颇具意义的。②

　　文字在公共生活中未展现出的一些其他功用值得关注。在公众政治的层面上，政治标语的潦草不堪似乎尚未得到真正证实；在政府管理的层面上，有意思的是似乎没有任何希腊城邦曾组织过有效的财产普查作为收税依据（毫无疑问，以捐助的方式增加收入非常适合雅典的民主政治）。雅典的指挥官在外征讨时，很少给家里、议事会或公民大会写信。公元前 414 年尼西亚斯在西西里的回信非常值得称道。③ 事实上，修昔底德极其详尽地解释了尼西亚斯为什么选择写信：不仅是因为他处于极其危险的境地，而且他担心口头传信的信使表达不出他的处境，因为信使可能口头表达能力弱或记忆力差（要注意的是，据传他们依赖记忆力，而不是备忘录），亦可能为取悦大众而隐瞒真相。书信则能够揭示真相。此处给我们的印象是，尼西亚斯和修昔底德均得到重要发现，后者为公众阐释了这一发现。无论如何，如果修昔底德所言可信，那么尼西亚斯的信写得相当详尽。虽然如此，当信使抵达雅典后，

---

① 见 Ps.-Dem. xliii.18。作为雅典读写能力水平的证据，Harvey 596—597 中过高估计这段材料的确定性与重要性，尽管哈维（Harvey）还引用 A. H. M. Jones, *The Athenian Democracy*（Oxford, 1957），36—37 中的观点，后者论及不合比例的富人在德摩斯提尼时代的陪审团中出现。

② 实际情况，见［Aristot.］*Ath. Pol.* 68.2—4。

③ Thuc. vii.8.2（尽管在 11.1 中，"ἐπιστολή" 很可能指的是 "信息"，但他之前可能并不经常书写，见戈姆（Gomme）的评论；如 O. Longo, *Studi in onore di Anthos Ardizzoni*［Rome, 1978］, i.540，注释 7 中所认为的，他之前不大可能送出过多封书信。唯一早于此例的例证是克莱昂（Cleon）的一封书信，可能写于皮洛斯（Eupolis 308 Kock，但书信的问题取决于后来希腊人对该篇章的解释）。后来的同时也是极其重要的例证，见：Xen. *Hell.* i.1.23, 7.4。参见 R. Well, *Le monde grec. Hommages à Claire Préaux*（Brussels, 1975），163—164；Longo 517—524。

他们却首先传口信，之后呈上书信，然后公民大会的司书在大会上宣读书信。①

公元前五世纪后期，传令官在希腊城邦的公共生活中依然起着极为明显的作用。他们不仅负责召集、解散公民大会、宣布荣誉称号及比赛获胜者，而且通常还是发布公告的媒介。亚里士多德不赞同城邦超出一定规模的一个原因，便是没有哪位传令官（kerux）能够传令至城邦的每个角落。②

前文已述及读写能力与民主政治之间关系的模糊性：尽管民主政治的支持者推崇成文法，但僭主与民主派一样，均可使用文字。③ 对于雅典民主政体的运转，抑或说我们可以假定对大多数古希腊其他民主政体的运转而言，每位男性公民都应具备读写能力，或至少应具备一定的读写能力实际上从来都不是最基本的条件。④ 站在公元前五世纪二十年代雅典的悲剧舞台上，提修斯宣称在一个像雅典这样拥有成文法律的城邦里，无论是富人还是穷人，在法律面前都是平等的。这是一种美好的想法。此外，还有一种美好的想法，正如我们注意到在"葬礼演说"中所阐释的，认为雅典拥有民众广泛参与其中的民主政治。而事实并非如此，如果掌握了文字的功用以及普及读写上的局限，我们定然能够探查出当时的实际情况。首先，这种状况的实现存在法律上的限制：处于按财产划分的四个等级最底层的佣工阶层，不允许担任官职，甚至被排除于议事会之外。⑤ 新近的一项研究详细阐述了积极参与政

① vii.8.2—16.1.
② 见诸如 Andoc. i.40；Thuc. ii.2.4；E. Saglio in C. Daremberg & Saglio（eds.），s. v. "praecox，" *Dictionnaire des antiquités grecques et romaines*（1907），607—609（需要新的研究）。参见 Aristot. *Pol.* vii.4 1326b6—7。
③ 参见 Pl. *Leg.* ix. 859a。
④ 与通常所宣称的恰恰相反，如见 H. R. Immerwahr, *Classical, Mediaeval and Renaissance Studies in Honor of Berthold Louis Ullman*（Rome, 1964），i.17 以及 S. Flory, *AJPh* ci（1980），19（"事实上所有男性公民需要……签名的读写能力"）。
⑤ ［Aristot.］*Ath. Pol.* 7.4 与 26.2（前者奇怪的措辞确实能够表明至公元前四世纪中叶，有人规避此规定）。

治生活是受到极大限制的，这也是古典时期雅典的通常图景。[1] 政治乃至民主雅典闻名的大众陪审团工作，都是大多数农民和工匠难以企及的，他们为了现实而又基本的生计埋头苦干。在其他地理范围相对较小的地方，乡村人更容易进入城邦，而这类民主实体又达到了怎样的高度呢？这是值得思索的问题——事实上，在文字使用增多的问题上，这些小城邦的情况在多大程度上与雅典相似，从某种意义上讲也是值得考虑的问题。无论如何，由于雅典人有限地参与公民生活，使得有些问题变得更加容易理解：书写文件的增加（随着城邦生活愈发涉及文字，广大目不识丁者的参与只是边缘化的，寻求参与其中可能会引起麻烦）；陶片放逐法的废止（远征西西里后，缺少足够的能够参与政治，且至少具备基本读写能力的公民）；即便在民主化的城邦内，对全民教育也几乎毫无兴趣（那些真正参与政治者具备充足的物质财富，以确保他们的儿子至少习得少许的读写能力）。

　　结束探讨文字在公民生活中的功用之前，至少要留意一下文字的另外一种功用：文字开始影响雅典人与外邦人对雅典政治历史，即史料编纂的观点。口头表述的行为与传统，以及一些文本，已经为希腊人提供大量有关于过去的资料——极不可靠的资料。[2] 在经历黯淡的开始后，史料编纂工作开始且工作量庞大。[3] 在准备编写历史的过程中，希罗多德参阅了一些书籍，某种程度上，他重视铭文资料在重塑历史过程中的实用性。[4] 然而，文献研究并不是他所从事事业的主要部分（诚然，部分原因是其所选择的主

79

---

[1]　L. B. carter, *The Quiet Athenian*（Oxford, 1986），尤见 76 至 98。

[2]　关于史料方面的文献，尤见 M. I. Finley, *The Use and Abuse of History*（London, 1975），13—30；有关该问题的文献资料不断增加，其中 J. Vansina, *Oral Tradition as History*（Madison, Wis., 1985）最具价值。

[3]　Flory（13—16）强调了当时标准希罗多德史书的规模。

[4]　关于铭文资料，见 S. West, *CQ* xxxv（1985），278—305，其中（inter alia）总结道，"对于那些只能靠主观信任引用的文本，希罗多德对待它们的态度，与那些他可以亲自证实的文本一样愉悦（302），而且关于其所探究的主题，他给人留下一种并不是非常重视铭文资料的印象（303）"。

题），而且他随意创作文本——不只是演说词，甚至还有一些以原文形式呈现的文本。① 希罗多德自行创作，并用散文体，又将作品的部分内容以口头方式呈现。

希罗多德的撰写工作很可能完成于公元前五世纪二十年代。② 修昔底德在写作二三十年后，也是对文字资料更加推崇。但相比于书面材料，他仍偏爱口头证词，而且"他从不认为书面记载是历史的首要资料来源"。③ 除了力求实现可信度高于希罗多德，他有意收录一些重要文本的抄本。④ 至少现在通常如此设想（就笔者所知，原文本抄本的准确性永远无法得到证实，且通常涉及从一种方言到另一种方言的转换）。修昔底德对文字资料的推崇并非出于真实性的考量，而是文字本身逻辑的优势。可以将这种变化比作摄影术的发明：即便没有摄影术，也会有艺术表现的真实性，但有了摄影术之后，真实性就得以极大地增强。

公元前 411 年的危机预示出变化在悄然发生，有声音呼吁旧的成文法（nomoi）重新发挥重要作用。作为政治历史最可靠的资料来源，文字在当时被认为起着至关重要的作用。当然，这并不足以带来彻底的变化：公元前四世纪的演说家及政客经常以一种

---

① 如 i.124，viii.22。散文诗更有可能得到准确保存。至于在口传文化向一定程度的读写文化转变过程中希罗多德的地位，现在似乎并未进行过彻底的研究（但见 F. Hartog, *Le miroir d'Hérodote*［Paris, 1980］, 282—297）；即便他在写（graphein）与说（legein）两动词间反复变化的基本问题，也需进一步研究。

② 关于希罗多德与修昔底德撰写史书的时间问题，此处无需详细阐述。

③ A. Momigliano, *Secondo contributo alla storia degli studi classici*（Rome, 1960），37 或 *Studies in Historiography*（London, 1966），135；参见 *RSI* lxxxvii（1975），21 或 *Sesto contributo alla storia degli studi classici e del mondo antico*（Rome, 1980），38。J. Goody, *The Domestication of the Savage Mind*（Cambridge, 1977），91 中设想档案对于撰写史书而言是必要的，这完全是过时的。

④ 关于修昔底德收录的资料所引出的问题，主要见 C. Meyer, *Die Urkunden im Geschichtswerk des Thukydides*（Munich, 1955）；O. Luschnat in *RE* Suppl. xii（1971），cols. 1124—1132。如果它们确是整部著作不完整的标志，其重要性显然会打折扣。*IG* i².86 是 Thuc. v.47 中收录的一篇和约抄本的部分内容，其形式为碑铭，抄本与原文的内容极为相符，但不完全相同。

最放纵的方式捏造史实，而历史学家也避免文字资料的探究。但及至公元前 342 年，当伊索克拉底评论斯巴达人的目不识丁状况时，便指出文字资料（ *grammata* ）的优越性——"它们拥有异常强大的力量，对于那些能够理解并使用文字资料的人，不仅熟知其生活年代所发生的事情，而且清楚过去所发生的一切"，由于希腊人在此时已明白历史知识的概念，所以他清楚地提及历史知识。①

当马其顿的亚历山大大帝开始征服活动时，身旁跟随一位史官——亚里士多德的侄子卡里斯塞奈斯（Callisthenes），很明显，此举是出于宣传目的，并非科学目的。从该时段末期清晰可见，文字记录的历史存在矛盾之处。

当亚里士多德宣称文字有助于"学习"时，历史或许是浮现在其脑海中的学科之一。由于他所指的是有裨益的学习，可以假设在他看来，最重要的便是知识手册。至少从公元前五世纪起，这种手册一定曾大量存在，②后来所有手册遭弃用，如今只能通过间接提及来了解。医药很可能是涉及书写最多的领域。在古希腊的背景下，阅读这类作品并不一定只局限在相关专业人士，修昔底德似乎曾深入研究过医学著作。③在那之前出现的有关于修辞学的手册，即叙拉古的科莱克斯（Corax）以及提希亚斯（Tisias）在公元前 466 年之后的某一时间所撰写的手册，④开创了另一重要的流派。相对于总人口而言，所有这些技艺类作品的读者群肯定一直很小，并且许多技艺的传授很可能仍然是在没有大量使用教科书的情况下完成的。尽管如此，大多数希腊医生可能阅读医学

81

---

① Isocr. *Panath.* 209.

② 参见 Turner, *Athenian Books* 18；H. Thesleff, *Arctos* n. s. iv（1966），105—107；另见 M. Fuhrmann, *Das systematische Lehrbuch*（Göttingen, 1960），尤见 122—144。

③ Ar. *Nub.* 332（治疗术 iatrotechnas）表明雅典的戏剧观众知晓医学著作家，另见 Pl. *Phaedr.* 268c；Xen. *Mem.* iv.2.10。关于修昔底德，参见 D. L. Page, *CQ* iii（1953），97—110（但他可能是通过口头方式习得知识）。

④ Cic. *Brut.* 46.

手册，至色诺芬时代，其他一些行业对某些知识手册的使用定然也十分普遍。就此而论，映入色诺芬脑海的行业，除医生之外，还有工程技术人员、测量员、占卜师（astrologos，毋须深究）及史诗吟诵者。[①] 至于编纂这些知识手册的影响，在不低估古代记忆力的情况下，可以说它们在某些相关领域内可能有重大意义：大量精确的信息可以真正传播至专业人员。

除了亚里士多德所列那些"有益的"，文字在古典时代的希腊还曾有过许多其他的功用。在诸多功用中，比较重要的是文字在宗教与纪念性活动中的功用，且在公元前五世纪和前四世纪期间，这些功用可能得到了扩展。诚然，这方面的证据相当支离破碎，也难说哪些是新的。例如，关于铭文咒语，大都存留在小片的铅片上（见图2），似乎直至近日人们才发现最早的可追溯到公元前五世纪；但每种现象总是可能追溯至更早的年代，且现在已发现一两个源自公元前六世纪塞里努斯（Selinus）的例证。[②] 看起来是公元前410年至前404年间的"刻写者"在雅典刊布第一份系统的宗教历法；但发现此事的著作家指出，当时已有关于特定祭典的书面信息，其观点不足为奇。[③] 文字形式的神谕在古风时代已有所流布——当阿里斯托芬嘲笑一本神谕书，或者更确切地说，神谕卷轴（biblion）时，有人怀疑他是在攻击公元前414年的某

₈₂

---

① 在 Xen. *Mem.* iv.2.10 中，苏格拉底首先建议欧西德莫斯（Euthydemus），如果想成为一名医生（*πολλὰ γὰρ καὶ ἰατρῶν ἐστι συγγράμματα*）、或一名技术工匠（*ἀρχιτέκτων*）、抑或一名测量员（*γνωμονικός*）、或一名占卜师（astrologos）、或史诗吟诵者，可以积攒一些书。

② 关于该问题，提供先前作品指南的近期文献为 D. R. Jordan, *GRBS* xxvi（1985），151—197；C. A. Faraone, *JHS* cv（1985），150—154（早期年表见 Faraone 153）。最早期文本收录在 L. H. Jeffery, *ABSA* l（1955），69—76。公元前六世纪的资料，见 A. Brugnone, *Studi di storia antica offerti dagli allievi a Eugenio Manni*（Rome, 1976），67—90, 1—3，文本出处为 *SEG* xxvi（1976—1977），1112—1114。公元前五世纪特奥斯（Teos）公共场所刻写的咒语，见 *SIG*³ 37 & 38 或 Meiggs & Lewis, *GHI* no. 30, P. Herrmann, *Chiron* xi（1981），1—30。

③ Lys. xxx.17—21；相关背景见 S. Dow, *Historia* ix（1960），270—293。

种新鲜事物。① 在公元前四世纪一名成功的占卜者可能拥有深奥而珍贵的书卷（bibloi），② 随着各类专业知识手册的传播，这种现象不足为奇。在公元前四世纪和前三世纪一处比较特别的希腊墓内，发现一小块金板，上面刻有一段深奥的关于死后生活的文字。③ 然而，对于大多数普通希腊人的宗教生活，可能很少或根本没有文字的点缀。

人们会易于认为，处于截然不同社会阶层的希腊人通过委托他人刻写墓志铭的方式将文字应用于纪念性活动。一位专家称，在阿提卡，当私人纪念碑于约公元前 430 年之后再度得以使用时，便出现了"以纪念普通公民德行为内容的墓碑"。④ 即便在这一时期，纪念碑的普及化程度仍值得怀疑。迄今为止，古希腊碑铭研究家的探究工作还没有延展到任何纯粹的社会学层面的墓志铭研究。目前既没有留存下来的古典时代墓志铭数量的绝对数字，也没有附着这些铭文的墓碑数量的绝对数字能够揭示总人口中的大多数都与墓志铭有关联。

相比于忠实的抄本或对某种口信的记录，墓志铭具有超越两者的功能。在这方面，墓志铭也优于古代大多数其他的书写形式。想要永远铭记亡者只是使用这类文本最可能的初衷之一，或许还包含明示死者社会地位以及表达活着的人抚慰忧伤的自然意愿。⑤

---

① *Av.* 974—991，神谕的传播者想要用欺骗性的预言来蒙蔽皮斯特塔鲁斯（Pisthetairus），此处 λαβὲ τὸ βιβλίον 是重复内容。在 Eur. *Hipp.* 953—954 中，提休斯（Theseus）曾嘲笑希波吕托斯（Hippolytus）热衷于俄耳甫斯的文法（Orphic grammata）。

② Isocr. xix.5，但值得注意的是，书卷中那位迷信者（Theophr. *Char.* 16）并未翻阅神谕。

③ 关于这类文本，已经进行了许多论述，参见 S. G. Cole, *GRBS* xxi（1980），223—238；R. Janko, *CQ* xxxiv（1984），89—100。

④ S. C. Humphreys, *JHS* c（1980），123 或 *The Family, Women and Death. Comparative Studies*（London，1983），121.

⑤ 与墓志铭密切相关的是放置在墓穴内亡者的刻名，关于此现象，见 Guarducci, *Epigrafia greca* iii. 141—142。

　　就文学作品的传播而言，可以毫不夸张地说，从公元前五世纪中期至亚里士多德离世的公元前 322 年这四代人，尽管《荷马史诗》仍是占支配地位的文学作品，但人们的思想在很大程度上被当时的作品所重塑。文学作品的撰写以及个人的阅读，无论在数量上还是在深度上均有增加。

　　一部文学作品的撰写对著者的要求之高犹如希罗多德的《历史》，其长度两倍于《荷马史诗》的篇幅，且结构更为精细，如此著作的完成是了不起的壮举。由于背诵所面临的实际困难，希罗多德还开启个人阅读的意义远远超过先前时期的新时代。悲剧同样促进阅读的普及，或许首要原因是埃斯库罗斯杰出的作品及其长久以来极受欢迎。[①] 在公元前五世纪后期，这些风格及其他风格作品数量激增并涌现出新的风格。辩论词便是重要例证；有故事称卒于公元前 411 年的安提丰（Antiphon）是首位将这种风格的作品呈现给公众的人。[②]

　　某种形式的书的贸易，最早是由欧珀利斯（Eupolis）在公元前五世纪二十年代或最后十年间所提及的。在《申辩篇》（Apology）中，柏拉图应该是不经意提及很容易就可以买到阿纳克萨哥拉（Anaxagoras）的作品。至公元前四世纪七十年代，城

84

---

① 在已发现的古希腊文献中，第一位文学作品读者阅读的是欧里庇得斯的著作：此人为 Ar. *Ran.* 52—54 中的狄奥尼索斯（Dionysus）本人。唯一一位与之约处于同一时期的读者出现在著名的格鲁塔佛力塔（Grottaferrata）墓葬浮雕（位于小亚细亚），见 T. Birt, *Die Buchrolle in der kunst*（Leipzig, 1907），15，图 90；E. Pfuhl H. Möbius, *Die ostgriechischen Grabreliefs* 1（Mainz, 1977），25—26，no. 56。显然，之前定然还有文学著作读者（约公元前 470 年的红绘陶瓶 [lekythos, 细颈有柄长油瓶] 上，有一名青年在阅读的场景：J. D. Beazley, Attic *Red-Figure Vase-Painters* [2 ed., Oxford, 1963], 452；F. A. G. Beck, *Album of Greek Education* [Sydney, 1975], 14, 20 no. 77)。

② 安提丰（Antiphon）是首位将这种风格的作品呈现给公众的人，见 Diod. Sic. in Clem. Alex *Strom.* i.79.3（参见 A. Andrewes in A. W. Gomme, A. Ansrewes & K. J. Dover, A *Historical Commentary on Thucydides* v.173)。

邦间书的贸易已相当普遍。① 我们所听说的最早的个人收集书的行为出现在公元前 405 年，是欧里庇得斯所为。② 所有这一切均恰好与文字在公民生活中与日俱增的作用相符：书面交流方式越来越多地被人们所接受并加以利用。但值得注意的是，即便在该时期，如果某位并非史诗吟诵者的人拥有所有最著名诗人的完整作品，仍然是奇怪的事情。③ 事实上，在古希腊人中，谁才是第一位真正意义上的好学者呢？尽管色诺芬描述苏格拉底曾与友人一同阅读"很早以前的智者"的书籍，但第一位好学者不会是苏格拉底。④ 有些人也许会说是欧里庇得斯，但根据后来希腊知识界的标准，最佳答案为亚里士多德，⑤ 原因是他为撰写自己的作品查阅大量书面资料，迄今所知，他是第一位让人明显地洞察到这一点的人。

　　然而，对于目前所谈论的这些目的而言，更重要的是认清文

---

① Eupolis 304.3 Kock：没有严格的必要认为这里的 "βυβλίον" 不只是草纸卷，这则幽默依据的是他们宣称的内容。阿里斯托芬（Aristophanes）就书商问题的沉寂或许很重要，但喜剧作家阿里斯托美奈斯（Aristomenes, fr. 9 Kock）与尼科丰（Nicophon, fr. 19 Kock）述及买卖书的活动，可追溯至公元前 400 年前后。在那之后，Pl. *Apol.* 26 中清晰地谈及书的贸易，称任何人都可以在剧场处（很有可能是在市场）以 1 德拉克马的价格买到阿纳克萨哥拉（Anaxagoras）的书（βιβλία）。鉴于其超低的价格，这些文本定然内容简短（只有几页？）且或许是旧书，见 R. Pfeiffer, *History of Classical Scholarship* i（Oxford, 1968），27—28。Xen. *Anab.* vii.5.14 撰写于公元前四世纪七十年代，但书中的年代却是二十年之前，述及海运商人长期贩运的货物，而 "βίβλοι γεγραμμέναι"（很可能意指文学或技术性作品，尽管 Flory, *AJPh* ci [1980], 20, 注释 33 中持不同意见）也包含其中，这些文献见 G. F. Nieddu, *S & C* viii（1984），246—249。各地游走的书商，见 Dion. Hal. *Isocr.* 18。

② 欧里庇得斯的藏书：Ar. *Ran.* 1407—10；参见 943。常有观点推断（至少可依据 Athenaeus i.3a）欧里庇得斯拥有一个书社。E. A. Havelock, *QUCC* xxxv（1980），86—87 或 *The Literate Revolution in Greece and Its Cultural Consequences*（Princeton, 1982），286—287 中抨击这种观点，认为此观点显然年代错置。实际情况是欧里庇得斯一直被描述为拥有大量的书，或许是写于草纸卷上的，至于他本人是否的确拥有这么多书是次要问题。

③ Xen. *Mem.* iv.2.10.

④ Xen. *Mem.* i.6.14；参见 Pl. *Phaed.* 98b。

⑤ 参见 Strabo xiii.608，另见 *Pfeiffer* 67。

85　学作品的有限的读者群；在没有任何反面的证据，即缺少有关于便利的亚历山大城学宫或有组织的抄录书卷的工作室的资料的情况下，必须设想书面文学作品在整个古典时代的传播仍然非常有限，即便在雅典也同样如此。整体看来，书面文学作品在整个希腊的传播也极少。了解文学文本的主要方式仍停留在口头上，当《亚历山大城的修辞学》（*Rhetorica ad Alexandrum*）的著者辨识出两位身为演说辞写手（*anagnostikoi*）的诗人时表明，他们的作品更适合阅读，而不是表演；不过两位诗人是不入流的小人物卡埃莱蒙（Chaeremon）与吕西穆尼乌斯（Licymnius），且他们属于特例。① 某种程度上，散文诗在该时期的传播同样停留在口头上：普罗塔戈拉斯（Protagoras）曾在雅典大声朗读自己的作品，抑或说曾找人为他朗读；阿纳克萨哥拉的作品亦曾被人大声朗读；在公元前四世纪，尽管这些习惯很可能已发生一些改变，但据称伊索克拉底仍时不时地朗读自己的作品。② 关于伊索克拉底，亚里士多德曾称"书商们将他的辩词成捆地带往各地"，尽管作为对可能发生的事情的暗示，这种说法具有一定价值，但该观点不仅值得高度怀疑，且无论如何听起来都非常的相对化（究竟有多少捆？）。③ 历史学家几乎不清楚希罗多德古典时代的后继者们是如何将信息传递给受众的。④ 笔者的观点是：无论如何，对于散文诗的作者，其作品的传播大体上无法也无须大量依赖个人阅读。

　　许多人认为，剧作家提及文学作品是以观众中存在大量读者为先决条件的。在笔者看来，这种想法似乎受到了误导。如果

---

① ［Aristot.］*Rhet.* iii.12.2.1413b.

② 普罗塔戈拉斯（Protagoras）：Diog. Laert. ix.54；阿纳克萨哥拉（Anaxagoras）：Pl. *Phaed.* 97b-c；公元前五世纪的类似行为，见 Nieddu, *S & C* viii（1984），250—251；关于伊索克拉底，见 xv.1 及 Turner, *Athenian books* 19 的评论。伊索克拉底认为书面演辞应读予受众（v. 26），另见 H. L. Hudson-Williams, *CQ* xliii（1949），65—69.

③ Dion. Hal. *Isocr.* 18（参见 Dover, *Lysias and the Corpus Lysiacum* 25）。

④ 参见 A. momigliano, *ASNSP* ser.3 viii（1978），62—63 或 *Sesto contributo* 364—365.

想理解欧里庇得斯作品《伊莱克特拉》(*Electra*，约创作于公元前 415 年)中的一则笑话，的确需要了解甚至是通晓埃斯库罗斯创作于公元前 458 年的《奠酒人》(*Choephori*)，[①] 但无法据此得出"书面文学在当时拥有很大读者群"的结论。[②] 之所以这样说有三个原因：第一，欧里庇得斯显然希望只有少部分人能够高度理解其某部戏剧的一个场景；[③] 第二，在公元前五世纪的最后几十年里，埃斯库罗斯(Aeschylus)仍很受欢迎，一些人因老戏重演了解到他的作品；[④] 事实上《俄瑞斯忒亚》(*Oresteia*)很可能是他最著名的作品；第三，口头传统与记忆力具有一定的重要性；对于一些相当普通的雅典人和卡乌诺斯人(Caunians)，能够背诵欧里庇得斯作品的能力使他们受益匪浅，[⑤] 显而易见的是，悲剧诗具有很多的口头受众。简言之，欧里庇得斯作品中对《奠酒人》的引用远不能表明在公元前 415 年普通的戏剧观众业已养成诵读悲剧诗的习惯。不妨如此假设：如果大多数受众未能记住阿里斯托芬一些最经典的诗句，他也同样会感到满意。如此观点不会引发哪怕丝毫的质疑，因为伊丽莎白时代的戏剧家有时也抱有相同的态度。

86

　　阿里斯托芬的《蛙》中有一句著名的诗句，有观点认为该诗句或许表明上文的诠释是错误的。当埃斯库罗斯与欧里庇得斯之间的辩论即将开始时，歌队告诉他们不要担心观众们听不懂："因为每个人均手握书卷(biblion，即写有文字的草纸卷，并非现在意义上的书)并且了解其中的细微之处。"[⑥] 这样的解释不能提供任何有

---

① G. Roux, *REG* lxxxvii (1974), 42—56. 此类资料包括 *Choeph.* 164—224 与 Eur. *El.* 524—579。

② 与 *Le monde grec* 165 中韦尔(Weil)的观点相反。

③ 亚里士多德甚至宣称(Poetics 9.1451b25—26)即便是那些成形的悲剧神话故事，也只有少数人了解。

④ 流行度问题见 Ar. *Ach.* 10；老戏重演，见 *Vita Aeschyli* 12；Philostr. *V. Ap.* vi.11，但持续的时间仍不清楚。

⑤ 见原书 33。

⑥ Ar. *Ran.* 1114。对这句话的嘲讽态度，见 Nieddu, *S & C* viii (1984), 260。

关于文化史的真实情况（没有理由将戏剧观众视作阿提卡人口的代表），但此番话的作用却很明显。听起来，即将到来的辩论似乎会让观众紧张，剧作家也给出解释。这种解释至少是夸大之词，实际上极其不着边际，但之所以说得通，是因为书卷在当时的雅典越来越普遍，正如诗人风趣地说道，当时的条件已不同以往。①

　　尽管如此，不能低估文学作品以文字形式进一步传播所产生的影响，它促进了标准文本的发展，这也是文学作品传播的需要。约公元前330年，政客莱库古（Lycurgus）授意抄录埃斯库罗斯、索福克勒斯（Sophocles）与欧里庇得斯的一份官方文本并存档，该例证明显证实了这样的过程。②

　　这里必须探讨的文字最后一种功用是其在通信中的使用。在这样一种多中心和好求善问的文化里，如果人们像通常所认为的那样有文化，那还有什么比互通书信更为理所当然呢？但根据现存证据，书信往来并未成为日常生活中的常态。文献资料似乎表明，书信在很大程度上仅使用于正式场合或比较敏感的私密交流，这种情况至少持续到公元前四世纪，或许在公元前四世纪仍然如此。就像《伊利亚特》中普罗图斯的书信那样，当公元前五世纪的著作家提及书信时，它们通常带有一种令人惊奇的邪恶含义：既是权力的象征又具有欺骗性，因而能够治死有权势的官吏，③如（不公正地）杀害了希波吕托斯（Hippolytus）和帕拉梅德斯

---

① *Ran.* 1112.

② Ps.-Plu. *Vitae Decem Orat.* 7 或 *Mor.* 841f（他还为他们建造了青铜像）。

③ 大流士的使者巴加欧斯（Bagaeus）造成总督奥洛特斯（Oroetes）之死，他接连给奥洛特斯的卫士几封信，声称是大流士的旨意，最后一封指示他们杀害奥洛特斯，这些卫士即刻照此行动（但刺杀的过程并非完全书面化）：巴加欧斯发现这些卫士十分崇敬他的信 *bublia καὶ τὰ λεγόμενα ἐκ τῶν βυβλίων ἔτι μεζόνως*（Hdt. iii.128）；另见 i.124—125，其中哈尔帕哥斯（Harpagus）与居鲁士用书信共同策划一个阴谋，居鲁士伪造阿斯提亚格斯（Astyages）的信（后来他宣读了这封信）；欧里庇得斯的例证：*Hipp.* 1311—1312；*Palam.* 578 Nauck（其中 *ὑπὲρ πλακὸς* 可能指书信，而并非 Turner, *Athenian Books* 16—17 中所认为的科学著作）。

（Palamedes）；亲波斯派（Medizers）中的要员给大王写信。[1] 值得注意的是修昔底德的书信，尤其是政治书信，在多大程度上是死亡、背叛与欺骗的工具。[2] 安提丰认为，以文字的形式传送信息只是对送信人保密，抑或因为信息内容很长。[3]

及至公元前五世纪的后几十年，需要用一个特定的词来指代"书信"，于是"epistolai"（有"指令"之意）一词衍生出这种新含义。[4] 毫无疑问，当时处理远程贸易事务的普通信件的数量与日俱增。至德摩斯提尼时代，对于雅典商人而言，给在博斯普鲁斯海峡（Bosporus）为其打理贸易事务的奴隶写信谈及生意并非了不起的事情。[5]"如果一个人，比如说被告人，收到书信却无法恰当而公正地给予回复，那会怎样呢？"[6] 演说家的设问揭示了一种标准且闻名的诉讼程序。虽然如此，远程贸易在当时仍存在于某一特定的范畴。至于雅典广场上那些刻有被放逐者名字的陶片，编辑者或许过于追求速度，而未能从古典时代的文本中辨认出书信。其中所谓的全部四篇例证，要么功用值得怀疑，要么极其短小。[7] 陶片上的信息几乎不可能太长，而且不得不考虑到日常通信留存的概率更高。对于古典时代写书信的量，如果掌握了像后来从埃

88

---

[1]　Hdt. viii.120；Thuc. i.128，129，137。

[2]　卷八中的书信，见 Longo, *Studi in onore di Anthos Ardizzoni* i.530—531；参见 Longo, *Tecniche della comunicazione nella Grecia antica*（Naples, 1981），68—69。

[3]　v.53—56。

[4]　该词最早似乎见于 Thu. i.129 与 Eur. *IT* 589。从这种意义上讲，它并不在希罗多德的著作中。

[5]　Ps.-Dem. xxxiv.8，28（公元前 327 年 /326 年）。

[6]　xxxiv.29。

[7]　Lang, *Graffiti and Dipinti* B 1（源于公元前六世纪，正如 H. A. Thompson, *Hesperia* xvii［1948］，160 评论的那样，这是一篇难于理解的文本）；B 2（一篇七字文本，可追溯至公元前五世纪伊始，内容可信度不高）；B 7（一条五字信息，可追溯至公元前五世纪的第二个 25 年）；B 9（六个字，可追溯至公元前五世纪的最后 25 年）；*SIG*³ 1259 是公元前四世纪阿提卡一封刻写于铅板上的信（与之类似的信，见 J. & L. Robert, *Bull. Ep.* 1944 no.90）；古典时代其他以碑铭形式刻写的信（极为稀少），见 Guarducci, *Epigrafia greca* iii.317—321。

及获取的证据——大量的草纸文献和陶片，我们的看法可能截然不同于现在。但事实上，欲探究公元前四世纪雅典留存下来的辩词的数量，目前显然缺乏证据抑或几乎毫无证据。对前希腊化时代希腊人互通书信的提及以及信件遗存在很大程度上表明，它们局限于特定的环境，其他种类信件的发展可能也极其的初级。

然而，如果宏观考虑本章述及的文字功用，其快速发展显然是在古典时代。诚然，在雅典之外，我们所能得到的启示甚微；但有充足的证据表明：文字功用快速发展的趋势见于大多数希腊城邦（尽管斯巴达可能并非如此）。至公元前 323 年，作为辅助或取代记忆力的一种方式，同样作为个人或人类群体之间传递信息，有时是高度复杂的信息的一种方式，文字已然占据远高于先前的有利地位。此时，在一些人生活的大部分时间里均有书写文本的陪伴，许多人（不乏众多目不识丁者）在不同程度上受到以文字形式开展活动的影响。

文字还拥有其他一些更加难以界定的功用。文字经常将一个未被言明的主张变得具有权威性，这是一个不争的事实。因为文字在当时并未完全普及，抑或说并非所有人都能够支配文字（在总人口中，实际上仅有极少一小部分人具有自由支配文字的能力）。普罗埃托的故事、希罗多德关于奥洛特斯（Oroetes）的故事，以及欧里庇得斯有关希波吕托斯的故事是心理背景因素。陶片放逐法、铭文法令、书面合同及法律证词须以文字形式呈现。任何公之于众的文本均在某种程度上有积聚威望的目的，这可能曾是一大批公共碑铭背后所隐含的动机之一，包括公元前五世纪 50 年代之后刊布于帝国都城雅典的盟金目录。① 公民和外邦人皆可以逐渐领略雅典的强势。

对于公元前五世纪的大部分时间乃至后来，文字在雅典似乎一度享有矛盾的声誉，其他地方大概同样如此。这种情况本身就

---

① 在普遍的读写能力问题上，这些证据无法立足，与 Turner, *Athenian Books* 9 的观点相反。

表明文字正出现新的功用。前文可见积极的一面，也有某些消极的成分，然而更多的是批评声音。埃斯库罗斯将一个令人费解的书面决定与内容清晰的版本进行对比，发现所写内容无需如此晦涩。① 希罗多德与修昔底德似乎完全意识到书写文本具有蒙蔽人的可能性。正像《安提戈涅》（Antigone）中所教授的那样，道德准则仍要求服从习惯法。② 阿里斯托芬在《鸟》中介绍一些欺骗性的神谕，强调它们是文字形式的，之后不久，他又指出某位公民对当时公共事务中书写文件数量之多的愤慨。③ 还有其他一些比较友善的文本：葬礼演说表明伯里克利对碑铭的纪念形式与"非书面的记忆形式"（agraphos mneme）进行比较，认为前者难掩弊端。④　　90

　　在那戏剧性的事件中，即雅典人因普罗塔戈拉斯的不虔诚而收缴其所有的书籍（biblia）并在广场焚烧时，⑤ 草纸卷或书籍本身就被认为尤其令人生厌，这似乎是合情合理的。但遗憾的是，这则故事或许并不真实。⑥

　　还有一股更加清晰的反对意见潮。目前尚不清楚苏格拉底的真正态度，⑦ 但他的一些追随者确实认为阅读有损记忆力，因此是不好的事情⑧——柏拉图在《斐多篇》（Phaedrus）中描绘了

---

① Aesch. Supp. 944—949.

② Esp. Soph. Ant. 450—455；参见 Thuc. ii.37.3（葬礼演辞），参照戈米（Gomme）的注释。习惯法在古典希腊扮演的角色，尤见 J. W. Jones, The Law and Legal Theory of the Greeks（Oxford，1956），62—64；J. de Romilly, La loi dans la pensée grecque（Paris，1971），27—38。

③ Ar. Av. 974—991, 1024, 1036.

④ Thuc. ii.43.3. Longo, Studi in onore di Anthos Ardizzoni i.535—539 对该篇章进行了有价值的探析，但却夸大修昔底德对书面交流与非书面交流的对比（在文中，非书面交流方式的优势在于可以延续对亡者的记忆，甚至在本土之外）。

⑤ Cic. ND i.63；Diog. Laert. ix.8.52 等。该事件的具体时间无法追溯，但可能是在阿基达姆斯战争期间。

⑥ 芬利认为（Belfagor xxxii［1977］，613）当柏拉图撰写 Meno 91e 时对此并不了解。

⑦ 参照 Xen. Mem. i.6.14 与 iv.2.1—10。

⑧ Oinopides 41 A4 D-K；Antisthenes in Diog. Laert. vi.1.5，但这些均为友善的评论。

文字这项发明的影响，将这种观点推向顶点。柏拉图的评论，确切地说是柏拉图借苏格拉底之口表达的批评声音广泛流传。在一则归于苏格拉底名下的故事里，塔莫斯（Thamous）在赛乌斯（Theuth）面前预测，使用文字会削弱记忆，因为文字是具有提醒功能的一种药（pharmakon，一种药物或神奇的毒药），不会帮助记忆。苏格拉底继续道，文字只会向人传达知识的表象，而非事实真相。那些阅读依赖者不会变得聪明，但却会思维敏锐（doxosophoi）。所写内容不清楚（saphes），亦不固定（bebaion）。书写文本像画一样无法回答问题。① 当某个理念（logos）被书写下来时，它会在那些能够看懂它的人以及与它毫不相干的人中间徘徊。不知道应该向谁诉说，不应向谁诉说，无法为自己辩护。哲学家或许以消遣为由书写，但在正式教学活动中会采用辩证法。②

　　苏格拉底快速将议题引至哲学层面，将一些世俗的考量撇至一边，但他最终却返回到一个更加宏观的议题。某种意义上讲，柏拉图明显一直为一个业已超出哲学范畴的论题争辩。当再次述及内容固定（bebaiotes）与清晰（sapheneia）的特点时，他认为任何先前书写过、抑或将要书写政治文书（sungramma politikon）者，如果满怀政治文书具有内容固定而清晰的特点的信念，则应该感到惭愧。③ 如此说法否定了其他人持有的"固定性和清晰性是书写文本与生俱来的两个优点"的观点。

　　与此同时，诡辩家高尔吉亚（Gorgias）的追随者——修辞学

---

① 参见 Pl. *Protag.* 329a。

② Pl. *Phaedr.* 274c—277a；参见本书原文 278e。*Ep.* vii.344c-e 对这段文字的回应似乎全无力度。

③ 277d-e。这种态度出现在柏拉图的一部著作中，其怪异性经常是评论的对象。某种程度上可能是因为柏拉图所告诉我们的是苏格拉底经常提及的戏剧时间，约在那 40 多年前。关于书面证据缺乏内容清晰与固定性特点这种怪异的说法（一种归于保桑尼阿斯时代的斯巴达监察官的观点），见 Thuc. i.132—133，另见 Longo, *Tecniche* 63。

家阿尔西达马斯（Alcidamas）热诚地高呼精湛的即兴演讲优于书面演辞；但高尔吉亚的另一名门生伊索克拉底（Isocrates）持相反观点。① 伊索克拉底本人宣称"相比于文字，所有人都更相信口头言语"，并且附和（或者可能揭示着）柏拉图的论点，即文字表达的内容不清晰或无法为自己辩护。② 在后来的一部作品中，伊索克拉底先是提出了一种主张，称所有人都认为书面上的理念是"为了展示或为了个人利益"而编造的，他以此开篇，详细解释了为什么书面的理念（logos）在说服力上弱于口头传达的理念。③ 柏拉图、阿尔西达马斯和伊索克拉底所代表的对文字的敌对态度，更确切地说，对文字某些特定用法的敌对态度，无疑也是公元前四世纪许多其他有文化涵养的希腊人的共同心声。这种态度不仅是逝去年代遗留下来的印迹，因为它显然基于一种强烈的信念——文字在当时的希腊世界产生诸多消极的影响。但是不用说，这些人在某种程度上确是读写文化的产物且极其依赖文字。他们终究不可避免地接受文字。最终，柏拉图开始力荐普及教育④并产生一定的影响。

年表：文本在雅典的使用

约公元前 5 世纪 60 年代	现存最早对文字的赞誉（Aesch. *PV* 460—461）
公元前 430 年之后不久	十位部落英雄造像——刊布公告之地
约公元前 5 世纪 20 年代	最早提及书面遗嘱（Soph. *Trach.* 157）
公元前 5 世纪 20 年代早期	"老寡头政治"——最早的政治宣传册
公元前 425 年	最早有证可循的书面诉讼材料

92

---

① 在 Alcidamas *Soph.*（见 F. Blass 著作中涉及安提丰［Antiphon］的部分）中随处可见。关于演辞撰写者伊索克拉底：xv.2 等；S. Gastaldi, *Quaderni di storia* xiv（1981），189—225 中详细论述了这一争议。

② Isocr. *Ep.* 1.2—3（可追溯至公元前 371 年至前 367 年间）。

③ Isocr. v.25—27（公元前 346 年）；参见 Pl. *Ep.* vii.344e。

④ Pl. *Leg.* vii.809e-810b.

公元前 423 年	Ar. *Nub.* 18—24 中提及的书面账目
公元前 5 世纪 20/ 10 年代	最早提及书的贸易（Eupolis 304.3K）
公元前 411 年	呼吁再次使用先前的成文法
公元前 410—前 404 年	包括尼科马库斯（Nicomachus）在内的"记录者"习读梭伦与德拉古的成文法
公元前 409—前 405 年	雅典建立城邦档案馆
公元前 405 年	阿里斯托芬的《蛙》问世
公元前 400 年	据认为，陪审团可以读懂文字记录材料（Lys. xxxii. 19—22）
约公元前 390 年	书面服役契约（Lys. iii. 22）
约公元前 380 年	提及了学徒契约（Xen. *De eq.* 2.2）
公元前 380—前 364 年	开始要求书面证词
公元前 4 世纪 70 年代	当事人开始自行书写诉讼材料
公元前 363/362 年	可追寻的最早的债石（horos）
约公元前 4 世纪 60 年代	柏拉图的《斐多篇》(*Phaedrus*) 问世
约公元前 340 年	商业案件（dikai emporikai）要求出具书面合同
约公元前 330 年	悲剧作家的作品被存档

读写文化的普及范围

上一章曾论证，希腊世界的读写在公元前六世纪末期以及希波战争时期得以不断传播。我们业已发现，公元前五世纪初期，雅典陶瓶上通常出现有书卷以及书板的装饰图案，① 这样的事实证明了该论点。陶瓶上这些图案得到了各种各样的解释：对于当时的人来说，这些图案可能一度新颖而令人陶醉，也可能随处可见。无论如何，对于这些高品质的红绘陶瓶上所展示的内容，其受众

---

① 关于书卷，见 Immerwahr, *Classical Studies Ullman* 以及 *Antike Kunst* xvi（1973），143—147。书板与相关例证的展示，见 Beck, *Album of Greek Education* 65 的索引条目 "tablets and writing-cases"。

是谁呢？如果将这类材料用作可以证明普遍读写能力的论据，则是大错特错；另一方面，它们表明文字在此时的某些领域中已成为普遍的日常现象。

文字在该时期被用于越来越多的目的，毫无疑问，这种变化在某种程度上系由读写文化的传播所造成，同样促进了读写文化的进一步发展。但对读写能力在古典时代的希腊所达到的高度，应该还有提出异议的空间。

我们注意到，对于雅典读写能力的普及问题，现行观点是"雅典的读写能力达到了很高的水平"。总的来说，有人称希腊人共同享有这样的成就。当学者们谈及"普遍的基础教育"或"读写能力……似乎极其普遍"时，① 无论我们采信与否，他们都不应抱怨。因为除此类理想化的观点外，很难有其他特例。②

首先，需要简单地考虑书写材料的问题，因为需要弄清楚古典希腊适宜书写材料的价格或不可获得是否曾阻碍文字的使用或传播。整个问题非常的不明朗，因为相关材料的价格完全是未知数，抑或说不详；此外，还因为人们对书写材料的主观反应以及

93

---

① F. A. G. Beck, *Greek Education. 450—350 B. C.* (London, 1964), 314 (在整个希腊还是仅仅在雅典?)；B. M. W. Knox in *Cambridge History of Classical Literature* i (Cambridge, 1985), 11 ("读写水平参差不齐的确属实"；他所指为公元前五世纪最后几十年的雅典)。类似观点 (这些著作家并不完全支持前文引用的观点) 见 Turner, *Athenian Books* 8；Harvey, *REG* lxxix (1966), 628 (前文曾有引用)；G. Ryle, *Plato's Progress* (Cambridge, 1966), 22 (其中称 "我们清楚读写能力在雅典几乎已经普及")；Weil *in Le monde grec* 165 (雅典的所有人都萌生了读写的念头)；A. Burns, *JHI* xlii (1981), 371 ("公元前六世纪末期之后，雅典公民中的绝大多数均具备读写能力")；G. F. Nieddu, *S & C* vi (1982), 235, 246。

② 有趣的是，一位历史经济学家得出一个笔者认为完全正确的结论，他认为在古典时代的阿提卡乃至整个希腊，大多数居民是目不识丁的：H. Michell, *The Economics of Ancient Greece* (2d ed. Cambridge, 1957), 363；Havelock 力求寻找证据证实 "公元前 430 年之前具备读写能力者极少"，至于公元前 430 年之后的情况，他与众人持相同观点，见 *New Literary History* viii (1976—77), 369—372 或 *The Literate Revolution* 185—188。

对其价格的态度从未被真正的证实。陶片定然曾是唾手可得的书写材料，但对我们而言，用它们书写极其不便利，但或许希腊人使用陶片就像现如今使用成张的纸一样容易。然而，充其量来讲，供携带的陶片无法刻写较长篇幅的内容。①

94 　　草纸是最便利的书写材料，可用于诸多目的。迄今所知，至公元前 490 年，雅典已开始使用草纸，而且事实上，草纸定然在先前更早的时间里便在雅典及大多数其他城邦使用。② 对大多数人而言，草纸可能比较昂贵。诚然，有关这方面的证据非常稀少。关于该时期可靠的草纸价格，目前所掌握的仅有厄瑞克修姆神庙（Erechtheum）中记载的公元前 408—前 407 年间为两卷草纸支付的 16 奥伯尔，以及公元前四世纪早期有记载的为一卷草纸支付的 21 奥伯尔（明显是推测）。③ 虽然按照古典时代的贸易条件，两份价格之间的差异不应令我们诧异，但差异还是令人感觉不安。无论如何，这些价格表明尽管富人轻易就可以买得起草纸，但对于每天仅赚取 3 奥伯尔以维持生计者，抑或像乡野村民那样终生手头拮据者会发现，即使购买少量的草纸仍是一笔巨大的支出。

　　木料是另外一种重要的书写材料——用木匾（deltoi）传递信

---

① 公元前四世纪雅典放逐陶片上留存下来的长篇交易记录（22 行），发表于 A. W. Johnston, *Ath. Mitt.* c（1985），293—307 中，这是仅存的交易记录。然而，按当时的条件，并非没有可能将放逐陶片存档，见 E. Seidl, *Ptolemäische Rechtsgeschichte*（Glückstadt, 1962），43，其中对 *BGU* vii.1560—1562 进行了评论。

② 对古希腊书写材料的研究，参见 R. Devréesse, *Introduction à l'étude des manuscripts grecs*（Paris, 1954），1—5；Guarducci, *Epigrafia greca* i.429—442。Hdt. v.58（见 Turner, *Athenian Books* 13）中述及草纸。喜剧残篇 Hermippus 63.13 Kock（可能是公元前五世纪二十年代）出自埃及。

③ 厄瑞克修姆神庙（Erechtheum）中的记载：*IG* i².374，第 279—281 行或 i³.476，第 289—291 行。草纸学家似乎认同这里所使用的"χάρτης"一词指的是由 20 几片草纸组成的卷，而不是一片草纸（N. Lewis, *Papyrus in Classical Antiquity*［Oxford, 1974］，70—78）。引用的其他记录，见 *IG* ii².1655，第 1—2 行；Harvey, *REG* lxxix（1966），615 中引用 Ps.-Dem. lvi.1：两个铜币（每个相当于 1/4 奥伯尔）可以买到足够的契约书写材料，此类观点有虚夸成分。

息，而木板（sanides）用于刊布告示。原则上讲，由于这类材料可以重复使用，它们可能并不昂贵。悲剧作家通常提及书板，[①] 因此，它们在该时期显然已相当普遍，但这并不能证明所有人都可以随意使用书板。然而，将情况概结为如下似乎最为合理：书写材料的局限从未成为学习读写的直接障碍，因为获取满足当时学习读写需要的书写材料并非难事；但作为唯——种便于书写大篇幅私人书信材料的草纸，由于其价格昂贵，限制了文字发挥其作用，从而间接阻碍了读写的发展。

至此应考虑古典时代希腊的学校教育情况。从组织机制上讲，希腊人如何学习读写？他们是否通常在家里教授孩童读写？对于古希腊女性的读写能力而言，弄清该问题尤其重要，因为根本没有任何证据表明在古典时代的女童去学校上学，[②] 雅典的女童不参加学校教育，与目前所掌握的"雅典女性过着与世隔绝的生活，女童没有接受教育"完全一致（在这方面，一些其他的城邦可能不像雅典那么愚昧）。事实上，有些雅典女性具备读写能力，但大多具备读写能力的女性要么是富家女（由家里的奴隶或佣工教授她们读与写），要么是高级妓女（hetairai）。关于古典时代的家长教授孩童读与写的问题，目前其实并无书面证据，且普通的希腊家庭极有可能甚至将基础教育都看成是教师的任务。[③] 色诺芬认

---

① Pind. *Ol.* x.1—3 中对此也有提及。悲剧包括 Aesch. *PV* 789；*Supp.* 179；*Choeph.* 450；*Eum.* 275；fr. 530 Mette 或 *P. Oxy.* xx.2256；Soph. fr. 597 Radt；*Trach.* 683；*Phil.* 1325；*Ant.* 709；Eur. *Troad.* 662；另 见 Pfeiffer，*History of Classical Scholarship* i.26。

② 见 H. P. Foley（ed.），*Reflections of Women in Antiquity*（New York，1981），226 中科尔（S. G. Cole）的观点，与 Beck，*Album of Greek Education*（同时参照 Beck 在 *Classicum*［Sydney］ix［1978］，1—9 中的文章）中的观点相反。大都会博物馆中标号为 06.1021.167 的红绘陶杯，上有女子手握书板的形象引人注意（她有些不情愿，有人指引她这样做），但她已经成年，抑或接近成年。

③ 然而，在约公元前 460 年的一件红绘陶杯上（Beazley，*Attic Red-Figure Vase-Painters* 838/27），是一个男童向一位手持书卷的女性背诵着什么（参见 H. R. Immerwahr，*Antike Kunst* xvi［1973］，144—145），这或许表明此时有些教育活动是在家庭内部进行的。

为希腊人去学校是为学习文法（grammata），① 他在另一篇资料中将教育分为两个阶段：儿童教育（paidagogos）阶段与学习文法（grammata）、音乐（mousike）和竞技技巧的阶段。前一阶段始于孩童能够听懂他人话语，后一阶段在家庭之外进行，由教师负责。② 此外，尽管古典时代希腊的学校无疑仍非常重视读写以外的科目，"公元前 430 年之前雅典学校并未提供有组织的书写教育"的说法，如上一章所见，③ 只是一种特殊见解。公元前五世纪的阿提卡红绘陶瓶上展示着教授识字或与之密切相关的活动（见表2）场景，这些陶瓶清晰地证明此类活动曾发生在古典时代希腊的现实生活中。然而，陶瓶场景所指可能是特定的社会阶层。

个别的教师群体开始出现于公元前五世纪中期的文献资料中，我们发现公元前四世纪的教师被社会精英所鄙视，或许也被更多的普通公民所鄙视，在整个古代情况皆如此。④ 这种态度很可能缘于那些通读写者的某种情感，认为学校侵犯了富人的权利。这种态度还揭示出富人基本没有认识到进行基础教育的社会效用，即便说认识到了，意识也极其淡薄。

古典时代希腊的一则法令要求所有公民之子都要"学写书信"，这一点业已得到证实，而且据认为，城邦会支付老师的薪酬。西西里的狄奥多鲁斯将这则法令归于卡塔纳的立法者卡容达斯（他声称先前没有任何一位立法者曾提议过如此法令），他将卡

---

① *Cyr.* i.2.6.

② Xen. *Lac. pol.* 2.1。他所指的是希腊人，而非斯巴达人；诚然，他还指那些"自称能很好教育自己儿子的人"，这种说法具有阶层内涵。

③ 见原文 58。

④ 伊壁鸠鲁（Epicurus）宣称普罗塔戈拉斯（Protagoras）曾经是一位乡村教师（Athen. Viii.354c 和 Diog. Laert. X.8 和 Protag. 68 A9 D-K 和 Epicur. *Epist.* fr. 172 Usener 与后者同），这不大可能是真的；甚至于在普罗塔戈拉斯生活的年代，这一行业是否遭到抨击仍是未知数。但关于公元前 440 年埃雷特里亚（Eretria）或厄立特里亚（Erythrae）的一位无名教师，见 Ion of Chios, *FGrH* 392 F6。对学校教育的蔑视，见 Dem. xviii.129, 265, xix.249；关于该问题，另见 A. D. Booth, *Florilegium* iii（1981），1—20。

表 2　表现学校传授习字的阿提卡红绘陶瓶

陶瓶标号	画匠	日期	参考文献
慕尼黑 2607	不详	公元前 530—前 500 年	Beazley 104/4, Beck 22 no. 7 (h)
东柏林 F 2322（小康塔罗斯无脚杯 kyathos）	奥奈西姆斯（Onesimus）	约公元前 490 年	Beazley 329/134, Beck 20 no. 75a-b.
牛津 G 138	奥奈西姆斯	约公元前 480 年	Beazley 326/93, Beck 26 no. 119; 参见 *Classical Studies* Ullman i.19—20 中的 Immerwahr
费拉拉 45 C VP	（Adria Painter）阿德里亚画匠	公元前 500—前 475 年	Beazley 349/1, Beck 22 no. 7（1）
西柏林 2285	（Douris）杜里斯	约公元前 490—前 480 年	Beazley 431/48, Beck 18 nos. 53—54; 参见 Immerwahr 18—19, 图 3
塔尔奎尼亚 RC 1121	（Tarquinia Painter）塔尔奎尼亚画匠	公元前 475—前 450 年	Beazley 866/1, Beck 22 no. 7 (d)
华盛顿 136373	（Akestorides Painter）阿基斯多利德画匠	约公元前 460 年	Beazley 781/4, Beck 19 no. 61; 参见 Immerwahr 22
大都会博物馆 17.230.10	陶瓶慕尼黑 2660 的画匠	约公元前 460 年	Beazley 784/25, Beck 19 no. 58—60; 参见 Immerwahr 21
维尔茨堡 488	（Splanchnopt Painter）斯普兰兰诺特画匠	约公元前 450 年	Beazley 893/25, Beck 19 no. 62; 参见同一位画匠的作品 Dunedin E 39.107（Beazley 893/24, Beck 19 no. II/43）
雅典 12462	陶瓶伦敦 D 12 画匠	约公元前 450 年	Beazley 959/2, Beck 22 no. 7 (e)

资料来源：J. D. Beazley, *Attic Red-Figure Vase-Painters*（2d ed., Oxford, 1963）；F. A. G. Beck, *Album of Greek Education*（Sydney, 1975）（T. B. L. Webster, *Potter and Patron in Classical Athens*［London, 1972］, 244 中的列举不足信）。

注：这些是笔者在文献资料中发现的最可能的相关例证（我们一直无法绝对地肯定 "画匠原本便打算展示正规的学校"）。

容达斯从公元前六世纪措置于公元前 443 年建立的拓殖地图里伊（Thurii）。① 这种怪异的纪年错误引出一个问题，即狄奥多鲁斯是否了解一些可靠的有关于公元前五世纪图里伊法律的情况，而且这则比较特殊的法律更像是希腊化时代的产物。狄奥多鲁斯是从埃弗鲁斯（Ephorus）那里，抑或说实际上从其他地方 ② 得到的有关于公元前五世纪图里伊的法律的真实资料，这一点并非没有可能；有人认为大希腊的所有法令均缘起于卡容达斯，③ 这也并非没有可能。但相比于其他世纪，公元前五世纪缺少相类似的要素，首当其冲的是城邦资助的教师，这与有关立法者，尤其是卡容达斯的故事的不可靠性一样，严重有悖于上述法令的真实性。④ 最有可能的解释是：整个故事是在公元前四世纪或者其后不久编造的，因为在该时期，"普及男性公民教育"的观念极其盛行。如果这种解释正确，就为盲目推崇此类观点的人提供了一定证据。

　　第一位主张普及公民教育的人资料不详，可能是卡尔凯冬（Chalcedon）的法勒亚斯（Phaleas）；至少亚里士多德将其名字与"教育应该是平等的"的观点联系到一起。⑤ 应该简单提及一下柏

① 资料出自 Diod. Sic. xii.12.4, 13.3—4。

② 无法考证狄奥多鲁斯本人的资料来源。狄奥多鲁斯加入的对文字的颂词（13.1—3）是否基于埃弗鲁斯或公元前四世纪其他著作家的观点，厘清该问题有一定意义。可能是伊索克拉底的学生埃弗鲁斯，在这方面他受到老师的影响。

③ 柏拉图称卡容达斯是意大利及西西里岛的重要立法者（*Resp.* x.599e）；亚里士多德却将这一范围限定在卡尔凯冬各城（*Pol.* ii.12.1274a23—25）。

④ 从该篇章与 Aristot. *Pol.* ii.12.1274b5—6（卡容达斯的唯一一项新型法令，涉及的是伪证罪）的比较来看，在公元前四世纪，对卡容达斯立法的内容显然已产生分歧。对于狄奥多鲁斯对卡容达斯立法的阐释，Richard Bentley, *A Dissertation upon the Epistles of phalaris*（London，1699），25—273 中以怀疑的态度对其进行了充分研究。他还指出，根据 Heracl. Pont. in Diog. Laert. ix.50 的论述，图里伊（Thurii）的立法者为普罗塔戈拉斯；在 *Recueils de la Société Jean Bodin* xxxix（或 *L'enfant* v，1975），98 中，范·坎贝尔诺（R. van Compernolle）认为卡容达斯的法律是公元前四世纪的产物，而 Marrou, *Histoire* 175 中认为是希腊化时代的产物。

⑤ *Pol.* ii.7.1266b32—33。H. Diels 将法勒亚斯（Phaleas）列为前苏格拉底时期的人物，但却仍是猜测。

拉图的《法律篇》，或许这是第一部将普及教育的理念呈现给相当数目的公众的著作。

事实上，迄今所知，没有任何古典时代的城邦曾要求所有自由民的男童参加学校教育或学习读写，更不必说女童；该时期也没有任何城邦曾以某种方式资助基础教育。某些文本时而得到释义，作为公元前四世纪的雅典与克里特岛确有义务教育的证据。在《克里托篇》(Crito)中，柏拉图命苏格拉底与雅典的习俗(nomoi)进行一次对话，对话中称城邦的习俗已经告知苏格拉底的父亲教授他音乐（可能会包括读与写）及竞技技巧。[1] 就像其他地方一样，此处的"nomoi"显然不是法令，而是社会习俗，柏拉图是在描写一种在他和苏格拉底所隶属的社会阶层中极其浓重的社会习俗。[2] 眼下的问题是如何才能弄清"教授读写的习俗(nomos)"在当时的影响范围有多广。

至于克里特岛人，埃弗鲁斯显然曾说过他们让男童习字，尽管原文本中强制性的动词似乎已遗憾告失。[3] 无论如何，其观点欲强调并非所有的男童都习字，但那些习字者还须学习社会习俗所规定的歌曲以及特定形式的音乐。克里特岛的某些城邦鼓励公民

99

---

① Crito 50d.

② 参见 K. J. Freeman, *Schools of Hellas* (London, 1907), 57—58；Marrou, *Histoire* 538。如舒米特(P. Schmitter)所认为的(*AJPh* xcvi [1975], 281)，此种解释能得到证实，因为柏拉图与亚里士多德均认为（在接下来引用的篇章中）当时的雅典没有这类法令。Harvey, *REG* lxxix (1966), 589, 注释 10 中更倾向于认为"柏拉图陶醉于自己的雄辩，所得论断不够准确"。顺便提一句，Aeschines i.9 中未能提供任何关于雅典义务教育的证据：我们委托教育男童"ἐξ ἀνάγκης"的教师，是像埃斯基涅斯(Aeschines)一样想让孩童受教育的人，必须相信他们，因为我们别无选择。但该篇章却表明至公元前 345 年，雅典已出现一些有关学校教育应如何进行的法律，参见 P. Schmitter, *Die hellenistische Erziehung im Spiegel der Νέα Κωμῳδία und der Fabula Palliata* (Bonn, 1972), 111。

③ Strabo x.482 或 *FGrH* 70 F149 (88, 第 18—19 行)；可以按实际情况翻译希腊语（"男童们学写书信……"），但这个句子显然缺少解释；Heraclides Ponticus (*FHG* ii.211) 中曾宣称克里特岛的教育并未超越习字层面，这可能就是斯特拉波评论的深层含义。

让男童"习字",尽管在缺少其他证据的条件下,这种说法的可能性不高,但却并非没有可能。"克里特岛法律规定所有男童都应进行学习"的说法具有误导性。[①] 人们可能会合情合理地怀疑克里特岛的法律是否提出过如此不切实际的要求。不过埃弗鲁斯的证据还是有一定价值的:在克里特岛可能有一种较为浓重的传统,即男童学习读与写,该传统甚至可能超越了富人和专业工匠中具备读写能力那部分人。该文本还提供了一些其他的证据,证明在公元前四世纪中叶的希腊,真正意义上的普及教育的愿景已得到广泛关注。

现存最早明确建议推行普遍教育的文本是柏拉图《法律篇》的第七卷——标志着书写文化发展的重要阶段,同时强调非书写习惯的重要性。无论如何,柏拉图在书中认为一座理想的城邦内需有用于开设公共学校的建筑,且城邦需强制所有的男童和女童接受教育。[②] 他还称十岁的孩童应学习约三年的文法:"孩童必须努力习字,直到他们能够读与写,但至于较高水平的读写速度或书写,在特定年限后缺少天资者应离开。"[③] 因此这几乎无异于自由民的普遍读写教育,但目前显然尚未考虑如此理念是如何付之行动的问题。亚里士多德同样力荐实行义务教育,[④] 他犹豫不决地建议义务教育不应该始于 7 岁,应从 5 岁开始;[⑤] 他尚未意识到提议的实际内涵。

公元前四世纪一些其他文本证实,家长必须支付孩子的学费;[⑥] 因此许多人与教育无缘,与之相反的言论皆源于对希腊经济状况的

---

① 见 Nieddu,*S & C* vi(1982),242,注释 31 的观点。

② Pl. *Leg.* vii.804c-e.

③ vii.809e-810b.

④ Aristot. *Pol.* viii.2.1337a33—34(教育"παιδεία"定然成为一种必须 κοινή,似乎意味着公民中已普及教育)。关于女性教育,另见 *Pol.* i.13.1260b16—20。

⑤ *Pol.* vii.17.1336a23—24,b35—37;关于 7 岁是开始接受教育的普遍年龄,见 ps.-Pl. *Axioch.* 366d.

⑥ Xen. *Mem.* ii.2.6;Dem. xviii.265;参见 Theophr. *Char.* 30.14。

不了解。[1] 事实上，柏拉图已注意到极其富有者（plousiotatoi）将他们的儿子在最小年龄时送到学校，并让他们学习最长的时间，[2] 这清楚的表明，除在公民中占比重很小的极其富有者以外，所有人均或多或少地受教育所需费用的影响。至于希腊城邦中资助基础教育的例证，需要等到希腊化时代。

关于希腊自由民男童接受学校教育的比例，还有其他的证据吗？首先，一些稍偏远的地方显然开设有学校：前文已经述及阿斯图帕拉埃亚；此外，修昔底德详述了在公元前413年，当色雷斯的雇佣军攻击彼奥提亚地区的穆卡莱苏斯（Boeotian Mycalessus）时，他们袭击了当地最大的一所学校并杀死了学校里全部男童。[3] 正如修昔底德所评述的那样，穆卡莱苏斯是一座小城，[4] 那里开设了好几所学校，表明接受学校教育的男童的比重惊人之高。这些学校的规模可能都很小，现存证据无法保证有一半或四分之一的公民的儿子去学校接受教育。但该证据却使得"至该时期，除那些真正落后的地区，几乎每座希腊城邦都设有至少一所学校"看似可能。

乡村是另外一个问题。乡村孩童不去接受学校教育的情况断然相当普遍，或许也比较正常。正如一篇伪吕西亚（pseudo-Lysian）演说辞中的间接提及所示，人们认为传统的乡村生活不受教育的影响。[5] 目前对乡村教师这一形象并非一无所知，公元前四世纪一篇文本中的普罗塔戈拉斯即其中一位。[6] 但乡村教师却受通

---

① 弗罗瑞（S. Flory）等宣称（*AJPh* ci［1980］，19）：有关孩童教育的证据表明，雅典公民中"几乎所有"成年男子均接受过一段时间的教育。

② Pl. *Protag.* 326c。这段文字存在文本问题，但不影响此处的论点。

③ Thuc. vii.29.5.

④ vii.29.3 中称之为"农民共同体"（Harvey, *REG* lxxix［1966］，620），忽略了希腊城邦的普遍雄心壮志。

⑤ Ps.-Lys. xx.11：弗里尼库斯（Phrynichus）十分贫穷，在乡下照看畜群，而我的父亲在城区教学（ἐπαιδεύετο）。这段演讲的时间约在公元前409年至前404年之间（Dover, *Lysias and the Corpus Lysiacum* 44）。

⑥ 伊壁鸠鲁称普罗塔戈拉斯在乡下教授文字（ἐν κώνῃ τινι，见原书98，注释145）；尽管这种说法可能是错误的，但及至伊壁鸠鲁时代，定然已存在这样的教师。

读写者的鄙视，如此事实更加使人猜想大多数村落并无教师。

当今谈论古希腊教育问题时，很少考虑到当时的社会实际与经济状况。大多数希腊人均为小农或小工匠，只有很少或根本没有盈余以供花销，但他们都有强烈动机让男童从很小的年龄开始劳作。从之前有关于读写文化普及范围的论述以及我们所引用的有关于学校的证据中，隐约可以发现：从历史条件看，参加学校教育的男童数量惊人。然而，考虑到缺少对教育的资助，也考虑到城邦世界长期存在的乡村生活模式，希腊自由民中的大多数人极有可能并未受过多长时间的学校教育。

为确定古典时代希腊的读写能力水平，学者们大都依据文献，时而也引用人工制品，它们或多或少揭示出希腊普通人曾进行读写。如此方法看似不会招致反对意见，但却完全忽视历史可能性与可能决定读写文化普及范围的某些因素（第一章已通盘考虑）。情况似乎不止于此，人们通常仅从一个社会视角去审视该问题，即居住在城邑之中的富有男性公民，因此非常必要从不同角度探究该问题。某种程度上讲，前文已谈及过那些决定性因素，包括在公民中普及读写能力的新的意识形态，从公元前四世纪中期开始获得一些不可否认的力量。

从社会条件看，最有可能成立的假设是：古典时代雅典的读写局限于重装备兵及以上阶层中的男性，以及一定数量的文字至重行业的工匠、一小部分奴隶与极少数女性（最大的不确定或许为女性具备读写能力的比重是1%，还是10%）。如前文所见，不完全具备读写能力的状况加深了问题的复杂程度，这也许是陶片放逐参与者的读写能力。雅典之外一些城邦的读写能力无疑处于类似的水平，还有一些城邦的读写能力水平要低许多。

与其他前近代民族相比，古典时代的希腊人具有社会与心理条件的优势，如此差异有利于希腊，至少雅典的读写传播。其中的一个差异便是大量奴隶劳动力的存在。自公元前五世纪起，尤其是雅典人，拥有大批奴隶，而且他们必然有多余的闲暇和资源去顾及其他事情，包括教育。换言之，分等级的社会结构很可能

102

去帮助那些处于上层的人接受教育：他们年幼的孩童无需为生计而终年劳作，并且可被送往学校。但普通的雅典家庭几乎没有奴隶，而且在盈余方面，尤其是现金方面，也异常拮据。奴隶制并没有把普通公民转变成富贵闲人。

在这样的背景下，可以仔细考虑自由民的读写状况。实际上富人中的男性一定是具备读写能力的，尽管这种能力在公元前五世纪与前四世纪可能更加熟练。① 该社会阶层中女性的读写能力仍存疑问。上文已谈及伊斯科马库斯的妻子，色诺芬设想其至少具备简单的阅读能力。或许富有的上流社会圈开始关注女童教育。但由于未见女童上学的证据，加之婚龄较小，以及良好家境的女子均需与外界隔绝的趋势（这种大趋势在雅典很盛行，但同样存在于其他城邦），难免会令人感到些许悲观。

必须关注曾对读写能力做出过评述的所有古代著作家的社会地位。柏拉图提及一种据称非常著名的表述方式，是一种形容无知者的方式：他"既不识字，也不会游泳"。② 雅典有社会观点认为目不识丁是不光彩的，主要社会精英自然也同意该观点；但大多数公民是否赞同此观点是所探究问题的一部分。古代世界应该与现代世界一样，人们对社会图景具有选择性理解。当德摩斯提尼称雅典在所有问题上都有法，因此"所有人都可以一种简单而清楚的形式来阅读和学习法律"时，③ 他所表达的是一种意义重大

103

① 海乌洛克（E. A. Havelock）认为"统治阶层"是雅典最后掌握读写能力的阶级（应该是公元前五世纪），但对此他却拿不出任何证据（*New Literary History* viii［1976—77］，372 或 *The Literate Revolution* 188）。无论公元前八世纪与前七世纪的状况到底如何，我们根本没有任何理由去认为与地米斯托克利（Themistocles）生活在同一时期的雅典上层阶级曾鄙视书写技能。不过，在笔者看来，相比于公元前四世纪中叶的雅典上层阶级，他们不大可能充分利用自己的知识。

② 原文采自 Pl. *Leg.* iii.689d：τὸ λεγόμενον μήτε γράμματα μήτε νεῖν ἐπίστωνται。中世纪的类似情况对研究并无助益，这与 Harvey, *REG* lxxix（1966），628，注释 5 给我们的印象截然相反。

③ Dem. xx.93.

的民主愿望，但其言辞并不意味着他相信所有的男性公民均可以自行阅读，更不用说掌握了任何的证据。他只是理所当然地认为只有那些具备阅读能力的人才会阅读，且任何重要人物均可以做到这一点。公元前四世纪的雅典有成千上万能读会写者和具备一定读写能力者。然而，现在没有理由认为他们在总人口中，甚至是在男性自由民中占大多数。

我们很难从公元前四世纪的大哲学家和演说家那里获得多少有关普通民众在现实生活中受教育的信息，但如前文所示，柏拉图曾暗示普通人受教育并不常见。一位演讲者曾在雅典的陪审法庭面前对比工匠（demiourgos，或多或少掌握某种技能的自由工匠）与钱铺主的生活："如果这名奴隶被一位厨师或其他类型的工匠买走，那么他将学到主人的技能……但我们的父亲，身为一位钱铺主，得到了他并教他识字。"[①] 乡村人学习读写技能的机会极其渺茫；要求阿里斯提德（Aristides）在放逐陶片上刻写"阿里斯提德"的那位公民显然是位粗人。几乎可以肯定，这则归于普鲁塔克的故事是捏造的，但它出现的时间足够早，可以置入古典时代的背景。[②]

上一部分述及的文字的民事功用已向一些学者表明，相当高比例的雅典公民群体具备了读写能力。没有必要重申前述关于雅典民主政体的阶级局限性，也无需重申关于很少参加或根本不参加公共生活的"过平静生活的雅典人"之说。这些考量与讽刺语一道，充分解答了苏格拉底或者柏拉图质问米利图斯（Meletus）的问题，"你是否认为陪审员如此不谙文字，以至于他们不明白克拉佐美纳埃（Clazomenae）的阿那克萨哥拉斯的书卷中满是这样的评论呢？"[③] 如我们所见，陪审员很少用到阅读能力，但即便在因诉讼而

----

① Dem. xlv.72（诚然，"γράμματα ἐπαίδευσεν" 的确切含义仍不清楚）；厨师目不识丁的状况，见 Damoxenus fr. 2.12 Kock（*CAF* iii.349）。

② Plu. *Mor.* 186a；*Arist.* 7.7—8。Nepos *Arist.* 1 同样记述了这则故事，但未考虑"目不识丁"的状况。

③ Pl. *Apol.* 26d。正如 F. Solmsen 在（*AJPh* lxxxvii［1966］，104）中所论，陪审员并非知识阶层，但并不意味着他们是随意挑选的，这一点显而易见。

声名狼藉的雅典，大多数公民也并非陪审员。①

　　然而，雅典人通过抽签决定选出担任特定职位者，实际上，这些职位要求当职者具备读写能力，包括（至公元前四世纪）一些官方的文书工作。②抽签制会授予目不识丁者职位，目前尚未发现保守派雅典人士对此提出异议。原因大概是如果一个人不表达参加选举的意愿或至少展示出其才能，他的名字不会出现在签中。③

　　关于议事会的情况更加模糊。若非更早的话，从公元前四世纪五十年代开始抽签随意选定议事会 500 名成员（任期一年）中的某一位，④有人会认为议事会成员必须具备一定的阅读书写文件的能力。我们不确定处于财产等级最底层的佣工（thetes）阶层是否有资格当选。⑤无论如何，仅有意愿者会被纳入参选之列，这一点似乎显而易见，且理应认为大多数目不识丁的穷人与乡野村民不在考虑范围。⑥一个人一生可以在议事会当职两次的事实（现已证实此规则见于公元前四世纪二十年代，但可能出现在更早的年代）可能暗示着：城邦每年预期至少 250 名堪当重任的成员入选议事会。⑦　　　105

---

① 《蜂》中猜想陪审员皆为普通人。

② ［Aristot.］*Ath. Pol.* 47—54 列举其生活年代的 250 余位通过抽签选定的官员；54.3—4 列举内部议事会首领（Prytany Secretary，"雅典议事会的负责人"；P. J. Rhodes ad loc.）以及法律委员会的领袖（同为重要职位）。

③ 参见 Harvey，*REG* lxxix（1966），598。

④ P. J. Rhodes，*The Athenian Boule*（Oxford，1972），3.

⑤ 该争议问题，见 E. Ruschenbusch，*ZPE* xli（1981），103—105 等。

⑥ P. J. Rhodes，*ZPE* xxxviii（1980），193 从其他角度论证公民不会自动成为候选人。或许有人想知道同样由抽签产生，且应该从年逾六旬者中选出的仲裁人（diaitetai，［Aristot.］*Ath. Pol.* 53.4）是否可以在不具备阅读能力的情况下履职。近年来的研究愈发清楚地表明，有时在议事会的成员中，相当数量的人不具备阅读能力（公元前 371 年时约 225 人：Ruschenbusch，*ZPE* liv［1984］，252），且议事会成员中有一定数量的佣工阶层（参见 Ruschenbusch，*ZPE* xlix［1982］，275）和一些充其量仅拥有基本读写能力者，这种可能性越来越大。关于仲裁委员会赞扬记录员和助理，见 A. M. Woodward，*ABSA* I（1955），274。

⑦ 关于该规定，见［Aristot.］*Ath. Pol.* 62.3. M. H. Hansen，*Demography and Democracy. The number of Athenian Citizens in the Fourth Century B. C.*（Herning，1986），51—64 中详述议事会（boule）成员在雅典人口总数中的比重，关于该时期雅典的人口总数，汉森（Hansen）甚至高估了现有的研究能力。

按照合理的人口统计学推论，意味着在总人口中有成千上万的至少具备一定读写能力者。但事实上，议事会的成员或许可以在不能够自行读写的情况下履职，这样的可能性给该结论带来了不确定性。

　　雅典铭文不足以辅助定位读写能力的普及程度。应该清醒地认识到，从公元前 353/352 年以后，一些纪念性法令自称已刊布于众"以便路人皆知"。[1] 如此标榜意在取悦从法令中受益者，但现在没有观点认为所有雅典公民直接从刊布的法条中了解其内容。关于读写文化普及的范围问题，随意刻渧也不能提供多大帮助。广场上留存的古典时代陶片（前文已述及）上刻有四条相当不可靠的貌似字母文字的信息，已用于支撑一种普遍的认识——文字在古典时代的雅典得以广泛使用，[2] 但这完全无法立足，必须将这些陶片置于在雅典城中心大规模发掘的年代考虑。然而，在广场发现的其他超过三千份刻渧与绘有颜色的铭文 [3] 并未产生预期的价值。他们所覆盖的时间过长，总数大小也取决于主观判断。这些铭文究竟由何人刻写一直是模糊的问题。

　　至于拥有自由民身份的希腊女性，即便是乐观者也认为她们中的大多数断然目不识丁，[4] 且认为目不识丁率轻易超过 95% 或更高。在雅典以外的城邦，有的女童可能去学校上学，但尚未发现任何证据。除她们被排斥过着与世隔绝的生活（众所周知）外，还有必要回忆一下前文设想的文字与公民权利之间的关联。换言

---

[1]　Meritt, *Epigraphica Attica* 90.

[2]　Nieddu, *S & C* vi（1982），241—242（"diffusa conoscenza e pratica della scrittura"）.

[3]　Lang, *Graffiti and Dipinti* 1.

[4]　根据 Harvey, *REG* lxxix（1966），621，当时雅典女性中"目不识丁的比重相当之高"，但作者继而宣称："或许具备稍许读写能力的人要多于完全目不识丁者"，且他随即引用城邦最富有者，即伊斯科马库斯（Ischomachus）的妻子为证；科尔（Cole）在一项比较详尽的研究中（Foley, *Reflections* 219—245）得出如此结论：在公元前五世纪的雅典，"具备读写能力的女性属特例，而非普遍现象"（225），及至公元前四世纪，具备读写能力的女性的数量"可能仍极为有限"（227）。

之，如果"公民意识"是读写文化在希腊男性中传播的一种原因，应该做好准备接受女性的读写水平较低的观点。

是否存在反证呢？在公元前五世纪的雅典陶瓶图案上，有时女性像男性一样使用或携带书卷或书板。① 尽管并不像其他主题图案那样令人惊奇，但这类场景比较常见。陶瓶图案的背景通常在家庭内部，委托人的出现限制了场景的真实色彩，"在有产家庭，一定数量的女性已具备读写能力"是一种合理的推断。然而需要谨慎，陶瓶图案中可辨识的女性形象主要是缪斯和萨福，② 她们与普通的雅典主妇截然不同。根据之后希腊的证据推断，很多人明显以异常尖刻的态度看待女性携书的场景，③ 这或许是通读写的高级妓女（hetaira）能够达到的水平。

在公元前四世纪希腊的上层男性中，定然会有人赞同柏拉图和亚里士多德的观点，相信当时有较高水平的女性教育。毕竟，这种激进的想法在同时期并非完全没有支持的声音。④ 在某种程度上，应把哲学家们看作是提倡教育的观点的代表，这种观念曾产生一些实际的影响，但却仅仅影响到极其微小的一部分人。

107

---

① 关于女性，包括缪斯正在阅读或手持书卷的场景，见 Immerwahr in *Classical Studies Ullman* nos. 12—35 以及 *Antike Kunst* xvi（1973），143—147（另外五则例证）；Cole 223。涉及女性的书板，见 Beck, *Album of Greek Education* 17—18（第 II/11, 20, 22, 23 号），56—60（第 350, 353, X/11, 364, 399a 号）。

② Immerwahr nos. 18—35。

③ 尤见 Lucian *Eikones* 9。由塔纳托斯画匠（Thanatos）绘制，现存于波士顿（标号为 00.359）的阿提卡白绘陶瓶值得关注。上面展示手持写板的裸体女性（450—420；Beazley, *Attic Red-Figure Vase- Painters* 1229/23；Beck 18 no. II/22）；此外还有雅典的红绘化妆盒（1241，约公元前 430 年，同见 Immerwahr no. 23；Beck 58 no. 368）；约公元前 460 年的一块印石，展示一位正在猜书书卷上谜语的神秘人（见 R. Lullies, in *Festschrift zum sechzigsten Geburtstag von Bernhard Schweitzer*［Stuttgart, 1954］，140—146；Beck 18 no. 52 等）。

④ 此类观点见原文 100，Harvey, *REG* lxxix, 1966, 622 中也有提及。关于塞奥弗拉斯图斯自相矛盾的观点，见 Stobaeus ii p. 207 no. 31；Wachsmuth（参见 Cole 227）；女性应该被教授文字至管理事务的水平，但改善教育条件通常会使她们变得懒惰、健谈且爱管闲事。

　　如此看来，若一位雅典（大多数其他城邦亦如此）女性欲摆脱目不识丁的状况，她需要异常的幸运，抑或是拥有不寻常权利的强势人物。希罗多德记述有关西叙亚的斯库勒斯（Scyles of Scythian）母亲的故事，另有人记述有关马其顿的腓力二世之母——欧律狄克（Eurydice）的故事，这些女性不仅自己具备读写能力，而且确保她们的儿子也能读会写，诸如此类的故事是伟大却并非普通女性的故事。① 两则故事强调的皆为女性如何服务于男性。毫无疑问，当时存在更喜欢女性目不识丁的男性，他们或许认同米南德剧作中某位角色的言辞，称教女人识字犹如"给一条可怕的巨蛇提供毒素"。② 公元前五世纪的悲剧舞台不时上演女人利用文字耍阴谋的场景，很可能加深了对女性受教育的敌对态度。③

　　如何对待从阿提卡戏剧中（有悲剧，也有喜剧）获取的资料呢？它们看起来与读写文化普及的范围有关。在把目光转回到女性之前，应考虑有关男性读写能力的篇章，不要忘记琼森（Jonson）笔下的角色索尔迪多（Sordido）。之于观众及剧作家对舞台台词的态度，这份资料抛出了复杂的问题。

　　在《被缚的普罗米修斯》和欧里庇得斯的《酷刑》中，两位

---

① 关于斯库勒斯（Scyles）之母的故事，见 Hdt. iv.78.1（参见 Cole 226—227）。她是希腊人，嫁给西叙亚王并教授她的儿子"希腊语及希腊文字"，希罗多德在一则内容复杂的寓言中对此给予详细的阐述。关于欧律狄克（Eurydice）：对该故事的了解基于 Ps.-Plutarch, *De lib. educ.* 20 或 *Mor.* 14bc 提供的模糊版本。据传她是伊利里亚（Illyria）人，粗蛮至极（"三倍的粗蛮"），为了孩子们的教育，她以一名成年人的身份习字。作者记录了她为缪斯的题献，其中提及这项成就。探寻由女性刻写的文本（Cole 230）并非紧要任务，但应注意，除非接受 R. Wuensch（τὴν，第 13 行）无法立足的推测，*IG* iii App. 100——公元前四世纪阿提卡的诅咒板才在女性刻文之列。

② Men. fr. 702 Kock（修订版）：γυναῖχ' ὁ διδάσκων γράμματ' οὐ καλῶς ποιεῖ, / ἀσπίδι δὲ φοβερᾷ προσπορίζει φάρμακον.

③ 如 C. P. Segal 在 *Mnemai: Classical Studies in Memory of Karl K. Hulley*（Chico, Calif., 1984, 56）所论，《特拉奇尼埃》（*Trachiniae*）、《希波吕托斯》（*Hippolytus*）和欧里庇得斯的《斯忒涅玻亚》（*Stheneboea*）将文字、欺骗、隐藏的爱与女性欲望视作歪曲事实。

诗人均颂扬了文字。如果他们是在向一群目不识丁的观众颂扬文字，那将是怪诞的。 在业已遗失的欧里庇得斯的剧作中，身为主人公的帕拉麦德斯颂扬文字，该剧作还生动地阐释出文字罪恶的品质，因为主人公的死便是奥德修斯蓄谋的一封伪造信件所致。但这些颂词也引发一系列问题：现代文学作品中没有人颂扬文字，据笔者发现，伊丽莎白时代尚且无人如此。整体上看，雅典的观众或许无法很好地支配读写，也未能保持长期读写的传统。

　　悲剧诗人似乎认为他们的观众熟悉书写程序。有观点称悲剧作家，尤其是埃斯库罗斯将人的思想比喻成书板的做法是读写能力在雅典广泛传播的证据。① 诚然，相当一部分观众定然感受到作为记忆辅助工具的文字的重要性。② 在已遗失的欧里庇得斯剧作《提休斯》中有一幕，假设部分观众或全部观众都识得字母表（识得字母表并非文本界定读写能力的标准）：将一位目不识丁的牧人塑造成可以按顺序复述字母，拼凑主人公名字的人，而主人公的名字则见于帆船上， ③ 这份资料同样带寓意深刻。牧人十三行的复述似乎很吃力，或许诗人原本期望利用它们吸引观众，目标观众对识得这些内容感到满足 ④ （这一幕在戏剧舞台上取得成功，至少被其他诗人模仿两次，因此需特别注意 ⑤ ）。饰演牧人（赛奥德克特斯［Theodectes］笔下的版本展示的是一位乡下人）的表演者有

---

① Nieddu, *S & C* vi（1982），248.

② 一个源自公元前五世纪第二个 25 年的雅典细颈有柄长油瓶，揭示出"文字是记忆助手"的论点，陶瓶展示着记忆女神（Mnemosyne）携带书卷的场景（Beazley, *Attic Red-figure Vase-Painters* 624/75；Beck, *Album of Greek Education* 58，第 369 号，参见 Nieddu 260）。

③ Eur. *Thes.* 382 Nauck。Beck, *Greek Education* 84 中将此作为普遍识字的证据。

④ 悲剧诗人卡利亚斯（Callias）的 "τραγῳδία γραμματικὴ（悲剧文法）" 可能提供了相似的幽默素材。参见 Weil in *Le monde grec* 165—166；特拉西马库斯（Thrasymachus）的墓志铭（85 A8 D-K）同样涉及字母表。

⑤ Athen. x.454d-e（Agathon fr. 4 Snell；Theodectes fr. 6 Snell）。该场景似乎并不是在嘲弄牧人，因为嘲笑当时社会普遍存在的状况是愚蠢的，且不符合欧里庇得斯的风格。

别于大多数观众，但并不意味着预想中所有观众都是完全具备读写能力的。

《骑士》(*Knights*)中一段文字经常被引用，这部分内容直接谈及目不识丁的问题：卖香肠者称自己不会书写，不懂得任何艺术，糟糕的是，这可能使他成为煽动的对象。[①] 然而，这番话所要引出的是：当怀有政治抱负者展现出不完全具备读写能力时，阿里斯托芬与他的一些观众定然会露出轻蔑的目光，而且必须设想相当一部分观众的读写能力业已超越这一水平。不过如此模糊的推论并不妨碍另一设想：观众中的许多公民，即那些不渴望政治权利者的识字状况非常糟糕，抑或说根本不识字。[②]《骑士》本身表明，阿里斯托芬敢于忽视大部分观众的情感，直到剧作的最后约八十行改变态度之前，德莫斯(Demos)一直没有获得同情。当喜剧诗人称大多数首领皆目不识丁或具备较低的读写能力时，[③] 所遭到的抨击谩骂可以证实一些不足为奇的状况，即目不识丁仍是普遍现象，且有些雅典人认为目不识丁使人丧失政治领导权。剧作《蛙》中简单提及欧里庇得斯的读者狄俄尼苏斯，实际上也未能提供任何有关普遍读写能力的启示。[④]

除《提休斯》中的牧羊人外，在伟大悲剧诗人搬上舞台的所有男性角色中，皆被描绘为具备读写能力。另一方面，出现在悲

---

① Ar. *Eq.* 188—189.

② 一开始戏剧观众是否了解学校呢？答案尚不得知：在 *P. Oxy.* xxxv.2741 col. i 第 14- 第 19 行中，有一段语义模糊的文字，是对埃乌波利斯（Eupolis）言语的评论（引自 Eupolis fr. 192 Kassel-Austin），可能揭示出肯定的答案。

③ Ar. *Eq.* 190—192 中暗指这些首领通常是目不识丁的。Eupolis fr. 193 Kock（出自 Quint. *Inst.* i.10.18）中称西伯尔保卢斯（Hyperbolus）勉强具备稍许的读写能力；另一方面，根据 "μνημονεύω γὰρ καλῶς" 等词判断，克里提那斯（Cratinus）的《法律》(*Laws*)中宣称 fr. 122 Kock 的目不识丁者可能并非煽动者，而是受人尊敬的人物，尽管材料中并未揭示其隶属哪个社会阶层。Longo, *Tecniche della comunicazione* 59—60 将其视为普通的雅典人，但远不能确定。

④ Havelock（*New Literary History* viii [1976—1977]，338 或 *The Literate Revolution* 204）据此推断 "按我们的标准，雅典已形成读写文化，抑或形成一个拥有大量读者的社会"，但如此推论全然不合逻辑。

剧表演舞台上出身贵族的女性，有的具备读写能力，有的则不然。事实上，只有《希波吕托斯》(Hippolytus)中的菲德拉(Phaedra)是确定具备读写能力的，她能够自行写书信对于剧情极其重要①（在所探究的年代之后不久，米南德的《西库翁人》描绘一位雅典女性具备写的能力，并未被认为多么伟大，但恰巧也是服务于剧情需要）。②相比之下，在《塔乌里斯的伊菲格尼亚》(Iphigeneia in Tauris)中，当伊菲格尼亚(Iphigeneia)需要写信时，只能寻他人代写。③

　　然而，必须牢记所有这些喜剧资料的社会背景。尽管观众数量极大，④但由相对杂乱的人群构成，远非更为典型希腊人的彼奥提亚(Boeotia)或优卑亚(Euboea)的农民；此外，在这些观众中，即便不全是男性，男性也占支配性地位。

　　奴隶的读写能力状况是一个特殊的问题，前文只是断续地有所提及。之前已经述及了一些具备读写能力的奴隶，在每则例证中，他们都委托富有主人的代理人；⑤另有其他一些相关证据，⑥但这只是一小部分奴隶的命运。至公元前四世纪，富有的希腊奴隶主通常会拥有一些具备读写能力的奴隶。因此，柏拉图描述一名奴隶宣读一篇篇幅较长且比较重要的文本，以及德摩斯提尼描述一名奴隶写证词，另一名奴隶写仲裁协议，⑦均在情理之中。在公

---

① Eur. *Hipp*. 856—81.

② Men. *Sic*. 131.

③ Eur. *IT* 584—585；Eur. *IA* 115—123，891 并未清楚地阐释克里特门涅斯塔（Clytemenestra）具备读的能力（参见 Cole in Foley, *Reflections* 224，其观点与 Harvey, *REG* lxxix［1966］, 622 正相反）。根据 Soph. *Trach*. 155—163，似乎可以认为戴安内拉（Deianeira）不具备读的能力，但无法确定（参见 Cole，同上；她将头脑里的记忆写下来：684）。

④ 事实上，几乎无法确定在莱库古（Lycurgus）重建狄俄尼苏斯剧院之前，那里究竟可以容纳多少观众。

⑤ 见 Ps.-Dem. xxxvi.8, 28；Dem. xlv.72.

⑥ 见 Dem. xxix.11（参见 21）等，表明尽管雅典的普通奴隶"不识字"，但有些却已是熟练的写工。

⑦ Pl. *Theaet*. 143b-c；Dem. xxix.11, 21；Dem. xxxiii.17.

元前四世纪的雅典，城邦至少拥有少数公共奴隶从事记录工作。①
然而，所有这些与大多数充当农场劳工或家庭侍者的奴隶的生活
方式并无关联。对于绝大多数奴隶而言，主人显然没有理由教授
他们读与写。②

关于雅典以外地区的读写能力，我们所掌握的甚至更倚赖于
猜测。提洛同盟时期雅典的富足与雅典的读写能力状况相关，亦
是雅典有别于其他城邦之处；但另一方面，当时还存在覆盖许多
城邦的政治文化、经济习惯和文学共同体。科林斯、米利都，抑
或叙拉古等地与雅典在读写能力方面的差异可能不大。除雅典外，
米利都、叙拉古以及阿哥斯均为推行过陶片放逐法的城邦。还需
回忆一下基奥斯、阿斯图帕拉埃亚与穆卡莱苏斯等地的学校。该
时期诸多最具影响力的思想同样意义重大，它们皆出自雅典以外
的其他地区，尽管后来大多数思想家都被吸引至雅典，如品达、
希波达莫斯（Hippodamus）、希罗多德、希波克拉底、普罗塔戈拉
斯、希庇亚斯、普罗迪科斯（Prodicus）、高尔吉亚、亚里士多德、
赛奥彭普斯（Theopompus）以及塞奥弗拉斯图斯等，此处列举的
只是杰出人物。古典时代的希腊文化并非完全以雅典为中心。然
而，如前文所提到的，有些地区的读写能力可能要逊色许多。斯
巴达很可能是一个极端例证。

雅典人伊索克拉底无疑了解许多关于斯巴达的情况，约在公
元前 340 年他写道，"相比于我们的一般文化（他所指是普遍意义
上的希腊），斯巴达人如此落后，甚至不学习读与写。"③ 这段文字
的态度诚然充满敌意，基于伊索克拉底的准确性做出的重要历史

---

① 参见［Aristot.］*Ath. Pol.* 47.5 等。
② Harvey, *REG* lxxix（1966），623 引用公元前四世纪喜剧诗人西奥菲勒斯
（Theophilus）的例证，表明此类情况时而出现。但所涉及文本（fr. 1 Kock 或 ii
p. 473）揭示的更像是"奴隶从主人那里习字是特别待遇"，并且"奴隶们被某
些神秘力量激发出热情"。Dio Chrys. xv.15 的故事可能出自古典时代，表明当
时雅典的普通奴隶是目不识丁的。
③ Isocr. *Panath.* 209.

推论是存在风险的。在同一篇演说词中，伊索克拉底后来的用词缓和了对斯巴达人的敌对态度，尽管如此，他还是认为即便是聪明的斯巴达人，也只有当他人代读演辞时才可以理解其内容，暗示所有斯巴达人实际上都存在阅读困难，抑或根本不能阅读。[①] 其他一些更为模糊的资料，有的抱敌对态度，有的持友善态度，但所指相同：[②] 可能在公元前五世纪与前四世纪，只有极少数斯巴达人完全具备读写能力。

近来的著作家无一这样认为，事实上他们宣称斯巴达人具备更高的读写能力，甚至高于雅典人。难以置信的是，他们断言所有斯巴达人至少具备一定程度的读写能力，[③] 抑或说许多斯巴达人具备一定的读写能力。

毫无疑问，一些斯巴达人是具备读写能力的。有确凿的证据（有些是当代的发现）表明几位斯巴达王的读写能力，另有军队指挥官与政府的通信。[④] 所及之人定然明白如何发送并阅读"小束棒（skutale）"上的信息；"skutale"为斯巴达传统的书写材料。[⑤] 似

112

---

① Isocr. *Panath.*，见 250—251。该篇章被 T. A. Boring, *Literacy in Ancient Sparta*（Leiden, 1979），45—46 失当错译，认为"τὸν ἀναγνωσόμενον"所指为解释演辞者，而不是演辞读者。他并未列举类似的例证。

② 根据 Dissoi Logoi ii.10（D-K ii.408），斯巴达人对教授文字充满敌对态度（然而，与 Cartledge, *JHS* xcviii[1978], 27 中的观点相反，Pl. *Protag.* 342 并未作出类似的声明）。态度友善的版本认为斯巴达人学习文字到满足基本需要（ἕνεκα τῆς χρείας）的程度而已（Plu. *Lyc.* 16.10, *Mor.* 237a），这更像是一种委婉的观点。

③ 哈维（625）称，古典时代的斯巴达王及其他重要领导者与普通斯巴达民众一定受过相同的教育，这只是理想化推论。Cartledge 28 中称没有哪位斯巴达男性是完全目不识丁的，Boring 96 也倾向于相同的观点，但却采取间接的说法，概述"如果斯巴达人愿意，便可以学习文字"以及他们"具备一定的读写能力"，但他并未给出具备读写能力者所占的比重。

④ 关于国王：Hdt. vi.50.3, vii.239.3；Thuc. i.128.6—7, 132.5（修昔底德这段文字的可靠性需单独考虑）。Hdt. vii.239.4 中暗示克莱奥梅尼（Cleomenes）的女儿乔戈（Gorgo）熟知书写板。关于军队的指挥官，见 Thuc. viii.33, 38；Xen. *Hell.* i.1.23 等，另见 Cartledge 29。

⑤ 关于这种材料，见 *The Craft of the Ancient Historian：Essays in Honor of Chester G. Starr*（Lanham, Md., 1985），141—169 中 T. Kelly 部分。

古人的读与写

乎有观点认为那些曾担任过，抑或即将担任最高职位者能够独立使用"skutale"。至少早在公元前五世纪七十年代监察官便知道如何使用"skutale"，现在证实，他们在后来的一些场合中确实使用过这种书写材料。① 因此，担任监察官这类职位的人普遍具备一定程度的读写能力，这一点清晰可见。理论上讲，所有官方的书写工作可能由写工代替目不识丁的主人完成，从实际情况看却不大可能如此。② 似乎在公元前四世纪初的几年里，保桑尼阿斯王与将军狄布隆（Thibron）甚至亲笔写过政治宣言，这些宣言无疑都是初级的；来山德将军靠一名外邦人帮他以文字形式表达自己的政治观点，此举或许更具代表性。③ 无论如何，这些关于当职者的资料实际上没有提供任何有关斯巴达平民的信息，因为斯巴达人的小世界显然分为诸多阶层。④ 然而，这并不意味着读写能力完全局限于少数贵族。⑤ 在从该时期拉哥尼亚的圣所中所发现的一批随意刻泐中，有些是斯巴达人刻写的，且已知的一些葬礼碑铭同样是斯巴达人刻写的。⑥ 尽管如此，可能只有极少数斯巴达人具备读写能力。

113　　相比于大多数希腊城邦，读写教育在斯巴达所受到的关注相差甚远，而且在斯巴达人的生活中，文字曾起到的作用也逊色许多。⑦ 斯巴达有蔑视文字的传统。⑧ 在斯巴达人中，读写能力可

---

① 见 Thuc. i.131.1 与 Plu. *Lys.* 19.7，Xen. *Hell.* iii.3.8 等。关于监察官的读写能力，见 Cartledge 28—29。

② 斯巴达王阿格西劳斯（Agesilaus）治下的一位王室"写工"现已得到证实，但需见 Cartledge 29。

③ 保桑尼阿斯：Ephorus *FGrH* 70 F118；狄布隆（Thibron）：Aristot. *Pol.* vii.14.1333b18；来山德（Lysander）：这位外邦人为哈利卡纳苏斯的克莱昂（Cleon），见 Boring，*Literacy* 50—52 中收录的资料。

④ 见诸如 P. A. Cartledge，*CQ* xxxi（1981），96。

⑤ 根据 Xen. *Hell.* iii.3.8 and 10，作为非共同体正式成员的叛乱者，锡拿顿（Cinadon）和那些受派遣缉拿他的人皆可以书写。

⑥ 题献：Cartledge，*JHS* xcviii（1978），32，注释 46；Boring 8—16；若可以推断，他们的社会阶层较高。关于墓志铭：Cartledge 31，35。

⑦ 关于这些问题，见 Cartledge 35—36。

⑧ Plu. *Lyc.* 13.

能仅局限于小部分男性，而具备读写能力的女性的数量更加微不足道。①

概言之，出现在古典时代希腊文化中的一种观点是每位男性公民均应知道如何读写，但即便在雅典也远未能实现。我们没有理由设想读写能力克服了阻碍其在希腊所有公民中传播的社会屏障。古典时代的希腊人达到了与他们的政治经济（以奴隶制为基础，城邦公民享有有限的权利）、经济生活与非凡的精神力量相一致的读写能力水平。从某种意义上讲，他们的读写水平达到非凡的高度，因为读写能力已不再停留在写工读写能力水平的层面，并且远远超越了富人的圈子。陶片放逐法一直是最重要的证据，它揭示了在公元前五世纪的大部分时间里，雅典公民中完全具备读写能力和具备一定读写能力的人数轻易超过六千（之所以容易，因为并非所有具备读写能力者都出现在每一次投票中）。② 在前文列举的种种限制中，雅典戏剧家及演说家的言辞是重要证据。但在古典时代的大部分时间里，雅典重装兵的数量很可能超过一万，而阿提卡的公民总数通常超过十万；对于公元前五世纪的大部分时间而言，公民的总数断然远高于十万。由此看来，尽管普遍教育受到困阻，这一比例可以被视作比较可观，但这样的读写能力百分比却并非特别高。从总体上看，阿提卡人口读写能力的比例可能介于 5% 至 10% 之间。

鉴于掌握的资料过于有限，因此无法构建一个时间表以阐释读写能力的功用以及具备读写能力的人数在古典时代希腊发展的状况。不过倒是可以提供一些建议。如上一章所示，公元前 520 年至前 480 年或许是读写文化发展相对较快的时期；③ 文字功用在雅典迅速发展的另一个阶段似乎是伯罗奔尼撒战争期间。此外，

114

---

① 关于斯巴达女性的读写能力，参见 Cartledge 31。
② 或许公元前 417 年之后陶片放逐法不再延用的原因只是公民人数的减少，而且缺少足够的具备读写能力或具备一定读写能力的人来支撑这种做法。
③ J. M. Camp, *AJA* lxxxvii（1983），115 中猜测，公元前五世纪五十年代之后，文字拼写方面变化的减少是因为当时读写能力的发展，这并非没有可能。

古人的读与写

一些学者设想读写文化在约公元前 430 年的发展同样迅猛。① 有关此种观点的证据相当薄弱，如果拥有更多源自公元前五世纪四十或五十年代的文献资料，现在或许盛行着另外一种观点。笔者认为，读写文化在公元前 430 年至前 400 年的某个时间里得以广泛传播的观点既无法立足，亦难以辩驳。读写文化快速传播的另一个阶段可能介于公元前四世纪七十与六十年代之间，与之相伴的是前文所述诉讼方法的改变以及普及公民教育观念的形成，其形成本身便难以追溯具体的日期，但无论如何，一定形成于公元前 347 年柏拉图离世之前。

我们已经发现，读写在古典时代希腊的功用以及发展可能比通常预想的更为狭隘。根据前文的论述，不难看出是什么阻碍了读写文化以更快的速度发展。是哪些因素促使问题朝着另外一个方向发展，也就是说，曾促进文字的传播呢？这一问题的答案超出希腊字母的简易性与希腊经济取得的成功，在很大程度上是殖民化和奴隶制促进文字的传播，因为它们给许多城邦内的一些自由民带来闲暇。由此便导致对文字使用的增加，前文已竭力阐释该过程。除此之外，还有更深层次的原因：尽管文字的声誉一直是矛盾的问题，但文字赢得了普遍的威信且逐渐与公民权利联系到一起，包括放逐政客的权利、了解法律与建议立法的权利，以及以诉讼人或陪审员的身份进入法庭的权利。因此至少在雅典，使用文字在理论上已成为公民身份的标志；实际上是拥有财产的城邦公民标志，他们发现读与写的能力已不可或缺。

115

---

① 关于海乌洛克"希腊的读写文化在约公元前 430 年经历了快速发展"的观点，见原书 94，注释 135；根据 Nieddu, *S & C* vi（1982），235 中的说法，大多数学者认为在公元前五世纪末期，读写文化（在希腊？雅典？）历经显著的发展。

五、希腊化时代的城邦与基础教育

公元前248年，佩泰努瑞斯（Petenouris）之子贝托西利斯（Petosiris）——埃及法尤姆（Fayum）一个村落的养猪者，给一位叫做"赫拉克雷德斯（Heracleides）"的人17头仔猪作为10头母猪的年租。赫拉克雷德斯给他一份收据——在草纸上用希腊语书写的57个词[1]。

在文字这一研究领域，我们显然处于一个新的时代。[2] 不过，像上文提到的收据之类的文本使某些关于方法的尖锐问题凸显，所有欲阐释希腊化时代读与写的人都面临这些问题。尤其是下列疑问：贝托西利斯懂希腊语吗？认识古埃及的世俗体文字吗？（可能对两者都不了解）；该收据是作为富有而强大的芝诺代理人的赫拉克雷德斯亲笔所写吗？（有可能，但无法确定）；相对较小的乡村交易导致收据的产生，这是该时期才出现的新事物吗？（有可能是，但没有确凿的证据）；试想当时的情况是这样的：如果10头母猪的所有者并不像芝诺那样富有，也不像他那样喜好文书，还会有收据吗？（大概不会，但该问题也无法确定）；在贝托西利斯时代托勒密辖地之外希腊世界的其他地方，养猪者都能收到类似的收据吗？（很难讲，但总体上似乎不大可能）；最后一个问题：

---

[1] *PSI* iv.379 或 *Sel. Pap.* i.72（草纸背面的文字较长，正面文字相对较短）。

[2] 本章内容一直述至公元前1世纪七十年代，希腊世界的大部分地区都感受到罗马对社会秩序的影响；不可否认，这种分期存在主观任意性。

为什么这类文件注定会必不可少呢？

当然，赫拉克雷德斯和芝诺都是希腊人。但随着马其顿的亚历山大及其继任者时期的征服、定居和文化交融，"Greeks"一词的内涵发生了根本性的变化。对于历史学家而言，欲想在其研究中锁定某一特定的人类群体更为困难。总体上讲，本书研究的主题是讲希腊语的人，而无论他们生活在哪里。至少一些希腊人自认为语言或文化才是判定国籍的最佳标准，而非血统。① 我们要研究的是文化史，而不是民族史。不过，将研究主题限定在讲希腊语的人这一范畴并不会妨碍关注那些像贝托西利斯一样不讲希腊语，却与希腊人打交道的人。欲了解希腊化世界许多地区的社会结构，则必须采取此方法。显然，在有些地方，本地文化和传统影响到希腊化了的"蛮人"，甚至影响到希腊血统的希腊后裔所展现出读写能力的素质和类型。此外，当时还有许多同时使用两种或两种以上语言的家庭和共同体。②

最大的难题是弄清希腊各社会共同体在文字使用、教育实践和读写能力等诸多方面存在多大的一致性。现存的原始证据非常零散：由于气候原因，草纸文献几乎全部出自埃及，确切地说是亚历山大城以外的埃及；关于读写能力的资料非常有限，而且并不总是能够说明具体的地理范围（赫罗达斯［Herodas］和塞奥克里图斯［Theocritus］）；铭文和纪念碑只在其所属的城市才有意义。对于许多地方，诸如塞琉古帝国（Seleucid Empire）的大多数城，目前只能做一些简单的推断。

434 草纸卷

这部分内容不会再次考察应用文字的所有生活领域，而是关

---

① 参见 Thuc. i.3.4；Isocr. *Paneg.* 50；Strabo i.41 的结尾部分（*dialekton*）（或 Poseidonius，*FGrH* F105a）。

② 关于例证见 W. Peremans in E. Van't Dack et al.（eds.），*Egypt and the Hellenistic World. Proceedings of the International Colloquium*，*Leuven*，24—26 *May 1982*（Louvain，1983），276—277。

注一些绝对最为新鲜的事。亚历山大大帝的征服并未给希腊城市带来根本性的变化，① 在许多方面，文字所扮演的角色变化缓慢或根本没有变化。然而，对古希腊人而言，管理庞大的、且在某种程度上集权的王国是一件新鲜事。事实上，文字的新用法或最新传播的用法大都始于托勒密王国。

117

正如我们已经认识到的，即使在公元前 323 年以前，经济生活中的契约便越来越多地以文书的形式表现出来。这种趋势明显，在雅典演说家的演说辞中可以发现大量证据。目前无法彻底弄清楚在公元前四世纪的某些类型的交易中，诸如说出售房产，是否存在直接的买卖合同；但其中明显涉及一些文书。婚事安排方面的情况也相差无几，公元前 323 年以前是否有婚书，现在仍然没有证据。最早的证据是埃及北部埃勒凡泰尼（Elephantine）的一份婚书，可追溯到公元前 310 年。② 不过，书面合同也不太可能是托勒密时期才出现的新事物。

希腊化早期一些书面形式交易的规模均为中等额度。在公元前 259 年或前 258 年一则书面形式的契约涉及一名女奴的交易，售卖价格为 50 德拉克马。③ 但交易双方根本不是典型的希腊人，一方为一群马兵，另一方是芝诺，阿波罗尼奥斯（Apollonius）的总管与托勒密二世（Philadelphus）的财务官。通常情况下，当一个奴隶或其他商品以这样的价格易主时，可能不会订立书面合同（事实上，现在仅存有两份托勒密时期买卖奴

---

① 此处值得提及罗斯托夫采夫（M. I. Rostovtzeff）的观点，他认为"在希腊化时代，希腊城邦在政治、经济和社会结构方面未曾经历重大变革"（*The Social and Economic History of the Hellenistic World*[Oxford，1941]，ii.1304）。

② *P. Eleph*. 1（*Sel. Pap.* i.1 也有一部分）。新娘是特姆诺斯（Temnos）人，新郎来自科斯，而证婚人又分别是盖拉（Gela）、特姆诺斯、昔兰尼和科斯人，这也凸显出公元前三世纪希腊世界的内在联系。

③ *P. Cair. Zen*. i.59003 第 11 至第 22 行，或见 *Sel. Pap.* i.31，*SB* iii.6709 及 *CPIud* i.1。除了来自卡乌诺斯（Caunos）的芝诺，该交易涉及的其他人，分别来自克尼多斯（Cnidos）、马其顿、米利都、雅典、克罗丰以及阿斯潘多斯（Aspendos）。奴隶是巴比伦人，契约签订于外约旦（Transjordan）的伯尔塔（Birta）。

隶的书面契约，而上文提到的文书，是其中的一份）。[①] 公元前
273 年一份贷款合同上的金额为 34 德拉克马，而借贷的双方均是
军人。[②]

　　数十年前，蒙特沃基（Montevecchi）将希腊—罗马时代的
埃及各类希腊语个人财务文书编目，从中清晰可见：托勒密早
期的文书，确切地说，公元前 2 世纪 30 年代之前的文书极为罕
见。实际上，现存的大多数文书属于罗马时代。[③] 一些外在因素
造成托勒密早期私人文书的匮乏，事实确实如此。因为在埃及大
多数土地归王所有的年代里，无法奢望有许多可以证明私人土
地交易活动的文书。不仅如此，在该时期存留下来的商业文书
中，与政府无关的数量极为稀少，甚至可能低于公元前四世纪雅
典演说家的数量。鉴于此，可以料想：即使公元前 1 世纪 30 年代
之后商业文书的数量开始增加，但绝大多数类别的文书数量依然
稀少。

　　相比于公元前四世纪的雅典人，在托勒密时期的埃及，大多
数希腊私人经济生活的书面化程度并未增强。或许在某些方面书
面化程度反而降低了。[④] 该时期的学徒契约没有一份能够存留下来
（在罗马帝国时代，即便大多数情况下订立契约的双方目不识丁，

① 另一份是公元前 146 年的 *P. Köln* iv.187。

② *P. Cair. Zen.* i.59001 第 26 至 56 行，内容与 *Sel. Pap.* i.66 一致。其他有文书的小
型交易，见 H. J. Wolff, *Das Recht der griechischen Papyri Aegyptens* ii（Munich,
1978），4，注释 6。

③ 在蒙特沃基（Montevecchi）所掌握的文献资料中，以下部分属于罗马时代之
前：43 笔奴隶交易中的 1 桩（O. Montevecchi, *Aegyptus* xix［1939］, 16，前文
曾述及的篇章）；84 笔牲畜交易中的两桩（同上，49—50）；155 起房屋交易中
的 15 桩，尽管在这 15 桩交易中，只有 1 桩属于公元前 113 年前（*Aegyptus* xxi
［1941］, 94）；226 起土地交易中的 76 桩，尽管在这 76 桩交易中，只有 3 桩早
于公元前 139 年（*Aegyptus* xxiii［1943］, 12）。在 "oggetti vari" 词条下，49 份
书面篇章中的 12 篇属托勒密时期（同上，244—261），其中只有两篇确定出自
公元前 146 年之前（同上，258）。

④ 有关托勒密治下埃及的非书面契约，见 R. Taubenschlag, *The Law of Greco-
Roman Egypt in the Light of the Papyri*（New York, 1944），228—229。

却仍存有大量的学徒契约）。① 同样，也没有任何理由认为，文字在希腊化世界其他地区商业领域的功用急剧增加。② 大多数希腊人日常生活的一般事务皆不是以私人记录、契约、书信或其他的文字形式进行的。

关于阿波罗尼奥斯的财务官及其无处不在的管家芝诺，他们的文书显然是特例。像前文两则例证一样，这些公元前 2 世纪五十年代与四十年代的文书涉及的是私人经济事务，也涉及官方事务。③ 事实上，由于阿波罗尼奥斯和芝诺可履行的权力以及他们涉猎的广泛活动，在某种程度上，区分个人与官方事务显得不太现实。然而，书面文书的使用范围在希腊化时代得到扩展，主要推动力可能是政府及追求个人利益的政府高官。这种情况所产生的影响是文书开始越来越多地影响普通人的经济生活。

在探究官方对文书的使用之前，有必要对私人契约法律地位的变化进行评论。在德摩斯提尼时代及亚里士多德时代，书面契约的地位已经日趋上升，而且这种趋势似乎得以延续。至少登记私人契约的官方机构已逐渐普及，这大概暗示着人们已经认识到保存这些文书的重要性。这种发展的证据非常零散，在每个城市以不同的形式出现（大部分是碑铭），因此难以做出概括性的解释。④ 我们偶然掌握的证据表明，公元前三世纪的基奥斯、科斯（Cos）、克拉佐美纳埃、底格里斯（Tigris）河畔的塞琉古城（Seleuceia，公元前 2 世纪中叶以来兴盛的中东贸易中心）以及其

119

---

① 参见 A. Zambon, *Aegyptus* xv（1935），3—66。据笔者所知，这应该是真实的。

② 在希腊化时代，文字在借贷业务中得到越来越多的使用，见 R. Bogaert, *Banques et banquiers dans les cités grecques*（Leiden, 1968），337—340。

③ P. W. Pestman, *A Guide to the Zenon Archive*（Leiden, 1981），171—194，其中详细研究了这些文书。

④ 参见 E. Weiss, *Griechisches Privatrecht* i（Leipzig, 1923），391—425；E. Bikerman, *Institutions des Séleucides*（Paris, 1938），209；W. Lambrinudakis & M. Wörrle, *Chiron* xiii（1983），283—368，尤见 336—352。M. Bianchini 认为官方记录 "*sungraphai*"（在 A. Biscardi et al.［eds.］，ΣΥΜΠΟΣΙΟΝ 1974［Athens, 1978］，249）始于公元前 2 世纪，这种观点有误。

他地区存在城市档案馆。① 证据大都出自爱琴海的南岸和东岸，这可能并非偶然，不过及至此时，城市档案馆可能得到了极大的发展。现有清晰合理的证据表明：及至公元前 2 世纪二十年代，这种态势在埃及重演。② 然而，似乎没有明显的证据表明在希腊化世界的任何地方，书面登记对于契约的有效性是至关重要的。

可以暂且不谈希腊法律文件的具体类型，③ 但书面文件作为法律证据的价值是值得关注的。据认为，相比于在场目击者的实证价值，书面文件的证明力与日俱增，④ 这种状况应该属实。但如此结论在很大程度上是基于一例案件的报告，表明之所以召见目击者，只是因为相关文书遗失，⑤ 文字中并未宣称只有在文书被毁的情况下口头证词才有价值。⑥ 概言之，书面证据在希腊化世界或许并未赢得相当的，抑或说实际上根本没有获得证明力。

然而，人们曾愈发认为保管书面记录是政府的责任。在公元前四世纪末塞奥弗拉斯图斯完成《法律篇》时，雅典有一条规章制度，要求在不动产交易正式生效之前至少 60 天，城邦的官员需

---

① Chios：［Aristot.］*Oecon.* ii.2.12（作为一种机制，城邦曾对私人债务进行登记）；Cos：W. R. Paton & E. L. Hicks，*The Inscriptions of Cos*（Oxford，1891），No.368，VI.36—38（καθ' ὑοθεσίαν δὲ μὰν ἐπὶχρεωφυλάκων）以及 VII.39—41（再次述及债务登记问题）；Clazomenae：*Die Inschriften von Erythrai und Klazomenai* ii（*IGSK* ii），510，第 10 行；Seleuceia：R. H. McDowell，*Stamped and Inscribed Objects from Seleucia on Tigris*（Ann Arbor，1935），40—41（安条克一世治下）。

② 见 *P. Tebt.* iii.815 及 *P. Petr.* ii.47，附带 C. Préaux，*Recueils de la Société Jean Bodin* xvi（或 *La preuve* i），1964，185—186 的评述；Wolff，*Das Recht* ii. 69—70（他最终证实前者绝对与官方文书有关），官员们将这些文书归档。有关公元前 2 世纪帕罗斯文书的归档情况，见 Lambrinudakis & Wörrle，尤见 344。

③ 参见 Wolff ii.57—135。

④ 最新证据见 J. Mélèze-Modrzejewski，*Atti del XVII Congresso internazionale di papirologia*（Naples，1984），iii.1186，他并未声称欲将该结论拓展到埃及以外的地方。

⑤ 该报告为 *P. Amh.* ii.30 或 *W. Chr.* 9（169—164 B.C.）。

⑥ 参见 W. Hellebrand，*Das Prozesszeugnis im Rechte der gräko-ägyptischen Papyri*（Munich，1934），174。

接到一份书面的交易通知，其他一些城邦要求行政官员掌握最新的财产登记情况。① 这不仅表明官方权力的增长，也说明"最重要的事务（诸如这片土地归谁所有？）需要文字记录"的信念更加坚定。

　　但众所周知，尽管官方对文字的使用骤增无疑，但这种骤增并未出现在城邦内，而出现在君主制国家，最为典型的当属托勒密王朝，塞琉古王国和阿塔路斯（Attalid）王国无疑也受到影响。对于宫廷是如何，或者确切地说是何时认识到"欲想进行有效统治，是需要大量文书"的，目前尚不知其端倪。但及至公元前三世纪五十年代，有相当数量的官员管理着托勒密的王室经济事务。一条可追溯到公元前 258 年或前 257 年的证据表明，财务官阿波罗尼奥斯的计算部门在 33 天内便收到 434 卷草纸。② 希腊化时代之前的任何希腊城邦都没有哪位官员需要如此数量的书面文件。显然，托勒密的行政体系从早期埃及的行政管理中继承了一些举措。③ 比如，当时的地籍测量就是按埃及的先例进行的，并未遵循希腊的传统。④ 但如我们所见，希腊的思想意识也为文书的广泛

121

---

① Stobaeus iv.2.20，Theophr. fr. 97.1—2，或见 A. Szegedy-Maszak, *The Nomoi of Theophrastus*（New York，1981），fr. 21.1—2。在此之前，传令官已提供有关这些买卖的所有必要信息（参见 fr. 97.1）。[Aristot.] *Oecon.* ii.2.21 提供了门德（Mende）地区土地和房屋所有权登记的信息；在著者看来，这似乎并无特别之处。另见 Préaux in *Recueils Jean Bodin* 194—198。有关托勒密二世治下埃及不动产交易的官方登记，见 *P. Hal.* 1，第 242 至第 257 行（另附对 Préaux 198—202 的评论）。

② *P. Col. Zen.* iii. 4，此外还有 *P. Cair. Zen.* iv. 59687。

③ 王政时期与托勒密时期的埃及在行政管理与文书使用方面有相似之处。关于这一棘手问题，见 U. Wilcken in *Papyri und Altertumswissenschaft. Vorträge des* 3. *Internationalen Papyrologentages*[1933]（Munich，1935），42—61；J. D. Thomas in H. Maehler & V. M. Strocka（eds.），*Das ptolemäische Aegypten*（Mainz，1978），188（后者体现出的不可知论精神是重要的）。

④ 见 D. J. Crawford, *Kerkeosiris. An Egyptian Village in the Ptolemaic Period*（Cambridge，1971），5—6；另一方面，E. Grier 在 *Accounting in the Zenon Papyri*（New York，1934），56—57 中得出"她所研究的计算方法独立于埃及的先例之外"的结论。

传播做好了铺垫。概言之，托勒密时期用书面文件监管国家税收，规模之大在整个古典时代的希腊前所未有。可惜的是，关于运转该体制的文职人员的数量问题，现在尚且没有明晰的证据，即便是前文提及的 434 卷草纸文件，也只是勾画出当时庞大政府机构的一小部分场景。①

即使古代世界可以达到完全的行政化，也只能是后来的事情。相比于托勒密治下的埃及，"定期向政府做各种形式汇报的要求"更符合罗马特色。②但在希腊化时代的埃及，由政府机构或类似于芝诺这类代理人建立的文书，其影响力要比先前所有的官方文书深远。阿波罗尼奥斯时代兴起一股文书的潮流，证实"乡村书隶（komogrammateis）"的活动。诚然，他们都是中央政府的代理人。确切地说，这些活动始于公元前 258 年或前 257 年。③与此同时，政府开始雇佣"农收管理员（genematophulakes）"来协助收税。现已发现一篇可追溯到公元前 257 年的有关"农收管理员"的书面文件。我们不禁开始猜想，可能是阿波罗尼奥斯与托勒密二世利用很短的时间构建了这套新型行政体系。④

行政体系的发展进步可见于大量的文献资料。前文述及为养猪人比托西利斯开具收据；一名房屋粉刷匠就一项大工程为芝诺估算，他亲手抑或委托他人将其转为书面形式同样属实。⑤当时的

---

① 在 *Zenon Papyri* i（或 *P. Col. Zen.* iii, New York, 1934），17 中，W. L. Westermann & E. S. Hasenoehrl 认为德摩特里乌斯（Demetrius）——阿波罗尼奥斯（Apollonius）的属下，接收了其中的 223 卷，他可能拥有十名乃至更多的助理办事员。

② 参见 E. G. Turner 在 *Greek Papyri. An Introduction*（Oxford, 1968），140 所列举的"汇报"的类型。

③ L. Criscuolo, *Aegyptus* lviii（1978），11。*SB* iii.7202 可追溯到公元前 265 年或前 264 年。*P. Petr.* iii.37a（公元前 258 年或前 257 年）之后，此类文献不胜枚举。

④ 库维尼（H. Cuvigny）收集并分析与"*genematophulakes*"有关的文献资料，见 *Cd'E* lix（1984），123—135。最早的文字资料 *P. Mich.* i.73 恰巧是有关阿波罗尼奥斯财产的。

⑤ *P. Cair. Zen.* iii. 59445 或 *Sel. Pap.* i. 171（约公元前 255 年）。

许多小本经营，诸如销售啤酒、烧扁豆及经营浴池等行当要求商家（可能具备读写能力，也可能目不识丁）与官方签订合约。[①] 古典时代的希腊已设立治安部门，但普通公民是否向警察递交书面形式的控诉状，现在还没有迹象，也不大可能；然而，这在托勒密时期已经成为标准的程序。[②] 在这方面，现存最早的文书可追溯到公元前三世纪五十年代。[③] 上文所述都是行政效率提升及政府控制普遍发展的迹象，却在不经意间使许多目不识丁者与通读写者参与使用文书。

每个希腊化国家都形成了政府文件与行政文书，在中央集权的体制下，文书工作会使掌权者感到负担沉重。有观点猜想塞琉古一世（Seleucus I）曾抱怨："如果人们意识到阅读并批注那么多文书是多么辛苦的工作，就算我把王冠丢弃在地上，他们也不会拾起戴在自己头上。"[④] 显然，在马其顿的亚历山大大帝之后，为政治目的而书写的官文数量剧增，[⑤] 但托勒密王国的状况纯属特例。普通希腊城市都拥有了各自的行政官及公共财政，后来可能发展得很复杂；此外，各城市皆有自己的档案与铭文，[⑥] 但始终没有证据显示希腊诸城经历过类似于发生在埃及的官僚行政化。

可以推测，在希腊化时代，当文字进一步扩展了其在政治领域和行政领域的功用时，却削弱了令人敬畏的品质。文字对所有

123

---

① 见 M. I. Rostovtzeff, *A Large Estate in Egypt in the Third Century B. C.*（Madison, Wis., 1922），118—122。

② 有关这些程序（προσαγγέλματα），见 M. Hombert & C. Préaux, *Cd'E* xvii（1942），259—286；M. Parca, *Cd'E* lx（1985），240—247。

③ 公元前 254 年的 *P. Mich. Zen.* 34。

④ Plu. *An seni* 11 或 *Mor.* 790ab.

⑤ 有关王宫法庭的活动，见 C. B. Welles, *Royal Correspondence in the Hellenistic Period*（London, 1934），尤见 xxxvii-xli 部分；塞琉古治下的王宫信件：Bikerman, *Institutions* 190—197。约瑟夫（Josephus）认为（*AJ* xii.145），安条克三世将一份涉及耶路撒冷的"πρόγραμμα（公告）"传遍整个王国，这种观点不足信。

⑥ 希腊化时代诸城存档的官方文件，见 G. Klaffenbach, *Bemerkungen zum griechischen Urkundenwesen*（或 *SB Berlin* 1960, no. 6），5—34；另参见 E. Posner, *Archives in the Ancient World*（Cambridge, Mass., 1972），114—117。

的城镇居民都是通常可见的，无论他们是否具备读写能力。然而，许多人认为文字定然保留着一定的权威性，因为它仍与政府的意愿和权力密切相连。

　　在古典时代的宗教范畴内，文字在多大程度上被视作权威性或权力是争议问题。也许在公元前四世纪，经过积淀，文字已显现出一定的权威性。根据埃皮达鲁斯（Epidaurus）著名的阿斯克勒庇俄斯（Asclepius）神庙的铭文记载（似为公元前四世纪最后 25 年所刻），[①] 祭司们书面陈词，呼吁消除对阿斯克勒庇俄斯治愈顽疾能力的质疑。[②] 但就是否应信奉某位神灵治疗顽疾的能力问题，即使在希腊化时代也难称希腊宗教的核心问题，且相比于先前时期，文字在大部分希腊人的宗教信仰和实践方面的使用也未见明显增多。该时期还出现一种被称为 "aretalogos" 的写作形式，描述某位神灵或英雄在尘世间的伟绩，但讲述这种伟绩的人一般都是口头演说者，这一点不足为奇。[③] 还有一点可以肯定，除前文述及的诅咒板（如图 2 所示）之外，经过精心制作、赋有魔力的咒符在该时期也以文字形式广为流传。[④] 但这些咒符是神职从业者的专业装备。

　　此时，在某一社会阶层内，即在接受过较高水平教育的人中，宗教思想更多的依赖于文字。希腊化时代哲学的众多奠基者，甚至第欧根尼（Diogenes）也写过大量小册子；尽管这些哲学家并非仅凭书面形式的小册子去赢得追随者，但他们的长期影响显然在很大程度上依赖于书面著述。[⑤] 书面形式传播思想观念更容易精

① 参见 M. P. Nilsson, *Geschichte der griechischen Religion* ii（3d ed., Munich, 1974），225；M. Guarducci, *Epigrafia greca* iv（Rome, 1978），148。

② 尤见 *SIG³* 1168 或 E. J. & L. Edelstein, *Asclepius：A Collection of the Testimonies*（Baltimore, 1945），i no. 423。

③ Nilsson 228—229.

④ 参见 M. Smith 在 *Atti del XVII Congresso internazionale di papirologia*（Naples, 1984），ii.683—693 中的观点。

⑤ A. D. Nock, *Conversion*（Oxford, 1933），167 提出一个问题：为什么在其后的几个世纪，哲学流派在精神史上占据举足轻重的地位？但在给出的答案中（167—179），作者并未强调书面篇章的存在所起的作用（尽管 179 中略有提及）。

准，所以伊壁鸠鲁派能够一直传扬伊壁鸠鲁本人的至理名言。然而，希腊化时代有学识的人在多大程度上诵读柏拉图的著作或具有宗教思想的其他经典著作，受这些著作的影响又有多深呢？这一问题尚存诸多模糊之处。根据个人的宗教信仰，答案可能也不尽相同。探究该问题会使我们背离目前的研究方向。

124

公元前四世纪，希腊人中最有文化的那部分人对书的兴趣大增，且该趋势在一些希腊化城市内不断增强。在亚历山大城，文学与语言研究的发展通常被视为这种新兴文化潮流的精髓。那里不仅有托勒密王室在经济上的资助，还得益于图书馆以前所未有的规模大量收录书籍。① 当时的图书馆应该是综合性的，因此，在某种意义上可踏查到所有的希腊思想，当然其中也包括即便不被吸收，也得到接受的蛮族思想，因为它们可以善意的形式转化为希腊语译本。

有些因素诱使人们将希腊化时代精英所代表的书写文化与广大民众所代表的口传文化分隔对待，② 但这种二分法未免过于苛刻。在社会精英所代表的书写文化中，仍有浓烈的口头成分，讲演术和表演技巧仍起着重要的作用。诗人、内行的演说家和音乐家在各城邦间辗转巡游。③ 无论如何，想区分希腊化时代诸城中的精英文化与大众文化，不仅十分困难，也没有实际意义。例如在德尔斐（Delphi）运动场的一次演出中，萨摩斯岛著名的长笛演奏者萨提洛斯（Satyrus）扮演酒神狄俄尼索斯（Dionysus）的角色，表演《女祭司》(Bacchae)的选段。这其中涉及的究竟是什么呢？④

---

① 关于图书馆的建立和规模，尤见 R. Pfeiffer, *A History of Classical Scholarship* i（Oxford, 1968），98—102（关于埃乌美奈斯二世［Eumenes II］在帕加马建立的图书馆，见第 235 至第 236 页）；P. M. Fraser, *Ptolemaic Alexandria*（Oxford, 1972），i.320—335。

② 在 *Studi in onore di Aristide Colonna*（Perugia, 1982），128—130 中，根提里（B. Gentili）就倾向于该观点（事实上，*Poesia e pubblico nella Grecia antica*［Rome & Bari, 1984］，228—231 中重述该问题）。

③ 见 M. Guarducci, *Mem. Acc. Linc.* ser. 6 ii（1929），629—665。

④ *SIG³* 648B（记有公元前三世纪和前二世纪之交，约公元前 194 年的情况）。

然而，此处重要的是，该时期文学作品的受众是否比先前时期更多使用书籍？当时，几乎任何形式的作品均可以口头方式展现，[①]有些风格的作品，例如哑剧，人们在私下里阅读的可能并不多。[②]迄今为止，关于该时期组织有序出版业的存在，仍无任何证据；[③]目前关于大型私人藏书室的证据也微乎其微。另一方面，学术性作品的创作范围相当广泛，而且一定是专供个人阅读的读物。事实上，这种排他性与个人精神世界或趋近于个人精神世界的建立，可能是著作家的主要创作目的。

任何认为对知识层面要求并不苛刻的希腊化文学旨在传播、抑或说已传播给真正读者的假想都应被摒弃。[④]草纸文献最终表明，如果说当时抄写最多的是古典著作、《荷马史诗》以及欧里庇得斯的诗作，那么无论从何角度理解这种表述方式，也不能证明大众文学的存在。如果关注学者认为对读写能力要求并不苛刻的写作风格，便无法找到旨在广泛流传的作品。赫罗达斯的所谓短长格诗（mimiambs）并非以通用希腊语（koine）所著，而是部分效仿了公元前六世纪的通用语言。[⑤]因此，能够读懂这类作品的公众具备相当的文化涵养。在某些村落遗址中发现一些希腊化时代的草纸文献，它们可能仅对一小部分读者有吸引力；除木乃伊棺椁（cartonnage）这一特殊问题（用草纸包裹木乃伊，可对草纸进

① 关于希腊化时代的历史，见 A. Momigliano, *ASNSP* ser.3 viii（1978），63 或 *Sesto contributo alla storia degli studi classici e del mondo antico*（Rome，1980），365。据 Polyb. xii.25e1，史学家们更渴望文字资料。

② 见 I. C. Cunningham, ed. of Herodas，第 8 及第 10 页（作者所列三份托勒密时期的草纸文献，包括类似于哑剧的文本）。关于赫罗达斯所谓短长格诗的朗诵，见 Cunningham 15—16。

③ 参见 P. E. Easterling, *Cambridge History of Classical Literature* i（Cambridge，1985），19—20。

④ 这种观点见于 W. W. Tarn, *Hellenistic Civilisation*（第三版，London，1952），268，其中论及一小组受教育程度较高的公民群体，还论及另一组人数较多，"受过的教育可以阅读，却不能读难度高内容者"，他们被视作"通俗文学"的受众。所有这一切都是塔恩（Tarn）对其周围现代世界看法的影射。

⑤ 见 Cunningham 14。这并非"常见的交流方式"（Tarn 279）。

行位移），每则事例中涉及的草纸卷可能都是富有的居民。[1] 大众文化与阅读之间并无紧密关联。

　　希腊化时代极为盛行的文献，一种很可能是供个人阅读的技术指南，其所涉及的门类齐全，可能远超过古典时代的医疗、修辞及其他方面的技术手册；公元前 2 世纪中叶，除文学和语言研究方面的著作，还可以读到有关军事战术、采矿设备、染色（见博洛斯［Bolus］的《巴菲卡》[Baphica]，此人是公元前三世纪或前 2 世纪埃及的药理师和巫师）、农耕和养蜂等问题的著作。这些书籍的功用可能有一定程度的差异：有些完全是实用主义自然现象的，而其他则带有某种理论性或准哲学目的，至少现在有人如此认为。[2] 可想而知，任何一部这类著作的读者群都很小。现存的草纸文献充分表明，即使是医学方面的文献，其传播也没有想象得那样广泛。[3] 且相比于那些最受欢迎的文献，技术性著作的流通量仍然很小。[4] 然而，这显然没有妨碍技术指南继续发挥其双重作用，如前文所述及的，既有利于知识的积累，也有利于知识的规范化。

　　在古典时代，除极少数对贸易有着浓厚兴趣的人外，写书信可能是相当特别的行为，而且绝不是日常生活的一部分。种种迹象表明，在希腊化时代的某些社会阶层中，写信已经成为平常事。前文业已提及书信在行政管理方面的作用，个人生活也因信件而

126

————————

① 参见 Turner, *Greek Papyri* 81；但尚未有人详尽论述过该问题。

② Rostovtzeff, *Hellenistic World* ii. 1203。有关金属材料方面的书籍少之又少（Rostovtzeff 1212）的说法便证实了该观点。

③ 引自 M. -H. Marganne, *Inventaire analytique des papyrus grecs de médecine*（Geneva, 1981），毋庸置疑，大约十三篇有关医学内容的（包括处方）草纸文献都是托勒密时期的（第 8、27、31、70、82、89、93、94、115、120、155、156 以及 186 篇；而第 32、95 与 187 篇仅可追溯至公元前 1 世纪）。

④ R. A. Pack, *The Greek and Latin Literary Texts from Greco-Roman Egypt*（2d ed., Ann Arbor, 1965）记录了农业文献的两个片段（第 1985 与 1986 号）；三部分数学文献的片段（第 2315、2322 与 2337 号；但还需注意第 2323 号中所举的 6 片带有被放逐者名字的陶片）；还有两到三份音乐方面的文献（2443—45）。另有大约四份希腊化时代天文学或占星术内容的残篇（第 2011、2025、2029 与第 2036 号）。

变化。如果一名男子离开某座希腊城邦去往埃及，在十个月内甚至未曾给妻子或情妇（她的身份不详）写过一次信，这应该可以表明他已忘记妻子（或情妇）①，与赫罗达斯故事中被遗忘的迈特里赫（Metriche）不同。因此，至公元前三世纪70年代，受过教育的人认为，在这样两地分离的情况下，男性通常应该具备书写能力。有一定数量的草纸私人信件留存了下来，其中一些甚至出自女性之手；但在某些情况下，书信显然不是日常事务，而是受临时需要驱使的。②考虑到当时传送远距离书信的困难，③我们无法奢望有更多关于该问题的证据。值得一提的是，迄今所知，书信在当时从未被用于当地的私人交流。

一些反对文字使用的声音延续至公元前四世纪，而且或多或少都有依据，但在其后的年代里，对该问题的争论似乎不再那么强烈，不过文字在某些领域的使用仍然激起反对意见或质疑。在公元前2世纪最初十年，阿卡亚（Achaea）的迪莫（Dyme）爆发民主革命，革命者撰写新的法律，却焚烧了城市档案馆以及公共文件（demosia grammata）。④这类事件显然绝非仅此一例。⑤此外，

---

① Her. i.24: κοὐδὲ γράμμα σοι πέμπει（并未给你写信）.

② 例如 P. Petr. ii.13.19（Sel. Pap. i.94，约公元前 255 至前 250 年，已成年的儿子写给父亲的信，是从亚历山大城发往法尤姆的，其父是政府的一名高级雇员）；P. Lond. i.42（UPZ i.59 或 Sel. Pap. i.97），公元前 168 年，是一封妻子写给丈夫的信，从某个城（可能是亚历山大城）写往孟菲斯（Memphis），内容表达出特别的怨气；P. Paris 43（UPZ i. 66 或 Sel. Pap. i.99），公元前 153 年，宣告婚讯；P. Paris 47（UPZ i.70 或 Sel. Pap. i.100），公元前 152 年，一次苦不堪言的抱怨；W. Chr. 10（Sel. Pap. i.101），公元前 130 年，是一封成年的儿子写给父母的信，内容是"我常致信于你"，父子之间相隔距离遥远；P. Tebt. i.56（Sel. Pap. i.102），公元前 2 世纪后期，传递的是临时讯息，其中出现一些埃及人名；P. Grenf. ii.36（Sel. Pap. i.103），公元前 95 年，是一位埃及人写给一群同胞的信件。

③ 另外一封远距离书信（从勒莫诺斯［Lemnos］岛寄往雅典）：Ter. Phorm. 149—150。Plaut. Pseud. 20—73 是一封由一位奴隶女写给邻家男孩的情书，同样是临时讯息。相比于《新喜剧》中的书信，它们在现实生活中并未发挥更大作用，这点可能极其重要。而下一章将探究的"Pseudolus"则属特例。

④ SIG^3 684 = R. K. Sherk（ed.）, Roman Documents from the Greek East（Baltimore, 1969），第 43 篇，第 18 至第 22 行（诚然是持敌对态度的材料），揭示着怨气冲天的穷人已参与到文书的使用中。

⑤ 关于公元前 2 世纪六十年代埃及"书面文件（sungraphai）"被焚，见 P. Amh. ii.30，第 33 至第 36 行，另附 Rostovtzeff, Hellenistic World ii. 722 中的评论。

希罗多德和修昔底德在作品中认为书信本身带有邪恶的品质，而这种观念持续至波利比阿（Polybius）时代。①毫无疑问，这类故事有助于证明希腊化时代外交的私人性以及以口述为主的特点。

无论如何，托勒密时期的官僚行政化致使文字的功用骤增，而这种增长的迅猛态势在公元前三世纪五十年代尤其明显。与此同时，普通希腊城邦在文字的使用方面增长速度缓慢，增长势头较微弱。一些城在教育规划方面也有所变化，而变化的幅度则是接下来欲探究的问题。

128

基础教育

现在不得不考虑"读写在学校体系之外传播"这一难题。如希腊化时代之前及之后的文献资料所显示，"学校是学习识字的地方，而并非家里"似乎是对希腊化时代读写传播情况的猜想。不过，这种观点并不意味着在学校体系之外所教授的读写能力知识可以忽略，原因如下："学习识字"的内涵所指远高于学习读写，读写的最基本技巧可以是分开教授的，且可以在家里教授；对于希腊化时代的希腊人而言，刚刚受读写传播影响的人口有时候定然找不到学校教师。在上埃及（Upper Egypt）帕苏里斯—阿芙洛狄特城（Pathyris-Aphroditopolis）这类希腊人口稀少的村落里，②一定是在家里传授希腊语的读与写，别无他法。然而，这只是一种极特殊的情况，对于希腊世界的大部分地区而言，无论学校体系充满活力还是缺乏活力，在揭示读写能力状况方面都起到至关重要的作用。

公元前四世纪中叶希腊的基础教育表面上呈现出一种不协调的状态，当时的主流观点是应普及基础教育，女童也不例外。就

---

① 如见 Polyb. v. 43. 5—6（伪造的信件）；50.11—12（另一封伪造的信件）；57.5（一位篡权者的信）；61.3（一位叛国者的信）。参见 Plu. *Mul. virt.* 15 或 *Mor.* 252a（希腊化时代的一个故事，内容涉及一封尚未完成的欺骗信）；17 或 *Mor.* 254d（可能是希腊化时代的一则传说，是纳克索斯岛的一位女子写的叛逆信）。

② *P. Lugd. Bat.* xix.4，第 18 至第 21 行（公元前 126 年）。

文字的重要性而言，这种建议显然与许多受过教育的希腊人观点一致，至少对男童的看法如此。但同时，希腊人却并未曾采取任何将这种规划方案付诸实施的举措。目前所知，没有任何城邦采取过官方措施来鼓励任何形式的学校，更不用说为学校提供所需所求。但这种"不协调"只是表面现象，这些城邦并未像哲学家们构想的那样，且城邦教育体系的本质并非由"普及基础教育"之类的雄心壮志决定，而取决于阶级结构、经济结构以及读与写在现实生活中发挥的作用。

129 　　显而易见，与古典时代的城邦相比，对基础教育态度的转变使学校教育在希腊化时代的一些城邦内更加积极可行，但总的来看，很难说清楚这种变化有多大。马鲁（Marrou）毫不迟疑地描绘了希腊化时代推广教育的非凡景象。他宣称："在真正意义的希腊领土上，除了奴隶，通常所有孩子都去学校接受教育。"[1] 而且他特意论及"所有的孩子"，而不只是男童去学校接受教育，因为他认为在希腊化时代的学校里，两性通常受到同等的对待。[2] 此外，他认为希腊学校不仅发展遍及整个希腊化世界（从某种意义上看，此说法显然是与事实相符），而且在埃及，即便是"最小的村落中心"亦可以发现学校的存在。[3]

　　柏拉图和亚里士多德支持"准全民教育"的提议定然赢得一些认同。尽管具体情况尚未得到证实，但在希腊化时代哲学家就古代教育问题上撰写的相当数量的专论中，可发现此类观点的依据。[4] 在一篇相关文本中，西西里的狄奥多鲁斯赞扬普及男童教育。[5] 似乎可以肯定，至少这些专论的一些著者欲延长该时期基础教育的年限，克律西波斯（Chrysippus）认为基础教育应从三岁开

---

① Marrou, *Histoire* 221。他认为文中所论特奥斯和米利都对教育的资助似乎是可以实现的成就，但两者均未达到如此高度。
② *Histoire* 162, 329；同上。关于该问题，174 页的探究似乎更为详尽。
③ *Histoire* 221.
④ 关于这些作品，参见 Marrou, *Histoire* 158.
⑤ Diod. Sic. xii. 12. 4.

始。① 公元前三世纪和前 2 世纪资助普通学校教师的教育资金大体
与前述观点吻合。

资助见于"古老的"希腊的四座城，包括特奥斯（以弗所以
北的海岸）、米利都、德尔斐以及罗德斯岛。公元前三世纪后期，
特奥斯一位名叫波吕索罗斯（Polythrous）的公民捐给所在城市
34000 德拉克马，每年从所得盈利中拿出 3900 德拉克马支付教师
的酬劳。② 与此类似，在公元前 200 年或前 199 年，米利都一位名
叫埃乌德莫斯（Eudemus）的公民捐献给城一笔钱，每年盈利支付
四名教师（grammatodidaskaloi）每人 480 德拉克马的酬劳，另外
还支付给体育训练师（paidotribai）一些酬劳。③ 四十年后，帕加
马（Pergamum）的阿塔路斯二世（Attalus II）开始援助德尔斐，
捐给该城 18000 德拉克马，每年盈利 1260 德拉克马以支付儿童教
师的酬劳。④ 再者，波利比阿讲述了埃乌美奈斯二世（Eumenes
II），也就是阿塔路斯的哥哥，曾在公元前 160 年或前 159 年为罗
德斯岛捐赠了 28 万蒲式耳（bushel）谷物，建立基金以支付学校
教师的酬劳。⑤ 尽管不清楚罗德斯岛人能够将这批谷物变卖多少钱，
但实际可以肯定，变卖的粮款是当时最有价值的捐赠且有据可考。
在古代社会的所有城邦中，这笔捐赠可能使罗德斯一度成为最接
近"在男童中实现普及教育"的城邦。⑥

同一时间范围内可能还有其他诸如此类的慈善捐助，⑦ 至少
在帕加马和罗德斯岛之间的小亚细亚海岸与附近的一些城，抑或

130

---

① Quint. *Inst*. i. i. 16 或 *SVF* iii.733.

② *SIG³* 578.

③ *SIG³* 577. 注意 E. Ziebarth 的评注，见 *Aus dem griechischen Schulwesen*（2 ed.,
Leipzig & Berlin, 1914），2—29。

④ *SIG³* 672.

⑤ Polyb. xxxi. 31. 1.

⑥ 关于罗德斯岛的教育情况，有一条可能的暗示：岛上发现的希腊化时代的双
耳陶瓶上频见刻文（Y. Garlan in P. Garnsey et al.［eds.］, *Trade in the Ancient
Economy*［London, 1983］, 28）。

⑦ Marrou, *Histoire* 177 或许低估了这种可能性，这非常矛盾。

涉及阿塔路斯家族（Attalids）政治利益的诸城如此。这些城并未生活在文化孤立中，由于埃乌美奈斯和阿塔路斯统治这些城邦近六十年，他们曾多次进行类似的捐助。埃乌美奈斯和阿塔路斯在德尔斐和罗德斯岛资助学校教育，阿塔洛斯诸王，甚至可能包括帕加马的公民本身也以同样的方式资助其他地区的学校教育。德尔斐人可能从罗德斯岛的情况或类似的事件中认识到可以申请教育资助并获得理解。

事实上，因为罗德斯岛接受了埃乌美奈斯的资助，波利比阿批评罗德斯岛的行为有损尊严。他的意思可能是（并未明确表示）任何一座富足显赫的希腊城邦都想自行解决教育所需费用等问题。① 并且所有资助都针对城市，② 这揭示出基础教育是公民关注的问题。

经辨别，卡里亚（Caria）一处小镇中发现的一段铭文，很可能是埃里扎（Eriza）纪念一位卡莱斯（Chares）人在教育（didaskaloi）资助中的"毅力"。教师出现在这样一个小镇本身就是件趣事，慈善资助的出现更加不可思议。③ 其他希腊化时代的铭文记录了教育方面的公共支出和个人捐助，用于资助各领域的高级教师（paideutai）。④ "paideutai"一词一直或在绝大多数情况下用来指"比教授习字的普通教师更高级、更高水平的教师"。通过下面章节的详细论证会发现：在希腊—罗马世界，城邦和个人均为较高水平的教育提供过经济资助；相比之下，在基础教育方面的资助

131

---

① 波利比阿将此与个体公民的做法进行对比（xxxi.31.2），认为富人会支付教育的费用。像罗德斯岛之类的富邦（31.3）难道无须支付教育的费用吗？波利比阿并未设想罗德斯岛人会为自己辩护，称否则的话，他们便无法支付教育的费用，但所有这些皆不足信。

② 参见 Marrou, Histoire 177，称盎格鲁撒克逊（Anglo-Saxon）人中未见教育资助者。

③ 关于该文本，见 G. Cousin & C. Diehl, BCH xiii（1889），334—340 no. 4；时间为公元前 115 年或前 114 年。

④ 见 Ziebarth, Aus dem griechischen Schulwesen 59—60。塞斯比亚（Thespiae）普罗托基尼斯（Protogenes）的例证说明学生的年龄很小。他的花费支出 εἰς τοὺς παιδευτὰς τῶν παίδων 受到城的赞誉，见 IG vii.1861（公元前 1 世纪）。

却远远不够，这几乎是不争的事实。

　　据悉，政府曾在某些情况下放弃部分收入以鼓励基础教育。从公元前三世纪 50 年代起，托勒密王朝便免除教授习字教师及其后代、体育训练师与其他相关人员本应缴纳的盐税。[①] 在希腊化时代早期的兰帕萨库斯（Lampsacus），从其他城转来的教师似乎曾得到过某种形式的免税政策（具体情况相当不清楚）。[②] 换言之，只有少数地区有善待教师的正式或官方意愿。

　　对特奥斯教育的资助有两个着实引人注目的特征。第一个便是波吕索罗斯所宣称的其捐献活动的本意：希望该城所有自由民男童接受教育，这显然是特奥斯城可以接受的；[③] 第二个特征是从资助中获取酬劳的三位教师也教授女童，[④] 尽管并未指明是特奥斯城所有自由民女童。除此之外，目前尚未发现希腊化时代的文本表明有城市宣称普及男童教育。当然，欲实现这样的理想，实际困难是巨大的，像特奥斯城的波吕索罗斯这类人的慷慨解囊并不足以克服困难。那三位从他的资助中获取酬劳的教授习字的教师，即使以大班级授课，也难以教授拥有数千计居民的城市或地理范围内的所有儿童。仅凭四名教师也是无法教授米利都城所有自由民男童的。对特奥斯的教育资助中涉及女童教育，在现存该时期的记载中是独一无二的（事实上，也可能存在其他的例证）。

132

　　迄今所知，公元前 159 年之后再也没有发起过资助教师薪酬方面的慈善计划。据猜测，随着罗马势力的稳步扩张及公元前 134年或前 133 年阿塔洛斯王朝的覆灭，大部分可用的资助来源均已枯竭。由于公元前 88 年至前 83 年密特里达提战争所引发的财力困境，使得爱琴海周边地区任何对教育的资助都不可能维系下去。

---

① *P. Hal.* 1，第 260 至第 264 行。

② 铭文见：A. Wilhelm, *Neue Beiträge zur griechischen Inschriftenkunde* i（或 *SBAW Wien* clxvi. 1）(1910), 46—48。

③ *SIG³* 578，第 3 至第 4 行：'ἵνα δὲ πάντες οἱ ἐλεύθεροι παῖδες παιδεύωνται'（以便所有拥有公民权的男童接受教育）。

④ οἵτινες διδάξουσιν τοὺς παῖδας καὶ τὰς παρθένους（第 9 至第 10 行，意为"那些人能够教导女童和少女们"）。

古人的读与写

　　一般来讲，或许除了那些规模极小的城邦，即从人口统计学的角度根本无法称作城邦的地方（或许斯巴达也除外），古希腊所有的城邦断然都开设过某种形式的学校。即使没有对学校的资助，也通常有官方规定。铭文所记载的对米利都学校的资助表明，该城邦已经制定了教育法（paidonomikos nomos），明确规定教师和学生的职责和"行为举止"。这意味着城邦干预教育活动的效果，只是不清楚有效性究竟如何。① 铭文记录中还提及为数不多的其他一些此类法律，但却更多提及制定这些教育法的机构——"男童监管处"。② 这类资料并不能证明所探究的城邦皆心系全体公民的男童教育，并且志在保证学校教育行之有效，因此不能把这些资料看成相关证据；另一方面，阿斯图帕拉埃亚一篇文本是关于来自以弗所的一些男童，被俘后于阿斯图帕拉埃亚获释放，阿斯图帕拉埃亚城关心这些男童的教育。这段文字清楚地揭示出两座城都重视教育（paideia）。③ 文献资料清楚地表明：至少在那些人口更多的城市，学校的存在已不再是奇闻逸事。④ 至公元前 1 世纪，一位了解情况的西西里著作家甚至敢于做出这样的设想——所有的希腊人均确保他们的男童习字。⑤ 他的观点有社会阶层的局限性，但毫无疑问，其观点正确揭示出整个希腊世界所有真正意义上的公民对教育都有共同的认识。⑥

133

---

① *SIG*³ 577，第 53 至第 54 行；参见 578，第 32 至第 33 行。

② *I. v. Priene* 113 中涉及一则关于行为举止的法令；关于希腊化时代的 "*paidonomoi*"，见 M. P. Nilsson, *Die hellenistische Schule*（Munich, 1955），57—59。

③ *IG* xii.3.171 & Suppl. 1286.

④ 关于赫罗达斯的记述（Herodas iii），见下文。或许可以认为那些新喜剧诗人过于以雅典为中心，因而对于其他更为典型城市的社会状况未能提供足够信息，但涉及学校的部分还是有一定价值的，见 Men. fr. 430a Koerte, Ter. *Eun.* 476 以及下一章将会探究的普劳图斯（Plautus）的作品。

⑤ Diod. Sic. i.81.7：关于埃及人，他称"他们在教授习字方面对孩子的教育不多"，但不是所有的埃及人都如此，尤其是那些从事技术工作者（technai）。

⑥ Easterling 给出类似看法，见 *Cambridge History of Classical Literature* i（1985），23。鉴于一些有知识者来自不同的小地方，他认为希腊化世界有"相同的教育体制"，他的论据足够合理，有力地支撑了该观点。

　　据认为，希腊化时代的埃及有存在于"小至极限的村落中心"的学校，它们的状况又如何呢？马鲁通过一些文字资料证实这类学校的存在，可资料实际上与该问题毫不相干。[1] 这些资料大都出自学校，是教师或学生书写在"草纸上"的，但马鲁所引用的唯一一篇属于希腊化时代的文献，[2] 却没有明确的出处，且尚不能发现其与小村落之间有任何关联；另外少数几篇马鲁没有引用的草纸资料表明，抑或说揭示着学校的存在，[3] 但在迄今发表的草纸文献中，没有任何一份出自某个小村落的中心。[4] 事实上，他的观点掩盖了古代世界城市和乡村之间的一个极重要的区别：即城市里有教育，而乡村通常是没有的。

　　希腊化时代，尤其是埃及的竞技场（gumnasion）给我们提出一个微妙的历史问题。希腊人不仅在每座城市，甚至在一些半希腊化的村落中也修建了这种名为"gumnasion"的运动场所。修建它们目的到底何在呢？[5] 一直以来，学者们很容易给出这样的推理答案——"gumnasion"也是传授知识的主要机构。[6] 这是一种

134

---

[1] 列于 *Histoire* 555，注释 5 中。

[2] O. Guéraud & P. Jouguet, *Un livre d'écolier du IIIe siècle avant J.-C.*（Cairo, 1938）或 *Publ. Soc. Fouad* ii，目前只掌握了它出自法尤姆（p. XI）。

[3] B. Boyaval 只将 *Rev. arch.* 1977, 223 视为前罗马时期的"学校课本"：*P. Freib.* i.1（出处不详）。G. Zalateo, *Aegyptus* xli（1961），170—173 以"启蒙课本（primi elementi dello scrivere）"为题举出 38 篇文献，其中两篇是托勒密时期的：*O. Mich.* iii.1099（源于 Karanis 的一份字母文献）以及 *UPZ* i.147。J. Debut（*ZPE* lxiii［1986］，251—278）以"获得基础知识（acquisitions des rudiments）"为题列举出 225 篇文本，其中 32 篇属于托勒密时期。

[4] 一个看似特殊而实际上并非特例的例证见于 *P. Tebt.* i.112（公元前 112 年）的引言部分，说的是一位赫尔米阿斯人（Hermias），他可能居住在名为"Kerkeosiris"的小村庄。在那里，他被简称为"παῖδα"，而该书的编者断定其全称为"παιδαγωγοῦ"，实际意为"男童家庭监护人"；Crawford, *Kerkeosiris* 123 n.1 中给出的意思是"学校教师（？）"，但"παιδαγωγός"的意思并非"学校教师"。如此看来，其全称很可能是草纸文献里更常用的"παιδαρίου"一词。

[5] 它们在希腊化世界的分布，见 J. Delorme, *Gymnasion. Etude sur les monuments consacrés à l'éducation en Grèce*（Paris, 1960），尤见图 61—64；在埃及的分布，见 H. Maehler in Van't Dack et al., *Egypt and the Hellenistic World* 195。

[6] Nilsson, *Die hellenistische Schule* 举出一则典型证证。Delorme, 451 也陷入误区，认为"*gumnasion*"从公元前四世纪起即已成为高级学校。

错误的推断，因为证据显示，在"gumnasia"中所进行的活动涉及运动和社会生活，在某种意义上还涉及宗教生活。① 当然，建立"gumnasia"的希腊人定然具备读写能力；另外，"gumnasion"在某一特定地区的存在可作为一种讯号，说明在附近区域活跃着一位教授希腊文字的学校教师。但"gumnasion"在某一地区的出现本身并不能证明"任何层次系统教育"的存在。

无论如何，在整个希腊化时代的绝大多数希腊城邦内，父母可能需要支付孩子的教育费用。② 仅此一点便足以推翻马鲁先前所做的声明，即"在真正意义的希腊领土上"，通常所有孩子都去学校接受教育。显然，并不是只有富人及特权家庭的孩童可以去学校接受教育，③ 但如果说埃及的希腊语学校收募了各社会阶层的孩童接受教育，则是不合理的。因为赫罗达斯的作品中虚构了迈特罗提梅（Metrotime）——一名男学生的母亲，她抱怨学校校长收取的费用高。④ 有些父母为支付孩子的学费而严格地精打细算，这样贫穷的父母是否大量存在于希腊社会，我们也无从知晓。

希腊化时代学校教师的社会地位没有显著提高。他们仍遭受上流社会的蔑视。⑤ 他们的收入是否极低 ⑥ 是一个相对的问题，无论从何种角度讲，目前掌握的证据都极少。尽管希腊化时代的学

135

---

① 埃及的"gumnasia"提供知性性教育是缺乏证据的，在 U. Wilcken, *Grundzüge und Chrestomathie der Papyruskunde* i.1, Leipzig & Berlin, 1912, 138 意识到这点之前，人们一直视之为真实情况。

② Theophr. *Char.* 30.14 中的观点；另见 Her. iii.9—10。

③ Maehler 203.

④ Her. iii.9—10.

⑤ 早期观点见 98，赫罗达斯（Herodas iii）并未给学校教师保留颜面。关于伊壁鸠鲁及其父因开办学校受指控的故事，见 Diog. Laert. x.2—4。无疑，关于狄奥尼修斯（Dionysius）从叙拉古僭主变成科林斯学校教师的故事，若非希腊化时代的著作家编造，就是他们加以修饰的传扬，详见 Cic. *Disp. Tusc.* iii.12.27；Justin xxi.5；另见 *FCG* iv.698 Meineke（ἤτοι τέθνηκεν ἢ διδάσκει γράμματα）；*Anth. Pal.* xi.437 或 Aratus 2 Gow-Page；Marrou, *Histoire* 224 认为对学校教师的蔑视主要因为他们缺少职业资格，但这完全是现代观点。

⑥ Marrou, *Histoire* 223。这肯定是富人的观点，参见 Diog. Laert. x.4。

校教师并未受到敬重，但仍可以认为公众对基础教育的关注度出现了一定的增长。

按照古典时代希腊的传统，女童一般不上学。直到塞奥弗拉斯托斯时代，仍旧是男童上学。[①] 后来不知出于何种原因，至少在少数几个希腊化城邦内，这种习俗在一定程度上发生了变化。[②] 女童也是特奥斯慈善捐助的受益者。[③] 帕加马有些女童接受一定程度的教育，其中的一部分可能是在学校里，她们还可以参加习字比赛。[④] 马鲁认为在希腊化时代的学校里，男童和女童的境遇基本相同，但他的观点完全超出了可能。即便是"公元前四世纪，女童通常是可以去学校接受教育"这种更为保守的论点仍超出证据的范畴，[⑤] 因为该观点的依据是墓穴中的一幅场景，该墓穴大约追溯至公元前 300 年的昔兰尼（Cyrene），是一处经过精心绘制的墓穴。然而，这幅场景可能根本未描绘到教育活动，自然更不必说学校了。[⑥]

在希腊世界许多不同的地区都发现过赤陶小造像，展示的是妇女或女童手握书板的场景。[⑦] 就像公元前五世纪雅典的议题那样，

① *Char.* 30.14。有关他对女性教育的观点，见原文 107，注释 186。

② 下文即将探究的城中，女童从古典时代起就接受教育完全是可能的；但更可能的情况是伴随着其他方面可见的微弱解放，女性教育定然发生了变化。

③ *SIG³* 578，第 9 至第 10 行。

④ L. Robert, *Etudes anatoliennes*（Paris, 1937），58—59.

⑤ S. B. Pomeroy, *Women in Hellenistic Egypt*（New York, 1984），48.

⑥ 相关材料见 L. Bacchielli, *Quaderni di archeologia della Libia* viii（1976），355—383（对教育的解释见 365，年代见 378）。其中只提出四点异议：可能是学生的人至少和老师一样发育完全；她从腰部以上是裸露的；该场景发生在乡村地区；没有描绘任何常见的学习用具。

⑦ 见 Marrou, *Histoire* 555，注释 7；S. B. Pomeroy, *AJAH* ii（1977），52，注释 9；两者均提供一些参考书目。有关这些小造像的出处，见 P. Bruneau, *BCH* xciv（1970），472：其中列举了塔纳格拉（Tanagra）、奥林匹亚（Olympia）、阿哥斯（Argos，此处造像样本的性别不确定）、阿提卡（性别不确定）、穆里纳（Myrina，帕加马南岸的一个次级城市）、塞浦路斯（Cyprus）、塔尔苏斯（Tarsus）、亚历山大城和昔兰尼。除穆里纳的例证外，其余都是独有的发现。所论及的书板一定流传于其他地区。

一些人发现将女性和书写关联起来颇具吸引力。倘若在某种从未准许妇女或女童接触书板的文化中，诸如此类的小造像是不会出现的。但"女童接受教育"是否属于当时的行为准则，小造像根本无法说明问题。①

实际上，每个城市都有特定社会阶层的女童接受一定的教育。父亲们，至少他们中的一些人在某种意义上有责任让女儿接受教育；②另一方面，大多数城市女童能否在某种制度体制的框架内接受教育，目前尚无定论。女童接受的教育可能大都是在家里进行的，但这绝不意味着家庭教育一定没有积极效果。③

对于参加学校教育的孩童，希腊和罗马的学校也有不足之处，体罚和有限的文学经典或许不是全部。如果可以根据公元前三世纪埃及学校的希腊语教材做出判断，那么甚至希腊化时代都没有适合儿童的读物，要么是只有单个简单字符的读物，要么是《荷马史诗》这样的文学巨著，缺乏难度介于两者之间的读物。④罗马时代的草纸文献表明，按现在的标准，学习书写能力在当时是慢功夫，因为有些孩子到 10 岁才开始学习书写，有的甚至 13 岁才开始。⑤值得一提的是，一项极其实用的教育革新似乎开创于希腊化时代，这项革新便是考试。⑥

归根结底，希腊化时代的希腊城市比古典时代更多地开展基础教育，这种进步得益于对教育观念的普遍转变，该论点清晰合理。为何会发生观念上的转变呢？或许给出的任何答案都是猜测

---

① 参见 Marrou, *Histoire* 221。

② 见 *P. Enteux.* 26（或 *Sel. Pap.* ii.268）：公元前 220 年，一位向王请愿的人称其抚育、教育并培养了女儿（因此有权让女儿赡养）。但不清楚文中所论为哪个社会阶级。

③ P. Schmitter, *Die hellenistische Erziehung im Spiegel der* Nέα Kωμῳδία *und der Fabula Palliata*（Bonn，1972），119 认为，这些文本未提及女童受教育的情况。Ter. *Eun.* 116—117 提供一些母亲教育女儿的资料。

④ Guéraud & Jouguet, *Un livre d'écolier.*

⑤ 见原文 240。

⑥ Marrou, *Histoire* 558 n.16.

性的。可以将这种转变归功于哲学家的影响，也不要忘记诸如克律西波斯（Chrysippus，只能瞥见其观点）和伊索克拉底之类的人物。但这样一来，我们必须设法解释一个疑问：那些并未刻意尝试按柏拉图、亚里士多德或克律西波斯的箴言规诫自己生活的人又如何能接受哲学家们的观点呢？显而易见，虽然希腊化时代希腊人的相对富足与人们对教育观念的转变有一定关系，但也不足以解释这种观念的转变。

　　导致希腊人观念普遍转变的一个重要因素是他们与"蛮族"愈发频繁的接触，以及由此引发的保持希腊认同的自觉意识。卡塔纳的卡容达斯生活在距离非希腊人群仅几英里的地方，他极力宣扬的基础教育可能更引人注意。由于生活在卡里亚人和当地其他蛮族附近，爱琴海东南岸的希腊人可能更渴望维系希腊的文化特色，因此希腊人就萌生组织教育的强烈要求并渴望传给后代。在亚历山大时代，与蛮族的频繁接触不再是新鲜事，但后来接触得更加广泛、频繁，希腊人是否全都保持着"希腊性"成为备受关注的问题。纵观整个希腊化世界，曾有一种对希腊人的设想，认为希腊的才是最优秀的，他们不愿意学习外邦语言便是有力的证明。实际上，这种想法应该尤其体现在语言方面，① 在埃及和其他地方也在情理之中地存在一些特例。马鲁将希腊外迁人口与祖先文化之间的依附性理想化处理，夸大其在形成教育机制方面的效应；② 不过他正确地认识到蛮族观念与希腊化教育实践存在

137

---

① 对该问题的主要研究，见 A. Momigliano, *Alien Wisdom*（Cambridge, 1975）。在最权威的有关希腊化时代的著作中，许多都涉及希腊人对蛮族的看法，诸如 Nilsson, *Geschichte der griechischen Religion* ii. 20—28。但在非文化层面上，希腊人与蛮族的关系问题需进一步探究。可以考虑诸如 *P. Col. Zen.* ii.66（公元前三世纪 40 年代）的证据，其中芝诺的一名雇工向他悲叹道："因为我是蛮族，希腊人用轻蔑的目光对待我……"；另见 W. Peremans, *EFH* viii（1962），138—140（在 131 页中，他声称这种趋势主要是由于希腊人越来越与蛮族保持距离而导致的，但这与真实情况相反）；N. Lewis, *Greeks in Ptolemaic Egypt*（Oxford, 1986），59—60。

② *Histoire* 157.

关联。希腊化时代的希腊人对基础教育展现出相当的兴趣（唯一与本文研究直接相关的问题），大部分证据并非来自半蛮族文化的周边地区，而纯粹来自希腊城邦。可能有人会对此提出质疑，但事实恰恰如此。在古希腊，确切地说，在公元前三世纪和前二世纪，希腊人对蛮族的认识是否比公元前五世纪更加清晰呢？不尽然如此，但事实上，他们可能更清楚地注意到希腊人可能不再是"希腊人"。许多顶尖的文化人皆出自与希腊睦邻的城市，如哲学家芝诺、克律西波斯和诗人阿拉托斯（Aratus），他们出生在某种语境中被称作蛮族的城市。对于亚历山大城人和马西利亚人（Massiliots）是否保持着希腊特点，现在只能悬上一个问号。①

读写文化的新发展？

关于读写文化在古典时代希腊的传播广度，学者们的评估受到理想化的影响，与之形成对比的是，似乎没有令人信服的方法确定读写在希腊化世界广泛传播。② 马其顿的亚历山大大帝卒后，对古典时代希腊人读写能力的理想化评估似乎也陡然跌至谷底。毫无疑问，学者间达成一种共识：从这一时期开始，草纸文献清楚地表明当时的读写能力实际上远未到"普及"的程度。

某些客观条件显然有利于读写文化的进一步发展。书面文件的普遍增加，尤其是法律文件的增加意味着书隶有更多的工作，也为中等生活水平的父母提供了额外的动力，让他们的男童学习读写，这种情况在埃及可能尤为显著。目前缺乏书面证据证实如此明显的合理进程，但不应受困于此。我们也曾考虑过其他因素，有的被高估，有的被低估，或许它们都促进了希腊读写能力的发展。受过教育者自然接受读写能力使人受益，因此，《亚历山大城

---

① 关于亚历山大城的情况，见 Polyb. xxxiv.14.5；Liv. xxxvii.55.22 与 xxxviii.17.11—12 就马西利亚（Massilia）问题上的争议一定有其希腊渊源。

② 即便是马鲁在颂扬希腊化时代教育的同时，也保守地评价埃及的书写文化，他认为书写文化在埃及尽管并未普及，但却传播至统治阶层之外（221）。诚然，他认为书写文化在古希腊传播得可能更加广泛。

的修辞学》（*Rhetorica ad Alexandrum*）的著者评述道"那些目不识丁者无法与他人沟通"。^① 米南德（Menander）曾言简意赅地指出："习得文字者更有远见。"^② 然而，此类文本令人觉得里面还存在有待争论的问题，换言之，一些受过良好教育者清楚有大量目不识丁者的存在。

    关于该时期的读写能力水平，希腊语和拉丁语作者提供的证据与其他时期一样无力。然而，与该问题相关的一篇作品为赫罗达斯的第三首短长格诗《学校教师》，可能写于公元前三世纪七八十年代。诗作的地理背景不详，但作者本人与多利亚（Dorian）东南端的爱琴海和亚历山大城存在关联。审慎地讲，赫罗达斯所描述的状况在任何颇具规模的希腊城邦都可被视作某个特定社会阶层的典型状况。不幸的是，对于作品中那位学童任性父母的社会地位，我们得不到清晰的提示。^③ 无论如何，赫罗达斯设想男童的父母均具备读的能力，而这名男童已不再年幼，在学习读写技能时，他却遇到严重的困难。男童的祖母根本不具备读的能力，但从其母亲的气愤情绪中，暗示着作为男童，只有弗里吉亚人有权像这名男童一样目不识丁（因此，基础教育几乎被视为具备"希腊特性"的基本要求）。^④ 在赫罗达斯诗作展示的场景中，男童在学校学习中遇到的困难是主旨思想，这使得我们有理由去推断：单是学习读写的技能就通常是难以逾越的障碍。

    即便赫罗达斯未注明所刻画人物的社会阶层，在一定程度上削弱了其说服力，但这份材料仍传递出两则深刻的启示。一是赫

139

---

① ［Aristot.］*Rhet*. iii.12.1.1413b。除非"graphein"在此处意指"了解希腊书写文字的风格"，否则该观点即是他的本意。

② διπλῶς ὅρωσιν οἱ μαθόντες γράμματα：Men. *Sent*. 657 Meineke 或 180 Jäkel。另参见 Philemon fr. 11 Kock（*CAF* ii p. 481）："γράμματα"意指心理师。

③ 迈特罗提姆（Metrotime）一家住在一处"寓所"（συνοικία, 47），住所似乎并不大，周围的"住户"（Cunningham）也不友善。丈夫的不坚定（31—32）使得故事变得复杂。

④ 分别见第30至第31行、第17至第26行以及第34至第35行（男童的祖母"目不识丁（γραμμάτων χήρη）"），36。

罗达斯的读者不多且均是受过教育的希腊城邑居民，他们并未因女性具备读写能力而感到惊奇；二是可以设想一名不再年幼的男童仍然在学习读写，至少有一些诙谐夸张的成分。然而，这幅场景还隐约暗含着公民中渴望基础教育的呼声愈发高涨。①

就目前掌握的关于文字在希腊化时代不断扩展功用的证据，没有哪一条能够引向这样的结论——读写能力冲破了古典时代晚期（即公元前 400 年至前 323 年）束缚其传播的社会限制；另一方面，教育事业的发展，首当其冲的是慈善资助，使所论共同体内在一段时期内发生显著变化成为可能。现在没有可行的办法将读写能力方面的推断转化为数字。鉴于第一章中述及的比较数字，我们理应认识到，对于任一社会共同体而言，如果男性公民中具备读写能力的比率达到 20 % 至 30 %，即是真正卓越的成就。公元前 2 世纪的特奥斯、罗德斯岛及其他几座城可能达到过这样的比例。② 相比于古典时代，希腊化时代去学校接受教育的女童比例可能有所提高，通过学校教育和其他手段学习读写技能的女童的比例可能也高于古典时代。③ 由于支持基础教育的资助活动在罗马帝国时代罕有发生（已知仅有一例），因此从数量上看，古希腊读写能力水平在公元前三世纪，更准确地说，在公元前 2 世纪应有所下降，这样的观点应属合理推论。

我们期待着出现一组重要的证据，第一批迄今为止数量最大的关于古人读与写的直接证据。现存一大批希腊语草纸文献几乎全部出自埃及，在众多有文字记载的交易中提及其中某人或某些

---

① 关于该问题，参见 S. G. Cole 在 H. P. Foley（ed.），*Reflections of Women in Antiquity*（New York，1981），231 中的观点。

② 汉尼拔（Hannibal）于公元前 213 年或前 212 年冬进入他林敦（Tarentum），广招拥戴他大业的公民，命令他们在自家房门刻写"Ταραντίνου（他林敦的）"，以此作为掠夺罗马人房屋的准备步骤（Polyb. viii.31.4）。因此，在这座城内，一般的房主可以自己写字，也可以很容易找到代写所需文字者。

③ 科尔（Cole）在研究的第 229 至第 236 页收集一些有关希腊化时代作为个体女性在读写能力方面的证据，但他未曾尝试按照地理或社会阶层等标准将结论系统化。

人的读写能力。① 这些文书一般都以某种固定的格式签署，如"我代他（她）签写文件，因为他（她）不识字"或"因为他（她）目不识丁（agrammatos）"（后来不常用，托勒密时期不再使用）。有时执笔者称其代另一个人书写，因为当事人"书写速度慢"。这些草纸文件，有的可识度极低，有的过于支离破碎，难以提供有效信息；另有一些文书使我们能够瞥见到目不识丁者或书写速度较慢者的社会状况，以及代人读写者的社会地位。目不识丁者并非在所有文书中都使用上述套话，而主要将其用于直接关系到金钱的文书中，诸如说收据、租契、买卖合同与借贷合同。全部这类文本约有1500余篇，绝大多数都是罗马或拜占庭时代的（这并不意味着"目不识丁"的现象在这两个时期内更加普遍）。据估计，这些文本中约有40篇属于托勒密时期。②

141

就希腊语读写在罗马和拜占庭时代埃及的传播，草纸文献提供了清晰合理的社会轮廓。而托勒密治下读写文化的传播更多只是猜测，该时期的草纸文献数量较少，从出处看，分布得也极不均匀。③ 但至少没有令人惊讶之处，因为据目前所知，还没有哪位社会地位较高或声名显赫之人目不识丁，抑或说至少没有哪位诸如此类的人承认自己目不识丁。在公元前2世纪，一位拥有希腊语名的男子是特洛罗蒂特人（Troglodytes）的传译员，但却目不识丁，这只是奇事一桩。④ 在公元前227年的一份文书中，拳击手

---

① 一位被称之为"illiterate"的人很可能不通希腊语，但却通埃及语，这种论点存在可能性。H. C. Youtie, *HSCPh* lxxv, 1971, 162—163等高度强调这点。但有时希腊文献将"在希腊语方面的目不识丁"与"完全不通任何语言"区分开来，比如 *SB* i. 5117（55 A. D.）与 *P. Tebt.* ii. 383（46 A. D.）中即如此。现存大量尚未发表的可释读文本，在汇编工作取得长足进步前，讲埃及语的社会群体的读写能力水平将一直无法确定。

② E. Majer-Leonhard, AΓPAMMATOI（Frankfurt-a.-M., 1913）仍是具有重要价值的集作；另见 R. Calderini, *Aegyptus* xxx（1950），17—41，可惜研究中并未发表物证集。尽管据传情况并非如此，但关于托勒密时期替目不识丁者代笔的文书，见 Calderini 38—39。

③ 关于后者，见 Turner, *Greek Papyri* 45—46。

④ *UPZ* ii.227.

雷奥提斯库斯（Leontiscus）之子阿哥龙（Agron）属目不识丁者，可他似乎是高官的代理人且掌管大量的粮食。[①] 一份约公元前 226 年的文书证实一位目不识丁的军事殖民者，此人曾一度引起最早发表这份资料的学者的惊愕，现在看来并不至如此。[②] 更值得注意的一位名叫赫罗德斯（Herodes）的商船主（naukleros），此人目不识丁，公元前 221 年的一篇文书证实他的存在。[③] 之所以值得注意，因为容易错误地认为像他这样的社会中层商人通常能够书写。

书写者这一行当或社会地位在希腊化时代的文献资料中浮现，却未见有关较低阶层读写能力的线索。事实上，迄今没有，抑或说几乎没有任何一位工匠和农民曾亲自书写。具备读写能力者集中在主要的官员、王室司书、放债人和收税员中间，军事殖民者可能也具备读写能力。[④] 如果认为托勒密治下埃及的社会中下层，即便是该阶层中的男性成员通常是具备读写能力的，也将是严重的误导。[⑤] 在该阶层中，只有从事要求读写技能的专业性工作者才有可能通读写。对于草纸文献并未提供多少证据的亚历山大城，情况可能稍有不同，将这里想象成一个学校众多、人们有各种动机学习读写的地方是极具诱惑力的，可惜仍缺乏具体的证据。

如果有任何关于男女读写能力对比关系的直接证据，都将指向预期的推论，即女性在读写方面比男性受到更多的限制。上埃及帕苏里斯（Pathyris）村落里发现的德吕顿（Dryton）档案表明，不仅男性中通希腊语者凤毛麟角（若通希腊语者众多着实会令人

[①] *Archiv für Papyrusforschung* ii（1903），80 或 *W. Chr.* 410.

[②] *P. Petr.* ii.25 g（J. P. Mahaffy，1983 中写道：对于一位不具备书写能力者，掌管 15 匹马和 10 头骡子是非常"了不起"的，这些是孜孜不倦研究草纸文献的早期发现），或见 iii.61 g.

[③] *P. Lille* i. 23。关于同一人，另见 i.24 与卡尔德里尼在 *Aegyptus* xxx（1950），38 中的评述。

[④] 如 *P. Hibeh* i. 94（258/257B. C.）所示。

[⑤] Youtie，*HSCPh* lxxv（1971），173；事实上，他的注意力可能主要集中在罗马时期。

惊诧），① 一位出身于具备读写能力的希腊骑士家庭（可以确定）的女子也有极大的书写障碍。② 另一篇托勒密时期的文献中有一名男童代表目不识丁的母亲签署契约。③ 从希腊化时代的草纸文献看，可能有一些完全具备读写能力的女性，预想她们可能在私人信件的执笔者之列。但由于人们心照不宣地请第三方和写工执笔代写，因此很难，甚至不可能将看似清晰的例证当作个案。④ 公元前168年，一位伊西亚斯女子（Isias）从某地（疑为亚历山大城）给丈夫赫法埃斯提昂（Hephaestion）写信，信中并没有其委托中间人代其写信的迹象，⑤ 但不排除这种可能性。

　　就希腊化时代草纸文献所揭示的状况，在古希腊读写能力问题上，最值得注意的是读写文化在公元前三世纪已传播至一定数量的埃及人。⑥ 但本土人口中学习读写希腊语者所占的比重显然很小。

143

　　草纸文献不仅提供了一些关于在希腊治下的埃及，哪些人具备读写能力、哪些人不具备读写能力的信息；对目不识丁者的

---

① *P. Lugd. Bat.* xix.4；参见 H. C. Youtie, *ZPE* xvii（1975），204。

② 从文书中萨蒙希斯（Senmonthis）手笔的质量判断，*P. Grenf.* i. 15；Pomeroy, *Women in Hellenistic Egypt* 118 反对自然干预的观点。

③ *P. Rein.* i. 16（公元前109年）。

④ 参见科尔（Cole）在 Foley, *Reflections* 235 对 *P. Oxy.* vii.1067 的评述，文中提及一位女性写的一封信，带有其父亲的附言。整封信是由同一人所写，既可能是他们父女二人中的一位，也可能是第三方。私人信件中从来不使用目不识丁者采用的套话，见（J. L. White in White［ed.］, *Studies in Ancient Letter Writing*［或 *Semeia* xxii］［Chico, Calif., 1982］, 95）。

⑤ *P. Lond.* i.42（见原文128，注释56）。*P. Lond* i.43 似乎也是由女性所写；但 R. Rémondon, *Cd'E* xxxix（1964），130 认为信可能出自一位写工之手。

⑥ 见 Majer-Leonhard, AΓPAMMATOI 4, 36 等；关于用希腊语所写的、有埃及名讳的信件，见 Maehler in Van't Dack et al., *Egypt and the Hellenistic World* 192 n.1；同时使用两种语言的家庭，见 Peremans in Van't Dack 276—277；埃及人使用希腊语文书的同时，仍保留着自己的书写体系，有关他们使用希腊语文书方式的范例，见 P. W. Pestman, *L'archivio di Amenothes*, *figlio di Horos*（*P. Tor. Amenothes*, Milan, 1981）。

看法也给出一些暗示。虽然大部分的证据均是罗马或拜占庭时代的，但由于该问题非常重要，在此需给予一定的关注。如前文所见，当时定然存在各种机制帮助目不识丁者或不完全具备读写能力者处理文字事务。然而，关于生活在埃及的希腊人，邮提认为他们并不十分介意是否具备读写能力，并且从未因目不识丁而尴尬。[①] 有一则例证支撑这种说法：当一名男子应要求充当一位通读写的女性的监护人（kurios）时，他的目不识丁并未影响到监护人资格，即便不具备读写能力也可能会赚取大量钱财。

与生活在某一现代社会中的目不识丁者相比，目不识丁对生活在埃及的希腊人并非大的障碍，但邮提对此论断的反应过于强烈。一位目不识丁的男子在与通读写的邻里交往时并未"总是处于一种平等的地位"。[②] 他们之间大多数情况下是平等的，而且埃及社会存在各种机制，诸如书隶提供的服务，[③] 至少有些书隶是公众可以雇佣的，如此的邻里交往就可以实现地位的平等。然而，埃及却是目不识丁者最弱势的地方，因为托勒密的统治机构把一些文书强加于看不懂它们的人，私人事务中亦是如此。无论是经济事务还是非经济事务，目不识丁者或不完全具备读写能力者的弱势显而易见。邮提的论点是正确的：在古代世界，目不识丁不像在现代社会中那样被认为是耻辱。但这并不能改变事实，即在关键时刻，目不识丁的希腊人会发现自己处于危险的境地，需要寄希望于他人的善良或诚信。据我们所见，这种隐藏的危险转化为现实的例子极其罕见，[④] 但这是必然的结果，因为人们很少记录自己的罪状。许多人即便发现读写能力，抑或说更为

---

① 在他看来，希腊罗马治下的埃及几乎"毫不关心"读与写，见 Youtie, *HSCPh* lxxv（1971），166。关于不因目不识丁而羞耻，见第 170，第 171 页。

② Youtie, *ZPE* xvii（1975），201.

③ 专业写工的可用性，参见 Youtie, *HSCPh* 165；见诸如有关希腊化时代 "*monographoi*" 的证据；*P. Paris* i.49，*UPZ* i.62，或见 *Sel. Pap.* i.98。

④ 见原文 35，注释 35。

熟练地掌握读写能力是颇具意义的，可能却仍然停留在目不识丁或半文盲的状态，但见过二十世纪目不识丁者的人对此不会感到惊奇。

邮提还认为，对于生活在埃及的古希腊人而言，书写能力不是一种"蕴藏着社会优越感"的成就。[①] 从某种意义上说，仅凭读写能力可能无法传达社会优越感，但在上层社会中，缺乏教育（目不识丁所体现出来的）则是可悲的事情，至少对男性而言如此，或许对女性同样如此（较为贫穷的希腊人对此的看法无从知晓）。在引用的所有希腊化时代的文本中，还没有哪篇能够清晰地验证一个相当明显的事实，即大多数希腊人认为富人具备读写能力，贫穷的农民目不识丁。不过，与此相关的文字资料并未绝迹。赫罗达斯作品中的一段文字就是一个案例，迈特罗提姆认为目不识丁是弗里吉亚人的一个特征。从希腊化时代开始，作为死者随葬品的书卷和书板，频繁出现在墓穴的浮雕中，这证实了古希腊有产阶级中的许多人认为接受一定程度的教育的确很重要。[②]

如果一位目不识丁者或半文盲能够得到帮助，或者足够了解相关文书，他（她）自然可以利用文书抑或参与到书面交易中。这种状况发生在古典时代初期的希腊，但在草纸证据出现之前，该现象一直无法得到很好的证实，这一点不足为奇。或许在公元前三世纪和二世纪期间是常见现象。按罗马时代的标准判断，该时期的证据仍然稀少，但可以引用官方要求的收据以及一份婚约的案例，至少婚约中的新郎目不识丁。[③] 目不识丁者参与书面交易的数量定然非常庞大。

145

---

① Youtie, *ZPE* xvii（1975），220—221.

② 先前时期罕有这类主题的图样，参见 E. Pfuhl & H. Möbius, *Die ostgriechischen Grabreliefs* i-ii（Mainz, 1977—1979）。大多数拥有这些随葬品的均是男性，但并非全都是。

③ 关于收据，见 *P. Petr.* ii.25 g 或 iii.61 g；*P. Lille* i.23；*UPZ* ii.214 and 227；*P. Rein.* i.16。关于婚约，见 *P. Tebt.* i.104（或 *Sel. Pap.* i. 2）。

关于读写能力水平的状况，将依据埃及草纸文献得出的结论拓展到希腊化世界的其他地区是困难的。支撑官僚行政化的长期存在的当地传统、特有的社会结构（使许多殖民者感到安逸），另外或许还有极其方便而又唾手可得的书写材料——草纸，这些因素皆可能推动读写的发展；另一方面，笔者看来更重要的是，在托勒密王朝治下，尤其是在埃及本土，不太可能存在大规模的慈善捐助来支持基础教育。其他方面的差异，诸如说或许是由于混杂在蛮族中间，所以古希腊人才更加重视以书写为主的希腊文化，但这更多的也只是猜想。

我们将会得出如此结论：在希腊世界距离教育启蒙最为遥远的地区，读写能力水平仍保持在类似古典时代的状态，即完全掌握读写技能者仅局限于小部分人中。然而，一些地区或许受各种因素的影响，导致具备读写能力者的比重有所上升，或许完全可以按第一章中的表述方式，将他们的读写能力界定为工匠的读写水平。在一些城市，公民意识和当地传统可能促进了读写文化的发展。但到目前为止，最重要的因素可能是对学校教师的经济资助。

希腊化时代对资助基础教育的兴致从未高涨，显然曾一度衰退。基础教育从来不是民主的事业。无论如何，随着罗马人的到来，民主完全丧失。由于罗马势力的蔓延造成的经济窘困，尤其是从公元前148年至公元前88年，甚至说直至更晚的年代，能为基础教育提供大笔资助的个人和城市可谓少之又少。朝着类似于全民教育方向所作的努力如此结束了相对简短的征程，仅在极个别地方取得了成功。

146

图 1　已刻雅典放逐陶片。三组陶片，每组均出自同一人之手，可能原本是为帮助目不识丁者或半文盲投票决定是否放逐地米斯托克利。出自公元前五世纪八十年代或七十年代的雅典，图片采自美国古典研究学院《广场考古报告》。

图 2　古希腊诅咒板。刻有："土地、赫尔墨斯与地狱之神，接受鲁福斯（Rufus）的奴隶维努斯塔（Venusta）吧！"此乃当时的惯用语。撰写内容显然让人感到更强的诅咒性，这是一件非常普通的诅咒板。源自希腊化时代西西里岛的默尔干提纳（Morgantina），图片采自麦孔·贝尔（Malcolm Bell）。

图 3　雅典学校教室场景。上图：教师手握的书卷应该是教师用书，并非男学生的练习册，可能是朗诵课。男童之前可能学过阅读。见 A. D. Booth, *Échos du monde classique* xxix（1985），276。学生显然皆出身富贵家庭。书卷上的篇章难以辨认，应是首六步格诗。下图（即同一陶瓶的另一侧）：校正学生的书面练习。该陶瓶由雅典的杜里斯（Douris）绘制，约绘于公元前 490 年至前 480 年间。图片采自柏林古代博物馆（Antikenmuseum Berlin, Staatliche Museen Preussischer Kulturbesitz）。

图 4　古罗马书写材料。从左至右依次为：带笔的六角墨壶、一草纸卷、习字蜡板（附一支笔）、一块带柄（tabula ansata）的小书板，上有刻文。源自公元 79 年之前的庞贝城尤里亚—费里克斯屋舍。

图 5　书写能力作为一种身份的象征。与其他诸如此类的比较正规的肖像画一样，妻子右手握笔，微搭在唇间，左手握书板，丈夫手握草纸卷。尚难界定他们到底隶属于哪个社会阶层。这对夫妇可能是富裕的中层阶级，而不是社会的上层精英。源于庞贝城，可能出自罗马皇帝提比略治下。图片采自 Alinari / Art Resource, New York。

图 6 焚毁官方记录作为帝国的恩赐。源自所谓的图拉真立体浮雕群（Anaglypha Traiani）。当时皇帝下令，销毁国家所有债务记录，在集会广场内修建浮雕以示纪念。法律体现出政府豪聚；图拉真治下的罗马。图片采自罗马美国研究院（Fototeca Unione, American Academy in Rome）。

　　图 7　庞贝城广场阅读公告场景；广场系列场景之一，意大利集会广场的典型一幕。现在无法确定公告的性质。出自庞贝城尤里亚·费里克斯屋舍，时间早于公元 79 年。图片采自罗马德国考古研究所（Deutsches Archaeologisches Institut）。

　　图 8　基督和书卷的威严。基督高举书卷，由两名门徒相伴登上天堂的
王位。出自罗马的石棺，约公元 350 年至 360 年间，见于梵蒂冈（Vatican）。
图片采自罗马德国考古研究所。

第三部分
罗马世界的读写能力与目不识丁的状况

六、古意大利及共和国中期

公元前 800 年—前 200 年

文字极有可能是由希腊人迅速传至意大利当地诸民的。至于传播的途径和具体原因，我们尚不知晓。不过，由于希腊人与伊特鲁里亚人（Etruscans）从公元前八世纪起便保持着广泛的贸易往来，所以一些伊特鲁里亚人定然迅速习得文字的诸多功用。最早的意大利本土铭文中有一些是伊特鲁里亚语的，可追溯至公元前七世纪早期。[①] 大体上，约有 100 多篇公元前七世纪的伊特鲁里亚铭文。[②] 其后不久，在普莱奈斯特（Praeneste）和罗马发现一些物件，上面刻有简短的伊特鲁里亚文字。[③] 希腊字母表的伊特鲁里亚变体表明：在伊特鲁里亚，读写能力并不仅是往来希腊人的成

[①] 见 M. Cristofani, *Popoli e civiltà dell'Italia antica* vi（Rome, 1978）, 403—410 与 S & C ii（1978）, 6；最早的资料出自卡塔尼亚（约公元前 700 年：Cristofani, ASNSP ser.3 i〔1971〕, 295—299）；加莱城（几篇出自公元前 700 年至前 675 年的资料：G. Colonna, *MEFRA* lxxxii〔1970〕, 637—672）和乌尔奇（Vulci, 几篇出自公元前 675 年至前 650 年的资料：Cristofani, *Arch. Class.* xxv-xxvi〔1973—74〕, 155—156）。

[②] G. Colonna in *Atti del colloquio sul tema L'Etrusco arcaico*（Florence, 1976）, 8.

[③] 一件源于普莱奈斯特（Praeneste）贝尔纳迪尼（Bernardini）墓的银杯大致可追溯到公元前七世纪初，见 *Civiltà del Lazio primitivo*（Rome, 1976）, 374, no. 127；在罗马发现的最早的伊特鲁里亚文字可追溯至公元前七世纪后期，见 Cristofani, *Popoli e civiltà* vi. 408, 在 S & C 图 3 和图 4 中, Cristofani 论及位于意大利中部的公元前七世纪铭文遗址群。

就，也不只是边缘现象。上述现象开始出现的时间相对较早，早至公元前七世纪中期之前。①

　　现存最早的伊特鲁里亚铭文大都刻在陪葬物上，与物件的所有者合葬，作为一种身份的象征或供死后使用。由于一些早期的文本是简单的字母（abecedaria）样式且刻在贵重物件上，因此，"富人对文字可能也只有肤浅认识"的结论似乎是真实的。② 149

　　据铭文证实，伊特鲁里亚文化的全盛时期，即公元前六世纪至前五世纪显然是读写能力的拓展期。③ 但即使在最富足的城邦，所发现的相关铭文数量和规模始终达不到雅典的高度；伊特鲁里亚的读写水平很可能停留在许多希腊城邦在公元前 600 年前后的水平：尽管文字已经确立牢固的地位，但其在经济、政治和宗教领域发挥的作用非常有限；读写能力仍然只局限于少数公民。极少数几篇与之相关的伊特鲁里亚碑文似乎证明这种观点，尤其是在基乌希（Chiusi）发现的约公元前 475 年至前 450 年间的墓碑浮雕，上绘有一名写工，位于两位统治者身旁的突出位置。④ 显然，这两位统治者已将文字看作权力体系的一部分，这名写工成为特权人员，他所从事的工作被认为是伟大的。⑤ 书写保持着赢得尊贵的属性。在公元前五世纪奥维尔托（Orvieto）的克罗塞菲索（Crocefisso del Tufo）墓地，家族名刻写在墓室外。有证据表明，

---

① 关于年代，见 Cristofani, *Popoli e civiltà* vi. 408；不同字母表的传播，同上，见 S & C 16—19。

② 见 J. A. Bundgård, *Analecta Romana I nstituti Danici* iii（1965），11—72，其中详论了阿尔贝格纳（Albegna）河畔马塞里亚那城（Marsiliana）的象牙书板（一个常见问题，见诸如 M. Cristofani［ed.］, *Civiltà degli etruschi*［Milan, 1985］, 98；M. Michelucci, 100 评论道，葬于富人墓地的书写工具可凸出其显赫身份）。

③ 关于这种材料，着重见 Colonna, *Atti del colloquio* 7—24。

④ 见 G. Colonna in *L'Italie préromaine et la Rome républicaine. Mélanges offerts à Jacques Heurgon*（Rome, 1976），187—195；另见 Cristofani, *Civiltà* 252—253。

⑤ 克洛纳（Colonna）认为这种场景证明该时期公共档案馆的存在（*L'Italie préromaine*, 191），但他的设想超出现有证据所及的范畴。

沃尔西尼城（Volsinii）曾一度要求公民遵从此做法，[①] 也可能是该城最显贵的家族利用文字的简单功用凸显社会地位。

然而，意大利读写文化的整个早期历史朦胧至极，这种状况至少持续到公元前 3 世纪，不仅是因为缺失普劳图斯（Plautus）时期之前的相关文献，即便罗马有广泛的读写文化传统延续，对研究议题的价值也非常有限。目前只能面对一些支离破碎的间接证据与一大堆可能性的推论。

迫至公元前七世纪后期抑或先前，罗马和拉丁姆（Latium）其他一些地区的居民便具备稳固的读写能力，否则他们无法转而形成属于自己的、不同于伊特鲁里亚字母表的字母变体。随意刻泐，主要是陶瓶拥有者的标记最先证实这一点；[②] 这些文本的社会根源不可避免是个谜团。[③] 及至公元前六世纪末阅读能力广泛传播，如果该观点意味着超过 5% 的男性公民都具备读写能力的话，那么它将是孤立无援的论断。[④] 随着约公元前 500 年伊特鲁里亚权力和影响力的衰弱，文字的使用甚至可能有所减少。但无论如何，像罗马这样处在希腊世界边缘地带且由贵族统治的城，在公元前五世纪和前四世纪期间不可能赋予文字广泛的功用，它们也不可能流传开来。

现存最早的拉丁语铭文（非随意刻泐）印证了这种观点。在

---

① Colonna, *Atti del colloquio* 21—22。铭文见于新发现的外观完好的 36 处墓穴中。

② 克洛纳将这些资料收录于 C. M. Stibbe et al., *Lapis Satricanus*（Archeologische Studiën van het Nederlands Instituut te Rome, Scripta Minora v, The Hague, 1980), 53—69；很多随意刻泐只有几个字母。有两篇（nos. 29 & 34）可追溯至公元前七世纪，约 20 篇可追溯到公元前六世纪，另有约 15 篇可追溯到公元前五世纪。

③ Colonna 69 将刻写者描述成 "gente modesta"，但却鲜为人知。

④ E. Fraenkel 拥护这种观点，*Rome and Greek Culture*（Oxford, 1935), 7 或 *Kleine Beiträge zur klassischen Philologie* ii（Rome, 1964), 584 认为广场上古老的纪念碑石（*ILLRP* 3）原本就是供路人阅读的。相比之下，雷奥（Leo）认为在《十二表法》颁布的年代，书写能力仍然属个别人掌握的技能，见 *Geschichte der römischen Literatur* i [Berlin, 1913], 24；雷奥大体清楚地认识到古罗马文化的特色是以口传为主。

公元前六、前五世纪，甚至前四世纪，根本没有多大数量铭文的存在。① 最早那些或多或少可辨识的铭文记录的都是宗教祭献（出自提布尔［Tibur］和萨提库姆［Satricum］，可能是杜埃诺斯陶瓮［Duenos Vase］上的铭文）和一系列宗教信条（源自广场石柱）。② 除萨提库姆的铭文是公元前五世纪前半叶的，所有其他文本可能都出自公元前六世纪。

　　然而，从研究读写能力的角度看，《十二表法》（Twelve Tables）比上述所有文本都更具争议。《十二表法》编纂于公元前 451 年至前 450 年之间（这也可能是大概的时间），之后的很长时间，罗马人将其视作法典，现代人通常毫无异议地接受这种观点。然而，许多主观猜想认为这些留传下来的"残篇"可追溯至公元前五世纪，即便后来在内容上未有变化，其语言定然经过变动。关于行政官们制定法律的问题，古代的记载充满了疑惑。③ 从典型的爱国角度看，我们或许会质疑《十二表法》的年代不应如此之早。弗拉维乌斯（Cn. Flavius）的故事进一步将该问题复杂化，弗拉维乌斯是公元前 304 年著名的民选行政官（aedile，在古罗马掌管公共建筑物、道路、供水、社会秩序和文娱活动），据传是他"颁布了民法"（此说法具有可信度，但模棱两可），而在那之前只有祭司了解民法，且并不会将其公之

151

---

① 若情况属实，"马尼乌斯"斗篷别针（ILLRP 1）可追溯至公元前七世纪，上面刻写的是最古老的拉丁语铭文，近来该说法的真实性经常遭到否定，态度最坚决的是 M. Guarducci；尤见 Mem. Acc. Linc. ser.8 xxiv（1980），413—574；Dion. Hal. iv. 26. 4—5 提及的塞尔维乌斯·图利乌斯（Servius Tullius）治下的铭文极具争议；x.32.4 提及公元前 456 年的《伊基利亚法》（Lex Icilia）铭文，该铭文可能存在。该时期的法律见下文内容。

② 这些资料分别为 ILLRP 5；the lapis Satricanus（见 Stibbe）；ILLRP 2 与 ILLRP 3。ILLRP 1271a 的内容是祭献北河 2（Castor，双子座 a 星）和拉维尼亚（Lavinium）的双子座之星（Pollux），可追溯至公元前六世纪后期或前五世纪早期（公元前六世纪：M. Torelli, Lavinio e Roma［Rome, 1984］, 12）。

③ 诚然，包括行政官对公众（populus）的命令，"ire et legere leges proposita（前去阅读已刊布的法令）"（Liv. iii. 34. 2）。

于众。① 所有这一切都说明,《十二表法》的出处及编纂时间实际上是难解之谜。

这些问题均已得到详论,如若再进行研究则显得不合适。如果设想在大约公元前390年之前的年代便出现许多法令条文,总体看来是合理的。事实上,约在同一时期,其他一些讲拉丁语的城邦和伊特鲁里亚可能也制定了类似的法律,有些城邦或多或少地受到希腊的直接影响;如果设想卡塔纳的卡容达斯、洛克里斯的扎莱乌库斯以及古希腊其他一些立法者在伊特鲁里亚地区享有盛名,也是情理之中。② 从有关共和国后期的证据中可以发现,相比于《十二表法》成熟的文本内容,罗马法律文本的内容甚至更为简单。尽管公元前304年之后对这些法令条文的革新可能均未超越"语言"的层面,但目前难以确定之前究竟发生过怎样的变化(在该时期,可能不存在学究式文本精确性的概念,法令条文同样如此)。西塞罗(M. Cicero)及其弟在儿时被要求背诵《十二表法》,③ 这不仅是有效的教育方式,也是一种继续存在的口传文化。无论如何,他们涉猎的《十二表法》不太可能完全是公元前五世纪的版本。

152

---

① Liv. ix.46.5:"civile ius, repositum in penetralibus pontificum, evolgavit fastosque circa forum in albo proposuit, ut quando lege agi posset sciretur(公民法被藏在大祭司的档案室,他还将月历写在广场附近的白板上,以便人们知道何时行动)";Pomponius in *Dig.* i.2.2.7:"subreptum librum[containing the *actiones*]populo tradidit(暗地里使书卷[包括决议]远离公众)";参见 Cic. *Mur.* 25, *Att.* vi.1.8, *De or,* i.186;Val. Max. ii.5.2;Plin. *NH* xxxiii.17;此事充满疑问,见最新发表的 F. d'Ippolito, *ZSS* cii(1985),91—128。

② 罗马有故事称"罗马派使者到雅典去抄录梭伦的法令",该故事带有虚幻色彩(与 G. Crifò 的观点完全一致,见 *ANRW* i.2[1972],124—126 或 *Libertà e uguaglianza in Roma antica*[Rome, 1984],99—101);参见 R. M. Ogilvie on Liv. iii.31.8;P. Siewert, *Chiron* viii(1978),331—344;关于《十二表法》受到的希腊影响,见 F. Wieacker, *EFH* xiii(1966),330—353。

③ *De leg.* ii.59("discebamus enim pueri XII ut carmen necessarium, quas iam nemo discit",意为"事实上我们在孩童时期便学习《十二表法》,这是必修内容,但现在已无人学习"。);*De or.* i.195 记述它们出自同一书卷。

将《十二表法》视作一部详尽的法典需要审慎，有些法律学者经常妥协于此。我们更应该将其看作是一套非常简洁的民法基本规则，也许它并未阐释法律程序的重要细节，[①] 按照后来罗马的标准，这套民法仍赋予法官极大的自由裁量权。

至于书写《十二表法》内容的意义，此举不仅反映出，而且还助长那些可以轻易读懂法令者的权力。有一位学者再次仔细审视了抄录《十二表法》之举的政治环境和社会环境，之后也得出类似的结论。[②] 除掌握政权的阶层外，富人们也可能从中受益，但如果书面文件并未刊布示众，那么富人们受益的程度是有限的。[③] 对这些文书的内容感兴趣的普通公民通常会寻人代读。

在我们看来，罗马大祭司年代记是另一个模糊问题。多数学者认为，罗马大祭司从共和国最早期开始便使用文字记录公共事件。[④] 另一方面，毫无疑问，从公元前 2 世纪起，罗马著作家详尽阐释了共和国早期的历史；且许多人声称他们的作品具有较强的文献基础，但实际达不到这样的条件。[⑤] 无论大祭司何时开始记事（暂且认为是公元前 390 年），其动机显然不是用于研究或记录历史。大祭司之所以用文字进行记录，除了宗教原因外，无疑欲以提及一些令人印象深刻事件的方式巩固权威，而这些事件是大多数人难以理解的。如我们所见，直至公元前 304 年，大祭司（pontifices）通过秘密掌握民法的诉讼程序而享有权威。

153

---

① 参见 A. Watson, *Rome of the XII Tables：Persons and Property*（Princeton, 1975），185—186。

② 在 K. Raaflaub（ed.），*Social Struggles in Archaic Rome*（Berkeley, 1986），262—300 中，埃德尔（W. Eder）认为编纂法典的本意是"确保贵族的主导地位（263）"。

③ 之后的观点认为文本是刊布于众的，见 Diod. Sic. xii.26.1；Liv. iii.57.10；Pomponius in *Dig.* i.2.2.4，但不能确定书写材料是青铜还是木质，似乎更有可能是木质。在试图将所掌握的关于弗拉维乌斯（Cn. Flavius）的资料与该故事进行权衡之前，这种观点已然值得怀疑。

④ 如 B. W. Frier, *Libri Annales Pontificum Maximorum：The Origins of the Annalistic Tradition*（Rome, 1979），127。

⑤ 参见 Frier 151。

　　我们已经熟知文字在古代社会宗教领域的使用而引发的敬畏。在罗马的宗教体系中，书面文本从很早的时候便开始发挥重要作用，早到无法追溯确切年代。这类文本包括最重要的《西比拉神谕集》(Sibylline Oracles，罗马神谕中并没有多少对未来的预测，而大多是指导如何抚慰神灵)，以及罗马大祭司(pontifices)和占卜官们传承专业知识的书籍。据称，其中有《西比拉神谕集》、预言性(fatales)书籍，有的只是契据登记簿(libri)，它们是整个罗马共和国时期国家宗教的普遍特色。然而，探寻相关书籍的最早历史是不可能完成的任务，因为现存证据无一值得信赖。然而，公元前399年李维(Livy)首次明确提及《西比拉神谕集》；在公元前367年，因查阅该类书籍被指控的官员们似乎由两人行政官变成十人行政官(decemviri sacris faciundis)。① 及至该时期，他们定然已经确立牢固的威信。关于祭司和占卜官的书籍，其最早期发展的情况更加晦涩。② 为确保口述祷辞及其他宗教信条的准确性，将它们从书面文本中誊抄下来的做法很可能是之前就有的。③从不同角度看，所有这些书籍都是公众难以触及的。④

　　文字在罗马和古意大利的许多功用与古希腊颇为相似。然而，就像保存诗歌是古希腊的显著特征那样，文字在宗教领域繁杂的使用，是罗马和古意大利文化的标志性特征。

　　在公元前四世纪和前三世纪的罗马，文字的功用一定得到逐步的扩展。殖民点的建立，尤其是一些殖民点地处远方，需要一种统筹力，这种统筹力的实现一定程度上也依赖于文字。在公元前338年至前218年间，大约新建立33处罗马及拉丁殖民点。这与古希腊人的殖民统治大体一致，但不同之处在于：罗马一直对殖民地保持着更加严密的官方统治，这种方法通常是更为切实可

154

---

① Liv. v.13.5；vi.37.12，42.2 等。

② 关于后者，与 J. Linderski 在 *ANRW* ii.16.3（1986），2241—56 中所做的详尽解释相似。

③ 见 Varro *LL* vi.61；Plin. *NH* xxviii.11 等。

④ 参见 J. Linderski, *HSCPh* lxxxix（1985），207—234，尤见212。

行的。与此同时，军事形势变得越来越复杂，尤其到公元前四世纪后期和前三世纪早期，罗马已在整个意大利半岛吸纳大量"盟军"，必然需要更多地使用文字。通常来讲，至公元前四世纪后期，罗马与外邦所签订的条约可能大都是书面形式的。①

严格意义上的国家内部事务可能同样依赖文字，且相比于殖民统治，内部事务对文字的依赖程度更高，监察官（在古罗马负责调查户口、监察社会风纪等）进行书面列举就是一个明显的例证。尽管此举并不需要公民自己读写，却需要相关官员以及他们的代理人读与写。相关证据清晰地表明，在公元前 200 年之后，有些制度的实施涉及文字，诸如刊布法律提案等。此类实践在公元前 200 年之前可能已有很长的历史。如同探究希腊历史一样，探究罗马历史一直面临一种困境，即难以追溯文字的新用法传入罗马的时间。公元前 304 年，弗拉维乌斯发布民法，这在当时至少是创新之举。② 书面文本的愈发重要作用很可能得到凸显，也反映出人们在精神层面上更有能力用文字维护自身权益。③ 尽管写工（scribae）在共和国后期仍享有极高的社会地位，但从后来看，弗拉维乌斯从一名普通写工晋升为民选行政官是非常了不起的。在某种意义上，这可能得益于他能够利用文字愈发举足轻重的作用。④

最早的古罗马钱币铭文或许有助于揭示公元前四世纪后期的

---

① 据传，与迦太基的著名条约立于公元前 509 年，事实上很有可能是在共和国初期，见 Polyb. iii.22—23（但一些学者认为它的实际年代为公元前 348 年）。罗马与拉丁国家之间签订 "Foedus Cassianum" 条约应在公元前 493 年，于公元 1 世纪初刻于青铜上（尤见 Cic. Balb. 53），但原文的具体年代完全无法确定。甚至与迦太基签订的第二个条约（笔者认为签订于公元前 348 年）很可能刻于迦太基一方（F. W. Walbank on Polyb. iii.24.3—13）。但在罗马人于意大利签订的条约中，竟然一个词都未能留存下来，这定然是偶然现象。

② 此举太过简单，无法用过时的术语进行描述。甚至连 G. de Sanctis（Storia dei Romani ii [Turin, 1907], 64）都称弗拉维乌斯曾向所有公民发布诉讼规则，即使居住在远处的居民也能接触到。

③ 并不是忽视诸多其他因素，包括大祭司（pontifices）权力的丧失。

④ 根据 Plin. NH xxxiii.17，这是将可以进行法律诉讼的时间公之于众的结果。

155 　罗马人对文字兴趣有限。"罗马人"的字样以希腊语的形式出现在最早发行的钱币上，而这些钱币只是那不勒斯人（Neapolitans）的杰作，可能表明罗马不仅缺乏制造钱币的方法，对钱币上铸何种内容也全然没有兴趣。然而，拉丁铭文约从公元前300年开始出现。① 钱币上的内容无非是"Romano"和"Roma"等字样，这一点不足为奇；直到公元前三世纪10年代，有些钱币上根本没有铭文。② 最为引人注目的，也许是从那时起，钱币上出现更为复杂的刻文。尽管最早的拉丁铭文无疑方便当权者，并非普通公民，但它们的传入表明很大数量的公民已具备阅读能力。

　　公元前300年之前，一些讲拉丁语的普通民众已经能够在墓志铭上留下简单的印迹，这一事实也强有力地表明读写的发展。③ 但在另一方面，没有理由认为这一传统已在广大公众中普遍传播。

　　文字还有另外一种重要的新功用，可以将制造者的名字刻写在家用物件上。该时期最著名的物件是制造于坎帕尼亚（Campania）卡雷斯（Cales）的黑釉杯，在该地区及其他地方均已出现。④ 杯上刻写着诸如"盖乌斯（Gaius）的奴隶——勒图斯·加比尼奥（Retus Gabinio）在卡雷斯制作了你"之类的文字。⑤ 拉丁殖民地卡雷斯建立于公元前334年，这些陶罐最早也应是于此之后所制。通常认为这些陶罐可追溯至其后稍晚的年代。⑥ 有的刻字者是奴隶，有的是自由民。这些文本的背后似乎隐藏着一种连续的工艺传统，这种传统或许可追溯到公元前四世纪的大

---

① 日期见 A. Burnett, *Schweizerische Numismatische Rundschau* lvi（1977），116。

② 关于最后一批此类钱币，见 M. H. Crawford, *Roman Republican Coinage*（Cambridge，1974），nos. 41，43/1 及 43/2a，这些钱币可追溯至公元前215至前212年间。资料显示，及至第一次布匿战争，罗马的主要币种上出现清晰可见的带有希腊语的标识，效仿的是托勒密钱币的形制，同上，见图版22。

③ 关于年表，见 A. Degrassi, *ILLRP* ii pp. 211（述及恺撒），225（Tusculum）中的注解；另见 F. Coarelli, *Roma Medio Repubblicana*（Rome，1973），261（Praeneste）。

④ 关于此类铭文材料，见 Degrassi, *ILLRP* ii pp. 345—346。

⑤ *CIL* i^2.412a 或 *ILLRP* 1215.

⑥ 参见 A. Rocco in *EAA*（1959）s. v. "Caleni，" 271—272，大约涉及70篇此类铭文。

希腊（Magna Graecia）；另外，在普莱奈斯特发现的刮身板上，出现用希腊语和欧斯坎语（Oscan）刻写的工匠题字，这也是这种工艺传统的一部分。① 这些文本的总量很少，不足以用作普遍读写能力的证据。然而，它们表明在所研究的这些地区，至少已普遍在一定限度内使用文字，且已传播至职业写工的狭隘范畴之外。

对于共和国中期使用拉丁语的意大利，我们对那里文字功用是如何扩展的已经有所了解。但如果将注意力放在有关该问题的证据上，可能会影响对口头行为的接续性研究。近来，学术界对古风和古典时代希腊人的口承文化给予相当的关注，但对罗马人口承文化的关注度却很低。其原因之一是在公元前三世纪后期到前 2 世纪的希腊化大潮中，口承文化的诗文部分（对此我们掌握一些间接信息）未能存留下来。② 然而，这并不意味着在此之后，诗歌仅以书面形式与公众见面。恰恰相反，在共和国中期和后期的文化中，口头交流方式与书面交流方式相互交融，口头交流方式在当时的重要性远远超过其在任何现代文化中的地位，而口头交流方式也不时地让位于书面交流方式。

那么，该时期读写能力的社会结构可能是怎样的呢？最迟至公元前四世纪末，元老院所有男性成员可能无一不具备读的能力。法比乌斯·鲁里阿努斯（Fabius Rullianus）的兄弟在加莱城（Caere）长大，可以识读伊特鲁里亚语（Etruscan Litterae），③ 李维所著的有关于他的故事，从某种意义上证实元老们此时已开始关注读写教育。

在公元前三世纪的一些讲拉丁语的城邦内，相当数量的普通公民具备了读写能力。经济生活越来越复杂，商业利益迅速蔓延，这赋予文字实用价值。尽管不像公元前五世纪的雅典的公民生活那样

---

① 关于这些见 Coarelli, *Roma Medio Repubblicana* 282—285。

② 关于早期罗马宴会中为颂扬名人而奏的失传歌曲，见 Cic. *Brut.* 75 等；另见 W. V. Harris, *War and Imperialism in Republican Rome*, 327—70 B. C.（Oxford, 1979），25。

③ Liv. ix.36.3.

有推动力，但该时期的公民生活也为文字的价值添加了砝码。事实上，在公元前三世纪的罗马，关于文字的使用以及读写能力可能传播的范畴，似乎与公元前六世纪中后期在读写能力方面达到了相当高度的希腊城邦相似。但对于大多数民众，尤其是在乡村，仍存在着严重的目不识丁现象。具备读写能力的妇女可能极为罕见（诚然，并无有价值的直接证据）。此时的经济是农业型的，学校体系非常薄弱抑或根本不存在，奴隶可以填补文书工作的职位，广大民众不参与政府管理。从数字的角度看，所有这些都意味着读写能力的覆盖范围可能极低，或许不超过 1% 或 2%，无疑远低于 10%。

据普鲁塔克描述，最早在罗马开办需支付学费的基础教育学校（grammatodidaskaleion）的人，是一位名叫卡维利乌斯（Sp. Carvilius）的被释奴，公元前 234 年在任执政官的被释奴中有他的名字。[1] 这则故事的可信度非常高，与李维乌斯·安德罗尼库斯（Livius Andronicus）和奈维乌斯（Naevius）从事创作的时期恰好吻合，而他们的作品，后来被视为最早的拉丁文学且有着非凡的意义。在公元前五世纪伊特鲁里亚的影响衰退之前，罗马可能曾有过学校，但在卡维利乌斯生活的年代之前，如果存在基础教育的话，也是在家庭内部进行的。父亲们把男童送到卡维利乌斯新学校的动机比较实际。他们对希腊世界的认识越来越多，希腊世界也充满各种诱惑，这影响到他们送孩子去学校接受教育的动机。偏好希腊读写文化的结果是，像李维乌斯·安德罗尼库斯和恩尼乌斯（Ennius）这样既通晓拉丁语又通晓希腊语者成为社会需要的教师。[2]

---

[1] Plu. *QR* 59 或 *Mor.* 278e；普鲁塔克掌握有关卡维利乌斯的其他信息（见 *QR* 54 或 *Mor.* 277d）给此处的说法增添了可信度。不能像 Bundgård, *Analecta Romana Instituti Danici* iii（1965），29 及其他研究中那样，将有关法雷利（Falerii）学校教师的故事（Liv. v.27）援引为反证。

[2] 参见 Suet. *De gramm.* 1："... semigraeci ... Livium et Ennium dico quos utraque lingua domi forisque docuisse adnotatum est（半个希腊人……我指的是李维乌斯和恩尼乌斯，众所周知，他们在本城邦以及外地教授任意一门语言）"；另见 S. F. Bonner, *Education in Ancient Rome*（London, 1977），20—22，但 "foris" 指的可能是 "在罗马以外"，而并非 "在其他家庭"。

　　瓦莱里乌斯·马克西姆斯（Valerius Maximus）对老加图（Cato，生于公元前234年）的评论，暗示着公元前三世纪30年代和20年代罗马正规教育的有限范围。从字面上看，这则评论不可能真实：瓦莱里乌斯称，从"他学习拉丁语时，几乎已经是位老人了"的情形可以判断，老加图萌生接受希腊语教育的愿望有多么晚。[①] 而此时，20岁的加图是位军事护民官，这与"他的确是位目不识丁者"的说法相悖。有观点认为在瓦莱里乌斯的评论中，"学习拉丁语"指的是"学习拉丁文学"，[②] 这是可能的，但不足以令人信服，因为"学习拉丁文字"本质上是指习得读写能力，当时可供学习的拉丁文学仍然非常稀少。目前还不能充分理解瓦莱里乌斯观点的出处，不过瓦莱里乌斯更可能暗指老加图的童年教育存在某种缺陷。作为一位乡村土地所有者之子，当时的情况可能确是如此，这一点并不会引起惊诧，加图有可能是在青年时期才完全具备了读写能力。

　　公元前三世纪后期的罗马，在"书记员"和"诗人"的选词上仍不加区分地使用"scriba"，这一事实表明即使在古代标准下，从口承文化向书面文化过渡的程度是多么的有限，至少费斯图斯（Festus）如此认为。[③] 无可否认，这种语义学分析说服力十分微弱，特别是当只有一篇文字资料作为依据时。在古典时代的语言里，"scriba"始终是书记员，身处官员或准官员的职位。及至此时，罗马人更加清楚地区分书写人员的不同类别。

　　无论如何，对于卡维利乌斯生活的年代之前，抑或说在其后的一段时间里，罗马人的读写能力主要局限于贵族阶层中的男性

158

---

① Val. Max. viii.7.l："idem Graecis litteris erudiri concupivit, quam sero, inde aestimemus, quod etiam Latinas paene iam senex didicit, cumque eloquentia magnam gloriam partam haberet（因此我们可以推断，他想接受希腊文学教育一定很晚，因为他学习拉丁语时已几乎是位老人，因为雄辩而享有盛誉）"，这段文字并无敌意。

② A. E. Astin, *Cato the Censor*（Oxford, 1978），159.

③ Festus 446 & 448；Lindsay 提及李维乌斯·安德罗尼库斯与第二次布匿战争。

成员、隶属于贵族阶层的少数奴隶（其中有些奴隶还通晓其他的语言），以及一小部分普通公民。而这些普通公民是受雄心壮志的驱动，或为了满足职业需求才学习这种专业技能。

公元前 2 世纪的读写能力与文字

被释奴教师卡维利乌斯是否很快就有大量的效仿者呢？[①] 这原本是解读普劳图斯而得出的问题，在公元前 2 世纪初期文字的使用问题上，普劳图斯可能被视作丰富的资料来源。但遗憾的是，一直有观点认为普劳图斯提及学校所反映的是希腊语戏剧，除非有具体原因表明其他，他改编希腊语戏剧以适应罗马观众。[②] 这同样适用于他作品中谈论习字或习字失败的人物形象。[③] 有一个明显的特例，即《凶宅》(*Mostellaria*)[④] 中费罗拉盖斯（Philolaches）极具"普劳图斯"特色的独白。在独白中，家长被比作建筑者："他们认为费用不高，他们认真履职，传授文字、正义和法律。"[⑤] 教授习字是惯例，对于某一类家长，即上层阶级而言，教授法律也是惯例。但独白中未提及学校教育，所以即便是这样一篇资料，几乎也没有提供有关罗马教育制度发展的信息。

但公元前 2 世纪前几十年的罗马对教育的需求显著增加。有一人试图满足这种需求，这个人无疑就是老加图。老加图有一名为基隆（Chilon）的奴隶是文法教师（grammatistes），负责教授许多男童。[⑥] 但老加图自己的儿子却不在其中，因为他决定亲自教授

---

① 根据普劳图斯的记述，Ogilvie, n. on Liv. iii.44.6 宣称学校"定然很快成为一种潮流"。

② 目前研究的主要文本有 *Asin.* 226；*Bacch.* 129, 427—448；*Curc.* 258；*Merc.* 303 与 *Pers.* 173。

③ 这些文本包括 *Pers.* 173, *Pseud.* 23, *Truc.* 735；Caecilius Statius, *CRF* ii.51 认为目不识丁（无论该词到底为何意，参见原书 6）是与粗野联系在一起的。

④ 该文出处见 R. Perna, *L'originalità di Plauto* (Bari, 1955), 219；兵役台词（129—132）有助于证实没有借鉴希腊喜剧。

⑤ *Most.* 125—126: "nec sumptus ibi sumptui ducunt esse; / expoliunt, docent litteras, iura, leges（在这件事情上，他们并不认为花费称得上花费 / 他们精进，学习文学、律令）。"

⑥ Plu. *Cat. Mai.* 20.5.

自己的儿子，普鲁塔克认为这是比较怪异的行为。① 在公元前 2 世纪的罗马，像拥有卡维利乌斯和基隆这样的人作为教师的学校定然成倍增长，也不乏教育本领高的奴隶和被释奴来满足学校的人员配置。②

对普劳图斯和特伦斯（Terence）戏剧内容的间接提及，通常是对剧作家希腊文原稿的参照，但这并不能完全切断文本与罗马社会状况之间的关联。因为可想而知，至少有一些观众应该可以理解涉及书面文本的戏剧场景（但并不意味着观众是具备读写能力的）。例如，有两个精心设计、涉及书信的场景，对理解《说谎者》（*Pseudolus*）的情节至关重要；③ 而在《渔夫的绳子》（*Rudens*）一幕的开场白中，阿克图卢斯（Arcturus）描述自己与其他众星一起究竟是如何辨别出好人和坏人的，并用文字形式将他们的名字传送给朱庇特。④ 与雅典戏剧家的情况一样，关于这些戏剧的观众都囊括哪些社会成员，尚有一定的不确定性，但无论怎样，观众对极具希腊化特色的表演是宽容的；但在那些只有少数人具备读写能力的城邦中，或许是不会将《说谎者》搬上舞台的。

160

事实上，普劳图斯作品中对文字的间接提及并非全部有希腊渊源。举一个明显的例子，在《安菲特鲁俄》（*Amphitruo*）的开场白中，演说者相当详细地仿拟公元前 181 年的《科奈里乌斯法》（*Lex Cornelia Baebia*），该法针对的是选举中的腐败现象。⑤ 法律禁止腐败者进行串通，其中一种手段似乎是禁止相互通信（per scriptas litteras，即通过书面信件的方式），⑥ 这则禁令意味着到公

---

① 埃米利乌斯·保卢斯（Aemilius Paullus）参与儿子的教育，但似乎局限于当别人教导他们的时候，保卢斯旁听（Plu. *Aem*. 20.8—10）。

② Cato, *ORF*³ fr. 205 又一次提及罗马专为男童开设的学校。

③ Plaut. *Pseud*. 20—73 与 983—1014（所谈论书信首次出现在 647）。

④ Plaut. *Rud*. 13—21（"bonos in aliis tabulis exscriptos habet"，意为"在其他木板上有好的副本"）。

⑤ 最新发表的 M. McDonnell, *AJPh* cvii（1986），564—576 认为该篇章被轻微地篡改过，可能是在公元前 2 世纪 50 年代。

⑥ Plaut. *Amph*. 70.

元前 181 年，书信已是极其普遍的交流方式。这对于向居住在偏远城镇中具备读写能力的选民行贿是极其有用的。但无需对罗马选举制度了解太多，也不应误将该文本视作广泛读写能力的论据。

据公元前 186 年执政官所写有关酒神节（Bacchanalia）的著名信件可以推断：某种程度上，该时期的政府试图以下达书面命令的方式统治意大利。禁止酒神节的转折并非常规事件，无法从中得出明确结论。无论如何，元老院显然已经完全意识到：通过口头交流方式，可将信息传播给大多数民众，因为信中的命令最早出现在一系列的公共集会上，特乌拉尼人（Teurani）按信中的要求正式宣读（edicere）元老院的命令。[1]

在波利比阿和格拉古兄弟（Gracchi）时代，即从公元前 2 世纪 60 年代至 20 年代，此间有关罗马读写能力的原始材料使我们在某种程度上能够超越本章之前所做出的粗略评论，不过按现代史家的标准，目前远未能发现一批有用的证据。

显然，波利比阿本人认为罗马人疏于对男童的教育，西塞罗（Cicero）也含蓄地承认这种指责：没有实现罗马公民力求的共同教育。[2] 另外，波利比阿设定的教育体系标准可能相当之高。[3] 公元前 2 世纪意大利铭文数量骤增，表明公民对文字的了解在不断扩展。因为统治阶层的成员长期以来一直具备读写能力，令人印象最深的并不是他们使用铭文，而是在城镇中发现的相对数量可

---

[1] *CIL* i².581 或 *ILLRP* 511 等。信中称元老院指示特乌拉尼人（Teurani）把文字刻于铜板并命令将铜板挂在醒目的地方（"... ubei facilumed gnoscier potisit"；第 25—27 行）；公告见第 22—23 行；将书写与口述相结合的技巧，见公元前 105 年元老院有关阿斯图帕拉埃亚（Astypalaea）的法令：*IGRR* iv.1028 或 R. K. Sherk, *Roman Documents from the Greek East*（Baltimore, 1969），no. 16，第 12—15 行。

[2] Cic. *De rep.* iv.3："disciplinam puerilem ingenuis, de qua Graeci multum frustra laborarunt, et in qua una Polybius noster hospes nostrorum institutorum neglegentiam accusat, nullam certam aut destinatam legibus aut publice expositam aut unam omnium esse voluerunt（自由人出身的孩童的教育，希腊人在这方面花费了许多精力，我们的客人波利比阿批评我们制度上对此忽视，没有明确的，或是通过法律，或是由官方建立，或是对所有人都统一的规定）。"

[3] 关于希腊教师的大量涌入，见 Polyb. xxxi.24.7；但他几乎没有考虑基础教育。

观的墓志铭，有的是用拉丁语刻写的，也有一些是伊特鲁里亚语和欧斯坎语刻写的。①

关于该时期书写材料的价格及可用性，目前仍缺乏有用的信息。比如，老加图表示，他的某一篇演说辞记录并未保存在便利的草纸上，而是保存在一组书板上；② 我们甚至对这样的信息也未得出清晰的推论。笔在军营中的出现，或者在公元前 130 年《帕皮里乌斯法》（*Lex Papiria*）颁布之后的一次立法大会上的出现，对此处的研究也意义不大。③

必须重谈文字的功用问题。就经济生活而言，种种迹象表明越来越多的信息得以记录。最早的罗马双耳陶瓶上的"标识"是出自科萨（Cosa）的随意刻泐，刻有塞斯提乌斯（M. Se［stius］）的名字，此人出身富足，家庭积蓄可观。双耳陶瓶的出现时间应不晚于公元前 2 世纪 80 年代。④ 在第二次布匿战争后的几十年里，罗马社会精英的财富急剧增加；及至公元前 2 世纪中叶，一些社会精英的财务状况高度复杂，⑤ 为对这种状况加以控制和把握，他们定然越来越依赖书面文件。关于公元前 2 世纪早期的书面记录，现在已有一些证据。⑥ 在西塞罗时代，有些罗马账目体现的仍是古老形式"af"（亦作"ab"）的收据；⑦ 这种形式早在格拉古时代即

162

---

① 含有非拉丁语文本的标准著作是 *Corpus Inscriptionum Etruscarum*（另收录有大量公元前四世纪和前三世纪的墓志铭）和 E. Vetter, *Handbuch der italischen Dialekte*（Heidelberg，1953）。

② *ORF*³ fr. 173，马尔科瓦提（E. Malcovati）将其追溯到 164 年。

③ 关于在努曼提亚（Numantia）发现的笔，见 A. Schulten, *Numantia* iv（1929），pls. 22.13，28.4，34.10—13；据认为，Plu. *CG* 13 中大会用笔（grapheia）是特制大号笔，可用作武器；参见 E. E. Best, *Historia* xxiii（1974），434，注释 25。

④ E. L. Will in A. M. McCann（ed.），*The Roman Port and Fishery of Cosa*（Princeton，1987），173。

⑤ 参见 J. H. D'Arms, *Commerce and Social Standing in Ancient Rome*（Cambridge，Mass.，1981），34—37。

⑥ 关于借贷，见 Liv. xxxv.7.2；关于钱铺业，见 Plaut. *Truc.* 70—72（显然不是娩生的），749；Plaut. *Most.* 304；Polyb. xxxi. 27.7。

⑦ Cic. *De or.* 158.

已不常见，表明书面记录的习惯在格拉古时代早已建立。在《论农业》（*De agri cultura*）中，加图认为在富人的庄园内，理所当然应该将现金、粮食、酒和橄榄油等物品记录在案（rationes），这些显然被认为以书面形式存在。他还建议把文字形式的命令留给监管员。①

上述情况使得如下论断发人深思：纵观该时期，合同的制定主要仍以口头程序进行（至少看似有人这样认为，由于缺乏同期证据致整个主题模糊）。当罗马公民欲要明确自己的法律责任和义务时，一般是通过要式口约（stipulatio）的方式实现。②最终形成一种独特的债务契约，罗马法律的研究者将其称之为"书面（litteris）契约"。除稍早期一则极富争议的例证，这种情况直到公元前1世纪才能得到证实。③显而易见，要式口约这一名称意味其他形式的法律责任，也可以说绝大多数的法律责任，尚未转化为书面形式。但必须要提高警惕，因为要式口约可能伴随着书面文件而同时使用。此外，加图似乎建议人们将书面契约与农业生产联系起来，包括橄榄油和酒的生产。④

如果整体审视法律诉讼程序，可以发现老加图将书板（tabulae）视为法律案件中的可用证据，而且及至公元前1世纪80年代，对书面文件进行辩论是法庭申辩的标准环节。⑤共和国后期罗马法律诉讼过程的实施，体现出口头辩论与书面文件的结合，在口头元素仍然强势的同时，大量使用书面文件；而在那之前很少使用文字证据，对于罗马世界的这种转变，目前是否有足够的证据对其做出

163

---

① Cato *RR* ii.5—6.

② 参见 A. Watson, *The Law of Obligations in the Later Roman Republic*（Oxford, 1965），1—9。

③ Watson 18—24；简单清晰的解释见 Watson, *Roman Private Law around 200 B. C.*（Edinburgh, 1971），123—124；Cic. *De off.* iii.58 述及这则可疑例证。

④ Cato：Gellius xiv.2.21（参见 *ORF³* pp. 83—84）；若没有书面法律文本，Plu. *Cat. Mai.* 21.6 所暗含的复杂商业规划可能难以实现。

⑤ *Rhet. ad Her.* ii.9.13.

一个令人满意的解释，是一个不解的问题。[①]

　　在解读公共生活方面出现一些重要问题。在共和国中期，普通罗马公民可以在不用读或写的情况下履行职责并享有特权。但仍有观点宣称"文字一直存在"于公民生活的各个领域。[②] 这种说法具有严重的误导性，但事实上，文字在公民生活中曾发挥过重要作用。对于公元前 2 世纪 50 年代之前（社会文化变革速度较快的时期），总是可以如此认为：至少生活最为富足的公民家庭中的男性具备读的能力，与此同时，他们至少略有书写能力。

　　可以从元老院开始谈起。或许从很早的年代起，元老院的法令便以书面形式公之于众。由于实际的议事程序是秘密进行的，因此，以某种形式公开决议是非常必要的。[③] 尽管如此，已知最早的有碑文记载的法令与某位著作家保留的某篇法令的原文本均出自公元前 2 世纪之后，如此情况并非偶然。[④]

　　在当时，新的法律提案和参加选举的候选人的名字应该是刊布于众的。证据显示，这些手段的本意是为了直接给全体公民提供信息。[⑤] 实际上，法律提案从很早的时代起便已经是文字形式的，就像共和国后期那样。[⑥] 已知最早的刊布于公众视野范围内的法律 164

---

① 该问题需参照路易斯·格内特（Louis Gernet）的研究成果。关于罗马法学者对共和国后期或奥古斯都时代书面证据的阐释，参见 G. Pugliese in *Recueils de la Société Jean Bodin* xvi（或 *La preuve* i）（1964），333—340。

② C. Nicolet, *Le métier de citoyen dans la Rome républicaine*（Paris, 1976），517.

③ 关于元老院法令的存档与发布，尤见 Sherk, *Roman Documents from the Greek East* 5—13。

④ 关于留存下来的希腊语法令，见谢尔克（Sherk）的研究。公元前 186 年，执政官就罗马酒神节致信特乌拉尼人（Teurani），当众解释传达法令很可能反映出当时罗马的惯例。元老院命令将这些法规公之于众并篆刻在青铜上（见上文）。文献来源为 Suet. *De rhet*. 1，其中援引公元前 161 年的一则法令。

⑤ Nicolet, *Le métier* 517.

⑥ G. Rotondi, *Leges Publicae Populi Romani*（Milan, 1912），123—124；M. Corbier in *L'Urbs. Espace urbain et histoire. Actes du colloque*（*Rome*, 8—12 mai 1985）（Rome, 1987），40.

文本，在时间上不早于公元前 63 年。[①] 无论如何，在此之前，公众接触这类提案的传统方式是他人大声朗读（然后再口口相传）；可以设想即使在共和国后期，绝大多数公民仍旧延续这种方式。[②] 至于选举，虽然目前的权威观点是"到共和国后期，候选人的名字是公之于众的"，[③] 但事实真相究竟如何还是令人怀疑，且名单的公布限于抄本形式。

在法律获得通过后，是应该在档案馆保存还是刻写下来供公众查验或利用，当时并没有要求。显然，民选行政官有义务保管平民大会决议（plebiscita），[④] 但其他的法律条文则没有系统的记录。事实上，西塞罗就该问题批评罗马的体系，称这样做的结果会使法律条文成为地方执政官下属文职人员（apparitores）所期望的。[⑤]

那么，现存格拉古时代和后来刻有法律文本的青铜板情况如何呢？现有证据还不足以证明划刻在书板上的法律条文是最重要的，[⑥] 因为此时已发生显著变化。或许在那之前法律条文被刻写在木质等易腐材料，目前尚未发现公元前 2 世纪五十年代之前的法律文本，但这看起来不太可能是偶然现象，现存十几条法令的抄本（其中有许多并不是罗马的）可追溯到公元前 2 世纪五十年代

---

① Cic. *De lege agr.* ii.13；*Sest.* 72 谈及公元前 58 年继续践行该程序；Cic. *De leg.* iii.11（当权的行政官将提议存于档案馆）对本文的研究并无助益。

② 常见的诉讼程序，见如 App. *BC* i.11.47；参见 C. Williamson, *Classical Antiquity* vi（1987），164，其中援引 Cic. *Rab. Post.* 14 中的记述（法律提案仍是读出来的）。

③ T. Mommsen, *Römisches Staatsrecht* i（3d ed., Leipzig, 1887），502（"aufgestellt"；可能他的本意是书面形式）。

④ Pomponius in *Dig.* i.2.2.21；Zonar. vii.15 end.

⑤ *De leg.* iii.46："legum custodiam nullam habemus；itaque eae leges sunt quas apparitores nostri volunt, a librariis petimus, publicis litteris consignatam memoriam publicam nullam habemus. Graeci hoc diligentius（因为我们没有任何法律监管，所以我们的法律便是我们的司书所希望的任何内容，我们从国家司书那里获得法律，但却没有任何官方的记录，希腊人则对此较为细心。）"；F. von Schwind, *Zur Frage der Publikation in römischen Recht*（Munich, 1940），30 与其他研究一样都试图避开这段公认模糊的文字的含义，但全属徒然。

⑥ Rotondi, *Leges Publicae* 170.

至前 49 年间。① 这些法律文本的对象绝不是普通民众，它们是法律术语，且由于一些缩略术语的使用，使得内容更难以理解。② 无论如何，大多数人是不具备读的能力的。尽管此处研究的显然不是法律体系的民主化过程，但就像希腊法令发布之后那样，罗马法律的影响力在扩大，并由此产生相应政治和社会力量。似乎在公元前 2 世纪三十年代或之前稍早年代里，在刊布法律的方式上发生了变化，这与一定程度的法律自由化紧密相关。在公元前 2 世纪三十年代，有限的法律自由化促成了一系列由投票方式表决的法令。从格拉古时代起，凡是具备阅读能力者或可以找到代读者，只要他们有意愿，便至少可以查阅先前或在其生活年代颁布的法律，人们非常重视刻文法律的阅读便利性：应刊布在公共场所，站立即可读到的高度。③ 由此应得出如下结论：在公元前 2 世纪，文字在罗马公民生活中的使用大大增加，但并未急剧增加。

公元前 2 世纪军队执行的某些规程或许也很重要，即波利比阿记述的罗马军团发暗语以及夜间查岗的程序。④ 然而，这条证据被滥用，有人引用发暗语的程序证实在罗马公民中普遍盛行的所谓"高水平的读写能力"。⑤ 波利比阿称：日落时，军团里每十个小队

---

① 最早的抄本残片可能是 CIL i². 595 & 596（关于这些残片，见 W. V. Harris, *Rome in Etruria and Umbria*［Oxford, 1971］, 173—174），两个片段刻于同一块铜板的正反面，可能刻于公元前 150 年至前 125 年间。其后不久的残片上刻有关于索贿罪的《阿基里亚法》CIL i². 583 与 CIL i². 597。

② 关于后者，见博士学位论文 C. Williamson, "Law-Making in the Comitia of Republican Rome"（London, 1983）, 257—264；现存文本的数量，见同一出处 115；关于阅读这些文本可能出现的困难，见 176。作者强调铜板法律刻文的权威性与署名著者的声望（尤见 183—187）。

③ 见公元前 123 年或前 122 年的 *FIRA* i no. 7；图版 9（内容有关剽窃法，现作 "Lex de provinciis praetoriis"）；公元前 101 年至前 100 年的 B 25—26；类似资料包括 M. Hassall, M. Crawford & J. Reynolds, *JRS* lxiv（1974）, 213；约公元前 100 年的 *Fragmentum Tarentinum*（R. Bartoccini, *Epigraphica* ix［1947］, 10 第 14 行）。

④ vi. 34—35.

⑤ E. E. Best, *Classical Journal* lxii（1966—67）, 123；另见后来 C. Nicolet 对 Polyb. vi.34.8, Budé edition 的评论。

派遣一名士兵（共五人）到统帅处领取暗语，暗语刻在木质书板上。随后，士兵们将书板带回给自己小队的指挥官（级别为百人长）并在众人面前传递，然后书板从一个小队指挥官传递到下一个小队指挥官，直至在十个小队指挥官之间传递完毕，最终返回统帅处。在此过程中，任何级别在百人长以下者均没有明确要求具备读的能力。由此可以证实，当时存在高度依赖于书写文字的组织，而且现在没有理由认为，这种形式的组织在波利比阿时代属新鲜事物；但没有任何证据表明该时期读写能力水平达到出人意料的高度。

夜间查岗也涉及文字，但涉及不多，也不是由普通士兵完成的。波利比阿称，"第一班上岗的士兵们在低级别官员（optio）的陪同下到统帅处报到，领取刻有标识的小块木板（echonta charactera），然后前往各自岗位"。晚些时候，由低级别官员选定的四位骑兵将所有木板收回。骑兵从统帅处接到书面命令（graphe），指令他们每次查岗所需探访的岗哨。在整夜查岗的过程中，他们收回所有木板，确保所有的夜哨在站岗时是清醒的。这些骑兵定然具备读的能力，但如果说守夜人员具备读的能力，似乎没有道理。骑兵也被认为有别于普通的士兵。首先，从某种程度上讲，骑兵仍然是社会精英；① 第二，普通人可能无法任意成为骑兵；② 第三，级别较高的官员有使用书面命令的动机，即想要保持严格的控制，即便这意味着有些骑兵不能履行查岗的任务。事实上，可能所有的骑兵均具备读的能力，但这篇波利比阿时代的文本绝不可以用作普通步兵（该时期的步兵很少出自最贫穷的社会阶层）能够读写的证据。③

---

① C. Nicolet in J.-P. Brisson（ed.），*Problèmes de la guerre à Rome*（Paris & The Hague，1969），127—133.

② 见 Best，122，但 "προκριθέντες" 实际所指为反意。

③ 在特殊情况下，共和国时期的军队可能曾使用"票券"发布书面命令，见 Liv. xxvii.46.1 与 xxviii.14.7（参见 vii. 35. 1 和 ix. 32. 4，这是一份年代说明），但 xxviii.14.7 的观点与 Polyb. xi.22.4 相抵触，因此非常不可信。纵使有贝斯特（Best 125）的论述，也不应认为命令是以书面形式传达到普通步兵的（无论怎样，复制足够的票券向外传递都是繁琐的）。此举的目的可能只是方便兵士与指挥官保持一致。

第三部分　罗马世界的读写能力与目不识丁的状况

随着书面选票自公元前 139 年起传入罗马，我们发现一些证
据，在当时的读写能力水平方面，这些证据的信息价值更高。选
票的使用表明政府重要部门可以在某种程度上依靠公民的读写能
力，而且是很大数量的公民群体。但在这种新体系中，谁负责
写？写的内容又是什么呢？

我们所探究的法律有四部：公元前 139 年颁布的《加比尼亚
法》(*Lex Gabinia*) 使书面选票代替口头表决；公元前 137 年颁布
的《卡西亚法》(*Lex Cassia*) 给司法审判的表决也带来同样的变
化，即书面选票代替口头表决，但涉及叛国罪 (perduellio) 的案
件除外；公元前 130 年的《帕皮里乌斯法》以相同的方式改变立
法投票；而公元前 107 年的《克里亚法》(*Lex Coelia*) 将投票对象
扩展至叛国罪 (perduellio)。

因此，这些法律不仅涉及百人队大会，或许也涉及组织形
式更为民主的部落会议。但实际上，这些法律并未涉及大量文
字。在选举中，只要在涂蜡木质投票板上写出所支持的一位或几
位候选者姓名的首字母即可。① 在立法和司法表决中也只需写出
一个字母而已：在立法表决中，要么写字母 "V"，代表 "如你所
愿 (uti rogas)"，要么写字母 "A"，代表 "我反对 (antiquo)"；
在司法表决中，要么写字母 "A"，代表 "赦免 (absolvo)"，要
么写字母 "C"，代表 "有罪 (condemno)"。但根据《克里亚
法》，字母 "L" 代表 "赦免 (libero)"，字母 "D" 代表 "有罪
(damno)"。在格拉古兄弟时代的敲诈勒索案中，法庭使用事先准
备好的同时刻有字母 "A" 和 "C" 的小块书板，那么公民只需完
成一项简单的任务——擦掉其中的一个字母。② 看起来就像一位怀

---

① 关于此问题，Cic. *De domo* 112 似乎是唯一清晰可见的证据，但这已经足够，参
见 Mommsen, *Römisches Staatsrecht* iii. 405，注释 5。投票者可能写下每位候选
者名字的首字母，直至总数达到所需官员的数量为止，且均写在同一块写字板，
见 U. Hall, *Historia* xiii（1964）299；可能像 Tabula Hebana, sec. 20 描述的那
样，如果必要的话，投票者还有机会唱票，即诵读白板上候选者名字；另见 L.
R. Taylor, *Roman Voting Assemblies*（Ann Arbor, 1966），79, 160。

② *CIL* i².583（或 *FIRA* i no.7），第 51 行。

有民主思想的立法者有意帮助那些可能有书写困难的人。立法会议上似乎也使用过官方事先刻好的选票，[①] 至少到公元前 61 年出现过类似表决。西塞罗记述了当年的一次投票表决。其中值得一提的并不是采用事先刻好的小块书板，而是克洛狄乌斯（Clodius）的支持者只提供"A"，而没有"V"（最终的结果是大会解散）。[②]
关于选举中的投票表决，据悉至共和国后期，有时会非官方性质地准备选票分发给支持者；但目前的唯一资料来源——普鲁塔克，甚至其本人也未完全理解他所记述的状况，[③] 但什么样的情形是违法的，而通常的做法又是怎样的仍是未知数，所以根本无法确定选举中的投票表决体系就是"对读写能力的严峻考验"，[④] 但却将那些具备读写能力者与那些缺乏必要的书写能力者区别开来。

在立法中使用投票表决的做法将我们引入下面这样普遍的两难境地：要么立法者清楚投票选举会局限于少数富裕并具备读写能力者，要么读写能力在罗马公民之间已广泛传播；[⑤] 前一种解释更趋近于实际情况。[⑥] 实际上，公元前 2 世纪 30 年代投票立法者只是想避免暴民统治，纵使后来西塞罗极力反对书面投票。[⑦]《加

---

① 参见 Taylor 77。

② Cic. *Att*. i.14.5:"operae Clodianae pontis occupaverant, tabellae rninistrabantur ita ut nulla daretur VTI ROGAS"，具有被动意义的"ministrabantur"一词似乎表明选票非常正规，见 Taylor 77。

③ Plu. *Cat. Min*. 46.2，但他认为所有的选票均由同一人所写，这种观点断然是错误的（正是出于该原因，K. Ziegler, *RhM* lxxxi［1932］，65 试图对文本进行斧正）。

④ Taylor 80.

⑤ Nicolet, *Le métier* 517—518，他倾向于后一种观点，主要是因为大约 200 年之后，庞贝城出现的着色铭文与随意刻泐，表明即便是在庞贝城也没有形成普遍的读写能力；Best, *Historia* xxiii（1974），428—438 详述一种观点，即到投票表决法颁布时，最贫穷的罗马公民也普遍具备高超的读写能力。"如果一部分自由民具备读写能力的话，实际上所有男性自由民均应具备读写能力"，贝斯特通过这则另有他意的论据（437—438）支持先前的观点；之所以如此，是因为对社会结构完全错误的理解。

⑥ R. MacMullen, *Athenaeum* lviii（1980），454—457 中表明，通常而言，到场投票的人数很可能低于 2%，无论如何也不会超过 10%。

⑦ *De leg*. iii.33—39.

比尼亚法》是在未引起任何政治风暴的情况下通过的，因此古代的著者对它的印象并不深刻，① 可能是因为从中受益的并非穷人，而是具备书写能力并且能够处理简单文书者（尽管对这种能力的需求不高），但他们在总人口中所占的比例很小。这类人不断地在选举中胜出（这不是说法律的发布没有带来任何不同）。贵族派（optimates）为此审查大量选票，② 公元前 119 年的《马里乌斯法》（Marius' lex tabellaria）规定避免这种做法。毫无疑问，即使在公元前 139 年，许多投票者都认为他们获得了更多的自由（libertas）；③ 但尚没有迹象表明广大民众被期望参与其中。

169

　　从某种意义上讲，《卡西亚法》（Lex Cassia）实施了更长时间，因为它只要求选民能够区分两个字母。但即便是这样，可能也未曾产生革命性的影响。这则法令得到西庇阿·阿美里亚努斯（Scipio Aemilianus）的支持，或许最初就是他发起的，④ 该法律的提出者卡西乌斯·隆基努斯·拉维拉（L. Cassius Longinus Ravilla）连续晋升，继公元前 127 年成为执政官之后，在公元前 125 年至前 124 年间又升任监察官，这本不该是一位竭力抵触贵族统治之者应有的命运。帕皮里乌斯（C. Papirius Carbo），上文第三部法律的提出者，是一位更为复杂的政治人物：于公元前 130 年担任护民官，十年后晋升为执政官，尽管他是提比略·格拉古（Ti. Gracchus）的忠实拥护者，却为代表贵族力量的保守派势力路

---

① 贝斯特 432 根本没有对问题进行解释，即为什么如果这些法律是"彻底的斗争"，如果"对书面选票的需求可能超越对土地改革的热情"，却仍不能令人兴奋。

② 关于此问题，见 T. P. Wiseman, *New Men in the Roman Senate*, *139 B. C.-14 A. D.*（Oxford, 1971），4—5。

③ Cic. *De leg. agr.* ii.4 揭示出这是后来的观点。《加比尼亚法》和《卡西亚法》"multitudinis arbitrio res maximas agi"（意为"重大的事由大部分人来决定"，见 *De amic.* 41），当西塞罗将这种观点强加于莱伊利乌斯（Laelius）时，显而易见，他可能有意忽视当时复杂的政治状况。

④ Cic. *De leg.* iii.37："quo auctore lata esse dicitur（据传是因他的威望才通过）"；参见 A. E. Astin, *Scipio Aemilianus*（Oxford, 1967），130，此举遭到执政官波希纳（M. Lepidus Porcina）的反对。毫无疑问，"dissentiebant principes"可被视作宣传口号。

奇乌斯·欧皮米乌斯（L. Opimius）辩护。他的投票表决法可能对 C. 格拉古（C. Gracchus）的立法起到促进作用，也许其投票表决法的本意是帮助改革派的立法活动。即便根据《帕皮里乌斯法》，投票者需要做的也仅仅是在事先刻写的字母"A"和字母"V"之间进行选择，但如果设想"帕皮里乌斯以为所有公民都可以使用他所提供的选票"，则是极其错误的。

重要的政治程序寄托于条条文字中，投票表决法在罗马人的文化史中象征一个重要时期，就像雅典和希腊其他城邦所的陶片放逐法那样。① 每一次法令付诸实施定然需要许多人掌握必要的技能。但就像探究其他的法律那样，在探究罗马法律时，应避免夸大个人参与投票所需的读写水平（在罗马，对读写水平的要求似乎低于雅典），也应避免将这种变化错误的理解为是全民都具备读写能力或具有一定读写能力的标志。

170　　在罗马共和国时期，宗教领域的境况与政治领域的境况密切相连，文字在该时期的功用仍不明朗。那些不合法的神谕书可能时而得以流传，时而受到封禁。② 这些作品可能主要掌握在职业的占卜者（harioli 和 haruspices）手中，但也可能并非如此。如果说书面神谕或书面咒符得到广泛使用，至少从现有的证据中尚未发现这种迹象；不过这几乎是毫无争议的问题。上一章节曾论及，罗马人使用文字服务于宗教目的、公众祭神、传承神秘的宗教性、预言性以及其他类型的文本，这其中没有任何民主内涵。

文字断然可作为强大的宗教手段。在公元前 162 年，占卜官提比略·塞姆普罗尼乌斯·格拉古（Ti. Sempronius Gracchus）使

---

① 该现象可能超越罗马的范畴。至少不久之后，阿尔庇努姆（Arpinum）试图引入投票表决法（Cic. *De leg*. iii.36），一些意大利的城市或许确实通过了这类法律。

② 参见 Liv. xxxix.16.8，公元前 186 年的一位执政官宣称："quotiens hoc patrum avorumque aetate negotium eat magistratibus datum, uti ... vaticinos libros conquirerent comburerentque（在我们父辈或是祖父辈生活的时代，官员们常常被分配这样的任务，以便……搜查和烧毁占卜的书籍）。"类似的情况同见 213，Liv. xxv.1.6—12（参见 12.3）。

几位执政官离职，而在前一年，格拉古主持他们的选举，此举的根据是占卜中的一次过失，"当他读书的时候"① 才意识到这个过失。很明显，他所读的是与其官职相称的专业性文本。无论我们对这一事件的解释多么令人质疑，书面文本被赋予极大的权威性。通常来讲，宗教书籍（libri）不会对政治生活产生如此重大的影响。普莱奈斯特的神谕书板（sortes）是另一类权威性文本。它们是木质的，按照当地一则故事的说法：这些书板是一位努美里乌斯人（Numerius Suffustius）在一块巨石内发现的，之前，他在梦境中得到点化。② 然而，至西塞罗时代，"它们只影响到普通人（vulgus）"，西塞罗如此说道。刻有神谕的书板已经失去上层社会的重视。公元前181年，有人企图利用"发现"之书（发现于贾尼科洛山［Janiculum］的努马［Numa］之书）做文章。③ 城市执政官决定焚烧这些书，意味着它们可能不具备可信度。

　　罗马读写文化的根源可追溯到公元前三世纪，也许更早的时代。及至公元前2世纪中叶，兴起一股文学创作的热忱，上层社会中的一些人受这股热潮的巨大影响。希腊人所熟知的主要写作风格此时已传入罗马。史诗、剧诗、史书及各种技术手册均以文字形式展现。演说辞开始以书面形式传播并展示出一定的余威，加图的演说辞属特例，因为他本人将其收录在《论起源》（Origines）中。④ 文学作品的著者并非全部出身贵族，实际上，例如卡埃基利乌斯·斯塔提乌斯（Caecilius Statius）和特兰斯

171

---

① Cic. *ND* ii.11.

② Cic. *De div.* ii.85—87；参见 W. Speyer, *Bücherfunde in der Glaubenswerbung der Antike*（Göttingen, 1970），23—24。

③ Speyer 51—55 等；T. R. S. Broughton 列出参考资料来源，见 *The Magistrates of the Roman Republic* i（New York, 1951），384。

④ 至西塞罗时代仍然存在的演说辞包括：提比略·塞姆普罗尼乌斯·格拉古（Ti. Sempronius Gracchus，公元前177年的一位执政官）一篇演辞的希腊语版本（*Brut.* 79）；伽尔巴（Ser. Sulpicius Galba，公元前144年的一位执政官）、小莱伊利乌斯（Laelius）和西庇阿·阿美里亚努斯（Scipio Aemilianus, *Brut.* 82）的一些演辞等。

（Terence）等一些著作家是上等奴隶，但其中并未见平民出身者。

尽管现已掌握大量关于该时期文学史的信息，但在如此多的信息中，几乎未涉及文学作品的传播。据认为，文学作品在当时的传播范围相对很小，方式也相对简单。一些古老的拉丁语文学著作从未发展成为学校教材，且极有可能从未出现过大量抄本。由于公元前 2 世纪私人生活领域的证据相对稀少，从未听闻有关罗马贵族藏书的证据并不奇怪，①但两者间可能并无关联。无论如何，流通的文学作品的数量显然非常有限。只是到公元前 1 世纪才发生显著的新变化，而且是有迹象的：有一条早期线索，哲学家阿玛菲尼乌斯（C. Amafinius）可能活跃于公元前 1 世纪的前几十年，据西塞罗记载，他的作品引起众人（multitudo）关注，影响范围广泛，使阿玛菲尼乌斯以及他的继承者"折服整个意大利"。②

公元前 2 世纪罗马的技术类著作也开始倍增。除了埃里乌斯·帕伊图斯（Sex. Aelius Paetus，公元前 198 年的执政官）③的法律著作与加图的说教类作品（涉及农业、军事及宗教戒规等领域，但并未涉及药学及修辞学），④ 目前还掌握其他一些相关著

172

---

① 迄今听闻过的唯一私人藏书例证是珀尔修斯（Perseus）王的书。皮德纳战役（Pydna）劫掠这些书后，埃米利乌斯·保卢斯（Aemilius Paullus）将其分发给他的儿子们（Plu. *Aem.* 28）。

② Cic. *Tusc. Disp.* iv.3.6—7: "C. Amafinius exstitit dicens, cuius libris editis commota multitudo contulit se ad eam potissimum disciplinam［that of the Epicureans］... Post Amafinium autem multi eiusdem aemuli rationis multa cum scripsissent, Italiam totam occuparunt（阿马菲尼乌斯起身说到，因为受到这部著作的激励，很多人前来投身这个充满力量的学说［伊壁鸠鲁学说］……然而，阿马菲尼乌斯之后，他的很多追随者著述颇丰，遍及整个意大利）。"

③ 关于这部及后来的法律著作，见 A. Watson, *Law Making in the Later Roman Republic*（Oxford, 1974）, 134—142；认为克劳狄（Ap. Claudius, 公元前 307 年与前 296 年的执政官）撰写 *De usurpationibus*（Pomponius in *Dig.* i.2.2.36）令人怀疑，因为它可能是由后来一位名为"克劳狄（Claudius）"之人所写。

④ Astin, *Cato the Censor* 182—210, 332—340 已厘清该问题。在解释"*De agri cultura*"混乱与支离破碎的特点时，Astin, 193—199 提出几种设想，但非常有可能的情况是其作品实为口传形式，是抄录给书隶的（他的书隶，见 Plu. *Cat. Mai.* 24.3），后经过细微的修改或根本未加改动；在 202，注释 43 中，虽然他认为加图可能时常以这种方式创作，且靠后的一些章节可能由书隶所著；如果上文有关加图教育背景的故事有一定真实性，这种情况是非常有可能的。

作。该时期的模式是：上层社会里热衷于此类著作的人经常吸取希腊相关资料的精华，将知识转化为文字并服务于很小的社会群体。因此，以公元前 166 年的执政官苏尔皮基乌斯·加卢斯（C. Sulpicius Gallus）为例，他撰写了有关天文学的著作。① 只是到公元前 1 世纪才出现真正的教育类著作的大潮。

共和国中期的读写能力水平或许无法衡量。有关投票表决的法律是目前最好的证据，但即使是它们也无法把我们带到预想的高度。然而，我们无法认为在总人口中有超过 10% 的人具备读写能力，其原因有以下三个要素：第一，共和国中期的罗马人仅达到最基础的学校教育体系，这一点是有据可循的；第二，没有经济方面的动机或其他诱导力激发罗马统治者重视普通公民的教育；第三，罗马缺乏存在于古典时代的雅典和一些希腊化城邦内的信仰，即告知全体公民或大多数公民，他们应该接受足够的启蒙教育，以达到能够进行读与写的水平。与此同时，无论是根据投票表决法还是其他证据，均可以明显地判断出此时的确有少数公民具备读写能力，其数量无疑远超公元前三世纪；此外，有更多的人具备一定水平（参差不齐）的读写能力。

女性的读写能力水平可能极其低下，即便是在上层社会。像科尔奈利娅（Cornelia）——格拉古母亲这类受过一定教育的女性可能属特例。② 不可否认，有关该问题的争论并不激烈。至公元前 2 世纪，在上层社会的女性成员中，完全目不识丁的现象可能并不常见。但很明显，对于大多数女性而言，传统意识严重妨碍她们学习读与写，只有最为富足且志向远大的女性有学习读、写的可能性。 173

公元前 2 世纪末 1 世纪初在文字的使用方面有明显创新。一是盖乌斯·格拉古（Gaius Gracchus）的政治性小册子，③ 但目前

---

① 见 M. Schanz & C. Hosius，*Geschichte der lateinischen Literatur* i（4th ed., Munich，1927），242—243。

② 西塞罗专门论及此事，*Brut.* 104 & 211。

③ Plu. *TG* 8. 9；*CG* 4. 6；刊布于众的随意刻泐同样值得提及，见 Cic. *De or.* ii.240（可能是虚构的，但存在真实性）；Plu. *CG* 17. 9。

在这方面几乎一无所知（诚然，它们原本的目标读者不详），但这些小册子的存在表明书面作品的读者群已经有所扩大；二是列举清单的使用。公元前95年的执政官掀起一场大战，他们收紧盟邦公民的罗马公民权，监察官掌握的公民名单的重要性立刻凸显。①另一创新之处是公元前1世纪70年代罗马将军塞尔多利乌斯（Q. Sertorius）所做的尝试，在统治西班牙期间，他试图将推行拉丁语教育规约成一项政治举措。下一章中将再次谈及该问题。

174

---

① 这定然是 Diod. Sic. xxxvii.13.1 的记述。在与正文所述日期非常相近的时间，用大型抄本起草公民名录的场景见于多米提乌斯·阿黑诺巴尔布斯（Domitius Ahenobarbus）神坛（见 M. Torelli, *The Typology and Structure of Roman Historical Reliefs* [Ann Arbor, 1982], pl. l.4a 的图版）；此举本身有着悠久的历史。

七、共和国后期及帝国鼎盛时期
（公元前 100 年—公元 250 年）

随着罗马帝国势力逐步扩大，并逐渐影响其在东西方统治疆域内各个地区的社会结构，读写文化迎来新的历史时期。就迄今为止对罗马帝国时期读写水平业已进行的研究来看，先前的论者大都得出这样的结论：罗马帝国已经达到较高的读写水平；①诚然，罗马帝国治下许多地区的读写水平确实达到前所未有的高度，与此同时，一些在先前几乎根本无人识字的地区，亦开始出现能读会写者。该时期的拉丁世界开始更加广泛地使用文字，在某些方面，帝国东部的情况同样朝着好的方向发展，但口承文化向书写文化的转变却只是零星少见的、不完整的。如下文所见，一些强有力的论据证明不应过高估计罗马帝国的读写水平。

罗马世界的口头语与书写语言

之所以对希腊语和拉丁语读写水平估计得不高，原因很简单：罗马帝国的许多居民既不讲希腊语，也不讲拉丁语。现在对这种语言的多样性似乎达成了更广泛的共识，但始终未形成完全的共识。如前几章所述，希腊语及拉丁语的使用者是本研究的主要对

---

① 但也存在一些重要的特例，可参见原书 9—10 的评论。

象，但必须清楚在罗马帝国的居民中，有哪些人同时使用部分其他语言或仅使用其他语言。在整个帝国内，除希腊语及拉丁语外，至少有十二种语言曾以文字形式得以使用，另有不定数量的其他语言虽未见于文字形式，却一度口头使用。有几种语言，例如伊特鲁里亚语、欧斯坎语、伊比利亚语，这些语言在本章所涵盖的时期失去了文字形式或已完全消失。尽管从探究希腊—罗马读与写的角度看这些语言并不是重点，但却是有趣的现象。纵观共和国后期及帝国鼎盛时期，其他一些地方语言在本土地区一直保持着数量上的优势，且总人口中的大多数居民或许仅使用本地语。①在有些情况下，甚至上层阶级的成员也保留着传统语言。在帝国东部的广阔疆域和西部某些地区，对书写文本的需求在某种程度上系由本土语言来满足的。

对罗马读写能力的研究必须要考虑到这些"非主流"语言，因为那些不会讲希腊语和拉丁语者或许大都不能阅读，且几乎从未具备书写两种语言的能力。②然而，需要提防双语甚至多语现象的存在。③诸多原因促使母语并非希腊语或拉丁语的人学习希腊语或拉丁语，诸如文化魅力、商业利益、与官员交流的愿望以及社会交往等。一名奴隶也会经常发现他必须使用第二语言与人交流。在许多行省的共同体，不同语言服务于不同的目的，某种程度的双语现象可能普遍存在。这些都是无法用数字衡量的，一般来讲，一个行省共同体内可能不需要超过一定数量的居民使用同一种语

---

① J. Herman, in *Etrennes de Septantaine. Travaux de linguistique et de grammaire comparée offerts à Michel Lejeune* (Paris, 1978), 112；根据不同行省拉丁语碑铭的共同特点，可以推断拉丁语是"少数显贵的语言"。

② 同时，各民族之前使用或延用自己文字的方式很可能影响着他们使用希腊和拉丁文字的方式，但该议题过于专门化，不宜在此讨论。

③ 关于曾在高卢地区出现的像拉丁语与凯尔特语之类的混合语存在的证据，见托瓦尔（A. Tovar）举出的例证，*Kratylos* ix (1964)，122 或 R. Kontzi (ed.), *Zur Entstehung der romanischen Sprachen* (Darmstadt, 1978)，420；另见 W. Meid, *Gallisch oder Lateinisch? Soziolinguistische und andere Bemerkungen zu populären gallo-lateinischen Inschriften* (Innsbruck, 1980)。

言进行交流。再者，在许多行省比较闭塞的地方，欲想学习希腊语或拉丁语定然非常困难，抑或说是不可能的。①

　　关于大多数非主流语言的使用情况，铭文资料是主要的证据。但通过碑铭资料推断"在某些时期的某些地区曾使用过哪些语言"是极其困难的。② 不能根据朱里亚-克劳狄王朝吕西特拉（Lystra）那些纯希腊语与拉丁语铭文推断诸多城市居民讲拉哥尼亚语；③ 不能根据希腊托米（Tomi）的铭文就说那里的人们普遍讲盖塔伊语（Getic）；④ 也不能根据北非的铭文便判断帝国后期那里仍有许多人讲布匿语。虽然无法证明，但实际上可能所有出现在碑铭中的语言，在被刻文的同期也得以口头使用，不过口头语言通常不会留下碑铭资料。换言之，当前遗留下来的碑铭资料远不能阐释清楚罗马帝国语言的多样性。

　　至少可从铭文中获取一些关于书写语言的大致启发。很难想像一种语言在没有留下大量碑铭资料的情况下，却在罗马帝国得以广泛的书面使用；另一方面，至少在某些情况下，这些铭文显然无法揭示某种语言书面使用的广度，公元 3 世纪的高卢语铭文未能提供任何有关于"高卢语偶尔也用于法定信托"的资料，也未能揭示语言使用情况，关于古埃及通俗文字在草纸及陶片文本中所起的作用，铭文资料也未给我们提供线索。

　　因此，在充分厘清罗马帝国读写水平这一问题之前，必须简要梳理一下其他语言在多大程度上仍在得以延用。通过研究三个地理区域很容易就能做到这一点，这些区域含盖拉丁姆和希腊

¹⁷⁶

---

① 基于这些考虑，可能有人质疑托瓦尔"（西部行省）偏远乡村的居民世代操双语"的观点是否正确（129 或 428）；希腊人认为双语能力是非凡的成就，对此见 Galen viii.585 Kühn。

② 参见 F. Millar, *JRS* lviii（1968），126—127。

③ Acts xiv.11.

④ 参见 Ov. *Trist.* v.7.13—14，51—58，12.58；*Ex Pont.* iv.13.19—20；然而，R. Syme，*History in Ovid*（Oxford，1978），17，164 有力反驳了奥维德（Ovid）时代托米语言的"本土"特点。

本土以外的整个帝国：① 意大利、远至达西亚（Dacia）及莫西亚（Moesia）南部的西部省区（为方便故，这里将范围界定于拉丁语比希腊语更占统治地位的地区）② 以及帝国东部所有尚未被完全希腊化的地区。

在公元前 1 世纪的前几十年里，意大利在文化和政治上均处于混乱状态。在以牺牲本土语言为代价的同时，拉丁语得以快速传播，但这样的进程在后来的一百多年时间里一直未能彻底完成，至少书写语言如此。在"同盟战争（Social War）"时期，尚未被罗马殖民的意大利中部及南部地区的首领们或许仍熟知欧斯坎文字，但他们中的许多人很可能会讲拉丁语，若非在公元前 90 年之前的话，那便是在其后不久，拉丁语显然成为学校的第一语言。与此同时，欧斯坎语仍在流通，不仅限于偏远的蛮荒之地；③ 在庞贝城发现的欧斯坎语铭文中，有些可能是公元 1 世纪的。④ 及至此时，庞贝城的绝大多数文书是以拉丁文所写，但更加偏远的地区可能较好地保留着传统语言，传统语言或许在许多地方仍在口头使用。大致同一时期，伊特鲁里亚语退出历史舞台，虽然其开始退出历史舞台的时间可能晚于欧斯坎语，但结束

---

① 该议题方面较有价值的研究是 G. Neumann & J. Untermann（eds.），*Die Sprachen im römischen Reich der Kaiserzeit*（Bonner Jahrbücher Beiheft xl）（Cologne & Bonn，1980），虽如此，下文仍将对这一需要重新阐释的议题给予简要概览（全面考虑多种语言与通俗拉丁语的问题）。

② 关于巴尔干半岛拉丁语碑铭与希腊语碑铭的分界，见 B. Gerov in Neumann & Untermann 149；分界的含义，见 A. Mócsy，*Pannonia and Upper Moesia*（London，1974），259—260。

③ 参见 Strabo v. 233（一段有争议的文字）。

④ 大部分证据可见于 E. Vetter，*Handbuch der italischen Dialekte*（Heidelberg，1953），46—47 以及 P. Poccetti，*Nuovi documenti italici*（Pisa，1979）；参见 W. V. Harris，*Rome in Etruria and Umbria*（Oxford，1971），183，E. C. Polomé in *ANRW* ii.29.2（1983），521；然而，约翰（John Lenz）曾向我提出，将关键的"eituns"追溯到殖民地的最后几年难以另人信服，有一块（Vetter no.28）定然早于该时间，因为公元 79 年之前，其下方已然陈放一块玻璃，见 M. della Corte，*Not. Sc.* 1916，155—158。

得也更晚。"同盟战争"时，伊特鲁里亚定然曾有许多能够书写伊特鲁里亚语，但不能书写拉丁语者。或许到公元前 1 世纪后期这类人便罕有，抑或说只见于偏远地区，因为最晚的伊特鲁里亚语铭文追溯至公元 25 至 50 年。[①] 在城镇，伊特鲁里亚口头语言不可能延续至更晚的时间；至于它在乡村的使用情况，目前仍然无从知晓。[②]

公元前 1 世纪的亚平宁山脉北部，凯尔特语（Celtic）和维尼提亚语（Venetic）在一些地区仍有限地以书写形式使用，[③] 但这些地区的人口在迅速地罗马化。除与世隔绝的阿尔卑斯（Alpine）山谷，目前还没有证据显示从帝国初期伊始，有拉丁语以外的任何书写语言曾得以使用。意大利北部口头语言的完全拉丁化或许花费了更长的时间。然而我们有理由去推断，从奥古斯都时代起，或许在某种程度上亦因为他所推行的募兵以及军事移民政策，意大利的所有地区或近乎所有地区均以讲拉丁语为主。

在北非那些讲布匿语和利比亚语（Libyan）的行省，地方语言在整个古典时代一直得以延用，殖民者的到来将拉丁语传入那里，同时，拉丁语也逐渐改变了社会精英。如在其他地区那样，恺撒及奥古斯都推行的殖民化可能对这些地方的语言模式产生了重大影响。罗马征服之后的布匿语铭文可见于的黎波里塔尼亚（Tripolitania）以西的北非海岸沿线的各处遗址，[④] 有力说明并非只有目不识丁的穷人延用传统语言。至提比略（Tiberius）时期，大莱普提斯（Leptis Magna）及欧伊亚（Oea）的钱币上有部分布匿

178

---

① 最后一些勉强可追溯年代的铭文（出自阿基亚诺［Asciano］的赫潘尼乌斯［Hepennius］墓）属奥古斯都时期（Harris 179），但沃特兰（Volterran）的几篇墓志铭可能稍晚：参见 E. Fiumi, *SE* xxv（1957），413—414；M. Nielsen in P. Bruun（ed.），*Studies in the Romanization of Etruria*（Rome，1975），387。

② 关于 Gell. xi.7.4，见 Harris 183。

③ 参见 Polomé 519—520。

④ 见 Neumann & Untermann, *Die Sprachen im römischen Reich* 287 中 W. Röllig 版地图。并非所有遗址内都有各时期的铭文，另见 M. Bénabou, *La résistance africaine à la romanisation*（Paris，1975），483—487。

语铭文；① 此外，至公元 180 年，莱普提斯城一座公共建筑物的题献中仍可见部分布匿语。② 我们有一定的理由断言：即便在约公元 160 年，一位出身骑士家族的纨绔子弟讲布匿语以及少量的希腊语。③ 莱普提斯城的塞普提米乌斯·塞维鲁斯（Septimius Severus）大致为同时代人，据传他能够讲一口流利的布匿语，而他的妹妹几乎不会讲拉丁语。④ 所有这些均表明，即使到此时，布匿语的使用也绝不仅局限于边远地区。乌尔比安（Ulpian）认为，信托文书（fideicommissa）不仅可以采用拉丁语和希腊语，还可以用布匿语、高卢语（Gallic）或任何其他民族语言。⑤ 这种现象或许在之前便有先例，也可能是后来的做法，最可能的原因是卡拉卡拉（Caracalla）扩展了罗马公民权的范围，第一次出现了大量完全不懂拉丁语及希腊语的公民。⑥ 这则资料说明布匿文字曾拥有广泛的功用，一些有产者将其用于法律事务中。布匿语在许多地区延用到至少公元 5 世纪；⑦ 众所周知，甚至在奥古斯丁时代，这种语言仍在使用。⑧

179

---

① C. T. Falbe, J. C. Lindberg, & L. Müller, *Numismatique de l'ancienne Afrique* ii（Copenhagen, 1860）, 6—7, 16.

② *KAI* 130 可能是最后一篇布匿语题献，文本的拉丁语内容见 *IRT* 599。

③ 这是阿普列乌斯（Apuleius）评价继子西西尼乌斯·普登斯（Sicinius Pudens）的，可能并非真实情况，见 *Apol.* 98："enim Latine loqui neque vult neque potest"。

④ *Epit. de Caes.* 20.8, SHA *Sept. Sev.* 15.7.

⑤ Ulp. in *Dig.* xxxii.1.11 pr.："Fideicommissa quocumque sermone relinqui possunt, non solum Latina vel Graeca, sed etiam Punica vel Gallicana vel alterius cuiuscumque gentis"；R. MacMullen, *AJPh* lxxxvii（1966）, 2—3 中认为，这表明各行省地方语言新的包容性。

⑥ 应该将这段文字视作罗马法传播的证据，而不是先前使用拉丁语者又重新回到使用布匿语的阶段。

⑦ 在 Röllig 看来，现存最后的布匿铭文是在公元四、五世纪用拉丁字母刻写的，见 Neumann & Untermann, *Die Sprachen im römischen Reich* 295。

⑧ 布诺语口语见 August. *Epist.* 66.2, 84.2, 108.14, 209.2（一位神职人员"用布匿语布道"）；另参见 August. *Serm.* 167.4 and *Ep. ad Rom. Inch. Exp.*12（或 *PL* xxxv.2096）。*In Psalm.* 118.32.8 确认布匿语也存在书写形式（离合诗定然是一种可见的现象），另见 W. M. Green in *Semitic and Oriental Studies: A Volume Presented to William Popper*（U. of Calif. Publications in Semitic Philology xi）（Berkeley, 1951）, 179—190；Röllig 297—298。

第三部分　罗马世界的读写能力与目不识丁的状况

一部旧铭文集内收录了 1123 篇铭文，揭示出利比亚语也一度得以广泛使用。[①] 像布匿语铭文一样，它们分布于的黎波里塔尼亚到毛里塔尼亚（Mauretania）的广大区域。其中大多数铭文可追溯至罗马时代，向下至少可追溯到公元 3 世纪，[②] 其中绝大多数为墓志铭，且这些铭文留下了一个不解之题，即利比亚文字是否曾发挥过更广泛的作用。当前没有具体的证据表明该语言在罗马治下仍在使用，但这是极有可能的。"阿非利加诸行省覆盖的所有地区普遍掌握了拉丁语"这一结论，[③] 只有将其理解为"所指的是城市中产阶层"时才会得到认可；即使对于城市中产阶层而言，拉丁语的普及也是逐步实现的。

由于凯尔特-伊比利亚语（Celtiberian）、卢西塔尼亚语（Lusitania）、南卢西塔尼亚语以及伊比利亚语（Iberian）、布匿语、希腊语和拉丁语的出现，使得公元前 3 世纪至前 1 世纪西班牙的语言历史变得异常复杂。[④] 在伊比利亚半岛墓志铭资料业已证实的四种本土语言中，至少有三种曾在罗马治下得到书写语言形式的使用（南卢西塔尼亚语铭文似乎全部是前罗马时代的）。[⑤] 事实上，罗马人进驻后，卢西塔尼亚语才开始用于刻文，或许凯尔特-伊比利亚语亦是如此。至于这两种语言及伊比利亚语在罗马治下以文字形式使用多久，目前还鲜有证据。凯尔特伊比利亚文字似乎一直沿用至奥古斯都时代，[⑥] 有证据表明伊比利亚语同

180

[①] J.-B. Chabot, *Recueil des inscriptions libyques* i（Paris, 1940—41）; L. Galland et al., *Inscriptions antiques du Maroc*（Paris, 1966）中有更多利比亚语文本，其他相关书目见 O. Rössler in Neumann & Untermann 267—284。

[②] Millar, *JRS* lviii（1968）, 129.

[③] Millar 133 中谈及该地区已发现 30000 余篇拉丁语铭文。

[④] 关于使用前四种语言的地区，见 J. Untermann in Neumann & Untermann，图 3、图 4 或 *ANRW* ii.29.2（1983）附图 808。

[⑤] U. Schmoll, *Die südlusitanischen Inschriften*（Wiesbaden, 1961）; Untermann in Neumann & Untermann 6—7.

[⑥] 无论如何，在维拉斯塔（Villastar，特鲁尔［Teruel］附近）发现的一组凯尔特-伊比利亚语铭文中，包括 Verg. *Aen.* ii.268—269 的随意刻渤，刻文手法相同或类似，见 M. Gómez-Moreno, *Misceláneas*（Madrid, 1949）, 207, 326—330; A. Tovar, *Emerita* xxvii（1959）, 349—65; Untermann 10—11。

样如此。① 然而，所有这些语言无一存留有数量众多的铭文，按惯例，似乎可以认为在这些本土语言中，没有任何一种曾充当影响范围广泛的书写文化载体。值得注意的是，所有卢西塔尼亚语铭文均是以拉丁字母刻写的。无论如何，即使将所有这些本土语言加起来，刻文涵盖的地理范围也从未超过伊比利亚半岛的三分之一。

从使用本土语言到使用双语，再到唯独使用拉丁语的变化有可能是西班牙当地精英所引领的。根据斯特拉波对图尔德塔尼亚人（Turdetanians）的论述判断，及至其创作的年代，只有少数几个地区完成了向普遍使用拉丁语进行口头交流的转变。② 由恺撒及奥古斯都发起的殖民化进程是最重要的罗马化影响，该进程定然曾将一些本土语言驱逐出许多地区。然而，在提比略治下，一位来自凯尔特伊比利亚特迈斯（Celtiberian Termes）地区的乡人仍然使用当地语言，这一点并不足为奇。③ 在此后的文献资料中再未发现公元前 2 世纪业已被罗马征服地区本土语言的印迹，或许它们在公元 1 世纪末或公元 2 世纪末便已消亡。④ 在遥远的北部，地方语言的消亡可能历时更久。对于此处的议题，小塞内卡提及的坎塔布里亚文字（Cantabrian）⑤ 的重要性还不及如下一则资料：随着韦帕芗时期北部海岸建起一座小城，古凯尔特的弗拉维奥布

① 见 Untermann 7。为展示本土语言的生命力，学者们有时采纳不可靠的证据。A. García y Bellido 在 *ANRW* i.1（1972），485 中引用的铭文，其中无一可以证明晚至公元 2 世纪后半叶。

② iii.151：图尔德塔尼亚人，尤其是"巴埃蒂斯附近的人"已经被罗马化，甚至已经忘记自己的语言（διάλεκτος）。然而可能与维莱伊乌斯对潘诺尼亚的描述一样，斯特拉波忽视了较低阶层的情况。

③ 至少在遭受罗马当局折磨时如此：Tac. *Ann.* iv.45（25 A. D.）。

④ 弗朗托述及讲自己语言的"Hiberos"人（i.303 Haines）并无助益。如该词在散文中通常所指的那样，或许它指的是高加索山脉周边的伊比利亚人。在 *ANRW* i.1（1972），489—490 中，García y Bellido 援引公元 5 世纪的小书册 *De similitudine carnis peccati*（*PL Suppl.* i.55），但没有必要将此处所暗指的蛮族语言等同于西班牙蛮族语言，它们很可能是哥特方言。

⑤ *Ad Helviam* 7.9.

里加（Flaviobriga）语随即在那里告终。① 在这片广大区域居住着一个西班牙部族：瓦斯孔内人（Vascones），整个古代他们都是本土语言的主要使用者。

　　高卢语消亡的时间也难以确定。在罗马征服之前，高卢文字在一定程度上得以使用，但显然不多；② 现存高卢语铭文大都刻写于罗马征服之后，且存留下来的数量也不大：据最新估计，除钱币铭文外，出自纳尔旁高卢（Narbonensis）的约有六十篇，出自长发高卢（Gallia Comata）的有二十篇。③ 从恺撒时代之后，拉丁语在长发高卢显然有一定的发展，④ 但在罗马共和国后期，即便在马西利亚（Masilia）这样的世界性城市，高卢语显然也存留了下来。⑤ 里昂的伊瑞纳埃乌斯（Irenaeus）生活在高卢人中，公元2世纪末期，当其声称自己大部分时间都使用一种"野蛮的方言"时，他所指的可能是这种独立语言的幸存。⑥ 乌尔比安（Ulpian）

182

----

① 见 García y Bellido 478。

② 与凯尔特的纳尔旁高卢铭文一样，最早的希腊字母刻文可追溯到公元前3世纪；见 J. Whatmough, *The Dialects of Ancient Gaul*（Cambridge, Mass., 1970）, no. 76。

③ K. H. Schmidt in Neumann & Untermann, *Die Sprachen im römischen Reich* 24. 关于在拉格罗非桑克（La Graufesenque）新发现的一些凯尔特语随意刻渺，见 R. Marichal, *CRAI* 1981, 244—272, 另见 *Recueil des inscriptions gauloises*, ed. P.-M. Duval et al.（或 *Gallia* Suppl. xlv）[1985] 的新编版。已知篇幅最长的凯尔特语铭文见于格劳费森科近郊，是约公元100年的一块咒语板，详见 M. Lejeune et al., *Etudes celtiques* xxii（1985）, 95—177（约160字得以保存下来）。高卢地区那些凯尔特语和高卢语混写的铭文（见原书176的注释4）清晰地表明，那些可以书写高卢语者至少认识一些拉丁语。关于伊比利亚语得以在蒙彼利埃与比利牛斯山脉之间地区继续沿用到奥古斯都时代的资料，见 G. Barruol in D. M. Pippidi（ed.）, *Assimilation et résistance à la culture Gréco-romaine dans le monde ancien*（Paris & Bucharest, 1976）, 403。

④ 实际上甚至更早。恺撒将希腊语当作密语，以此向相对偏远的内尔威夷人（*BG* v.48.4）保密信件的内容，显然是因为他认为一些内尔威夷人懂或可能会读拉丁语。

⑤ Varro, cited by Jerome *Comm. in Gal.* ii praef.（*PL* xxvi.380b）; Isid. *Etym.* xv.1.63.

⑥ *Contra haeres.* i praef.3。在莫米里亚诺（A. Momigliano, *ASNSP* ser.3 xii [1982], 1107 n.3 或 *Settimo contributo alla storia degli studi classici e del mondo antico* [Rome, 1984], 465 n.3）看来，他指的可能是拉丁语的地方差异，而"διάλεκτος"似乎通常指的是另一种语言（如见 Strabo, iii.151, xiv.662）或是重要的希腊语方言。

的一段篇章证实这种语言不仅为农夫所用，另有研究引用同一段文字证明信托文书中也使用这种语言。碑铭证据纵贯整个元首制时期，最后一则为一段陶瓶刻文，或许可以追溯至公元 4 世纪。毫无疑问，高卢语直至晚期古代依然得以非常广泛地口头使用，尤其是在乡村的穷人中间。①

罗马治下的不列颠没有文字形式的凯尔特语言文字留存至今，那些只会讲凯尔特语的居民定然大范围的目不识丁。之后拉丁语很快渗入当地上层社会以及其他城市居民，但大多数人仍在使用凯尔特方言，可能一直持续到基督教开始传播。② 诚然，在罗马帝国治下的任意时期，我们都无法认为有许多土著乡人超越了略懂拉丁语的水平。

在罗马影响开始显现之前，西部帝国的所有抑或说大多数其他行省（如不列颠）是没有文字的。这些地区的居民也从未大量以文字形式使用当地语言，这些居民在多大程度上继续讲当地语言也无法判断。达尔马提亚（Dalmatia），甚至是潘诺尼亚（Pannonia）的拉丁语铭文数量非常可观，③ 但在某种程度上讲，这些铭文是军事占领的结果，大体而言，它们固然无法提供有关公众读写水平的信息。维莱乌斯·帕特库鲁斯（Velleius Patereulus）记述道：早在公元 6 世纪，所有的潘诺尼亚人都认识拉丁语，而且他们中的许多人是有拉丁语读写能力的（他并不是说潘诺尼亚人忘记了自己的语言）。④ 维莱乌斯·帕特库鲁斯本人曾在潘诺尼

183

---

① 参见 J. Whatmough, *HSCPh* lv（1944），71 或 *The Dialects of Ancient Gaul* 71；Schmidt in Neumann & Untermann, *Die Sprachen im römischen Reich* 37；J. Herman in *ANRW* ii.29.2（1983），1045—48（强调目前掌握资料的局限性）。哲罗姆（Jerome）认为特瑞维里人（Treveri）讲高卢语，见 *Comm. in Gal.* ii praef.（*PL* xxvi. 382c）。

② 参见 C. C. Smith in *ANRW* ii.29.2（1983），945—946。

③ 见原书 268。

④ ii.110.5："in omnibus autem Pannoniis non disciplinae tantummodo, sed linguae quoque notitia Romanae, plerisque etiam litterarum usus"，或许他指的是拉丁文中的 "litterarum usus"。

亚任职，但尽管如此，也不应从字面意义上解读他的说法，因为
他所指的一定是那些可以与元老阶层的罗马官员打交道的潘诺尼
亚人，这些人有时是罗马官员以罗马方式培养起来的。[1]一位语言
学家的看法是：实际上在整个古代，阿尔卑斯山及多瑙河流域所
有行省内均有本土语言的使用者，[2]而且在潘诺尼亚、达尔马提亚
和莫西亚（Moesia）等地，本土语言的使用者占据多数。事实上
现存的具体资料很少，[3]但对上莫西亚（Moesia Superior）进行的
一项深入研究表明，拉丁语的使用主要局限于几个特定的社会群
体：如政界要人、罗马军团成员及行政人员。[4]

　　罗马征服后，外域人口大量迁入达西亚（Dacia）行省定居。
或许如我们所料，本土语言实际上没有留下任何碑铭印迹，[5]但古
典著作家的一系列评论中有一些线索。[6]据猜测，罗马征服中幸存
的达西亚人继续在该行省内使用本土语言，[7]同时那里也大量使用
拉丁语。

　　可以对西部诸行省的语言模式概结如下：实际上所有地方　　184
的有产阶层快速掌握了拉丁语并开始融入拉丁世界的共享文化
中；包括工匠（稍后会看到更多关于工匠的证据）在内的许多其
他人最终也学会拉丁语。在有些地区，整个社会自上而下均已拉
丁化。然而，从大多数能够体现普通大众使用语言情况的场合中，

---

[1]　参见 A. Mócsy in *Rome and Her Northern Provinces: Papers Presented to Shepard Frere*（Gloucester，1983），171—172。维莱乌斯无疑通过夸大潘诺尼亚人的能力（Mócsy 169），使其描述的叛乱显得更加可怕。

[2]　参见 Untermann in Neumann & Untermann 57。

[3]　G. Alföldy，*Noricum*（London，1974），134 认为，"墓志铭中刻有大量人名"清晰表明在诺里库姆，凯尔特语一直是无人不知、无人不晓的。但铭文显然为拉丁文，所以推论完全无法立足。

[4]　A. Mócsy，*Gesellschaft und Romanisation in der römischen Provinz Moesia Superior*（Amsterdam，1970），231—232.

[5]　V. I. Georgiev in *ANRW* ii.29.2（1983），1181 中只引用了一篇尚存争议的铭文。

[6]　Georgiev 1179—80.

[7]　笔者尚不能判断罗马尼亚语中是否有达西亚语的分支（参见 Georgiev 1180—81）。

可以发现很多本土语言甚至一直坚持到罗马政权建立好几个世纪之后。

总体上看，我们对帝国东部广大半希腊化地区的语言使用情况了解更多，这些地区包括以下行省的全部幅员或大部：莫西亚、色雷斯（Thrace）、小亚细亚诸行省【即亚细亚（Asia）、比苏尼亚-本都（Bithynia-Pontus）、伽拉提亚（Galatia）、吕西亚-潘菲利亚（Lycia-Pamphylia）、卡帕多西亚（Cappadocia）、西里西亚（Cilicia）】、叙利亚、朱迪亚（Judaea）、阿拉伯以及埃及。从《使徒行传》（Acts of the Apostles）里的一段记述中可以看出这些地区的语言分布，书中提及一个神迹，全地的犹太人都懂加利利语（Galilaeans）。[①]生活在该区域内不同的人类群体如下所列：帕提亚人（Parthians）、米底人（Medes）、埃兰人（Elamites），生活在美索不达米亚平原、犹地亚、卡帕多西亚、本都、亚细亚、弗里吉亚、潘菲利亚（Pamphylia）、埃及的人，以及临近昔兰尼的阿非利加人、罗马人、克里特人以及阿拉伯人。《使徒行传》的作者认为这些人是使用阿拉米语（Aramaic）的同时还使用若干其他语言的群体。[②]

在东部诸省的巴尔干（Balkan）地区，除拉丁语和希腊语之外，主要口头语言还包括色雷斯语（Thracian）。[③]现存为数不多的色雷斯语铭文可追溯至公元前5世纪或前4世纪，[④]这种语言不太可能是罗马时代的一种书写语言。然而，虽然严重缺乏确切的证据，[⑤]

---

① Acts ii.5—11.

② 不巧的是，这并不是一个语言类的目录。现如今，关于东方帝国语言的墓志铭残存的基本书目被列在了 F. Bérard at al., *Guide de l'épigraphiste*（Paris，1986）中。

③ 这里有些悬而未决的问题，如马其顿的帕埃奥尼亚人（Paeonians）讲的是何种语言呢？参见 R. Katičić in Neumann & Untermann, *Die Sprachen im römischen Reich* 108。

④ Georgiev in *ANRW* ii.29.2（1983），1159—63.

⑤ Greg. Nyss. *Contra Eunom.* ii.406（i.344 Jaeger）并没有 John Chrys. in *PG* lxiii. 501 那样有说服力，或者说只有在这点上才能与后者相媲美。A. Besevliev 在 *Untersuchungen über die Personennamen bei den Thrakern*（Amsterdam，1970），72—77 详细探讨色雷斯语的遗存。

但色雷斯语很可能留存下来，成为罗马行省广泛使用的口头语言。

　　谈到小亚细亚，斯特拉波似乎暗示及至他所生活的年代，米西亚（Mysia），或许还有西北部其他一些地方已经成为希腊语区，[①] 他并未给出吕底亚语（Lydian）的蛛丝马迹，[②] 这种说法有阶级偏见之嫌。另一方面，斯特拉波似乎将卡里亚语（Carian）视作鲜活的语言。[③] 在其他地方，许多非希腊人的后裔保留自己的语言。在罗马治下，有时人们书写弗里吉亚、皮西迪亚（Pisidian）和伽拉提亚的凯尔特（Galatian Celtic）文字，同时也讲这些语言；还有一些人偶尔也讲吕卡奥尼亚语（Lycaonia）、卡帕多西亚语，或许还有其他一些语言。但这些人是否懂希腊语尚不明了。比如说，弗里吉亚语，从公元 2 世纪至公元 4 世纪的 110 篇铭文中都能找到，而这些铭文以希腊文刻写，[④] 它们所覆盖的地理范围相当之广。[⑤] 有些人可能在整个古代都将弗吉尼亚语作为主要语言甚至是唯一的语言。[⑥] 至于近南地区的皮西迪亚人使用的语言，现存的证据更加稀少：主要包括用希腊文字刻写的 16 篇铭文，而且都出自一处小地方。[⑦] 虽然这样一组文字资料相比于皮西迪亚地区的希腊语铭文大全来说微不足

①　xii.565；K. Holl, *Hermes* xliii（1908），241—242 可能提供了一些有关公元五世纪米西亚（Mysia）的反证。

②　xiii.631.

③　xiii. 663 的开篇（662 中的一些探讨属于古文物研究，与真实情况无关）。

④　见 O. Haas, *Die phrygischen Sprachdenkmäler*（Sofia, 1966）；篇幅最长，可能也是最早的（公元 1 世纪？）新弗里吉亚语文献，见 C. Brixhe & G. Neumann, *Kadmos* xxiv（1985），161—184。

⑤　可将该地区描绘成一个五角形，外围分别是 Dorylaeum、Tuz Gölü、Iconium、Pisidian Lake 与 Cotyaeium（G. Neumann in Neumann & Untermann, *Die Sprachen im römischen Reich* 174）。

⑥　在苏格拉底的著述中依旧是一种口头语言，见 *Hist. Eccl.* v.23。

⑦　它们的年代是通过希腊语手迹确定的。见 W. M. Ramsay, *Revue des Universités du Midi* i（1895），353—362；另见 J. Friedrich, *Kleinasiatische Sprachdenkmäler*（Berlin, 1932），142—143；L. Zgusta, *Archiv Orientální* xxxi（1963），470—482；Neumann 176。皮西迪亚语（Pisidian）之前是更西南地区使用的语言之一，如在基布拉（Cibyra）地区，见斯特拉波 Strabo xiii.631。

道，但却表明皮西迪亚语至少曾是活跃在小范围区域的口头语言。

经证实，伽拉提亚的凯尔特语也是一种书写语言，因为琉善（Lucian）声称一些以凯尔特语书写的问题被送往阿波努特伊霍斯（Abonuteichos）的先知亚历山大那里，这位先知的家乡在本都。①
在伽拉提亚，这种语言可能一直是一种口头语言。《使徒行传》中提到过吕卡奥尼亚语，由于这关系到奥古斯都的殖民地吕斯特拉（Lystra），因此此处的提及尤为重要；我们也不能草草将其释作希腊语方言的一种。② 这则证据涉及的是城镇居民，而在乡村，地方语言定然持续了更长的时间。③ 同样，许多卡帕多西亚人可能一直不了解希腊语，尤其考虑到他们的城市极为分散；直到公元4世纪70年代凯撒城（Caesarea）的巴西勒（Basil）的一篇布道辞中，才发现卡帕多西亚语作为一种鲜活的语言出现。④

小亚细亚其他地区的证据更加扑朔迷离，尽管文献资料或碑铭遗存中未留下任何迹象，当地的口头语言可能仍得以保留。卑斯尼亚（Bithynia）、帕弗拉哥尼亚（Paphlagonia）及本都这些没有过多城市化的北部领土，几乎不太可能完成从地方语言向希腊语的过渡，甚至连几近完成的程度都未达到。不管如何看待萨摩撒塔（Samosata）的琉善的记述，作为一名年轻人，他曾以一种"野蛮人的口吻"讲话，⑤ 在科马吉尼（Commagene），断然有许多

---

① Luc. *Alex*. 51；参见 Paus. x.36.1；Jerome *Comm. in Gal*. ii praef.（*PL* xxvi. 382c）（with J. Sofer, *Wiener Studien* lv [1937], 148—158）。

② 在通过推断认为吕斯特拉完全希腊化的基础上，Neumann 179 试图依此解释 Acts xiv.11。他并未引用与副词 "λυκαονιστί" 用法相类似的词。关于晚期古代拉哥尼亚的遗存，见 Holl, *Hermes* xliii（1908），243—246。

③ 参见 A. H. M. Jones, *The Greek City from Alexander to Justinian*（Oxford, 1940），289。伊苏里亚（Isauria）的遗存，见 Holl 243。

④ 即便是布道辞中的解释也难称详尽：Basil *De spiritu sancto* 74（*PG* xxxii.208）。参见 Greg. Nyss. *Contra Eunom*. ii.406（i.344 Jaeger）；另见 Holl 247。

⑤ *Bis Acc*. 27。在 Neumann & Untermann, *Die Sprachen*, *im römischen Reich* 200 中，R. Schmitt 用此来指代阿拉米语，但 *De merc. cond*. 24 以及 *Pseudolog*. 1 中与之有别。C. P. Jones, *Culture and Society in Lucian*（Cambridge, Mass., 1986），7 认为，他粗蛮的声音可能是口音和词汇的问题。

人只讲阿拉米语方言。

　　在叙利亚、犹地亚以及阿拉伯，我们面临的是一种极其多样化的语言环境。不过，在这种环境中，希腊语占据着非常明确的地位。希腊语是行省与城市官方使用的语言之一，是外来移民及后裔的语言，也是一部分希腊化的社会精英和商业精英人士的语言，他们也同时掌握着一种或多种地方语言，因此这些精英人士以及其附庸的希腊语水平存在差异。除了少数地区外，希腊语并非市井语言，也不是普通乡人所使用的语言。无论如何，语言的希腊化程度通常难以判断。这些地方的铭文跟其他地方的一样，比如说，有时会让我们产生夸张的想法：出自叙利亚东南部（巴塔尼亚［Batanaea］、塔科尼蒂斯［Trachonitis］与奥兰尼蒂斯［Auranitis］）城镇中的刻文虽是用希腊语所写，但很显然，习惯用希腊语做生意的地方富甲仍需要翻译。① 这些行省中的其他主要语言包括阿拉米语、腓尼基语、叙利亚语、帕米拉语（Palmyrene）、赛法语（Safaitic）、希伯来语（Hebrew）及纳巴泰语（Nabataean）。

　　在最终归为叙利亚和犹地亚行省的广大区域，随处可以听到有人讲希腊语。《新约》中有关阿拉米语与希腊语之间的转换也未见波澜。因为希腊语不仅是这些文字的成文语言，也是犹太人生活的一种常规特征，从约瑟夫（Josephus）的著作看也颇为明显。② 阿拉米语是普通民众的日常用语，因此，当某位居民用希腊语向一位罗马官员提出问题时，后者会惊讶地说："你会希腊语？"③ 他认为在周围总是能听到的应该是阿拉米语。在讲阿拉米

187

---

① A. H. M. Jones, *The Greek City from Alexander to Justinian*（Oxford, 1940）, 290, 观点采自 *IGRR* iii.1191（from Saccaeae）。

② 他在为自己的希腊语辩护时称（*AJ* xx.264）："我们的人并不羡慕那些彻底掌握多种语言的人……因为他们认为在被释奴中，这是一项非常普通的技能，即便是有志向的奴隶也能拥有这些技能。"较为详尽的研究，见 E. Schürer, *The History of the Jewish people in the Age of Christ* rev. ed. G. Vermes et al., ii（Edinburgh, 1979）, 74—80。

③ Acts xxi.37.

语的人中，有多少人几乎不懂或完全不懂希腊语，目前显然无法得到确切答案；或许有人会猜测塞琉古、托勒密及罗马势力的长期统治曾使得希腊语在城镇中广为人知，在乡村也有一定的传播，但那只是猜测。

该时期还存在其他一些更加本土化的语言。腓尼基语在一些海岸城镇仍在使用，腓尼基语刻文直到公元前 1 世纪时还存在，而文献中对它的提及也持续至公元 2 世纪。① 或许大多数讲腓尼基语的人也懂一些希腊语。

几乎可以肯定叙利亚语的情况并非如此，作为阿拉米语的分支，叙利亚语在幼发拉底河（Euphrates）东岸的埃德萨（Edessa）附近最早以文字形式出现，而且在此处所及时期，这种语言在幼发拉底河西岸得到有限使用。② 就叙利亚语的使用情况而言，公元 2、3 世纪一篇草纸文献以及三篇铭文留存下来，③ 该时期也出现大量希腊语文献。尽管如此，占统治地位的口头语言无疑还是本土语言，尤其但并非只在乡村地区。

帕米拉（Palmyra）同样曾有属于自己文字形式的阿拉米文字，有 2000 余篇铭文为证。这是一组可观的数字，揭示出帕米拉的富足与文化的相对独立性。铭文的年代跨越公元前 44/43 年至公元 274/275 年。从使用人数上看，帕米拉方言肯定是这座城及其周边地区占统治地位的口头语言。④ 然而，大量的本土语言与希腊语的双语铭文能够表明这里发达的双语水平，至少在比较富裕的阶层中情况如此。从公元 100 年之后的双语文献来看，希腊语似

---

① 时间最晚的文献为 Orig. *Contra Cels*. 3.6 和 Lucian *Alex*. 13，但两者皆不能作为现存语言的证据。钱币铭文一直持续至公元 2 世纪的最后十年，见 Schmitt in Neumann & Untermann，*Die Sprachen imrömischen Reich* 200—201。

② 见 H. J. W. Drijvers，*Old-Syriac*（*Edessean*）*Inscriptions*（Leiden，1972），XI；Schmitt 201—202。

③ Drijvers XI。

④ 关于帕米拉语，见 Schmitt 202—203，另附参考书目；铭文收录于 J. Cantineau et al.（eds.），*Inventaire des inscriptions de Palmyre*（Beirut & Damascus，1930—1975）。

乎是以帕米拉语为代价获得重要地位的。①

　　然而，就罗马帝国晚期整个该地区看，最重要的碑铭集是一组赛法语（Safaitic）铭文，它们分布于叙利亚（即现代意义上的叙利亚）的西南部以及约旦的北部。现已从沙漠出土 12000 余篇赛法语石刻，比之前述及的庞贝城的石刻数量还要多。石刻显然是罗马势力笼罩边缘的一个游牧民族的杰作，虽然确切年代不详，但大致年代是从公元 1 世纪到 4 世纪。② 石刻的数量如此庞大，这引发了有关古人总体读写状况的重要问题。③ 无论如何，这是又一个行省人口与主流文化仅有微弱的语言接触的特例。

　　公元 106 年隶属于罗马后，纳巴泰人自然而然地保留了自己的语言，④ 尽管事实上有证据表明他们既使用阿拉米语，也使用希腊语。⑤

　　在埃及，希腊语早已成为政府及其复杂的管理机制所使用的语言，同时也被大多数外来移民所使用。尽管现存有大量的草纸文献，我们仍无法测算在埃及人中有多少人能够讲希腊语。在埃

189

---

① J. Cantineau, *Grammaire du palmyrénien épigraphique*（Cairo, 1935）, 5；Schmitt 203.

② 尤见 F. V. Winnett, *Safaitic Inscriptions from Jordan*（Toronto, 1957）；F. V. Winnett & G. L. Harding, *Inscriptions from Fifty Safaitic Cairns*（Toronto, 1978）；另见 Schmitt 204—205。

③ 铭文大都出自阿拉伯半岛西北部，应将这些史料与出自更南沙漠地区的萨姆德克（Thamudic）的 13000 篇铭文进行比较，见 E. Littmann, *Thamūd und Safā. Studien zur altnordarabischen Inschriftenkunde* Leipzig, 1940, 1—92；A. van den Branden, *Les inscriptions thamoudéennes*（Louvain, 1950）等；似乎正是因为所研究民族的游牧特点，随意刻泐在他们中间有着极其广泛的功用。环境要求他们留下文字形式的信息，彼此保持联系，并为水井和宿营地建立标识物。

④ 关于纳巴泰语，见 J. Cantineau, *Le nabatéen* i-ii（Paris, 1930—1932）[Cantineau 在 i.12 中指出：较之于帕米拉语与希腊语的双语铭文，纳巴泰语与希腊语的双语铭文在数量上极其有限，这也暗示着希腊语并不为纳巴泰人所熟知]；Schmitt in Neumann & Untermann, *Die Sprachen im römischen Reich* 205—208。

⑤ 犹太女性芭芭塔（Babatha）的"档案"，包括三种语言的文献资料，详见 G. W. Bowersock, *Roman Arabia*（Cambridge, Mass., 1983）, 75—79, 85—89。

及，通俗的地方口头语言未经历任何困难便从托勒密时代延用至罗马时代，至少在乡村地区如此。在乡村，大多数埃及人讲自己的语言，几乎没有或毫无理由去学习希腊语。① 希腊语文化与非希腊语文化之间的差异非常大，帝国内无处不是如此。另一方面，帝国初期有埃及语名字者与希腊人进行交易是普遍的。换言之，虽然大多数埃及人可能不懂希腊语，但相当数量的人有学习基础希腊语的机会和动机。

罗马帝国东部同样如此：尽管社会精英的希腊语在有些地区已经完全处于优势，在所有城镇均可以听到这种语言，但各地方语言在整个帝国时代都显示出了顽强的生命力。因此在许多地区，希腊语均不是见于市井或田间的主要语言。在许多行省，对希腊语的了解可能只局限于少数人。

城市与乡村

在传奇故事《达夫尼斯与克洛埃》（*Daphnis and Chloe*）中，男女主人公皆为弃儿，他们在乡间长大，一位是放牧山羊人之子，一位是牧放绵羊人之子。正如作者暗示的，即便在希腊，这样的孩童通常也不会习字。不过，由于他们确实出身显赫，且他们的养父拉蒙（Lamon）与德里亚斯（Dryas）重视教育，两位养父"教授他们文字"，因而两人"以一种更为高雅的方式被抚养成人"。② 像隆古斯（Longus）这类受过教育的希腊人不会轻易将作品中的男主人公甚至女主人公描绘成目不识丁的。

文学作品中将目不识丁与乡村特质联系在一起是古老而又陈腐的，③ 但显然有着事实根据。如果了解在罗马的总人口中多少人能利用城镇的各项设施会很有帮助，因为城镇之外几乎没有学校，基本上也没有多少机会使用书面文字。需要注意的是：人们多大程度上

---

① 参见 H. C. Youtie, *ZPE* xvii（1975），204。

② i.8.

③ 见原书 17。

生活在规模足够大、足够繁荣而能够提供教师的城镇。或许有一天能够更清晰地回答这一问题，这种现实的可能性是存在的，[①] 但当下所知甚少。目前已就此问题发表了广泛的意见。贝洛克（Beloch）认为就希腊而言，其居民大都集中在城区，这种论断仍然有待于考证，他还对希腊与1871年普查所示的西西里岛的情况进行了比照，根据这次普查，83%的居民生活在拥有2000或以上人口的城市中心（尽管这些人中的大多数仍目不识丁）。[②] 越来越多的近代著作家倾向于将罗马居民区的总体模式看成是更为乡村化的。[③]

　　从城邦（poleis）的意义上说，古代希腊和意大利的城市众多，而且众所周知，罗马人将城镇化带到西部被他们征服的行省土地，这些地区先前尚未受到希腊、抑或腓尼基与迦太基的影响；此外，在许多地区，安全这种基本的需求使得人们合情合理地生活在城区或大村落里，而非野外人烟稀少的乡村地带，因为即使当战事减少时，乡村也不一定会安全。[④] 在西部各行省的广阔区域内，[⑤] 城镇之间相隔甚远，这不能说明大多数人居住在城镇以外，

191

---

① 罗马帝国时代城市、城市外围、乡村以及农村偏远地区的人口分布问题，最终需要一次新的综合性研究。对大部分地区来说，该问题在很大程度上是基于初步考古学研究，尽管这种研究法最终备受青睐，但通常来说，当将其付诸实践时，总是夹杂着较多的主观推测（R. Hope-Simpson 在 *JFA* xi [1984]，115—117 中给我们做出了重要的提示）。

② J. Beloch, *Die Bevölkerung der griechisch-römischen Welt* (Leipzig, 1886)，476.

③ 鉴于最近对凯尔特和伊比利亚地区城镇的研究，那些传统的观点需要一些改变，但有关罗马帝国的中心思想还是确切无疑的，主要见 R. P. Duncan-Jones, *The Economy of the Roman Empire*：*Quantitative studies* (Cambridge, 1974)，260。在帝国时代的意大利，对于居住在乡村和城镇里的农耕者来说，他们在多大程度上靠土地为生呢？ P. D. A. Garnsey, *PCPhS* n. s. xxv (1979)，1—25 中对此进行了研究。另见 M. W. Frederiksen in P. Zanker (ed.), *Hellenismus in Mittelitalien* (Göttingen, 1976)，342—343。

④ 乡村生活中的危险，参见 B. D. Shaw, *P & P* cv (1984)，3—52。

⑤ 关于高卢，见 T. Bekker-Nielsen, *Bydannelse i det romerske Gallien* (Arhus, 1984)，89—90；关于不列颠见 I. Hodder in W. Rodwell & T. Rowley (eds.), *The "Small Towns" of Roman Britain* (Oxford, 1975)，67—74。 G. C. Picard 在 *ANRW* ii.3 (1975)，98—111 中直接指出：关于高卢以及阿非利加诸省城镇与乡村人口的平衡问题上，我们所知甚少。

因为许多边缘地区的人口可能极其稀少。

另一方面，现在有一些确凿证据表明，至少某些地区的情形与 1871 年的西西里岛截然不同。百户区（标准化的网格状土地规划）通常从城镇向外扩展出很大的距离，因此可以想象，规划区向外延伸的区域人口稀少或者根本无人居住，这种体系肯定主要运用于那些被认为有人居住的地区。比如在当时的帕尔马（Parma），规划区距离城镇中心 20 公里以外，而且约 55% 的规划区都距离城中心 8 公里以外；[1] 在埃梅里塔（Emerita），有些规划区距离城市足有 40 公里。[2] 另外，如前文所述及的那些地区，在意大利及其他地方，比较普遍的定居模式为小村庄或小居民点（vici），这就使得总人口中有一大部分人远离城区。[3]

无论在东部还是在西部，罗马治下长期的和平可能使人们逐渐离开城市。关于帝国东部生活在城区之外居民所占的比重并无可发现的规律，或者更确切地说，尚无任何规律可发现并加以说明。[4] 例如，埃利斯（Elis）一度拥有广阔的区域，包含众多小型居住区。另一方面，阿哥斯地区的城市却紧密相连，小亚细亚西部一些沿海地区的情况同样如此。皮西迪亚殖民地的碑铭资料与地形地貌表明其领地（territoria）范围内的许多居民生活在距城区 15 或 20 公里的地方。[5] 有些东部城市甚至一度拥有比这些地方大得多的区域。

是否能利用城市设施不仅取决于人口的自然分布，还有一

192

---

[1] 笔者赞同 P. L. Tozzi, *Saggi di topografia antica*（Florence，1974），pl. XVa 的观点，即中间区域为 450 平方公里（见 Tozzi 46）；另见 Garnsey 13—14。

[2] 见 J. G. Gorges, P. A. Fevrier & P. Leveau（eds.）提供的地图：*Villes et campagnes dans l'Empire romain*（Aix-en-Provence，1982），106。

[3] 意大利的情形见 Garnsey 7。

[4] 关于古典时代的希腊，见原书 65—66。

[5] 主要依据为 B. M. Levick 在 *Roman Colonies in Southern Asia Minor*（Oxford，1967），42—55 中的阐释。

些心理因素。从狄奥·克莱索斯顿（Dio Chrysostom）在其作品《埃维厄演说》（*Euboean Discourse*）或许略显歪曲的观点中可以看出，乡下人不愿意前往城镇，这或许亦曾阻断他们的孩童接受教育。①

读与写所面临的实际困难

草纸抑或陶片，石膏板抑或蜡板，罗马人在何种材料上书写以及用什么书写与此处的研究存在关联吗？② 除非缺少合适的材料会使学习读写或运用文字变得极其困难，但这或许正是当时的情况。③

按照现在的标准，使用并贮存像陶片与木板之类的书写材料显然繁琐而又不便。但即使是陶片也有优点：耐用而廉价。从木板的使用情况看，或许可以发现罗马人对其使用不便之处感触不多，因为即使是肯定能够支付得起草纸的人也在很多用途中使用涂蜡木板。④ 再者，蜡板很容易得以重复使用。⑤ 小型蜡板一直供

193

---

① 古典时代的叙利亚强调"城镇与乡村之间无联系"或许被夸大了，见 D. M. Pippidi（ed.），*Assimilation et résistance à la culture gréco-romaine dans le monde ancien*（Paris & Bucharest，1976），214 中布朗（P. Brown）的论述。

② 关于罗马时代书写材料的范畴，相关书目不胜枚举，但这些客观事实的实际或社会意义却未见研究。最常见的当属 J. Marquardt, *Das Privatleben der Römer*（2d ed., Leipzig, 1886），800—823；W. Schubart, *Das Buch bei den Griechen und Römern*（2d ed., Berlin & Leipzig, 1921），1—35；G. Pugliese Carratelli in *Pompeiana. Raccolta di studi per il secondo centenario degli scavi di Pompei*（Naples, 1950），266—278；L. Wenger, *Die Quellen des römischen Rechts*（Vienna, 1953），54—102；I. Bilkei, *Alba Regia* xviii（1980），61—90；A. K. Bowman & J. D. Thomas, *Vindolanda：The Latin Writing-Tablets*（London, 1983），32。此处顺便提一下，墨似乎很容易制造：Bilkei 68。

③ 在材料方面，现代作者和读者最大的优势无疑就是前文提及的印刷机和眼镜。

④ 罗马人的遗愿刻写于书板上（*Dig.* xxix.3, etc.），恺撒的便是如此（Suet. *DJ* 83）。

⑤ 根据 H. Erman, *Mélanges*［*Jules*］*Nicole*（Geneva, 1905），119—124 的观点，它们比草纸更安全。

古人的读与写

日常生活所使用，如用于学校练习、书信及商业文件。① 这些书板单面大约可以写 50 个字，② 而且书板通常会多达十个一组连在一起使用，成为一册。③ 除了帝国内几个极其贫瘠的地区，一般来讲，获取这种材料定然不会太过费力。官方存储的记录，如其所展现出来的那样，有时会记录于特别的大版书卷。④ 但用于书写长篇书信以及各种书籍等目的的便捷书写材料仍是草纸。

社会精英大量使用草纸，⑤ 所有富有的罗马人均熟悉这种材料。⑥ 尽管有一些意见相反的言论，但相对于大多数人的财力而

194

---

① 见 E. Sachers in *RE*（1932）s. v. "tabula", cols. 1881—86；L. Bove in *Atti del XVII Congresso internazionale di papirologia*（Naples, 1984）, iii. 1189—93。在不列颠发现的木质书板大都字迹模糊，难以辨认，因此内容也不为人知，见 Bowman & Thomas, *Vindolanda* 34—35。

② 见诸如 *FIRA* iii no.47 之类的文章，但还有两倍于该篇幅的研究。

③ 参见 G..E. M. de Ste. Croix in A. C. Littleton & B. S. Yamey, *Studies in the History of Accounting*（Homewood, Ill., 1956）, 69 n.18。马提亚尔在 xiv.4 中提及一个由五部分组成的书板；H. Widmann 在 *Archiv für Geschichte des Buchwesens* viii（1967）, 587 中论及一部由九块书板（原本为十块）组成的抄本；Pugliese Carratelli 在 *Pompeiana*, 270—273 和图 26 中谈及一部源自赫库兰尼姆的由八块书板组成的抄本；一部由四块书板组成的抄本出现在庞贝城著名的女诗人壁画，详见 L. Curtius, *Die Wandmalerei Pompejis*（Cologne, 1929）, pl. XI。更多与此有关的例子，见 Bilkei, *Alba Regia* xviii（1980）, 63—64, 见图 4 和 5。

④ 关于人口普查记录，见原书 174 注释 119 中的《多米提乌斯·阿黑诺巴尔布斯祭坛》；官方账目见图 6；出自赫库兰尼姆的（27.5 × 23.5 厘米）一幅或多幅大书板，见 A. Maiuri, *Par. Pass.* i（1946）, 379。

⑤ 地方执政官用"书写纸"致信元老院：Suet. *DJ* 56。草纸可能被用于篇幅长而精美的书信，西塞罗的通信中可见（参见 Tyrrell & Purser：vol. i [2d ed.], pp.47—48；D. R. Shackleton Bailey, *Cicero's Letters to Atticus* i pp. 59—60）。普林尼行公事将信件写在草纸上：*Ep.* iii.14.6, viii.15.2（但后文也有一处暗示：有人认为"书写纸"是一项不小的开销）。托米和罗马两地间的书信可能是用草纸写的（Ov. *Trist.* iv.7.7, v.13.30；参见 *Heroid.* xvii.20）。提比略治下草纸原料的短缺，见 Plin. *NH* xiii.89。

⑥ 老普林尼声称书卷从未超过 20 页，此说法有误（*NH* xiii.77；参见 E. G. Turner, *Greek Papyri. An Introduction* [Oxford, 1968], 4）。但 T. C. Skeat, *ZPE* xlv（1982）, 169—175，尤其是 172 中却为普林尼的观点辩护（标准书卷有 20 页，总长有 320 至 360 厘米）。

言，① 草纸定然相当的昂贵，埃及以外的地区无疑如此，因为埃及一直是草纸的主要供应地。在公元 45 年至 49 年期间，草纸在提伯突尼斯（Tebtunis）的价格似乎通常为 4 德拉克马一卷，一张草纸 2 奥伯尔——在当时，有技术的劳力每天约赚得 6 奥伯尔，而普通劳力每天赚 3 奥伯尔。这样的价格相当于现如今每张纸 30 至 35 美元。② 相比于埃及，草纸的实际价格在希腊或意大利可能会高出许多，更不用说西班牙或不列颠了。在帝国的大部分地区，草纸并非普通公民日常使用的标准书写材料。③ 公元前 1 世纪以后，皮纸迅速传播，④ 但皮纸的使用似乎并未使情况发生根本的好转。因此学者们平淡无奇地认为社会阶层对一个人获得书写材料的能力事实上没有任何影响，这样的假设毫无根据。对于大多数罗马帝国的居民而言，写在草纸上的书是非常昂贵的。

---

① 有时草纸被重复使用，但并未频繁到可以验证其价值的程度（如果除掉文字的过程容易：Erman, *Mélanges Nicole* 119—121；M. Norsa, *Scrittura letteraria greca dal secolo IV a. C. all'VIII d. C.*［Florence, 1939］, 23 n.2）。然而，就像大多数古典学者所了解的，大英博物馆里亚里士多德的《雅典政制》（*Athenaion Politeia*）写在一些农场账目背面，这一点具有重要意义；根据 P. J. Rhodes, comm. p. 4，这是"公元 1 世纪后或 2 世纪初期"的事情。事实上有大量类似的文献，见 Schubart, *Das Buch*, 163—164, 189。N. Lewis 试图证明"如果一位富有的埃及村民购买草纸，可谓比较耀眼的花销，但在社会范围内却并非如此"（*Papyrus in Classical Antiquity*［Oxford, 1974］, 129—134；参见 T. C. Skeat 在 *Cambridge History of the Bible* ii［Cambridge, 1969］, 59 中脉络相似的观点）（133—134），该观点有些言过其实，也没有考虑到埃及与地中海远端可能存在的价格差异，Lewis 132 对这类证据的概述颇具价值。

② 关于提伯突尼斯，见 A. E. R. Boak, *Papyri from Tebtunis* i（或 P. *Mich.* ii）（Ann Arbor, 1933）, 98。同样，一张草纸价值 2 奥伯尔，见 P. *Oxy.* xiv.1654；劳力薪酬，见 A. C. Johnson in *ESAR* ii（1936）, 306—307。

③ 在皮纸取代草纸的地位之前，草纸的重要性是"古代书写材料中首当其冲"的，这可能是普遍的观点（de Ste. Croix, *History of Accounting* 68），但这种错误的观点源自埃及人或可能源自非纯真文学——一种古代的观点。Lewis 90 中描述"草纸是普遍的书写材料"同样是错误的观点。草纸在罗马帝国的大部分地区无疑是常见的书写材料，草纸在非文字场合的使用比较罕见。

④ 参见 de Ste. Croix 71, Skeat in *Cambridge History of the Bible* ii.66。

因此，真正意义上较为便利的书写材料不可能像在现代生活中这样普遍。或许在那些需要经常书写的罗马人中，极少有人因书写材料的价格高或难以获取而导致书写受限。如果读写文化在当时展现出更加普及的态势，那么尽管木质书板与陶片的产量可能一度有所增长，书写材料的问题或许依旧严重。草纸与皮纸两种书写材料对普通人而言一直非常昂贵，事实上它们是书写长文必不可少的材料。

文字的功用

如此看来，罗马帝国在某些方面显然不利于希腊语、拉丁语读写的传播，也不利于书面程序的应用，但文字是文化的突出特征这种说法并不为过。欲解决这一矛盾问题，与前几章一样，在此有必要厘清读写曾被用来做什么。应概述一位掌握希腊语或拉丁语的人可能遇到的文字的常见用法，同时也应适当关注那些没有掌握两种语言的人。现在需要考虑的地理区域甚广，而且在共和国后期及帝国早期，文字使用方面的最重要的变化是：文字在西部诸省那些广大的区域内极速传播，在罗马人入主之前，这些地区并不具备读写能力。

特定的环境将大量文字呈现在当地居民和过路人面前，虽然文字的数量因个人职业的差异而不同。罗马城本身就是这样一种大环境，此外还有庞贝城，一些行省的首府（如萨罗纳埃［Salonae］与以弗所，至少大量的碑铭遗迹允许我们如此推论）亦是如此。[1] 这种情况导致人们对罗马帝国治下所达到的读写水平产生误解。在当时许多人的生活中，书写文本无疑比较普遍，但还不像现代日常生活中那样普遍。书面文字在一些其他地区罕见或根本没有，即便有的话，也没有直接影响，这便是罗马帝国大多

---

[1] 关于罗马本身，见 M. Corbier 在 *L'Urbs. Espace urbain et histoire. Actes du colloque*（Rome, 8—12 mai 1985）（Rome, 1987）, 27—60, 作者将其视为罗马城的普遍现象。

数人口所处的环境。

劳作与商务

至此，文字具体功用的范畴非常广泛，除了地域上的传播，其用途可能越来越多。为方便起见，可以从劳作及商务领域的实际开始探究。显然，在管理日常事务方面，每一位富有的罗马人或希腊人可能均大量使用文字。管理经营一个拥有城镇财产及农场财产的上层社会家庭，一直以来都涉及使用文件和保存不同精致程度的书面记录。除财产所有者本身，书写活动还涉及其他人。瓦罗（Varro）曾建议大庄园中奴隶的监工（本身也是奴隶）应该具备读写能力——一个很实际的建议，毫无疑问，在那之后有许多人遵从这一建议。① 商业事务不只是产生书写文件的唯一原因，这是再明显不过的：普林尼（Pliny）在提菲努姆（Tifernum）的庄园期间，曾为"乡民请愿"（要求有"rusticorum libelli"，即乡村读物）感到忧伤，因为请愿令他苦于应对；② 很难想象在加图（Cato）时代便有诸如此类的请愿。该时期，或许一种更加官僚化的管理方式愈发被接受（此种假设难以证实）。公元 3 世纪保卢斯（Paulus）述及奴隶被列在家庭记录簿（libelli familiae）和供应配给单（cibaria）。③ 在公元 3 世纪的法约姆，瓦勒里乌斯·提塔尼亚努斯（Valerius Titanianus）超大庄园的管理需要大量的文书，④ 但也必须注意读写能力需求的局限性。西塞罗认为了解掌握所属的庄园是监工的职责，"识文断字"是管帐员（dispensator）的职

---

① *RR* i.17.4："在某种程度上，文字是充满人性的（litteris atque aliqua sint humanitate imbuti）。"土地所有者与得到如此信任的奴隶的关系，见如经常探讨的有关贝里埃努斯·盖迈鲁斯（L. Bellienus Gemellus）与其奴隶埃帕伽苏斯（Epagathus）的资料（公元 1、2 世纪之交）：I. Biezuńska-Malowist, *L'esclavage dans l'Egypte gréco-romaine* ii(Wroclaw, 1977), 101—103。

② Plin. *Ep.* ix.15.1。农耕者从痛苦的经历得知，要用文字与主人沟通，就好像他们是高官一样。所有的或者大部分书写工作是通过雇佣写工完成的。

③ *Dig.* xxxii.99 pr。在此之前，似乎未见从这种意义上论及"cibaria"一词。

④ 草纸文献 *P. Mich.* xi.620(239—240 A. D.)中已清晰阐明。

责。① 公元 1 世纪庞贝城内富有却目不识丁的商人阿尼乌斯·塞琉古（P. Annius Seleucus），以及富有但充其量只具备基本读写能力的传奇人物赫尔墨罗斯（Hermeros），他们的事例令我们对是否所有规模经济体均系统地记录书面账目产生质疑。② 然而值得注意的是，塞琉古目不识丁的状况并未免除他处理文书工作的必要性。③

目前对罗马债权法有诸多认知，但债权法的社会史仍有待于撰写，其中一个重要的发现是文字得以越来越多地使用的变化趋势在延续。及至公元前 44 年，书面合同在罗马上层社会公民中已是常规现象，以至于西塞罗在诸多"用文字完成的事务"中举出要式口约（stipulationes）、法律以及遗嘱。④ 许多文本都涉及借贷记录，⑤ 上层阶级成员借进或贷出的大多数钱款可能皆有文字记载，事实上"新记账板"（novae tabulae，意指债务免除）的表述即可

---

① Cic. *De rep.* v.3.5.

② 关于塞琉古，见 F. Sbordone, *RAAN* li（1976），145—148；Hermeros，见 Petr. *Sat.* 58.7。

③ 此处再次引发了签名的问题。如通说所示（诸如 B. Kübler in *RE*［1931］s. v. "subscriptio,"col. 491），从现代意义上讲，当时不存在签名。证明身份的最重要方式是印章，必要时辅以目击证人的证为，见 H. Steinacker, *Die antiken Grundlagen der frühmittelalterlichen Privaturkunde*（Leipzig & Berlin, 1927），esp.76；M. Talamanca in *Enciclopedia del diritto*（1964）s. v. "documento e documentazione（diritto romano），"551。自己的笔迹可以作为证据（尤见 Suet. *Tit.* 3），文件的作者通常添加简短的评述来证实该文件确实出自其手。评述包括作者的名字，因而履行签名功能，更多相关资料见 H. C. Youtie, *ZPE* xvii ［1975］，211—212。然而，如阿尼乌斯·塞琉古（Annius Seleucus）的例证所示，元首并无必要亲笔书写。

④ Cic. *Top.* 96："在法律中，遗嘱、协议和其他文书是最依赖文字的（non magis in legibus quam in testamentis, in stipulationibus, in reliquis rebus quae ex scripto aguntur）。"不可否认，"ex scripto"把书写的作用置于一种模糊的 *stipulatio* 状态中。但就像法律史学者常说的："*stipulatio*"是一种口头形式的契约，对于该时期而言，这种说法更可能是错误的（参见 A. Berger, *Encyclopedic Dictionary of Roman Law*［Philadelphia, 1953］，716）。

⑤ 比如 Cic. *Att.* v.1.2（"*nomen*"一词的偶尔使用预示着文字中发达的信贷体系），v.21.11；Sall. *Cat.* 35.3；Gell. xiv.2.7；Scaevola in *Dig.* xx.1.34.1；Gaius in *Dig.* xxii.4.4（参照 xx.1.4）。

证实这种情况，它们流通于公元前 1 世纪 50 年代。

　　一个至关重要的问题，是书写在职业写工、工匠以及农耕者日常交易中的普及程度，我们所得到的无非是一些主观的答案。

　　"拍卖师"或"销售员"（praeco）的形象在拉丁语著作家的笔下似乎频繁出现，个体经商者明显在罗马的商业生活中扮演重要角色，现代社会中没有与之完全相对应的角色。尽管可能也使用文字，[①] 但他们的处事程序仍以口语为主。他们之所以重要，显然一部分原因是罗马人自然而然地以口头叙述和面对面的方式进行买卖，而不是通过文字叙述。出身优越者对个体商人的轻视 [②] 也无法掩盖这样的事实。

　　现存埃及境外的文献资料确实表明，中小额度的交易通常情况下很少以文字形式进行。[③] 但现已发现一些引人注目的特例。例如，在他林敦（Tarentum）附近一处引水渠的渠道中，有人（可能是施工人员的领队）曾刻写十五个日期和当天施工者的名字，[④] 由此便发现一位不仅拥有一定的读写能力，而且愿意为某些实际目的书写的工匠；实际上他林敦这些刻泐与我们业已构建的框架非常吻合：意大利有一些具备读写能力的奴隶，负责监督他人的工作。诚然，有些交易比其他类型的交易更加需要持久的记录：对于不记录书面账目而用现金交易者，或许有很强的动机订立一份书面遗嘱。实际上许多常人，尤其是生活在帝国那些更为希腊化和罗马化地区的人，可能意识到即便没有养成经常书写的习惯，也可以使用文书服务于特殊的目的，如订立遗嘱，自然不需要自

198

---

① 参见 Lucian *Vit. auctio* 6。

② 该观点几乎无需文献辅证，见 Juv. iii.155—159，附带考特尼（E. Courtney）的注释。

③ 根据达西亚发现的蜡板（*CIL* iii pp.924—966），最小的交易总计有 50 到 60 德纳里乌斯（nos. 12 and 5：*FIRA* iii nos.120，122），它们即是借贷。*FIRA* iii no.137 中描绘另一块类似的蜡板，记录了一头牛卖了 115 塞斯特斯（发生在日耳曼尼亚腹地或以外的地方，可能在公元 47 年至 58 年间），但区别在于参与者主要是兵士（有两位百夫长佐证）。

④ 见 L. Gasperini in *Terza miscellanea greca e romana*（Rome，1971），180—182。

己动手书写。[①] 也许我们不应寄希望于从庞贝城的刻泐中找到大量经济交易记录或其他文件（为进行经济交易，财产所有者需记录更多内容），但无论如何，目前尚未有这类发现，并不是很多涂鸦
199 都被认为是有价值的。

庞贝城的资料值得进一步研究。现存有关经济事务代理人卡埃基利乌斯·伊乌昆都斯（L. Caecilius Iucundus）的档案资料，其中包含153个涂蜡书板，大都出自公元52年至62年间。这些资料表明，为数额较大的交易开具收据是普遍做法。在有记载的交易当中，额度一般约在4500塞斯特斯，额度最小的两笔分别为645与342塞斯特斯。[②] 交易所涉及的某些人似乎目不识丁，他们找人代写。[③] 庞贝城的墙壁刻泐似乎揭示出大型交易通常需要文字，而普通公民和奴隶日常所进行的小型交易则不需要。例如，在庞贝城中的墙壁上刻泐的三份土地租赁（locatio）的告示，有两份房屋的土地价值较高。[④] 杂货店小广告及住房住户标识之类的事物在庞贝城十分普遍的先前观点，是站不住脚的。[⑤] 书面的广告宣传似乎局限在一定的范畴内：主要包括竞选口号、角斗和其他比赛的通知，以及少数意在寻找逃跑的奴隶或丢失的马匹的告示。[⑥] 庞贝

---

① 应着重关注蒙特沃基（O. Montevecchi）列举的119份遗嘱，其中至多只有一份源自工匠，见 *Aegyptus* xv（1935），80（*P. Oxy*. iii.646 可能是特例）。

② J. Andreau, *Les affaires de Monsieur Jucundus*（Rome，1974），91.

③ W. V. Harris, *ZPE* lii（1983），107—108：卡埃基利乌斯（Caecilius）的17位男性债权人中的11位可以自行书写，5位女债权人没有自行书写。然而，我们无法确定那些没有自行书写者不具备读写能力。

④ 一些细节问题见 Harris 105。据记载，及至共和国晚期，以这种方式将大宗财产推向市场是受限制的：Cic. *Att*. iv.2.7 等。

⑤ Harris 105.

⑥ 在庞贝城发现一篇用涂料写成的告示，28字篇幅，内容为寻找一匹走失马，见 *CIL* iv.3864（参见9948）。若想抓捕小偷或逃跑者，很可能需要街头喊话人，见 Dio Chrys，vii.123；有关埃及的一个奴隶，见 *P. Oxy*. li.3616（附有 J. R. Rea 的评论，其中列举出另一份有关此程序的证据；现仅存的另一则同类告示为 *UPZ* i.121，约比另外一则早四个世纪）；罗马世界的文字宣传，见 G. Raskin, *Handelsreclame en soortgelijke praktijken bij Grieken en Romeinen*（Louvain，1936），91—123。

城内有些旅店使用文字标识，但普通小店铺似乎没有。① 当然，有些极其需要长久记录的小型经济事务也会记录下来，如一些贷款的涂鸦记录。② 庞贝城人主要使用木制书板记录经济事务，这类书板几乎都已经消失，诸如此类的说法可能招致反对声音。但 1959 年在庞贝城附近的穆雷锡纳（Murecine）同时出土的约 90 块书板全部为商业文件，应该可以证明只有比较重要的经济事务才会以此种方式记录。③ 庞贝城的证据并不能说明普通小店主、工匠或普通顾客在买卖过程中使用甚至经常需要写或读，也无法说明他们不得不通过中间人书写才能正常进行交易。

200

　　即使是在埃及这样高度官僚化的环境下，普通农耕者与工匠可能也极少使用文字。在这种情况中，学徒契约就成为特别有价值的一类草纸文献，因为契约揭示出社会精英以外的情况。像索科诺帕乌·奈索斯（Soknopaiou Nesos）之类小而偏远的共同体使用学徒契约非常值得关注。然而，这些契约大都涉及同一个手工行业——编织。④ 契约的特殊重要性和工匠普遍不具备书写条件揭示出一则事实：契约签署人，即编织师傅有能力亲手拟定文件。⑤

　　罗马治下埃及的经济交易书写化有所增加，这种状况无疑融入一些穷人的生活。如中小面积的土地租赁会有记录。⑥ 有时，契

---

① 这一点难以确定。马提亚尔一家店铺的门柱上布满标识（i.117.11），它却是一家书肆。

② *CIL* iv.4528, 8203, 8204, 8310.

③ 相关书目和法律探究，见 L. Bove, *Documenti processuali dalle Tabulae Pompeianae di Murecine*（Naples，1979）及 *Documenti di operazioni finanziarie dall'archivio dei Sulpici*（Naples，1984）。其中的四篇文献表明，当违约债务人的抵押品在普特奥里（Puteoli）被出售后，出售公告会以文字形式刊布于公共柱廊，见 Bove, *Documenti di operazioni* 100—105。

④ 见 A. Zambon, *Aegyptus* xv（1935），3—66；K. R. Bradley, *Historical Reflections* xii（1985），316—317（在 29 份中，约有 20 份关于编织业）。

⑤ 参见 Zambon 29 n. i；Youtie, *ZPE* xvii（1975），204。

⑥ *P. Oxy.* xli.2973 是关于 $1^{3}/_{4}$ 奥洛拉（0.48 ha）土地的租赁，xli.2974 是关于 $2^{2}/_{3}$ 奥洛拉（0.73 ha）土地的租赁；它们都不是通常规模。

约将习惯于书写的富人与并不经常接触文书者联系到一起，[①] 有些时候文字会极大地渗透到小买卖经营。例如，公元 1 世纪上埃及埃德夫（Edfu）一家浴池的主人用陶片书写，或已经写下一些关于水罐的记录。[②] 但这则例证非常特殊，因为记录用拉丁语刻写定然与埃德夫的驻军有关。与富人一样，军队往往会带来使用文书的习惯。

相比于帝国比较落后地区的居民，庞贝城的意大利人和埃及的希腊人无疑更多使用文字，他们留下的有关书写功用的资料并不适用于其他人群。与此同时，实际上在所有行省，显然富人和某些工匠至少曾有限地使用文字。[③] 每个行省都有政府的代理人收税，皇帝的代理人为其管理财产，这些事务均愈发地需要文书。[④] 每个行省都有从事中远距离贸易的商人经常收发信件。他们使用油瓶和其他容器，器皿内的物品皆有文字描述。[⑤] 相比于先前，其他商品上也更多地出现刻文，比较廉价的模制赤陶土灯具上通常刻有制作者的名字。[⑥]

---

① *P. Yale* i.69 描述两间房屋的转租，它们是克劳狄·伊西多拉（Claudia Isidora）的财产，就像评论家在 226 中指出的那样：克劳狄·伊西多拉显然很富有。

② H. C. Youtie 在 *AJA* liii（1949），268—270 探讨了这种书写材料。记录的目的显然是树立澡堂侍者对水罐的责任感。

③ M. I. Rostovtzeff, *The Social and Economic History of the Roman Empire*（2d ed., Oxford, 1957），ii.617 n.39 写道，一些"账目"得以在罗马西部（La Graufesenque 等地）陶罐的涂鸦中保存，实际上他指的是某一特定时期制作的陶罐（见最新发表的 Marichal, *CRAI* 1981, 244—272, 先前关于该问题的书目较多），文字刻于陶片上。

④ 可以推断，正是因为这种影响造成的间接结果，导致达西亚按照契约在金矿工作赚取工钱者使用文字签署契约（*CIL* iii pp. 948—949）。每份契约内都包含一份目不识丁声明：同上 nos. 9, 10, 11；其中 10 和 11 还见于 *FIRA* iii no.150。

⑤ 诚然，陶瓶刻涴并非新鲜事。基于 M. H. Callender 的 *Roman Amphorae*（London, 1965），需要对该问题再进行探究。更多新近资料，见 E. Rodríguez Almeida, *Il Monte Testaccio*（Rome, 1984），173—271。作为一种广告形式刻于陶瓶上的文字，见 R. I. Curtis, *Ancient Society* xv-xvii（1984—1986），84—86。

⑥ 在公元前 2 世纪后期的希腊，这种手法很新颖，且在元首治下得以广泛传播，见 W. V. Harris, *JRS* lxx（1980），128, 143。

在希腊和罗马世界，作为一种提高谋生机会的手段，读写的实用价值在某种程度上一直受到认可，这在文献资料中并不明显。未受过教育的被释奴厄基翁（Echion）在《爱情神话》（*Satyricon*）中如此说道："这里有可以赖以养生之物（Habet haec res panem）"；虽然通篇所言主要是他儿子所受的教育，但此处他专指的却是能够成就功名利禄的科目——法律。[①] 他紧接着说道："文字就是财富"，而事实确实如此；但诚然，或许他所考虑的并不是掌握普通的读写技能，比如社会中从某一行业转向另一行业仍可使用的微不足道的技巧，他所指的是远超越读写的特殊技能。与此相对应的是琉善（Lucian）的自传体散文《梦》，文中一位拟人化的帕伊德亚（Paideia，本意指教育）为求得年轻琉善的忠诚，以世俗的回报作为诱惑。[②] 因为之后获得回报并不是因为他的读写能力，而是作为一名修辞学家所取得的成功。这些篇章本身无法说明什么，只是可以揭示接受教育现实原因的最直接资料，其中所指实际上是更高级的读写教育。

稍稍接近日常生活的或许是建筑和助产领域的专长者给出的暗示，他们认为这些行业的从业者应该能读会写。[③] 这两个领域皆有相关读物，但诸如此类的情况也说明：我们所述及的行业实际上并不具备读写能力，而助产行业中如此则全然不足为奇。

前文已探及各种类型的法律文件，但关于法律诉讼程序仍需更多阐释。法律程序在多大程度上使用书写文件呢？[④] 关于罗马帝

202

---

① Petr. *Sat*. 46.7.

② *Dream* 11—13. 实际上她答应的回报并非金钱。

③ Vitruv. *De arch*. i.1.4: 目的是 "进行更多的详细记录（uti commentariis memoriam firmiorem efficere possit）"；关于助产师，见 Soranus *Gyn*. i.3: 书写是必要的（成为护理员之前），包括思想准备、记录和勤奋……因为掌握了书写的技巧，人就有了力量（ἐπιτήδειος δ᾽ἐστιν [πρὸς τὸ γενέσθαι μαῖα] ἡ γραμμάτων ἐντός, ἀγχίνους, μνήμων, φιλόπονος ... γραμμάτων μὲν ἐντός, ἵνα καὶ διὰ θεωρίας τὴν τέχνην ἰσχύσῃ παραλαβεῖν)。

④ 有关罗马私法中法律文书的使用，见 Steinacker, *Die antiken Grundlagen*, esp. 66—122; Talamanca in *Enciclopedia del diritto* 548—561。但是他们的视角与历史几乎无关。

国治下使用法律文件的方式，早期罗马人业已经历其中的大多数，主要的变化是类似文件的使用传播至新的人群。在公元1世纪期间及后来的很长时间里，至少在某些地区，像遗嘱、婚约及离婚协议这类书写文件的使用变得更加普遍。这种发展在讲希腊语的埃及也已经完成。① 在西部，随着罗马风俗的传播，为此类目的使用文字的情况可能同样愈发的普遍。遗嘱上题献词都是给书写遗嘱的人（还有其他的证据），明显揭示出帝国早期意大利城镇书面遗嘱的共同特征，② 但订立遗嘱者仍然可以口头宣布继承人，乃至订立整个遗嘱，而不是将继承人的名字写在书板上。③

　　书面契约似乎已经获取一定的地位。一些希腊城市早已拥有管理私人契约的档案馆，这类档案馆的使用遍及整个罗马时期。④ 在某些城邦，契约的存档成为强制性的规定（这并不意味着所用的契约性协议都必须要有书写文件），表明可能出现这样的结果：未经存档的文件可能会被视为无效文件。实际上，在给罗德斯岛人所做的一次演讲中，克莱索斯顿（Dio Chrysostom）似乎暗示着即便在并未强制登记契约的地方，在某种程度上讲，那些曾在城镇登记的契约比未曾登记的契约更加有效。⑤ 然而，该时期契约存

① 关于遗愿，见 Montevecchi, *Aegyptus* xv（1935），67—121；婚约和离婚，见 Montevecchi, Aegyptus xvi（1936），3—83。

② 维纳弗鲁姆（Venafrum）被释奴身份的写工（*librarius*）在没有辩士的情况下书写了25年的遗嘱，这是他被敬仰的主要原因，参见 *CIL* x.4919 或 *ILS* 7750。腓罗卡洛斯（Philocalus），卡普亚一位校长，可能也是被释奴，他被敬仰在一定程度上是因为他"忠实地写遗嘱（*cum fide*）"，见 *CIL* x. 3969 或 *ILS* 7763。

③ Ulpian in *Dig.* xxviii.1.21.关于整个帝国初期口头遗嘱的存留情况，见 A. Watson, *The Law of Succession under the Later Roman Republic*（Oxford, 1971），11—21。关于士兵的遗嘱，参见 Florentinus in *Dig.* xxix.1.24。

④ G. E. Bean 在 *Anatolian Studies* x（1960），71—72 no. 124（或 *SEG* xix［1963］，no. 854）中发表了公元2世纪皮西迪亚（Pisidia）希庇顿达（Sibidunda）的碑文，说明在一些行省存档是必要的，皇帝（身份不确定）正试图如此要求彼西底亚，这类需要以此种方式存档的文件因城市而异。

⑤ *Orat.* xxxi.51. 他列举了关于土地、船只、奴隶的出售契约，以及贷款、释放奴隶和馈赠礼物等方面的文件。塞维鲁时期，关于是否缺失一份文件证明就认定交易无效的问题，法官卡里斯特拉图斯（Callistratus）予以解答，或许当时罗马法庭面临着类似希腊的境况；他的答案是否定的（*Dig.* xxii.4.5）。

档之举似乎并未传播至西部地区。①

有一种专业性的合法活动，即向国王或行省总督请愿，要求予以法定赔偿，这种活动基本上会以文字形式，即通过提交请愿书（libellus）进行。本书会将这一现象与文字的民事作用联系起来简短讨论。然而，如此便引出另外一个问题：帝国早期有限的法律体系中央集权化是否使得人们更加重视书写文件的权威性。任何单一的例证都不足以解决这一问题，但普林尼曾提及的一则案例似乎表达出这种等级制度的逻辑。在普林尼担任卑斯尼亚-本都（Bithynia-Pontus）总督时，他曾向图拉真咨询过一些在尼科迈德斯城（Nicomedia）及尼卡埃娅（Nicaea）被判有罪的罪犯的问题，他们在没有任何书面赦令的情况下被释放。②总督似乎更倾向接受口头证词，对释放这些罪犯予以默认，但图拉真却坚持认为这些罪犯"没有任何合理的官方授权"便获释。③

某些法律文件在形式上的变化是否反映出文字的使用得到了一定程度的扩展，进行这样的猜测十分有趣。在奥古斯都时代或之前不久的时间里，确实出现了这样的情况，罗马人开始使用一种用于借款的新型文件——亲笔字据（chirographum），换言之，它是一种书写文件，名义上是借款人亲笔签写的，但实际上并非全部如此。④这种文件一度变得非常普遍。这明显表明，至少在罗马本身，书写能力越来越普及。

然而，对于普通公民经常参与的法律行为，读写能力仍然无足轻重。通常会有可以代他人履行书写任务者，且正如先前所见，有迹象表明，即便一个人目不识丁，人们也不会认为他没有资格

204

---

① 见 Steinacker, *Die antiken Grundlagen* 77—78, 171。

② 普林尼与图拉真皇帝的通信，Plin. *Ep*. x.31—32（"nulla monumenta"：31.4）。

③ *Ep*. x.32.1, 2。

④ 最早明确将 "*chirographum*" 视作某种特定文件的是 Sen. *Contr.* exc. vi.1。参见 L. de Sarlo, *Il documento oggetto di rapporti giuridici privati*（Florence, 1935）, 35—36；Talamanca in *Enciclopedia del diritto* 551（但无论是律师还是词典，对这些历史问题皆无助益）。

承担起监护人应履行的实际职责，哪怕他所监护的女性或家庭其他成员具备读写能力亦是如此。① 法学家们认同并意识到在目不识丁的情况下，一个人也可以知晓许多实际事务。② 在一个上层阶级的家庭，监护人应该全都具备读写能力，但职责并不一定要求其能读会写；在较低的社会阶层，监护人是否具备读写能力似乎并不重要。③

205

文字在民事及政治中的使用

前面几章已探及文字在古代世界民事与政治生活中的多重意义。文字有助于官方实施统治，也能为公民行使权利提供一种途径。但在罗马，后者的可能性极少引起关注。公元 59 年，作为执政官的恺撒引入一种全新做法：将之前一直是机密的元老院处理程序记录并公之于众，④ 此举却触犯了元老院的贵族政治，但无论如何，贵族政治在之后仅维系了十年。这种触动并非结束贵族政治的首要原因，而且它并未带来任何具体政治消息的广泛传播。

罗马征服的许多地区先前已拥有文字，罗马人凭借自己的影响在先前没有文字的地区引入或传播了书写文化。如果没有文字如此广泛地传播，政治统治与行政管理会变得无限艰难，或许不可能实现：罗马帝国异常依赖文字。地方法院事物以及后来的帝

---

① H. C. Youtie, *HSCPh* lxxv（1971），168—169，最好的证据是 *P. Oxy.* xii.1463.17—22（215 A. D.）*P. Mich.* v. 257. 9—10，其中提供了另一个"目不识丁的监护人"的例证；另见 *P.Oxy.* iv.716（186 A.D.），"一个目不识丁的被释奴"，他出自一个读写能力很高的家庭。

② Modestinus 在 *Dig.* xxvii.1.6.19 中援引保卢斯："eius qui se neget litteras scire, excusatio［*from* tutela］accipi non debet, si modo non sit expers negotiorum"，普遍的观点认为这份研究有误；J. M. Fröschl, *ZSS* civ（1987），94—102。因缺乏教育造成的不懂法当然不会得到法理学家们的同情，参见 Ulpian in *Dig.* xiv.3.11.3, xxii.6（但另参见同一文献中的 ii.1.7.4）。

③ 至少在使用希腊语的埃及如此，即书写比大多数其他地方更重要。

④ Suet. *DJ* 20.1："最重要的，是将元老院制定的所有法律撰写并刊布于众（inito honore primus omnium instituit ut tam senatus quam populi diurna acta confierent et publicarentur）。"

国法庭的事务、公民与行省的税收、众多城市政府的事物、军队的给养，所有这些事务，文字均是必不可少的。因此许多人都不同程度上接触读和写，也接触寄信、保存信件及接收回信等活动，这是许多史学家严重忽略了的罗马生活的一个方面。[①] 与此同时，教育及读写的社会局限仍然严重，哪里都如此，何时都如此。政治经济的顺利运行并没有需要这种状况有何改变。

在整个希腊和帝国内罗马化的地区，各种形式的法律法规总是有文字的，而且总是刻在铜板上示众。但在共和国后期罗马的法律仍然未正规存档，而且并非全部是刻文。[②] 元老院的法令同样如此：必须是文字形式且需存入档案馆，可能刻写于铜板上示众。[③] 在共和国后期的罗马及其他城市，人们花费了大量的精力刻写法律，元老院的法令可能一直在所有直接相关的城市刻勒。执政官的法令也刊布于众。[④] 作为法律的主要来源，皇帝的诏书、书信及法令均被规约为文字形式，它们通常刊布于众，虽然并非必须刊布于众，[⑤] 更谈不上有任何规定要求这些文本广泛传播。众所周知，在卡比托山上（Capitol）3000 个包含有议事会法令、契约以及先取特权（privilegia）等内容铜板刻文被公元 69 年的大火焚毁后，韦帕芗不得不去探寻这些文本的副本，揭示出官方文件未得到精心保管。[⑥] 然而，探寻工作本身甚至比缺乏中央档案管理更重要，因为这表明所探究文本的象征意义与实际重要性——苏埃

206

---

① 参见 C. Nicolet 在 *Culture et idéologie dans la genèse de l'état moderne*（Rome, 1985），9—13 中关于进一步研究罗马政府管理的具体程序必要性的观点。

② 见 C. Williamson, *Classical Antiquity* vi（1987），173—174。

③ R. K. Sherk, *Roman Documents from the Greek East*（Baltimore, 1969），9—13.

④ 见 F. von Schwind, *Zur Frage der Publikation im römischen Recht*（Munich, 1940），50—52。

⑤ 正如 Suet. *Cal.* 41.1 的故事所强调的。卡里古拉起初并没有发表关于其新税赋（*vectigalia*）的规则（统治者在通常情况下会将它们示众；卡里古拉却期望这些规则被违反）。这并不意味着这些规则无效，只是造成很大不便，对此，皇帝只是刊布了一份民众几乎看不到的告示作为弥补。

⑥ Suet. *Vesp.*8. 大火前后卡比托山的情形，见 Williamson 165—166。

托尼乌斯（Suetonius）将它们称为"帝国统治时期最精美、最古老的工具"或"记录"。①

关于民事文件的实际功用，通过研究刊布这类文件的具体位置与人们频繁出入场所之间的联系，或许可以找到一些线索。② 在共和国后期的罗马城，不同区域的功能区分较大。卡比托山刊布元老会法令和其他文本引发一个问题：它们是否为公众所知。在共和国的最后一个世纪里，卡比托山成为公民通常集会的场所，但在帝国早期，卡比托山的作用却更加局限。从恺撒至图拉真时代，集会场所的角色和位置皆发生巨大变化，伴随着这些变化，在这些场所刊布的文本的意义也大相径庭。在苏布拉（Subura），即使曾有人刊布官方或颂扬性的文书，也是极为罕见的。③ 关于刊布文本的地点，通常需要做出选择。在帝国早期，选择很少表现出政府直接与普通公民交流的意愿。④

与广大民众进行沟通的传统方式是通过传令员（kerukes, praecones）。关于罗马官员的传令员，最鲜明的特点或许只是他们的数量众多。他们可能附属于执政官、监察官、地方长官、显贵的民选行政官、检察官或护民官，抑或附属于特别任命的十大行政官中的一员（decemviri）、监管员（curatores）或行省总督。当然还有司书（scribae），但值得注意的是：实际上现在无法证实在诸多执政官及地方长官的执政过程中，曾有某位司书相随：大多数地方行政官所需要的由城邦所提供的交流方式，都是文字形式而不是口头形式。他们是全职雇员，工作量很大：各类传令员（praecones）负责宣布公共会议（contiones）及选举大会、控制这些会议的秩序、公布投票结果、召集元老会和众多其他职责。他

---

① 拉丁原文出处为 Suet. *Vesp*.8："instrumentum imperii pulcherrimum ac vetustissimum"。
② 该问题需要更详细的研究，目前尚无法完成。对布告刊布地址的一些评论和参考书目，见 Corbier in *L'Urbs* 43—46 以及 Williamson 179—180。
③ G. Lahusen, *Untersuchungen zur Ehrenstatue in Rom*（Rome, 1983），7—42 收集了造像分布的信息。
④ 但皇帝们偶尔仍试图这样做，参见 Corbier 52。

们大量参与到法庭程序中。① 现在难以追寻这些活动的历史发展轨迹，但无论如何，在我们所述及的整个时期，这些活动一直得以延续。诚然，其他城市也有与罗马的公共传令员身份等同者。

行省内外事务的政治统治极大地依赖通信，首先是与罗马本地官员的通信。通常的观点认为，共和国的地方执政官与议事会与远在罗马之外的官员并不经常互通信件，这或许是有些误导性的想法。② 无论如何，帝国早期发生一些变化：皇帝主要通过书信对不在身边的属臣行使权力，实际上，皇帝大量使用文本与他的臣民打交道。皇帝本人在多大程度上参与到此种文书工作中尚存争论，但无论如何，他对远距离事务的控制依赖于文书，而事实确实如此。③ 他所收到的大部分有关于罗马之外的军队、税收及一切其他政务的信息均以文字形式传递，他的指令同样以文字形式下达。

政府越来越多地掌握全体公民的记录。在共和国后期，有时证明某人是否为罗马公民是非常困难的，但帝国早期开始强制存档：巴纳萨书板（Tabula Banasitana）表明，在安东尼（Antonines）治下，皇帝对已获得罗马公民权者进行记录追溯至奥古斯都时代。④ 奥古斯都大帝规定罗马公民一出生便必须进行登记，这是第一次使文字的使用对他们中的每个人都真正有重要意义。⑤

208

---

① 所有这些问题，见 T. Mommsen, *Römisches Staatsrecht* i（3d ed., Leipzig, 1887），363—366；W. Riepl, *Das Nachrichtenwesen des Altertums*（Leipzig & Berlin, 1913），330—335；F. Hinard, *Latomus* xxxv（1976），730—746（然而，他认为公共与私人传令员之间没有明显区别的观点不准确）。

② 来自西里西亚的西塞罗信件支撑了这种普遍的观点，或许许多通信来自较低的社会阶层，尤其是当军队上战场的时候。他拥有的重要"litterae publicae"，见 Caes. *BG* v.47.2。

③ 主要见 F. Millar, *The Emperor in the Roman World*（London, 1977），313—341。有效的颠覆活动也需要信件，见 Tac. *Hist.* ii.86。

④ 见 W. Seston & M. Euzennat, *CRAI* 1971, 472 中的文章。

⑤ 见 F. Schulz, *JRS* xxxii（1942），78—91；ibid. xxxiii（1943），55—64，基于一份登记信息的文件，*FIRA* iii no. 2（公元 62 年的一块蜡板），O. Guéraud 是这样对其进行解释的"eorum qui a lege Pap（ia）Popp（aea）et Aelia Sentia liberos apud se natos sibi professi sunt"，这就是史学家提供的有关管理方面重要变化的证据。

209　他还开创行省的人口普查。① 文字的这些用途都没有要求普通公民自己进行书写；现存所有的出生证明可能均由专业抄工所写。② 在埃及，开具死亡证明似乎是必须的，至少在某一时期内如此。③ 实际上，即便在政治体系完善的罗马，这些程序是否能够系统执行似乎都令人生疑，更不必说帝国其他地区的非罗马公民了。④

　　此时的行省总督自然发现他们更多地与文件打交道。全然没有迹象表明共和国时期的总督将系统的记录传给继任者。在帝国早期，使用文件的方法仍略显随意。人们可以在总督府查阅行省的人口普查记录，⑤ 或许还可以发现历任总督判定的刑事案件的记录。⑥ 另一方面，在本都，如果一名罪犯宣称普林尼之前的某任总督曾为其改刑，那么对于普林尼而言，缺少改刑的书面证据似乎

---

① 参见 W. Kubitschek in *RE*（1899）s.v. "census", cols. 1918—1920。关于高卢人口普查，见 F. Jacques, *Ktema* ii（1977），285—328。乌尔庇安简要说明了所收录的资料（*Dig.* l.15.4）。在埃及，每十四年进行一次类似的普查。最早的普查确定是在公元 19/20 年进行的（如 G. M. Browne 在 *P.Mich.* x.578 的引言所示），但在之前的公元 11/12 年可能还有一次普查，见 O. Montevecchi, *Aevum* 1［1976］，72—75，这次普查直到公元 257/8 年才得到证实。

② 参见 Schulz, *JRS* xxxiiii（1943），58；M. Hombert & C. Préaux, *Recherches sur le recensement dans l'Egypte romaine*（Leiden, 1952），99。后者收录了约 47 个有签字的文件。现存的出生证明，参见 O. Montevecchi, *La papirologia*（Turin, 1973），179—180。如果说这样的义务扩展至整个埃及，其可能性微乎其微（参见 L. Casarico, *Il controllo della popolazione nell'Egitto romano* i［Azzate, 1985］，6）。

③ 见 G. M. Browne 的 *P.Mich.* x.579 的引言部分，其中提及随后发表的一篇文章 *SB* xii.11112，Casarico 21—22。根据 Nicolet, *Culture et idéologie* 22（更多书目见 q.v.）：至少从奥古斯都时代起，一般都要求罗马公民出示死亡证明，但这一论点站不住脚。

④ Hombert & Préaux 40—41 的结论是：人口普查公告是普遍做法，尽管现存的公告在历史时间和地理分布上都不均匀且现存资料的总数不多。他们的观点是基于不能令人信服的论点之上，这是政府命令服从的观点（参见 *Gnomon of the Idios Logos* secs. 44, 58—63）。

⑤ 关于高卢的卡里古拉，参见 Dio lix.22.3—4。

⑥ 参见 Plin. *Ep.* x.31—32；普林尼认为，获刑者申请释放中缺乏一些文书并不是致命的；但处于权力核心的图拉真却不同意。

并不足为奇。① 而在埃及，总督在亚历山大城的中央档案馆内保有相当复杂的记录（尚不清楚记录的具体内容），此外，地区执政官同样保有类似的记录，② 即使行省的下一级单位也可能设有负责记录的部门。③

210

罗马帝国政府通过武力和劝导及某种程度上的一致认可制度强化领导力，但很大程度上是通过文字实现效果的，这一点不容忽视。图拉真立体浮雕（Anaglypha Traiani）为一组浮雕群，其建造位置的重要性不亚于罗马集会广场（Forum Romanum），浮雕上有一幅壮观的场景（见图6），展示着士兵们依照官方指令，在集会广场上有序地焚烧文件，这些文件中显然包含欠帝国财库（fiscus）及城邦的金额记录。④ 此举实际上是哈德良（Hadrian）与马库斯·奥勒里乌斯（Marcus Aurelius）所为，图拉真可能也下达过这样的命令。⑤ 换言之，皇帝已经意识到这些记录已成为一种仇恨标志。同样，行省居民的怨恨情绪有时针对人口普查，因为这是罗马人用来征税的书面记录。一些高卢人在奥古斯都治下叛乱，原因就在于此。⑥ 罗马皇帝用文字治理帝国的另一种方式是一

---

① 这是 Plin. *Ep.* x.58—60 中哲学家弗拉维乌斯·阿尔基普斯（Flavius Archippus）的情况。多年前曾出现宣判和推翻原判（如果情况属实的话）。但为支持自己的观点，阿尔基普斯也举出其他文件，而图拉真（60.1）非常质疑他曾被赦免过，这同样是重要信息。

② 见 Turner, *Greek Papyri* 136（该体系在哈德良时代变得更为复杂），138—139。

③ 见 R. H. Pierce, *Symb.Osl.* xliii（1968），68—83。乡村的记录部门，见 W. E. H. Cockle, *JEA* lxx（1984），112。

④ 关于近期的研究情况及书目，见 M. Torelli, *The Typology and Structure of Roman Historical Reliefs*（Ann Arbor, 1982），89—118；他还探及有可比性的"豁免案"（Chatsworth Relief, pl. iv.16）。

⑤ Dio lxix.8.1, SHA *Hadr.* 7.6（提及皇帝豁免一些行省拖欠的税款），*ILS* 309（Hadrian）；Dio lxxii.32.2, SHA *Marc.Aur.* 23.3（Marcus）；奥古斯都之前（Suet. *DA* 32）则非常不同。

⑥ Liv. *Per.* 139. 克劳狄（Claudius）曾在他的演讲中含蓄地提及此事，见 *ILS* 212 或 *FIRA* i no. 43 ii.37—41。至于该税收系统是如何运作的，笔者不打算在此分析；参见 W. Goffart, *Caput and Colonate: Towards a History of Late Roman Taxation*（Toronto, 1974），9—21。

种信函体系，他们用信件及批复的形式向城市及个人作出回应。

政府权力的巩固不只限于行政管理，也在心理上加强统治。在后罗马帝国时期及元首统治时期，文字宣传变得愈发巧妙，也愈发重要。公元前 2 世纪就已经出现了一些政治色彩的文学，而这个时期这种文字数量增加。恺撒对其发动的高卢战争及一系列内战所写的评论展现了高超的文笔，在宣传性文本的读者人数增加（这诚然是推论）的同时，还展现出这些著作本身倍受欢迎。准确地说，听闻最早的（也是最后的）宣传性小册子出现于共和国末期，即公元前 46 年至前 30 年间，这些小册子异常简单，在罗马士兵中间传阅。然而，在帝国初期，对这种以文字形式出现的文字宣传的兴致并不高：皇帝只对有敌意的行为采取应对措施。[①]《功德碑》(Res Gestae) 并未开启一种传统。

大多数文字宣传以更为简单的水平展示，众多好的宣传材料根本不是文字形式的。为权贵的利益服务的纪念铭文数量稳步增加：碑铭上的文字说明是谁修建或修复了一座公众建筑或一座神庙，还标识出这类宏伟雕塑的主题；还有较少文字刻在里程碑上，以标识石碑的设立者与里程。长久以来，这些文字在多大程度上得到真正的阅读一直存在争议；但应该保持谨慎，不应推断罗马人与现代人一样对公共铭文漠不关心。[②]记载恺撒和后来屋大维丰功伟绩的铭文具有重要价值。[③]对于何等人可以在公开场所建立正规碑文，则是需要竞争的。尽管在公元 22 年，有地位者可以资助

---

① 关于监察机制，见 M. I. Finley, *Times Literary Supplement*, 29 July 1977 (*Belfagor* xxxii [1977], 605—622 中的解释更加充分)；W. Speyer, *Büchervernichtung und Zensur des Geistes bei Heiden, Juden und Christen* (Stuttgart, 1981), 56—76；Corbier in *L'Urbs* 54—55；对 "*princeps*" 进行诽谤的资料，见 G. Muciaccia in *Studi in onore di Arnaldo Biscardi* v (Milan, 1984), 61—78。

② 见 Corbier 46—47。

③ 前文所列例证中的证词大都存在争议，Dio xliv.7 述及用金字在银板上刻写法令也是如此，类似的情况包括刻有 "国父（parenti patriae）" 的石柱，Suet. *DJ* 85.2 称这些石柱是平民（plebs）立在广场上的（后者无疑是正确的）。*Res Gestae* 34—35 述及包括 "骁勇之盾（clupeus virtutis）" 在内的纪念铭文。

公共建筑的建设，可以把名字刻在上面，但罗马皇帝们不可避免地终止了这种做法。[①] 普林尼怀描述提布提那大道（Via Tiburtina）上帕拉斯（Pallas）墓地的碑铭时极其愤慨。碑铭以被释奴的名义谈及元老院法令（四十多年前通过），令他更加气愤的是，该法令最早被刻写在铜板上，刊布于城市公众频繁出入的场所，表明这些碑铭可能具有相当的重要性。[②]

212

　　某些形式的文字宣传意在将一些简单的消息传递给相当数目的普通公众。[③] 比如在军队凯旋或其他游行活动时使用的宣传标语。[④] 但毕竟是钱币，至少有可能将重要的政治信息呈现到公众眼前。这种机制的有效性引起争议，[⑤] 主要是关于读写能力问题。这种钱币类政治宣传定然收效甚微。许多人即使注意到钱币上的图案，只是会把这些设计当作是钱币的铸造技艺而已。罗马共和国后期，想理解钱币上的一些图案，需要具备一定的知识与阅读能力；但这样设计也不会使铸币者选择的图案让人无法理解，因为隐晦的信息才会使人印象深刻。但据传耶稣（Jesus），一位未受过教育的行省公民，曾经让几个文士和大祭司看罗马的钱币铭文（epigraphe）和恺撒的第纳里钱币的头像，[⑥] 共和国晚期之后一些有创意的钱币设计

---

① 见 Tac. *Ann.* iii.72。其他有价值的例证（还是涉及金字的），见 Suet. *Nero* 10 end。

② Plin. *Ep.* vii.29, viii.6。它被立在 "ad statuam loricatam divi Iulii，" 很可能在 Forum Iulium（参见 S. Weinstock, *Divus Julius*［Oxford, 1971］, 87）—"celeberrimus locus, in quo legenda praesentibus, legenda futuris proderentur"（viii.6.14），铭文显然没有持续。

③ 然而，Corbier 在 *L'Urbs* 52 中暗示皇权欲通过文字与民众进行沟通，如此观点完全是错误的。

④ 见 P. Veyne, *Rev. arch.* 1983, 281—300。

⑤ 参见 G. G. Belloni in M. Sordi（ed.），*I canali della propaganda nel mondo antico*（*Contributi dell'Istituto di storia Antica* iv）（Milan, 1976），131—159; B. M. Levick, *Antichthon* xvi（1982），104—116（认为在公元 1 世纪 "princes" 本身即是主要受众，但可能性不高）; T. Hölscher, *Staatsdenkmal und Publikum*（Konstanz, 1984），15—16; C. T. H. R. Erhardt, *Jahrbuch für Numismatik und Geldgeschichte* xxxiv（1984），41—54（literacy: 47）。

⑥ Matthew xxii.20, Mark xii.16, Luke xx.24.

表明，设计者期望这些货币可以将通俗易懂的信息传达给大多数的人。但无论如何，这并不能表明大多数人是具备读写能力的或有人曾认为如此。钱币铭文或许有更为具体的受众，那就是军队。如我们所见，罗马军队中有相当数量的能读会写者和具备一定读写能力者。罗马社会的统治阶层以及后来的罗马皇帝掌握了许多以非文字形式向百姓传递信息的机制：面包（panem）和马戏（circenses），诸如各式币种与公共著作之类的视觉技巧，更不用说帝国的祭祀活动，所有这些均可被目不识丁者较好地领会。

213　　继而引出的问题是拥有公民身份的普通民众生活中是否有时还是需要书写呢？上一章论及为了行使选举权，共和国后期的罗马人需能够刻写一些文字，但大多数男性公民在他们的民事生活中从未进行书写，女性显然从未书写过。在罗马，从公元前 123 年起，政府开始分发粮食，后来帝国各地区的其他城市也分发粮食，官方分配粮食生成了一些文件，尤其是因为在罗马，如同在后来的奥克希林库斯（Oxyrhynchus），公民必须确立自己的权利，以步入数量有限的领受人的行列。① 此举在罗马具体是如何实施的尚存争论，② 但显而易见，及至奥古斯都时代，领受人才握有或许经过简单刻制的凭证。埃及在该问题上达到极致，至公元 3 世纪，公众（以奥克希林库斯为例，总数达 4000 人之多）提交精心撰写的书面申请。③ 许多奥克希林库斯的申请者目不识丁，他们通过中间人进行申请，因而可以在未能详细理解文字内容的情况下而使用文字。

　　除了皇帝和总督的亲信，其他任何想要向他们请愿的人通常要以文字形式呈交请求书。这种做法可能通过信件，而普通的请愿者则使用小书册（libellus）。④ 凯撒在临终时左手仍满握这样的

① 　E. G. Turner, *HSCPh* lxxix（1975），18—20.

② 　G. Rickman, *The Corn Supply of Ancient Rome*（Oxford, 1980），244—249.

③ 　尤见 J. R. Rea 主编的 *P.Oxy.* xl.2892—2922。

④ 　关于向皇帝呈信与呈交册子体现出的地位区别，见 Millar, *The Emperor in the Roman World* 242。从 2 世纪的前几十年开始，这种做法似乎变得更加普遍（Millar 244），书写在民事生活中使用得更为广泛，这或许是趋势的一部分。

小书册。① 通常对于一个城市或一位受过教育的人而言，书写一段
内容得体的文章并非特别困难：无论最终的结果怎样，这种交流
渠道还是行得通的。至于公民个人，最容易获得帝国好感的当属
能读善写者、演说家、教师和医师，② 这一点也不足为奇，因为他
们不仅精通在皇帝们看来比较重要的事务，而且善于以令人信服
的文字形式表达他们的愿望。不过这样的小书册也可能出自身份
卑微者之手：比如福尔米亚（Formiae）和盖耶塔（Gaieta）的渔
夫们，他们定然不习惯书写且很可能目不识丁，但却曾收到安东
尼·庇乌斯（Antoninus Pius）下发的批复。③ 行省总督们也从他
们所统治的人那里收到小书册。关于这些文件，最值得提及的证
据是包含有埃及高级行政长官阿奎拉（Subatianus Aquila）一则公
告的草纸文献，该文献揭示着在公元 208 年至 210 年间的某个时
期，在阿尔西诺（Arsinoe，某个行省的首府）为期三天的巡回审
判期间，他一度收到不少于 1804 份请愿。④ 或许是特殊的环境导
致了这一非凡的数据。几乎对于所有人而言，向皇帝请愿明显不
切实际。现在很难确定行省总督是否经常有阿奎拉在阿尔西诺那
样的经历，没有任何文献或法律资料表明公众曾提交数量如此巨
大的小书册，这在西部省区无论如何是不可能的。⑤

214

　　最终形成这样一种做法，即当皇帝发布对某个请愿的批阅意
见时，都设法将其刊布出去，⑥ 这就要求刊布的版本只有一种。在
埃及，也可能在其他地方，总督或许曾下达过这样的指示，"以清

---

① Suet. *DJ* 81.8.

② 见 Millar 491—507。

③ Marcianus in *Dig.* i.8.4. 关于阿非利加领地上的殖民地，帝国执政官用写长
　信的方式回复皇帝，但并非局限于这种方式；主要铭文经常是抄本，见 *CIL*
　viii.10570, 25902, 25943。

④ 如果 *P.Yale* i.61 中的资料可信；但除此之外再无此类文献。

⑤ 但在意大利，掌握土地的权贵也许会抱怨经营乡村土地时饱受请愿纠缠：Plin.
　Ep. ix.15.1。

⑥ 参见 *P.Col.* vi.123 中的第 1、2 以及第 21 行：在公元 200 年的亚历山大城，有
　人把它刊布在运动场的拱廊上，而皇帝却身在埃及。

晰易懂的文字"将某封信件抄写在白板上，刊布于行省首府及诸乡村。①

凯撒当权时，有人曾在那位公元前 509 年的诛杀暴君者布鲁图斯（Brutus）的塑像的座基上刻写"你要是活着该有多好啊！（utinam viveres！）"② 又一次证明政治涂鸦与标语牌（还是小书册）不大可能是新生现象，但从现在所掌握的证据的数量看，在读写水平更高的城市中，它们可能已相当普遍。③ 一些严谨的史学家有时会记录或参照这些资料，该事实表明它们被赋予了惊人的重要性：这也许是书面文字拥有特殊效力的另一个标志。庞贝城的选举宣传标语（公元 79 年之前几年里绘制的选举背书）是一个与之相关的现象，尽管现存的例证仅限于庞贝城，但这类文本亦曾在罗马和其他意大利城市使用，④ 它们的作用并不总是直截了当。庞贝城的宣传标语凸显出这一点，在标语所涉及的两个层次中的

215

----

① *P.Yale* ii.175（189/190 A.D.）；参见 N. Lewis in *Studies in Roman Law in Memory of A. Arthur Schiller*（Leiden，1986），127—139。

② Suet. *DJ* 80.6.

③ 关于随意刻渤，见 *CIL* iv.1074，3726（庞贝城无疑和其他地方一样，大多数随意刻渤与政治无关），另见 J. Gascou, *Suétone historien*（Rome，1984），517—518；libellus：篇幅较短的文字，见 Suet. *DJ* 80.3（Rome）[the βιβλία ἀνώνυμα of Dio xliii.47.6 或许篇幅更长]，Dio lv.27（罗马），lvi.27（罗马及他处），lxi.16（阿格里皮娜遇刺后的罗马），Suet. *Dom.* 13（图密善一张角弓上的刻文）。据传，唯一用文字宣传的形式影响社会最底层民众的叛逆者是库尔提西乌斯（T. Curtisius），他是前禁卫队兵士，在公元 24 年引发布隆迪西乌姆地区的奴隶起义："然后，通过公开展示的标语牌，他鼓动边远森林地区的村落和野蛮的奴隶维护他们的自由（mox positis propalam libellis ad libertatem vocabat agrestia per longinquos saltus et ferocia servitia, Tac. *Ann.* iv.27，或许他就是在罗马时产生使用文字的想法，见 Corbier in *L'Urbs* 56）"，有理由怀疑较之于其他地区，该地区有更多的奴隶具备读写能力（见原书 256）；无论如何，库尔提西乌斯或塔西佗似乎没有脱离实际。

④ *CIL* vi.14313 与 29942，以及 S. Panciera 在 φιλίας χάριν. *Miscellanea in onore di Eugenio Manni*（Rome，1979），v.1641 中所描述的另一篇来自罗马的铭文，指示候选者代笔人不要在石碑上刻文。更多信息，见 Riepl, *Das Nachrichtenwesen des Altertums* 341。

较高层次，二头政治，选举只是一种形式：每年有两位候选人和两个职位。① 因此，这里要做的不是劝导选民，而是另有主张，即宣告一种社会地位。

但参与地方政治者曾利用文字。实际上在帝国所有地区，地方执政官均将当地的管理制度汇编成文字形式；他们的功绩被纪念性铭文刻录，此外还记录经济和其他事务。任何一位城市官员均不大可能目不识丁，我们所掌握的有关该时期官员目不识丁的唯一证据涉及的是埃及乡村。另一方面，在某些行省，极有可能存在一些至多具备一定读写能力的什人长。

关于文字在罗马帝国公民生活中的作用，有一个重要问题：埃及行省这种标志性的复杂的统治网络在其他地区达到怎样的高度。罗马官员在帝国初期生成书面作业，这定然是普遍的趋势。希腊城市保存重要官方文件的副本，许多其他城市的情况可能同样如此。但埃及这种由国家支配的经济以及托勒密王朝的传统均是独一无二的。没有其他任何地方需要为那么多的行动申请获准，为那么多种付款开具收据，为自己的公事行为做详尽记录。

216

我们不仅应该弄清官僚政治的程度，还应该了解市井小民与乡野村夫在多大程度上接触这个官僚化书写的世界。毋庸置疑，他们不必亲自书写，但他们是否曾近距离接触官方书写呢？这取决于一个人的职业。但对于大多数人来说，尽管也有官方叨扰，比如在乡村刊布法令以及偶尔的收集人口普查信息，但除非特殊情况，否则诸如此类的接触罕有。②

不过军队却变得高度官僚化。关于共和国后期军队中文书工作的职能，③ 虽然当前明显缺乏证据，但帝国初期的军队对书写文件的钟爱几乎与现代无异。整团士兵或小分队的花名册、军饷记

---

① J. L. Franklin 论证了该问题，另见 *Pompeii: The Electoral Programmata, Campaigns and Politics, A.D. 71—79*（Rome, 1980），esp.120。

② 类似的例证，见 Millar, *The Emperor in the Roman World* 442。

③ 见 J. Harmand, *L'armée et le soldat à Rome de 107 à 50 av.n.è.*（Paris, 1967），198—201。

录、有关军事物资的记录以及人事信件，仅仅是现存文献中数目较大的几种。书写文件广泛传播在罗马军团及机动部队中可能十分普遍。可以从布涅姆（Bu Njem）的陶片中揣测出这种现象的深远影响，陶片提供了公元 3 世纪中期驻扎在的黎波里塔尼亚沙漠的一支机动部队的一些信件与花名册。[①]北部边疆军事基地同样促生出大量的笔及书板。[②]曾几何时，当某位机动步兵或水手被光荣地获准释放并晋升为公民时，不仅需在罗马记录，还需刻写在铜板上，即所谓的退役证明，此举持续了很长时间，即便相当一部分的领受人均目不识丁抑或说只具备一定的读写能力。这些证据能让我们对士兵的读写能力有哪些了解？这是我们应该返回探讨的问题。尽管书写文件在军队中广泛使用，但我们显然应该谨慎，不应认为书写文件一直伴随着每位士兵的生活。[③]

217

书写文件的需求为军队创造出一个特殊的岗位——记录员。公元 2 世纪，当塔伦特努斯·帕特努斯（Tarruntenus Paternus）列出很多种可以免除杂役的专业人员时，他把一些比较重要的记录员（librarii）包括进去，提及那些可以教书者，表明有些应征作记录员者只不过比半文盲强一点而已：商店的掌柜、账房先生以及登记无后嗣财产的记录员；[④]显然还有其他种类的记录员。当这种体制达到顶峰的时候，位于兰贝西斯（Lambaesis）的第三奥古斯塔军团（Third Legion Augusta）的军事档案室有 22 位记录员和 21 位文职人员（exacti，另一种记录员），[⑤]而且这极有可能并非该

---

① 见 R. Rebuffat & R. Marichal, *REL* li（1973），281—286。

② 例如 Vindonissa（R. Laur-Belart, *Jahresbericht der Gesellschaft Pro Vindonissa* 1942/43, 32—39）以及 Sorviodurum（N. Walke, *Das römische Donaukastell Straubing-Sorviodurum*［Berlin, 1965］, 58）。

③ 这是 G. R. Watson 在 *ANRW* ii.1（1974），496 中的暗示。他在文中称"这些准新兵是经过深思熟虑之后才递交的推荐信"，该说法完全无法证实。

④ *Dig.* l.6.7.

⑤ *ILS* 9100，M. Philonenko 探讨了该问题，见 *Revue africaine* lxix（1928），429—435。时间约为 201 年。

军团拥有的唯一档案室。① 现存大量关于军队记录员的碑铭及草纸证据。在当时的大多数人看来，这一职位享有特权② 和丰厚待遇。③ 由此再一次表明书写文件是权力之源。

文字在宗教中的使用

长期以来确立的宗教仪式还在继续。预言书还在民间流传，尽管根据草纸文献来看，数量并不大。④ 人们刻写宗教题献，人们诵读书轴中的祷告词，繁复的神秘咒语也以文字形式流传。还有一些刻文，告诫来到神龛面前的人应该做什么，不宜做什么。⑤ 帝国的偶像崇拜活动曾大量使用碑铭。神龛和神殿积累起文字材料，例如，说翁布里亚（Umbria）的克里图姆努斯（Clitumnus）河神神殿，曾使用神谕书板（sortes），直到普林尼时代都在使用铭文表述对圣泉和神明的崇拜。⑥

文字本身继续发挥着某种宗教力量：也就是说，有时文字会被认为格外的庄重，能对人们产生非同寻常的影响。《西比拉神谕集》极具权威性，因此在公元前44年欲立凯撒为王的革命性的尝试中，人们自然会对其加以利用。⑦ 再者，举一个尽量有别于该例

218

---

① 然而，有时学者们重建的体系是错误的，与历史不符。以 R. W. Davies 为例，他认为军团通常配置约二十位"记录员和文职人员"（*ANRW* ii.1 [1974]，312）；鉴于证据有限，他得出如此结论：所有的军队都有自己的"记录员"（实际上这是非常可能的）。

② 参见 *P.Mich.* viii.466 中的第 21—32 行。

③ 因此，想要进入他们在兰贝西斯（Lambaesis）的高级学堂（*collegium*）需支付高额费用，见 *ILS* 9100。

④ 皇帝及其属臣非常讨厌这些，参见 *P.Yale* ii. 175。著名的《陶工预言》（*Oracle of the Potter*）显然已有很长历史，但在已发表的草纸文献中出现不过三次，见 *P.Oxy.* xxii.2332，另附有 C. H. Roberts 的评论。

⑤ R. MacMullen, *Paganism in the Roman Empire*（New Haven，1981），11—13.

⑥ Plin. *Ep.* viii.8："大量法律提案被刻于所有的石柱和墙壁上（legis multa multorum omnibus columnis omnibus parietibus inscripta）"；参见 Ov. *Met.* viii.744—745。

⑦ 有关《西比拉神谕集》在共和国后期以及元首统治初期公众生活中的重要性，见 K. Latte, *Römische Religionsgeschichte*（Munich，1960），160—161；关于其与凯撒的联系，见 Cic. *De div.* ii.110；Suet. *DJ* 79（"libris fatalibus"）；App. *BC* ii.110。

证的案例，在希腊传奇故事中，当一位女性被要求通过神判法来证明自己的贞洁时，可以戴上写有自己誓言的书卷。① 由"未知文字写成"的书卷在《金驴记》(*The Golden Ass*) 中主人公的得道过程中扮演了重要角色。② 所有这些都是可以理解的，因为人们认为书面文字本来就具有某种特殊能力。

同时，一些文人撰写大量有关于宗教话题的新作，③ 从某种程度上讲，他们显然通过专业书籍来宣传与获取他们的宗教思想。从卢克莱修 (Lucretius) 到波尔菲里 (Porphyry)，研究宗教哲学领域问题的希腊语及拉丁语著作家数量有限，但却是真正意义上的读者。能够证明这些著作可能一度影响到较广的人群的主要证据是论伊壁鸠鲁的习作，这是一位性格怪僻的百万富翁的著作，奥诺安达 (Oenoanda) 的第欧根尼 (Diogenes) 将其刻写在他所在的吕西亚城 (Lycia) 一处门廊的墙壁上，现在发现这篇铭文比预想要大得多。④ 诸如此类的铭文在当时并非绝无仅有，⑤ 但无论如何，它仍然是怪异的事物。或许可以推测，这类著作的创作者受到希腊人推崇教育的影响，前文业已述及，后文会再次提到。在同一行省约 40 英里之外的罗德斯城 (Rhodiapolis)，一位名为奥普拉莫阿斯 (Opramoas) 者坚信向广大公民同胞及其他人传授知识，让他们享受文字带来的益处。⑥ 在第欧根尼看来，石刻铭文的优势之一显然是持久性。⑦ 然而，现在似乎未见多少其他

219

---

① Achilles Tatius viii.12：当时她应该涉入冥河的浅处；如其所讲属实，则水不动，如若不是，水位上涨，淹没书板。

② Apul. *Met*. xi.22.

③ 参见 MacMullen, *Paganism* 9—18。

④ M. F. Smith, *Anatolian Studies* xxviii (1978)，44 中认为，单是两组教条中的一组就能覆盖至少 65 米的距离，甚至可能达 100 米之多。时间既可能是哈德良时代，也可能是塞维鲁时代。

⑤ MacMullen 11 指的是"伟大的女神"(Great Goddess) 的说教"纲要"，这些说教在公元三世纪阿提卡夫利亚 (Phlya) 一处门廊上依稀可见 (Hippol. *Refutatio* v.20.5—7)，意味着其内容是文字性的，但很大一部分可能是图画。

⑥ 关于 Opramoas，见原书 244。

⑦ 见 fr. 2 col. iv, line 14 - col. v, line 2 Chilton。

的真实案例说明文人用文字向广大人群传递宗教信息；① 塔尔苏斯（Tarsus）的保罗（Paul）在某种意义上讲属特例。

尽管如此，大多数普通民众并不迫切需要通过书写，甚至不需要通过阅读来表达他们的宗教情感，抑或说去弄清这个神圣的世界。造访神殿或唱祷告词并不需要读的能力，打理家神的神龛（lararium）或参加节日盛会亦无需阅读。新的祭祀方式主要是通过口头传播。

揭示书面文字在宗教事务中的重要性发生变化的是基督教著作。很明显，宗教与哲学宗派有通过书信与志同道合的人保持联系与一致的习惯。奥诺安达的第欧根尼可能曾与其伊壁鸠鲁学派的好友通信。② 我们有理由去推测，分布广泛的犹太共同体偶尔就宗教事务互通书信。无论如何，有些基督徒很早便开始格外重视书信以及其他虔诚的宗教著作。③ 公元 1 世纪五六十年代正是如此状况，否则保罗的信件或许不会留存至今。实际上，保罗书信强有力的风格也可能促进了这种新发展。

德尔图良（Tertullian）宣称是墨丘利（Mercury）发明了书信，无论"对于实际生活"（commerciis rerum）还是"对神的崇敬"（nostris erga deum studiis），书信均是必不可少的。④ 如果"对神的崇敬"所指是个人对神的崇敬，那么这里我们对罗马人的宗教生活又有了新发现。对于普通的基督徒而言，则完全不需要自己阅读任何文本，尽管真正的热衷者当然希望能够阅读。在几个世纪里，那些迷信者通常变成用书写文本武装自己的预言家、魔

220

---

① 在文中背景下，MacMullen 10 指的是 Paus. i.13.8（阿哥斯当地的一位收藏家所作的一首诗）以及 Philostr. *V.Apoll*. iv.30，其中，男主人公在埃利斯（Elis）邂逅一位书写演讲词的年轻人，他要颂扬宙斯，想将此稿读给公众，因为在当时如果有抱负，想要获得观众，就需要这样做。

② M. F. Smith, *Anatolian Studies* xxviii（1978），53；MacMullen 11（在某种程度上，他夸大了证据的明晰度）。

③ 参见 W. A. Meeks, *The First Urban Christians*：*The Social World of the Apostle Paul*（New Haven, 1983），143，146。

④ *De corona* 8.2.

法师和占卜师。① 最显著的新变化系为组织严密的共同体与经久不变的书写文本的逐渐积累。由于它们基本上不具备神奇的或超自然的力量，但却很容易在基督教的共同体内部以及之间传播，而且可以充当固定的标尺。因此，文字以一种新方式行使其在宗教事务中的影响力。

纪念活动

与宗教情感和宗教活动在某种程度上相似的是一些形式的个人纪念出现在墓志铭中。虽然简单记录刻泐者到过此地的涂鸦也值得关注，但墓碑是此处谈论的主要话题。除了它们在某些行省的传播广泛之外，这类事物先前从未在这些行省出现，罗马的纪念性文本并未出现大的变化。

墓志铭能够而且无疑通常具有宗教作用和社会作用，既能记录故人的生平，也寄托着在世者的悲痛。在有些人看来，它们似乎赋有一种永生的含义，抑或至少代表生命延续。② 因而在某种意义上替代了大多数希腊人和罗马人几乎或根本不相信的东西，即安逸的来世。③ 众所周知，诸如此类的文字内容俗套至极，但时而有人精心安排自己的墓地和墓志铭，表明在有些纪念性的墓志铭背后所隐藏的强烈情感。④ 文字在这类纪念性场合中的作用显然异

221

① 参见 Theophr. *Char.* 16.6；Plu. *De superstit.* 3 或 *Mor.* 166ab。

② 参见非历史性研究 H. Häusle, *Das Denkmal als Garant des Nachruhms*（Munich, 1980）。普洛佩提乌斯（Propertius）的名言"以简短的名字结尾（et breve in exiguo marmore nomen ero, ii.1.72）"不能作为任何概论的基础。原文 26 引用 Diod.Sic. xii.13.2 中的观点。当普林尼（*NH* xiii.70）把草纸描绘成"代表人类永生（qua constat immortalitas hominum）"之物时（这是他的本意，尽管 C. H. Roberts & T. C. Skeat, *The Birth of the Codex*［London, 1983］, 8 不赞同），他所表达的是文学化的观点。

③ 关于罗马人对来生的观点，尤见 A. Brelich, *Aspetti della morte nelle iscrizioni sepolcrali dell'impero romano*（Budapest, 1937）。

④ 奥古斯都和特里马尔奇奥（Trimalchio, Petr. *Sat.* 71.12）都为自己的墓亲笔题文，许多其他人也是这样做的，其中如"as se vivo fecit, vivus fecit"的措词，我们只能查阅 *CIL* iv 的索引；另见 Brelich 37—38。那些可见的碑铭图样暗示着永生，在体现死者生前文化或知识上显著身份方面扮演的角色，参见 H. I. Marrou, ΜΟΥΣΙΚΟΣ ΑΝΗΡ（Paris, 1938）, 231—257 中推理出来的题为"l'héroisation par la culture"的章节。

常重要，因为惟有文字刻名能够证实一个人的身份。

在公元前 1 世纪与公元 1 世纪，墓碑石刻在诸希腊及罗马城市内骤增，"文字可以存留对亡者的记忆"这一观念可能已传至许多充其量处于读写能力边缘的人，即不可能自行刻写纪念碑文者，[1] 不过这也与社会声望有关，以铭文纪念亡者可以帮助其在世的家庭成员保留或获得某种社会地位或尊重。罗马以及其他城市的精英钟爱墓碑石刻，因而在某种程度上使墓碑石刻成为了身份的象征。有些家庭拥有极其稳固的社会地位，因而不需要墓碑石刻的支撑，但被释奴以及在某些地方，已被部分罗马化了的行省居民对正式墓志铭的推崇表明它们具有代表身份地位的价值。[2] 多数墓志铭系由技艺高超的石匠刻写，极有可能是他们造成了碑文内容的格式化，这必然会令我们得出如下结论：一篇墓志铭远不能证明亡者本人甚至其亲属是完全具备读写能力。

文学

我们对该时期文学作品传播了解的越来越多。著作家比比皆是，作品亦是数量繁多；看起来在罗马上层社会中，似乎只有那些极其不善言辞者才不进行文学创作。[3] 还有其他一些著作家，他们并非出自上层社会，[4] 那些诗歌体裁的墓志铭和出自无名氏之手

222

---

[1] 对于有的农耕者也有墓志铭是否真如所说，见原书 275。

[2] 关于该因素在"蛮族"行省的影响，见 Mócsy, *Gesellschaft und Romanisation in Moesia Superior*，尤见 228。

[3] 关于数量可观的普通古代著作家，见下列标准读物：W. Schmid & O. Stählin, *Geschichte der griechischen Literatur* ii.1, ii.2（Munich，1920—1924）；M. Schanz & C. Hosius, *Geschichte der römischen Literatur* i（4th ed., Munich，1927），ii（4th ed., 1935），iii（3d ed., 1922）；H. Bardon, *La littérature latine inconnue* i—ii（Paris，1952—1956）。其中一个时期，见 G. W. Bowersock 在 *Greek Sophists in the Roman Empire*（Oxford，1969）中更加清晰易懂的记述。然而，此处还有一个问题：并非堪称博学者才能成为著者。

[4] 在著名的世俗著作家看来，琉善对工匠起源的解释或许最为清晰。奴隶斐德鲁斯（Phaedrus）与埃皮克泰图斯（Epictetus）属特例，而维吉尔对社会根源的阐释有争议。

的涂鸦都清晰表明当时的诗歌潮流。公元前 100 年尚未传至罗马的那些希腊文学创作风格在其后不久便传至罗马，一些先前很少以拉丁语形式展示的作品，比如技术手册，其数量成倍增长。普鲁塔克及苏埃托尼乌斯长长的作品清单生动地阐释出文学创作的广度；此外，罗马士麦那（Smyrna）一位医师的墓志铭也说明了这一点，此人系卡里德姆斯（Charidemus）之子赫摩根尼（Hermogenes），他不仅撰写了 77 部医学著作，还创作了多部历史及地理书籍。①如果不是偶然留存至今的墓志铭，我们对其将一无所知。

甚至连演说都变得更加书写化。首先，随着对精彩演讲需求的增加，演说者更倾向于事先亲自或让他人书写演讲内容。西塞罗时代，似乎大多数演辞在记录之前便已演说完毕。②语言最纯正的昆体良（Quintilian）可以接受演说者使用笔记，但却认为如果已经将整篇演辞都写下来的话，就应该能够背诵它。对于此时的演说者，事先书写下起码部分演说内容显然是十分普遍的。③在整个共和国后期，演辞的发表也愈发常见。

文学作品所传播的地域范畴显然令人印象深刻。许多希腊城邦著作家云集，在拉丁帝国那些比较发达的地区，尽管稍逊一筹，但同样聚积许多著作家。草纸文献揭示出在希腊行省的诸城市中，存在一种非凡的文学文化，④而文学作品的受众也不仅简单的局限

223

---

① *CIG* 3311，*IGRR* iv.1445 或见 *IGSK* xxiii.536.

② Cic. *Brut.* 91. 但 Suet. *De gramm.* 3 可能有略微不同的暗示：L. Aelius Praeconinus（一名马兵）从"他习惯于刻写最著名的演说辞（orationes nobilissimo cuique scribere solebat）"中得名"Stilo"。该问题很复杂，此处不能深究。

③ Quint. *Inst.* x.7.30—32. 该时期的惯例，见 Plin. *Ep.* v.13.6（"recitavit libellum"），vi.5.6（"Celsus Nepoti ex libello respondit et Celso Nepos ex pugillaribus"：他们备受指责，但定然是"*altercatio*"）。

④ 欲想举证，不仅可以在最近的奥克希林库斯草纸文献中引用期盼已久的欧里庇得斯与米南德的作品片断，还可以引用记述着玻璃吹制术的六步格诗（*P.Oxy.* 1.3536）、伊索克拉底的生平（3543）与一则历史故事，编者认为故事是一段哲学对话（3544）；R. A. Pack, *The Greek and Latin Literary Texts from Greco-Roman Egypt*（2d ed., Ann Arbor, 1965）反复强调这种论点。

于上层精英。然而，文学的传播仍然比通常所认为的更为口头化。

　　幻想所谓的"古代世界中大出版商批量生产书籍的工作室"①毫无意义，因为"批量生产"是不恰当的用法，事实上"出版商"亦是不得体的观念。当然，人们经常为了利益而抄录并分发书籍，②而且文学作品以这样或那样的方式传播至帝国的每一座城邦是至关重要的大事件。如果诗人有享誉全世界的野心，他要了解世界有多大：③克尔吉亚人（Colchians）生活在黑海尽头，达西亚人（Dacians）却可以读到他们的著作，不过必须认识到罗马在书籍制造以及分配方面的局限性。有一个经常被引用的证例：一本书再版 1000 份——元老阿奎琉斯·雷古鲁斯（Aquilius Regulus）所著的《儿子的生平》——尽管这明显是极端例证，且作品本身可能篇幅很短。④还有一则较少被引用的例证，瓦罗（Varro）的学宫在禁令期间遭到洗劫，他所撰写的 490 部书籍丢失一大部

224

---

① T. C. Skeat 在 *PBA* xlii（1956），189 中的措辞并不是为自己的结论争辩，即在古代书的生产中，至少有时会采用听写的方式。P. Petitmengin & B. Flusin，*Mémorial André-Jean Festugière*（Geneva，1984），247—262 进一步研究了该问题。学者们曾有意将古代书的生产与现代的生产等同化对待。L. Friedländer，*Roman Life and Manners under the Early Empire*，trans J. H. Freese，iii（London，1909），36 认为，阿提库斯曾令诸多的竞争对手和成百上千写工同时根据口述听写，扮演印刷机的角色。

② 主要见 H. Emonds，*Zweite Auflage im Altertum*（Leipzig，1941），17—23；V. Burr in *RLAC*（1959）s.v. "Editionstechnik，"cols. 600—604；T. Kleberg，*Buchhandel und Verlagswesen*，trans. E. Zunker（Darmstadt，1967）；R. J. Starr，*CQ* xxxvii（1987），213—223。

③ 尽管希腊和罗马有许多文学先驱（参见 R. G. M. Nisbet & M. Hubbard on ii.20.14），但该说法第一次出现是在 Hor. *Od.* ii.20.13—20（"me Colchus et qui dissimulat metum/Marsae cohortis Dacus ..."，参照 E. Auerbach，*Literatursprache und Publikum in der lateinischen Spätantike und im Mittelalter*（Bern，1958），177—178。

④ Plin. *Ep.* iv.7.2 详述雷古鲁斯悼词的长度。根据 Kleberg 62，如此大小的版本在当时定然很普遍。然而，索莫尔（R. Sommer）经过对西塞罗作品（*Hermes* lxi〔1926〕，412—414）的仔细研究得出如此结论：我们对当时版本的长度一无所知。

分，① 这表明一位著作家即便很富有，也不会去分发作品的抄本，分发书籍的主要方式绝不是通过任何形式的贸易，而是朋友之间互赠礼物或借阅。②

可供阅读的书籍的数量通常很少，③ 虽然无需说明元老院的议员们无此忧虑，但对于大多数人的口袋而言，书籍或许是相当昂贵的。④ 在这种情况下，一些拥有书籍的人自己做抄本。⑤ 书商的传播速度不可能很快：共和国后期维罗纳（Verona）不曾有书商，而且一个半世纪之后，小普林尼认为像卢格都努姆（Lugdunum）这样繁荣而稳固的行省首府内同样没有书商；后来证明他错了，但其猜想现在仍是重要的证据。⑥

在罗马，欲引起公众注意的作家通常会举办公共朗诵会，即诗篇背诵（recitatio）。⑦ 在塔西佗的《对话》（Dialogus）中，亚

---

① Gell. iii.10.17.

② 见 Starr，*CQ* xxxvii（1987）极具说服力的阐释。

③ Cic. *QF* iii.5.6；Seneca *De ira* ii.26.2. 不太富裕的读者要忍受什么可想而知。Strabo xiii.609 中既述及罗马的劣质抄本，也谈及亚历山大城的劣质抄本。

④ Kleberg 在 56—58 中描述了少量的重要证据，但他最新的相关观点有些误导性，而且他下了错误的结论（T. Birt 在 *Kritik und Hermeneutik*，*nebst Abriss des antiken Buchwesens*［Munich，1913］，322 中的观点更为悲观）。已知的一般价格为：（1）克律西普斯（Chrysippus）的一份作品为五德纳里乌斯，而当时可能很紧缺（Epictet. i.4.16）；（2）精编版的约 700 行的 Martial book i（Mart. i.117.17）值五德纳里乌斯；（3）书中包括 Martial book xiii 中 274 行（xiii.3.2）的 *gracilis libellus* 值一德纳里乌斯，半价就可以得到（诗的风格活泼欢快，但证据的价值不能确定）。在以弗所（Acts xix.19）中标价五万德纳里乌斯的神书也非常有趣。在琉善 *Pseudolog.* 30 中，750 德拉克玛对于一本罕有的书是情理之中的价格。

⑤ Phaedr. iv. prol.17—19. 参见 Birt 325—327.

⑥ Catull. 68.27—28（需要注意，即便在同一时期的罗马也存在购书困难：Cic. *QF* iii.4.5）；Plin. *Ep.* ix.11.2（A. N. Sherwin-White 称普林尼的观点与 ii.10.2 中揭示的不符，后者称只要讲拉丁语的地方，就会读一位朋友的诗，作者没有抓住要点，而书的传播并未依靠书店）。布隆迪西乌姆的在售书籍，见 Gell. ix.4.1.

⑦ 相关细节见 G. Funaioli in *RE*（1914）s.v. "recitationes"，cols. 435—446；Sherwin-White on Plin. *Ep.* i.13.

佩尔（M. Aper）称一位诗人欲想成名并非易事，因为有关其朗
诵会的消息何时才能传遍罗马城呢？更不用说传遍诸行省了。如
《对话》本身所表明，戏剧表演与书籍是相辅相成的：在库埃提乌
斯·马特努斯（Curiatius Maternus）背诵完悲剧《加图》的第二
天便出现了该著作的戏剧形式，与其交谈的人发现他手握这本希
望发行的书。① 但据推测，诗人被称颂是因为诗篇背诵（recitatio），
而不是书籍。② 组织诗歌朗诵会的传统早在阿西尼乌斯·波利奥
（Asinius Pollio）时代以前即已存在，老塞内卡认为是波利奥开创
了这种传统。③ 该传统对阅读习惯的影响难以考量，但不难猜出，
诗篇背诵对于许多听众而言是需要花费时间和脑力的，却成为私
人读物的替代品。也许在普鲁塔克及普林尼时代，诗篇背诵与戏
剧表演一样，都是希腊与罗马富人举办酒会和宴会的特色。④

　　但正如斯特拉波的一些言辞所示，文学作品的口头传播涉及
的远不止于此。每当城镇居民听到讲述英雄壮举的诗歌时，他们
会受这些神话的感染；哲学只是少数人的乐趣，诗歌却更为实用
而且可以使剧场座无虚席。⑤ 狄奥·克莱索斯顿描述道，当他从竞
技场走过时，发现人们在吹长笛、跳舞、杂要、颂诗、唱歌、讲
述某段历史或故事，⑥ 这些也是古代世界的特征。大量的参考资料
显示当街表演者在帝国时期意大利的城市极负盛名。⑦

　　当奥古斯都发现自己难以入睡时，他并不会像现代人那样去

---

① Tac. *Dial*. 3.

② *Dial*. 10.1—2："mediocris poetas nemo novit, bonos pauci. quando enim rarissimarum recitationum fama in totam urbem penetrat?"他夸大了自己的主要论点，但与这里的研究无关。

③ Sen. *De contr.* iv praef.2. 见 Funaioli cols. 437—439；A. Dalzell, *Hermathena* lxxxvi（1955），20—28。

④ 见如 Plu. *Quaest.Conv.* vii.8 或 *Mor.* 711a—713f；Plin. *Ep.* i.15.2。

⑤ Strabo i.19—20.

⑥ Dio Chrys. xx.10.

⑦ 见 A. Scobie, *Aspects of the Ancient Romance and Its Heritage*（Meisenheim, 1969），27—29；A. D. Booth, *Greece and Rome* xxvii（1980），166—169。

拿一本小说看，相反，"他传唤读书者或讲故事者"。① 罗马上层阶级对讲书者的严重依赖我们并不陌生，② 诚然，即便对于上层社会，听书而不去自行读书也一直是正常现象。

226

如果"大众文学"指的是通过个人阅读而为成千上万的人所知的文学，那么在罗马帝国，这种东西并不存在。即使是最负盛名的作品——荷马与维吉尔（Vergil）（两人在当时均广为人知）的名著，也是通过抄写及朗诵而为学童所熟知的，而并非通过学校教材的形式。专为公众撰写的著作完全不存在。老普林尼将著作《自然史》献给韦帕芗，他写道，假使他直接把这本著作发布，针对皇帝的批评，他可以说这是一本为身份卑微的普通人（humile vulgus），即农耕者和工匠所著的作品，以此为自己辩护。③ 但在受奉献者面前，老普林尼故意措辞贬低自己的作品，之后再无下文。毫无疑问，有些技术类的文本是写给那些被皇帝的奉承者描述成身份卑微的普通人（humile vulgus）的受众，不过在其他人看来，或许他们是受人敬仰的艺术家（artes）。

大众文学的存在缺少证据，马提亚尔（Martial）关于"罗马，甚至连不列颠都在吟颂他的诗歌"的说法同样缺乏说服力；④ 我们对马提亚尔的说法无需太认真，这些是诗人的自命不凡，吹嘘自己享有广泛的声誉，这是很早之前业已存在的传统。⑤ 显然，当他写道，（"据称"）在维耶内（Vienne/a）所有老者、年轻人以及贞洁的少女均拜读他的作品时，同样是不足为信的。⑥ 甚至曾有人郑重声明，当诗人称自己正在为观看弗洛拉里亚节表演（ludi Florales，一项有趣的传统活动）的人写作时，揭示出诗人期望较

① Suet. *DA* 78.2.
② 证据包括 Plin. *Ep*. v.19.3，viii.1.2，ix.34，ix.36.4（参照 v.3.2）；见 F. di Capua，*RAAN* xxviii（1953），66—70。
③ Plin. *NH* praef.6.
④ vi.60.1—2："所有人都手握我的诗词（me manus omnis habet，参见 v.16.2—3）；xi.3.5。
⑤ E. E. Best，*CJ* lxiv（1968—69），208—209 详细分析了这些资料，同时阐述马提亚尔认为阅读其著作（xi.3.4）的百夫长在军中的地位较低。
⑥ vii.88.3—4.

低阶层的读者群，① 但这样的论点完全没有说服力。

　　如果没有哪部特别的罗马书籍成功流传至广大受众，是否是因为还没有能做到这一点的文学种类呢？希腊语传奇文学为首要的推举对象。但"希腊传奇文学的确颇为流行"的观点② 与两个清晰的事实冲突：这类作品著作家的希腊语非常精炼考究，③ 且仅有较少数量的草纸文献残片留存至今。④ 我们更应该将这些传奇故事看成是一小部分真正受过一定教育者的消遣读物。关于《伊索寓言》（Aesopic fables），它们颇受欢迎，但昆体良勾画出乡野村民与未受过教育的人在听这些故事的场景，用词非常精准。⑤ 斯特拉波设想那些目不识丁者与未受过教育者也定然是通过"听"的方式去了解他们如此钟爱的"神话"的。⑥ 这并不是否认当时曾存在一些不需要多高文化的文本的存在：盖里乌斯（Gellius）描写了其在布隆迪西乌姆（Brundisium）港口偶遇待售的希腊书籍的情形，"满是传奇和故事"。⑦

227

---

① 贝斯特 208—209 中提及 i praef.12—16（清晰阐述了马提亚尔潜在读者的身份）。贝斯特最终的论点（211）是，由于马提亚尔向诸如客栈掌柜和战车的驾驭者之流读诗，将这些人视为著作的读者，但该论点忽视了文学传统（事实上未发现关于客栈掌柜的记载）。

② D. N. Levin, *Rivista di studi classici* xxv（1977），18—29.

③ 笔者认为该观点甚至适用于非"阿提卡"的查里顿（Chariton），见 A. D. Papanikolaou, *Chariton-Studien. Untersuchungen zur Sprache und Chronologie der griechischen Romane*（Göttingen, 1973），以弗所的色诺芬（Xenophon）是特例，见 M. D. Reeve, *CQ* xxi（1971），531—534。

④ Pack, *Greek and Latin Literary Texts* 中总共收录五位希腊著名小说家的 6 个草纸片段；另外，在匿名著者的部分附有 26 个故事片段，是继洛里亚努斯（*Phoenicica*, ed. A. Henrichs, Bonn, 1972）之后的很好补充；派克的研究中有《伊利亚特》和《奥德赛》的 605 条，欧里庇得斯的著作 75 处，一些匿名的史学家提及 92 处。

⑤ Quint. *Inst*. v.11.19.

⑥ 上文引用过的 Strabo i.19；关于古代讲故事的资料，见 A. Scobie, *RhM* cxxii（1979），229—259。

⑦ Gell. ix.4.3—4："res inauditae, incredulae, scriptores veteres non parvae auctoritatis: Aristeas Proconnesius et Isogonus Nicaeensis et Ctesias et Onesicritus et Polystephanus et Hegesias; ipsa autem volumina ex diutino situ squalebant et habitu aspectuque taetro erant."

希腊化世界的图书馆在罗马被传承了下来，意大利西部某些省区以及东部地区均有图书馆。恺撒是第一位计划在罗马筹建公共图书馆的人，① 但这一计划在其死后才得以实现。奥古斯都的图书馆以及各省区那些他人筹建的图书馆业已被证实，② 它们表明希腊—罗马上层阶级对文学经典所怀有的崇敬，而且在某种程度上，这些图书馆定然有利于有学识的人以及受人尊敬的人查阅书籍资料。③ 然而，如果认为这些努力对于文字的传播曾产生过大范围的影响的话，则是十分荒谬的。

228

书信

书写私人信件的传统在后共和国时代的罗马有所加强，在某种程度上，这一传统与拉丁文字的其他功用一起在西部诸省传播开来。然而，尽管现存有相当数量的各种形式的希腊语及拉丁语书信，④ 但有关书信普及至哪个社会阶层，以及使用者对它们的依赖程度有多大，目前不能确定。

人们曾广泛探究过书信的种类：在古代，书信被分为多达 41 种不同的类型，从普林尼的书信中可略见端倪，如果它们确实是真正意义上的书信，按大致的分类，可归为 8 类。⑤ 现实生活中有些书信只有一种功用（如邀请函，consolatio），其他书信也许有多

---

① Suet. *DA* 44.

② 见 C. Callmer in *Opuscula Archaeologica* iii（Skrifter utgivna av Svenska Institutet i Rom x）（1944），167—185；C. Wendel in *RLAC*（1954）s.v. "Bibliothek，"cols. 244—246 或 *Kleine Schriften zum antiken Buch- und Bibliothekswesen*（Cologne，1974），176—178，但需要重新分类。

③ Gell. xix.5.4 中称提布尔（Tibur）的图书馆收录了亚里士多德的真迹。

④ 见 P. Cugusi, *Evoluzione e forme dell'epistolografia latina nella tarda repubblica e nei primi due secoli dell'impero*（Rome，1983），内附先前作品的书目，遗憾的是作者对社会史的兴致不高。

⑤ 参见 A. N. Sherwin-White, *The Letters of Pliny. A Historical and Social Commentary*（Oxford，1966），1—4，42—52。但他的分类（43—44）并未摆脱文字的大部分实际功用不为人知的状态。

种不同的功用：处理经济事务、传达信息、取悦收信人、推荐第三方，寻求帮助等。

有一个未被注意到的局限性：大多数现存的书信都用于相当远距离的沟通：在与同城的人往来时，似乎从未使用过书信（在电话普及之前，书信一度是这样）。即使在热爱书信的普林尼所在的圈子里也是亦然。在答谢一封推荐信回复时，普林尼比较随意地说道，"如果你身在罗马而我在其他地方的话，那么我会向你推荐他的。"[1] 换言之，推荐的举动之所以以书信的方式表达，只是因为写信人不在城中，否则他就亲身去推荐了。这则例证特别有趣，因为推荐是比较正式的行为，按理说文字形式应该产生更好的效果的。草纸文献中存留下来的邀请函也与此相关：它们不仅数量极其有限，而且通常书写的并不完整，要么是邀请者、要么是被邀请者，或者两者皆未署名或署名不完整。照此看来，我们自然会得出这样的结论：邀请函大体上都是传递给本地人的信息，多数是口头的，但有时可能也附上一封邀请函，只是为增加一点个性。[2] 书信使用的这种局限并不是因为缺少公共邮政服务，而是富人已经解决远距离通信的困难，当地的通信就更不是问题了。究其原因，是传递信息的自然方式在很大程度上仍是口口相传。

229

然而，各个社会阶层中都有常写书信者。在某段时间，西塞罗曾频繁地写信给阿提库斯（Atticus），有时甚至每天都写，连续写几周。[3] 他是一个精力充沛的人，写信的速率也能反映出他离群索居，但很可能其他人也和他一样，写信量很大。在较低的社会阶层，同样有一些频繁写书信者：恰好一位讲希腊语的士兵写给其母亲的信留存下来，这封信写于古埃及历的二月，信中说，他

---

① Plin. *Ep.* vi.9.1；塔西佗记述了之前不为人知的内容。

② 见 J. F. Oates, A. E. Samuel & C. B. Welles on *P.Yale* i.85；全面的论述，见 U. Wilcken in L. Mitteis & U. Wilcken, *Grundzüge und Chrestomathie der Papyruskunde*（Leipzig & Berlin, 1912），i.1.419。

③ *Att.* ii.4—17 是 59 年间仅用一个多月写成的；vii.17—x.15（67 封信）是 49 年间用不到 100 天完成的；xii.12—xiii.20（79 封信）是 45 年间约 115 天写成的。

在那个月三次写信给母亲。①

　　在罗马军团，有些士兵也写书信，但他们绝不是社会阶层中的最底层。在写书信的人中，最低的是哪一阶层呢？这个问题也许让人感到迷惑，因为社会地位本身并不能使人成为通信者：职业才是更重要的——这就是为什么有时我们发现奴隶也写书信，无名小卒也为生意上的原因互通信件，比如伦敦的两位凯尔特语名字的商贩。② 女性也收发信件，不仅是在上层社会，在讲希腊语的埃及有产者阶级中亦是如此。③

230　　以文字的形式向个人传递信息并非只局限于比较正式的信件，实际上许多涂鸦的用意就在于此，可以夸张地说随意刻泐有着类似于书信的功能。当然，随意刻泐者在刻文时也许未曾真正考虑过有谁会看，或是朋友，或是所有的来者。无论如何，经证实，想要界定刻泐涂鸦者的社会范畴，迄今为止是不可能的。④

　　书信的作者并不需要自己进行实际的书写工作。对于所有的社会阶层均是如此。在西塞罗写信给阿提库斯的最初阶段，他是亲笔书写的，但后来他通常口述让他人代写，尤其是当他异常忙碌时。⑤ 在希腊语的私人信件中，常见于文件中那些目不识丁者所使用的套话遭到摒弃，而且也没有与这些套话相对应的话语，⑥ 显然是因为没有人会认为私人信件一定是署名者本人的亲笔信。如

---

① *P.Mich.* iii.203；参见 H. Koskenniemi, *Studien zur Idee und Phraseologie des griechischen Briefes bis 400 n.Chr.* (Helsinki, 1956), 111—112。

② 关于奴隶，见 *P.Tebt.* ii.413；关于伦敦的交易者，见 K. Painter, *BMQ* xxxi (1966—1967), 101—110(Rufus Callisuni to Epillicus)，但该篇章存在特殊性。

③ S. G. Cole 在 H. P. Foley (ed.), *Reflections of Women in Antiquity* (New York, 1981), 236 中举出一些例证。

④ *Cronache ercolanesi* iii (1973), 97—103 中阐明了 H. Solin 在试图分析赫库兰尼姆粗糙画的背景时所遇到的困难。

⑤ 参见 D. R. Shackleton Bailey on Cic. *Att.* ii.20.5。值得注意的是，及至 xii.32.1，西塞罗为自己而写。

⑥ J. L. White in White (ed.), *Studies in Ancient Letter Writing* (或 Semeia xxii) (Chico, Calif., 1982), 95.同样的文献还包括所有用草纸写成的希腊信件清单 (C.-H. Kim, 107—112)。

果 "author" 确是一个恰当的词以指代依赖写工为其措辞并代写书信者的话，大多数写在草纸上的信件均不是署名者亲笔所写。[①] 在此类人中，有许多定然只具备少许读写能力或者目不识丁，但他们大概知道如何使用文字。[②]

结语

有人断言，"一种思想的传播或提炼，无论在哪一社会阶层，无论什么场合，文字都是最自然的形式。"[③] 这种说法全然不正确，即使对于最有教育的阶层也并非如此。对于总人口中占大多数的较低社会阶层，真实情况与此种观点的表述相去甚远。即使是对于受过极高教育者，口头语言也一直保持着比有时所认为的更高的支配地位。总体上看，在帝国的居民中间，尽管少数人大量使用文字，尽管有些人不能读写也明白如何利用文字，但文字对大多数人而言仍是无法触及的。

然而，罗马世界此时在诸多方面都依赖于文字，尤其是在政治及行政统治力上。文字克服远距离障碍、赢得尊重的优势在这个世界级帝国中已变得至关重要。从很早的时候起，统治者与城邦便开始利用文字的双重潜能。后来，托勒密采用一种新的行政体制，比先前任何体制更多的使用文书。就罗马而言，无论在共和国时期还是元首统治时期，不论是文字的实用性上，还是凸显身份的作用上对行政权力的实用都至关重要。在罗马，如同古典时代的希腊，越来越多地使用文字促进了权利向公民的传播（甚

231

---

① 参见 Koskenniemi, *Studien zur Idee und Phraseologie* 114。如 *P.Mich.*，iii.214 及 216 中所述：在一些社会阶层，如果妻子收到丈夫的连续来信，而且是完全不同的笔体，她并不会感到惊奇（即便妻子能分辨出笔体差异）。

② 在 H. C. Youtie 发 表 在 *ZPE* xxvii（1977），147—150 中，*P.Mich.* inv.855 使 得 "按照常人的标准，抄写一封信是很昂贵的" 的说法很诱人；在这篇克劳狄治下的文献中抄写一封信需要两个银币。

③ A. Petrucci, *Studi medievali* x.2（1970），160；同时引用了卡瓦略 G. Cavallo 在 M. Vegetti（ed.），*Oralità*，*scrittura*，*spettacolo*（Turin，1983），173—174 中的一致观点。

至传至非公民）。文字不仅服务于相互交流，还可以申诉权利与公正。不过文字也使得掌权者更有效地行使权力，因为它既使罗马得以统治并管理整个帝国，也帮助富人及各类精英维系他们的优越性。

除第二章中清晰列举的和本章所探究的那些功用，书写与文字还具有其他功用，应在多大程度上将这些功用看成是"象征性的"尚存疑问。诚然，很多种铭文似乎都具有象征性含义，从某种层面上讲，那些编写或负责刻写官方铭文的人要表达的含义都要多于文字表面。墓志铭以及一些种类的宗教铭文同样如此。有的私人信件要表达的含义会多于文字表面（这一点史学家也无法得知）。然而，我们难以界定哪些为象征性内容，哪些不是。诅咒板或许可以被认为具有高度的象征意义，因为上面的内容通常是写给神灵的并且拘泥于一定的格式，但诅咒板上却相当生动地写着希望表达的内容。

可以提出这样的假设：一些情况需要使用文字，但要求巧妙或委婉地使用文字（庞贝城政治竞选宣传标语［programmata］的作者在标语中并未表露他们在奉承未来的掌权者）。在其他情况中，人们都知道的文字的存在（比如卡比托山的铭文）比它们的实际内容更具意义。在诸如此类的例证中，文字可能拥有一种完全不同于字面意思的含义。

学校教育

在此需要全面回顾一下罗马人的教育史。一些已有的观点近来都遭到质疑，如一种理论称罗马的学校教育一律可以分成三个清晰的阶段，依次由普通教师（ludi magister，亦作"grammatistes"或"litterator"）、文法教师（grammaticus）和修辞学家（rhetor）教学。然而，这里只考虑那些关系到读与写的教育的问题，尤其是必须探究基础教育的可达性。

覆盖面极广的学校体系是广泛读写能力实现的前提。尽管如此，难道罗马世界不可能存在一大批未参加学校教育而学习读写者吗？我们必须谨慎，不要过分夸大古今教育实践的相似性。罗马富人的孩童通常从私人教师那里接受教育，或说至少接受早期教育。① 在社会精英中，父母有特殊的义务去教授他们的男童读与写（已知文献中，未见父母对女儿也有相同义务的迹象）是普遍现象。这是一种推测出来的责任，并非完全没有可能的猜想。② 该观点在社会中的影响有多深远尚不清楚：这种观点在普劳图斯的作品中出现过，但直到晚期古代之前没有在任何非贵族文献中出现过。③ 成日劳作的父亲与受过极少教育的母亲可能认为教授文字是学校教师的任务。当然，教授基本的读写技能是学校教育的一部分；④ 入学之前这些技能通常是不被掌握的。实际上，在孩童的教育问题上，上层阶级之外的多数人或许都依赖学校。如果存在奴隶教育的话，同样可能是在正规学校展开的。⑤ 简言之，没有理由推断罗马人是在没有大规模正规教育的情况下广泛传播读写的。

233

　　术语的模糊增加了探寻罗马学校分布情况的难度。上述现代著作中获得公认的那种三阶段划分法太过死板。⑥ 比如，普通教师（magister）的职责是什么？马提亚尔如此勾画某位诗人著作的悲惨命运：⑦ 学校教师用其著作进行听写，因此诗人会被"高挑的少年以及善良勇敢的男童"所嫉恨。这些孩童一定在十一二

---

① 如见 Suet. *De gramm.* 17（维里乌斯·弗拉库斯 Verrius Flaccus——奥古斯都孙辈的教师）；Plin. *Ep.* iii.3.3；以及 Quintil. *Inst.* i.2。

② Plu. *Cat.Mai.* 20；Nepos *Att.* 1；Val.Max. ii.7.6；Suet. *DA* 48，64.3；参见 Cic. *Att.* viii.4.1。

③ Plaut. *Most.* 126；Heliod. *Aeth.* i.13.1。

④ 见 L. Grasberger, *Erziehung und Unterricht im klassischen Altertum* ii（Würzburg，1875），254—321；Marrou，*Histoire* 391—397；S. F. Bonner, *Education in Ancient Rome*（Berkeley, 1977），165—188。

⑤ A. D. Booth, *TAPhA* cix（1979），11—19。

⑥ 见 Marrou，*Histoire*, esp. 389—390（然而在 597 注释 1 中他对该问题未下定论）。

⑦ viii.3.15—16："为俊男和少女所痛恨（oderit et grandis virgo bonusque puer）。"

岁，已经不再进行读写方面的学习，而他们的教师却还是普通教师（magister）。① 另一方面，昆体良将所有超越基本读写技能的知识视为文法教师（grammaticus）的职责范畴。② 自称"文法教师（grammatici）"的人偶尔也教简单的读写，这一点疑问重重。③ "litterator"一词似乎既用来指代小学教师及私人教师，也指代文法教师（grammatici），④ 很可能是因为两者的职责通常难以区分。实际上，公元 2 世纪起，小学教师（litterator）——文法教师（grammaticus）——修辞学教师（rhetor）这种次序才渐渐出现。⑤ 因此，定位拉丁语文献与碑铭资料中基础教育的教师的任务比预想困难。希腊语证据中也有类似的问题："didaskalos（教师）"可能是小学教师，但也可能是更高水平的教师 ⑥ 抑或学徒的师父，甚至是基督传教士的导师。

最近一部著作声称在整个帝国曾存在"密集的学校网络"。⑦

① 在 Gell. xvi. 6.5 中明显是"文法教师（*grammaticus*）"［详解维吉尔著作的发现］，被称为"普通教师（*magister*）"。

② *Inst*.i.4.1.

③ 这是 A. D. Booth, *Florilegium* i（1979），1—14 的观点，人们相信他将能对固定的三重体系的存在提出质疑。但是他的论点不够确定，因为尚不清楚除了搏斗，Orbilius 是否还教授贺拉斯"elementa"（正在研究的篇章是 *Epist*. ii.1.69—71）。Plin. *Ep*. ii.14.2 没有着重涉及"初级"教育。然而盖伦（*Scripta Minora* ii.25 Marquardt-Müller-Helmreich）和奥索尼乌斯（*Prof*. viii.10—13-"primis in annis,"x.11—13）把 grammatici 记为启蒙教师。

④ E. W. Bower, *Hermes* lxxxix（1961），462—477，esp. 469—474. A. D. Booth, *Hermes* cix（1981），371—378，在尝试说明"literator"是很少有的初级教师时，作者扭曲了事实。

⑤ 参见 Apul. *Flor*. 20.3。SHA *Marc*. 2.2—4 给出的顺序是 *litterator*（加上 *comoedus*, *musicus*, *geometra*），然后是 *grammaticus*, *orator*；*Verus* 2.5 中的顺序是 *grammatici*, *rhetores*, *philosophi*。在 Diocletian 的 Price Edict 中，教师的级别从低到高依次为 m*agister institutor litterarum*（etc.），*grammaticus*, *orator*（etc.）：S. Lauffer（ed.），Diokletians Preisedikt（Berlin, 1971），124—125。

⑥ 见 Harris, *ZPE* lii（1983），97 n.43 中的例证。J. Christes 在 *Sklaven und Freigelassene als Grammatiker und philologen im antiken Rom*（Wiesbaden, 1979），154 提出并对 Add *IG* xiv. 798（Naples）进行了评论。

⑦ "Una fitta rete scolastica"：G. F. Gianotti & Pennacini, *Società e comunicazione letteraria in Roma antica*（Turin, 1981），iii.128.

论者甚至断言是帝国政府开创了这种网络，这是一种荒诞的误解。马鲁（H. I. Marrou）不经意间的一句言论或许应该受到批评，即他所宣称的从韦帕芗统治开始，罗马帝国在学校的问题上，推行"一种积极的干预与资助政策"。

　　的确，罗马皇帝们或臣属官吏时而做出有利于基础教育教师的举动，① 最明显的例证为管理维帕斯卡（Vipasca）矿区（地处卢西塔尼亚）的规章制度，规定掌管矿区的皇帝代理人不能征收学校教师的赋税。② 似乎至韦帕芗统治时期，有些普通教师（magistri）和所有的，抑或大多数文法教师获免城市的一些民事义务（munera）。③ 韦帕芗规定这些特权人员应豁免服兵役，后来哈德良效仿这种做法。不过公元198至公元211年间又规定只有在本城教书才可豁免民事义务；如果一个人去他处教书，则失去了豁免权。④ 卡拉卡拉完全剥夺了基础教育教师的豁免权。⑤ 乌尔皮确认这种做法且又另外规定行省总督不能给这类人过重的负担。⑥ 无论如何，作为对基础教育的政策，所有这一切仍非常有限，罗马诸帝和他们的官员更加积极关注的完全是高级别的教育。⑦ 帝国诸城扶持学校教师至何种程度，私人慈善资助对此产生多大的

235

---

① 根据从以弗所发现的（三人执政时代）一份文书，当事教师获得税收特权的可能性不高，见 Knibbe, *ZPE* xliv（1981），1—10（或 *IGSK* xvii.4101），包括初级教师，虽然 K. Bringmann 一直认为（*Epigraphica Anatolica* ii［1983］，52）拉丁语原文谈及 "*grammatici*"，认为文书为"元老院决议"并争论其适用于整个帝国。

② *ILS* 6891 或 *FIRA* i.105, line 57（*ludi magistri*）. 年代可能为弗拉维乌斯时期或公元2世纪早期。

③ *Dig.* 1.4.18.30（Arcadius Charisius）.

④ *Dig.* xxvii.1.6.9（Modestinus）. Marrou, *Histoire* 434 中错误地将其视作实证；他对哥狄亚努斯之后一些皇帝行为的解释并不准确。下文两则注解中援引的 *Digest* 中的段落，作者后来认识到其中的含义。

⑤ *Dig.* l.4.11.4：" eos, qui primis litteris pueros inducunt, non habere vacationem divus magnus Antoninus rescripsit."

⑥ *Dig.* l.5.2.8（原文241注释350的引文）.

⑦ Marrou 435—437 对诸如此类的皇室活动进行了概述。

积极影响，则需要按地区考虑。

然而，首先需要注意在罗马帝国，学校教育的客观条件何等恶劣，还要意识到基础教育的教师是如何继续被官员蔑视的。

就我们所知，古罗马的学校实质上都是临时的。通常而言，所有现代人口中心那些令人生厌而又有奇怪启迪作用的教育体系，在罗马的考古资料或任何有关于罗马帝国的文献材料中均无对应物。我们需保持谨慎，以免遗漏线索，或许有人会认为希腊城邦标志性的运动场（gumnasia）对基础教育曾起到过重要作用（这种说法似乎毫无道理）。但庞贝城的例证极具启发性，尽管有人试图证明这里一度拥有众多的学校，[1] 但尚无强有力的证据表明某座特定的建筑曾专门服务于教育，[2] 而且这种特殊的想法可能具有年代上的错误。同样，在奥斯提亚也尚未证实有学校的存在。庞贝城尤里亚·费里克斯房内著名的绘画中绘有学校的场景，似乎揭示着该场景发生在集会广场的边缘，搭着柱廊的一角。[3] 广场的边缘是进行此类活动的天然场所。[4] 在街道上进行教育也属正常现象，[5] 充其量有柱廊（pergula）[6] 保证私密性，但柱廊的情况也无法确定（可能是某一限定的区域，有时为屋顶下的空间，现通常见于法国或意大利的咖啡厅外）。[7] 这种隐私的相对缺乏或许不是恒

236

---

[1]　M. della Corte, *Studi romani* vii（1959），622—634.

[2]　Harris, *ZPE* lii（1983），109—110.

[3]　*Le pitture antiche d'Ercolano e contorni* iii（Naples, 1762），213 时 常 出 现， 如 Daremberg-Saglio s.v. "ludus, ludimagister," 图 4647 和 Bonner, *Education* 118。W. Helbig 在 *Wandgemälde der von Vesuv verschütteten Städte Campaniens*（Leipzig, 1868），no. 1492 中述及该问题。

[4]　见 Liv. iii.44.6；Dion.Hal. *AR* xi.28.3；Bonner 119。

[5]　Martial ix.68；Dio Chrys. xx.9（教写字的教师与孩童坐在街道里，教师乐观地表示"在这么多人的群体里，没有任何力量能够阻止教与学"）。关于尚存争议的表述"extremis in vicis"（Hor. *Epist.* i.20.18），见 S. F. Bonner, *AJPh* xciii（1972），509—528，作者将其理解为"街道的尽头"。

[6]　Suet. *De gramm.* 18.2.

[7]　关于对该问题的探讨，见 Bonner, *Education* 120。

定不变的，而且没有理由认为在寒冷的天气里，罗马的学校教师仍终年在进行户外教学活动。这种场所环境在当时可能是一种标准，无疑有部分的经济原因，或许还有公开性的考虑，[①] 而且显然，在某种程度上亦因为公众担心男童的性堕落，这种情况在学校的大环境中出现是可能的。[②] 但无论如何，这种环境不利于学习；准确地说，这表明全社会尤其是官方均不重视基础教育。罗马史料中极少能够看到有关同时容纳几位教师教学的大规模的学校存在的记载。[③]

　　希腊人与罗马人通常对教授读写者持轻蔑态度，乍一看这种态度似乎不难理解，实际却很难分析。首要的困惑是，我们一直欲阐明上流社会之外是否同样持有这种态度；[④] 此外还需弄清出卖知识以换取微不足道金钱者，尽管或多或少拥有社会精英的文化修养，却仍遭受富人的贬低，这丝毫不足为奇。显然，这种态度在撰写过书籍的著作家中普遍存在，[⑤] 纪念普通教师（ludi magistri）及学校校长（grammatodidaskaloi）之类人物的墓志铭数量极为有限。由此可以推论，几乎所有受过教育者只要可以谋生，就避开从事教师职业，因此昆体良的推论"某些教书者自身尚未达到远超越基本读写能力（primae litterae）的水平"或许

237

---

① 参见 Liban. *Orat.* i.102。

② 这是一个永恒的主题，见 Quint. *Inst.* i.2.4—5，3.17；Plin. *Ep.* iii.3.3—4；Juv. x.224（关于深层次的研究，见 E. Courtney 的评论）。在墓志铭中，他将卡普亚的读写教师菲洛卡鲁斯（Philocalus，见 *CIL* x.3969 或 *ILS* 7763）描述为 "summa cum castitate in discipulos suos"。

③ Sen. *Contr.* i praef. 2 中暗示稍大规模学校的存在，该例证中有 200 多学生。可能是科尔杜巴（Corduba）的一所文法学校（除 L. A. Sussman, *The Elder Seneca*［Leiden, 1978］, 20，另见 M. Griffin, *JRS* lxii［1972］, 6）。但由于某种原因，塞内卡夸大学校的规模。下文论及的吕西亚克桑托斯（Lycian Xanthus）的铭文使得"一些希腊城市始终在开设学生众多的学校"成为可能。

④ 他们针对该时期的看法，见 Cic. *Tusc.Disp.* iii.12.27，*Fam.* ix.18.1；Plu. *De vitando aer.al.* 6 或 *Mor.* 830a；Tac. *Ann.* iii.66.3；另见 Plin. *Ep.* iv.11.1（一位元老院成员在教授修辞学！）。

⑤ 见 Justin xxi.5；Dio Chrys. vii.114；Juv. vii.198；Lucian *Men.* 17。

正确。①

就工匠、店铺主或小农家庭而言，他们是否能够轻易负担起教育费用尚难以断定。我们掌握的相关资料令人感到沮丧。关于学校教育的费用有一个可用的数字，对应的是维努西亚（Venusia）一所极为普通的学校，数字显示男童每月缴纳 8 阿斯，即半德纳里乌斯。② 很难想象除了最为贫困者，还有谁会为这微不足道的花销而挣扎。许多人每天的花费就能达到几阿斯，或无需忧虑金钱。

在这样的条件下，哪些社会阶层接受了基础教育呢？马提亚尔曾暗示在罗马，有些奴隶去学校接受教育，③ 一位学者据此得出了相当难以立足的结论，即提供基础教育的学校只对穷人以及奴隶的孩童"传播能够应用于某些行业的读写教育"。按这种理论，明确打算要接受博学教育的孩童会从家庭教育直接转到高级别的文法教师（grammaticus）那里接受教育。但这不可能是真实的。我们没理由相信古代的学校都有平等的社会地位，那时候的情况不会比现代社会的阶层差距强多少。再者，马提亚尔所描绘的地点和时间，即公元 1 世纪的罗马城（urbs Roma），与帝国任何其他的城市相比都拥有更多数量的奴隶，并且更加需要受过教育的奴隶。④ 与此同时，至少那些生活宽裕的人将他们的儿子送往学校接受基础教育。当昆体良与狄奥（Dio）极力主张学校教育相比家庭辅导对精英阶层的儿子们更有益处时，⑤ 他们所指的可能并不包括最早期的教育阶段，事实也确实如此。见于《拉丁语术语汇编》

238

---

① Inst. i.1.8，一些学校教师确实具备真才实学：如在 F. G. Kenyon 发表的一篇公元三世纪的文献 JHS xxix（1909），29—31（参见 Painter, BMQ xxxi［1966—1967］，110）中，一位校长效仿毕达哥拉斯教写字（一些伟人这样做过）。

② Hor. Sat. i.6.75；E. Fraenkel, Horace（Oxford, 1957），3；Marrou, Histoire 598—599；Bonner, Education 149—150；Juv. x.116.

③ Booth, TAPhA cix（1979），11—19 中分析了 Martial x.62.1—5。iii.58.30—31 提及接受教育（paedagogium）的奴隶，"paedagogium"是下文描绘的一类机构。

④ 见 A. C. Dionisotti, JRS lxxii（1982），121 n.72。

⑤ Quint. Inst. i.2；Dio lii.26.1.

（*Corpus Glossariorum Latinorum*）①中的学校读写训练，明显是公元 3 世纪及之后的事，揭示出参加学校教育的男童均出自拥有众多奴隶的家庭。②这一点颇具意义。在讲希腊语的埃及，有新入学的学童所写的 225 篇文献留存至今，其中有 96 篇写于草纸上，③考虑到草纸昂贵的价格，这一点令人惊奇。诚然，这些草纸文献大都是出自富家子弟之手。

　　目前难以探清女童在多大程度上接受学校教育。有人断言她们与男童接受同等的教育，④但只有出现强有力的证据，才能推断当时存在一种无性别歧视的体制。马提亚尔曾两次非常肯定地提到学校中有女童，⑤或许对于他所生活年代的罗马城而言证据充足，尽管在实际上，这些显然还远不能证明女学童的数量与男童的数量一样多。尽管尚无确凿的证据，或许一定数量的女童曾在帝国的意大利的某些城市中接受教育。⑥如果加以简单的推敲，会发现源自吕西亚的克桑索斯（Xanthus）的一些证据表明：在比较发达的希腊城市曾有一些女学童，如在公元 2 世纪的克桑索斯的确存在。⑦因此，当哈利卡尔纳苏斯（Halicarnassus）的狄奥尼修斯

---

①　Vol. iii, ed. G. Goetz.

②　见 Dionisotti 93。Plin. *NH* ix.25 提及一位"pauper"之子接受读写教育（奥古斯都治下的普特奥里）。

③　此类资料见 J. Debut, *ZPE* lxiii（1986），253—263（"acquisition des rudiments"）；其中 81 篇见于放逐陶片，44 篇见于书板。

④　Marrou, *Histoire* 391. 参见 Foley, *Reflections* 310, 波默罗伊（Pomeroy）声称"罗马人送女童去上学"。

⑤　viii.3.15—16：教师向一位不太情愿的听众口述一首诗："长成的少女和俊男（grandis virgo bonusque puer）"；ix.68.1—2 中，教师被描绘为"可恶的男女童教导者（invisum pueris virginibusque caput）"；Val.Max. vi.1.3, *CIL* vi.2210（或 *ILS* 4999）和 6327 中提及教授女童的教师，但可能是在家里进行教学（罗马的"paedagogi"，见 Bonner, *Education* 39）。

⑥　菲洛卡鲁斯的墓碑，卡普亚的教师将其与另外两个形象展示在一起，其中一位是女性（见 Bonner 43 的图片），但如同马鲁指出的（ΜΟΥΣΙΚΟΣ ΑΝΗΡ 47；参见 pl. II）：这位女性扶着腓罗卡洛斯的肘部，因此应该是他的妻子或女儿。

⑦　另参见 Philostr. *Imag.* i.12.3。

（Dionysius）描绘著名的维尔吉尼娅（Verginia）去罗马的学校上学时，他没有感到任何的异样。[1] 在公元 2 世纪埃及的一个希腊小镇，女童的教育并非无人知晓。[2] 但这一切都无法混淆一个明确的事实，即几乎在所有的地方，男学童的数量均大大超过女学童。从总体上看整个罗马帝国，参加学校教育的女童比例一直极低。

此外，以现代的标准衡量，许多罗马人对孩童开始学习读写的年龄似乎未寄厚望。昆体良批评那些认为男童不应该在七岁之前"学习文字"的人，[3] 但就算是他也使用贬低性的词"quantulumcumque est（意即所学无几）"来形容男童在七岁之前所学的内容。[4] 七岁似乎是首次将男童送往学校的一般年龄。[5] 由于学校在教授读写时普遍采用效率非常低下的方法（更不用说缺少为孩童准备的初级读本），学校里的学习进度一定很慢。狄奥尼修斯描绘了男学童们是如何接受教育的，即在学习字母的写法之前，他们先学习读法，[6] 昆体良证实这是正常现象（他本人却不赞同这种观点）。[7] 如果发现有十到十三岁的男童仍在学习基本的读与写，也并非怪事。[8]

在安东尼努斯·皮乌斯治下，有一位阿谀奉承者对罗马人说，"在罗马到处都可以看到体育馆、喷泉、通廊、寺庙、作坊以及学校"。[9] 这段奉承性文字是从当时希腊诸城富有居民的角度写的。这是重要的证据，可以证明该阶层内许多人怀揣的理想，但未能向我们提供任何有关罗马人整体境况的信息。而尤文纳尔

---

[1] Dion.Hal. *AR* xi.28.3.

[2] *P.Giss.* iii.80 and 85.

[3] *Inst.* i.1.15—24.

[4] i.1.18.

[5] 参见 Juv. xiv.10。

[6] Dion.Hal. *De comp.verb* 25.211.

[7] *Inst.* i.1.24. 对这种教学水平的普遍解释，见 Bonner, *Education* 165—178。

[8] 赫拉克勒斯城：C. Wessely, *Studien zur Palaeographie und Papyruskunde* ii（Leipzig, 1902）, 27（第五行和第七行）。

[9] Ael.Arist. *To Rome* 97.

（Juvenal）具有修辞色彩的言论——全世界都已经有"希腊语和拉丁语教育的高等学校（Graias nostrasque ... Athenas）"——也不能用于证明西部诸省已出现多高水平的希腊语和拉丁语教育。①

240

目前掌握的有关学校分布情况的证据是一些零散的记录，主要是铭文。此外，单凭一份有关学校教师的资料，不足以确定一座城市在很长一段时间内都一直拥有学校，缺少证据也不意味着某一地区没有学校。现在还无法证实许多意大利城市有学校教师的存在，甚至也包括卢格都努姆这样重要的行省首府，只能寄希望于找出哪类城市曾开设学校。首先应注意大多数乡村可能没有学校。对于该时期，似乎只有一篇文献能够很好地证明有些小居民点曾有学校教师：乌尔皮安提到在那些教授"最基础文字"的教师中，既有在城市（civitates）中工作的，也有在小居民点（vici）工作的。② 城市与小居民点之间的差异主要体现在法律层面，即使这篇文献也不足以证明乡村学校普遍存在。

在罗马城本身所进行的学校教育的数量仍不得而知。当苏埃托尼乌斯称在某一时期（显然是在后共和国时代），都城罗马曾一度开设二十多所学校（scholae）时，③ 他所指的显然不是普通的"街道"学校，而是教育水平较高且无疑是规模不大的学校。公元1世纪意大利许多城市中的学校业已得到证实。之前曾述及有关庞

---

① Juv. xv.110. E.Courtney 从抽象意义理解"希腊与罗马的文化"的表述，但他在类似的著作中证实此举不合适。Marrou, *Histoire* 426 宣称尤文纳尔的观点"相当深刻且精准"。事实上，尤文纳尔的观点表达模糊且在一定程度上容易产生误导。接着博内尔（Bonner）把各种不同水平的教育混为一谈，将大家引入误区（*Education* 156—159）。没有人会怀疑精英阶层推进高等教育发展的兴致，但是却没有任何关于基础教育的政策。

② *Dig.* l.5.2.8："Qui pueros primas litteras docent, immunitatem a civilibus muneribus non habent: sed ne cui eorum id supra vires indicatur, ad praesidis religionem pertinet, sive in civitatibus sive in vicis primas litteras magistri doceant." 最后几个词很有可能是补充的：G. Rotondi, *Scritti giuridici*（Milan, 1922），i.476 遗漏了"sive in civitatibus"；G. Beseler, *ZSS* 1（1930），33 遗漏了"sed ne"。如前文所见，在 Hor. *Epist.* i.20.18 中，"extremis in vicis"很可能指的是城市街道。

③ *De gramm.* 3.4.

贝城和卡普阿学校的证据，根据文献资料和铭文，列举拥有学校的城市时还可以加入其他一些地方。①

　　然而，普林尼写给塔西佗的一封著名书信表明，在他们生活的年代，学校的分布仍零星点点。在财富和文化两方面，可以将科穆姆（Comum）视作相当典型的图拉真时代的意大利城市，但那里也没有为男童提供教育的学校，直到普林尼亲自向当地人（猜想应为一些上层公民）提议应该雇佣教师（praeceptores），他愿意捐款，数额相当于他们筹集到钱款的三分之一。② 普林尼的叙述留下诸多模糊之处，包括在其提议之前是否真正缺少基础教育。事情缘起于对一名男童的关心，当时他是青年（praetextatus），却在米兰（Milan）学习（因此不应是幼童）。③ 目前尚不知普林尼提议的构架如何，但有两点可以肯定：第一，其他城市雇佣"公共"教师，④ 如在科穆姆的例证中普林尼可能的义举那样，公共雇佣需要某种程度的捐赠。当时定然还存在其他诸如此类的善举，公元

---

① 关于 Beneventum，见 Suet. *De gramm.* 9.1；Vicetia，见 *De gramm.* 23.1；关于 2 世纪时布隆迪西乌姆的一所学校见 Gell. xvi.6.1—12；其他学校（参见 Christes, *Sklaven und Freigelassene* 152—153）来自维罗纳（*CIL* v.3433；但根据 v.3408 或 *ILS* 5551，同城中的"ludus publicus"更像是角斗士而非学童），科穆姆（v.5278），萨尔维亚（Urbs Salvia, ix.5545）和贝内文图姆（Beneventum, ix.1564）。卡普阿曾有一所希腊语学校（x.3961）；布雷西亚学校"praeceptor"：*CIL* v.4337；那不勒斯学校"didaskalos"：*IG* xiv.798；阿奎雷亚（Aquileia）的"[magiste] r"或"[praecepto] r litterarum"：*Archeografo triestino* 1891, 392（在 *Mitteilungen der Central-Commission* xvii [1891]，38 n.3 中也有提及）；另一所学校"praeceptor"：A. Calderini, *Aquileia Romana*（Milan, 1930），331。无论学校在维塞提亚（Vicetia），*CIL* v.3157 和贱姆（Bergomum），v.5144 中起到何种作用，它的出现都暗示着有组织的教育的存在；关于普特奥里见下文；关于罗马帝国后期其他意大利城市的学校也是有据可循的。

② Plin. *Ep.* iv.13.

③ 见 Sherwin-White（on iv.13.3）；"身着长袍（praetextatus）"和"男童（puer）"（第三节）便说明了这一点，"许多地方（multis in locis）"（第六节）和"从小开始一直（statimque ab infantia）"（第九节）对此予以证实。

④ 普林尼认为捐赠被滥用"在很多地方……教师聚集在一起（multis in locis ... in quibus praeceptores publice conducuntur）"：iv.13.6。

三世纪的法理学家马西亚努斯（Marcianus）不经意间提及对"男童教育"的遗赠之举。① 但除此之外，整个罗马帝国只有一例为初等教育或中等教育的捐赠。② 总之，图拉真时代科穆姆的教育状况非常糟糕，③ 在普林尼的信中，未见任何证据表明他主张提供免费或广泛教育，即使只为男童。④

在西部诸省中更为开化的行省，即纳尔旁高卢、巴埃蒂卡（Baetica）与阿非利加那些由总督掌管的行省（Africa Proconsularis），情况可能也十分相似。如果说老塞内卡接受教育的学校在科尔杜巴（Corduba）而并非罗马（看起来有这种可能），那么按古罗马的标准，其规模极大。我们可以推断，这些城市中没有一个存在长期缺失教师的状况。铭文表明在长发高卢（Gallia Comata）、巴埃蒂卡以外的西班牙、努米底亚（Numidia）等地，主要城市（如高卢与西班牙的部族都城）均曾开设各类学校，并且只有这些城市开设过学校。如高卢的奥古斯托里图姆（Augustoritum，现今之利摩日［Limoges］——阿奎塔尼亚（Aquitania）莱摩维斯人（Lemovices）的重镇，曾是一位在墓志铭中自述为"文法教师、训导（morumque magister）"之人的故乡。⑤ 在极为稀少的奥古斯托里图姆铭文中，此人的出现异常夺目。经证实，在该时期的某个时间，同一行省内仅有的另外一位教师居住在艾里贝里斯（Elimberris，现今之奥什［Auch］）——奥斯契（Ausci）的都城，纳尔旁高卢城外仅数英里远的地方。⑥ 而在长毛高卢的

242

---

① *Dig.* xxx.117.
② 铭文 *CIL* x.1838（普特奥里）残缺不全，所指或许是另外一则例证。
③ Bonner, *Education* 109 认为，普林尼的行为是对教育持开明态度的优秀范例，在涅尔瓦和图拉真治下尤为明显，但这并不足信。
④ 据析，当时需要缴纳学费：iv.13.5（增加支出，即"adicere mercedibus"）；捐赠可能使雇佣完全合格的教师成为可能。
⑤ 如果内容是正确的，见 *CIL* xiii.1393。
⑥ *CIL* xiii.444 是被释奴 C. Afranius Clarus Graphicus（一个重要的名字）的墓碑，此人被描述成"doctor"、"librarius"和"lusor latrunculorum"，他可能是位教师。

所有其他地方，关于学校的其他证据仅出现在杜罗科尔托卢姆（Durocortorum，现今之兰斯［Rheims］）——弗朗托（Fronto）的著作中有提及 ① ——或特莱维尔—奥古斯都城（Augusta Treverorum，现今之特里尔［Trier］）也有关于学校的证据。② 在日耳曼诸行省，当前根本没有关于文法教师（grammatici）或小学教师（ludi magistri）的直接证据，但这些人断然曾出现过。拥有大量收入不菲的罗马公民的殖民地及军事中心，如阿格里皮娜殖民城（Colonia Agrippensi，现今之科隆［Cologne］）、摩贡提亚库姆（Mogontiacum，现今之美因兹［Mainz］），和劳里克—奥古斯都城（Augusta Rauricorum，现今之奥格斯特［Augst］），这些地区不可能皆无学校。碰巧，苏埃托尼乌斯在描绘莱茵河（Rhine）岸卡里古拉（Caligula）的活动时提及一所学校（litterarius ludus）；③ 尽管他并未给出具体的位置，但很可能就是美因兹。这种资料进一步突出了碑铭证据的缺陷。即便是在学校数量定然相对较多的纳尔旁高卢（Gallia Narbonensis），相关铭文同样罕有。④ 不过在对该问题的探究中浮现出两个颇具意义的发现：一是相比于希腊语世界，有关"学校"的铭文在所有这些行省的分布更为稀少。对于西部其他诸行省而言，情况同样如此；⑤ 二是凡是诸如此类的"学校"铭文，均隶属于重要城市，无一出自小居民点。

243

---

① Fronto *Ep*. fr. vi（p. 240）Van den Hout（ii.175 Haines）："你的雅典（illae vestrae Athenae）"，背景完全不详。

② *CIL* xiii.3694, 3702（a *grammaticus Graecus*，这些可能是公元四世纪的铭文）；H. Nesselhauf & H. Lieb, *Bericht der Römisch-germanischen Kommission* xl（1959），124—125 no.6（a *schola*；可能不是学校）。

③ Suet. *Cal.* 45.3.

④ *IG* xiv.2434（Massilia）指的是"γραμματικὸς Ῥωμαϊκός"。*CIL* xii.714.12 表明"scholastici"大概是指男童，阿勒莱特（Arelate）的露天圆形剧场保留 20 个座位。xii.1918（Vienne）中，一位 7 岁的女童作为"Scholastica"被提及。E. Espérandieu 在 *Inscriptions latines de Gaule*（*Narbonnaise*）（Paris, 1929），no.186 中再次提及的"ludus"，更有角斗士的意义，而非教育意义。

⑤ 潘诺尼亚的证据，见 I. Bilkei, *Alba Regia* xx（1983），67—74；西班牙，见 L. Sagredo & S. Crespo, *Hispania Antiqua* v（1975），121—134。

接下来我们讨论东部诸省。马鲁认为希腊化的学校体系（马鲁极大地夸大希腊化学校体系的覆盖范畴）在元老统治下的帝国继续发挥着作用，[①] 事实上，从公元前1世纪起，即在罗马统治期间，去学校接受教育的希腊孩童的数量可能呈下降趋势，这一点并非巧合。从这一事实可以得出合理的推论：我们先前提到过希腊化时代对小学教育的捐助，其中一些在罗马治下可能继续存在，但现在几乎后继无人。关于希腊化时代受资助的文法学校（grammatikos），最后一则证据大概可以追溯至公元前70年的普里埃内（Priene）。[②] 从那之后至1981年，才有资助基础教育的善举为人所知。一篇源自吕西亚的克桑索斯的铭文发表于1981年，它揭示出在公元2世纪中叶，吕西亚一位极其富有的达官显贵奥普拉莫阿斯（同样见于其他铭文资料）为当地公民孩童的教育提供长期的经济支持。[③] 资料更引人之处在于奥普拉莫阿斯不仅资助男童，而且资助女童。这则例证距埃里乌斯·阿里斯提德（Aelius Aristides）断言"帝国各处遍地是学校"仅仅几年时间，可以推断，除了奥普拉莫阿斯，实际上还有其他人有过类似的善举。然而在帝国东部众多关于慈善资助活动的铭文中，涉及奥普拉莫阿斯的这篇是特例。

　　城市本身也未肩负起教育的重担。如在安东尼努斯·皮乌斯写给亚细亚行省公共理事会（koinon）的一封信中所见，城市有时会给予文法教师（grammatici）和博学者免税权，因为信中依据城市的规模限定豁免人数。[④] 权限是最小的城可豁免3位文法教

244

---

①　Marrou, *Histoire* 422—430.

②　*I.v.Priene* 112.

③　A. Balland, *Fouilles de Xanthos* vii（Paris, 1981）, no.67（或 *SEG* xxx［1980］, no.1535）. 根据第24行至29行，资助者教育并抚养公民的孩童16年之久，但似乎没有提到费用花销。时间是152年之后（Balland 189—190）。支持资助者奥普拉莫阿斯，见 Balland 186—187；反对者，见 J. J. Coulton, *JHS* cvii（1987）, 171—178. 赞塔斯（Xanthus）多少居民未获得公民身份及主要活动区域，目前仍不清楚。

④　*Dig.* xxvii.1.6.2（Modestinus）.

师、3 位雄辩家（rhetores），而最大的城分别增至 5 名。但几乎没有证据能够表明在该时期，曾有哪座城市对基础教育进行慷慨资助。目前仅发现一则公共资助的例证，公元 3 世纪中叶一位名为洛里亚努斯（Lollianus）的教师的薪酬（至少据认为如此）由奥克西林库斯城支付。[①] 在写给皇帝瓦列里乌斯（Valerian）和伽利埃努斯（Gallienus）的请愿书中，洛里亚努斯宣称先前诸帝曾命令城邦支付教师的薪酬。[②] 这可能是一种幅度很小但却颇具现代意义的进步，因为乌尔皮安认为有必要说明什人长支付教师的薪酬实际上是完全"符合法律的"。[③] 如下文将会述及的有些资料暗示，在塞维鲁时代的埃及，希腊语读写水平可能呈某种上升趋势。洛里亚努斯及其前辈与如此发展之间的联系充其量是间接的，因为他们几乎不可能受雇成为小学教师，实际上洛里亚努斯的资历与身份均在"文法教师（grammatodidaskalos）"之上。

对于居民为希腊人或已经完全希腊化的城市，即使非常小，也不乏学校的存在，[④] 且毫无疑问通常会有多所学校，这与草纸文献所提供的证据相一致。表明该时期卡拉尼斯（Caranis）、奥克希林库斯、赫拉克勒斯城（Heracleopolis），或许还有赫尔墨斯城（Hermoupolis）（后三个为行省的首府）都有小学教师，[⑤] 但在绝大多数埃及的希腊语居住区，还有一些特别小的地方没有任何证据表明有教师的存在。[⑥] 然而，整个希腊语世界大多数居民社区真正缺乏的，是分配公共资金或慈善基金资助穷人孩童教育的意愿。

245

---

① *P.Coll.Youtie* ii.66；同一篇资料另见于 *P.Oxy*. xlvii.3366。

② 第 12—16 行。编者帕森斯（P. J. Parsons）认为可能是洛里亚努斯开创出这种做法。

③ *Dig.* l.9.4.2.

④ Harris, *ZPE* lii（1983），98—99.

⑤ Caranis：*P.Mich.* viii.464.10（公元 99 年，卡拉尼斯一定居住着成千上万的居民；参见 *P. Ryl.* iv.594 等）；Oxyrhynchus：*P.Oxy.* xxxi.2595.10；Heracleopolis，*SB* iii.268；Hermoupolis，*P.Giss.* ii.80 and 85。参见 Harris 98 n.50。

⑥ 不能因其他地方偶然缺乏证据断然下定论。另一方面，根据业已发现的草纸文献，我们无法推断在某个社会群体内有组织严密的教育的存在。

有一篇伪普鲁塔克作品的专题论文，论证的是孩童的教育问题，其中认为父母必须自行支付孩童的教育费用，如果有人这样做的话，则是符合常理的做法。①

男童的监管人（paidonomos）一职的存在或许能够帮助我们从理论上判断希腊语教育的社会范畴。曾有观点认为，不论在哪儿存在这种职务，都证明这座城市曾提供基础教育。② 尽管所探讨的地区仅限于亚细亚行省以及其附近地区，但很多城市都涉及在内，因此，如果这种宣称是确实的，其意义是非常重要的。③ 但没有理由将男童监护人看成是负责保证本城市中所有拥有自由民身份的男童都接受教育的官员，将他们等同于现代社会中的督学。④ 不过他们与读写能力并非毫无关联。这种职务的存在说明了许多希腊人对教育的真正热忱，也明确倾向于认为城邦应该促进教育。然而除了监督读写教育之外，男童监护人还有其他职责，如负责运动，游行与宗教崇拜。⑤ 此外，并没有理由认为他们会尝试让男童接受教育。

希腊城市中一直存在教育理念。在前文述及的一段篇章中，⑥ 狄奥多鲁斯·西库鲁斯颂扬了为所有公民的儿子的教育提供的资助。而另一位生活在不同地域（图密善治下的奥克希林库斯）的希腊人，在婚约中承诺为其儿子提供"与自由民身份相匹配的教育"，这也不足为奇；⑦ 拥有财产的希腊人高度重视诸如孩童的教育之类的问题。但没有人曾作出过必要的努力，以将读写能力传播

① Ps.-Plu. *De lib.educ.* 11 或 *Mor.* 8e.

② E. Ziebarth，*Aus dem griechischen Schulwesen*（2d ed., Leipzig & Berlin, 1914），39.

③ *ZPE* lii（1983），101 n.62 中，笔者列举共和国后期或帝国初期从尼科迈德斯城到特尔迈苏斯（Termessus）的 12 座城中"教育（paidonomia）"存在的证据，它很有可能也存在于该地区的其他城市。

④ Ziebarth 引用 Ps.-Plu. 1.c. 和 Athen. vi.262b 说明有人试图使穷人也能上学，未见相关文献对此加以证明。

⑤ Harris 101.

⑥ xii.12—13.

⑦ *P.Oxy.* ii.265.24：[τὴν πρέ] πουσαν ἐλευθέροις παισὶ παιδείαν，译作"适合自由民的训练"。

至广大的自由民。

政府的注意力几乎全部都倾注到更高水平的教育上，这种情况看似很奇怪，但如果从富裕的希腊人和罗马人的角度考虑，这是一种非常合理的选择。他们轻而易举便能安排好子女的基础教育，但更高水平的教育则是比较困难的问题。由于许多文化和社会原因，确保拥有高水平的文法教师（grammatici）与修辞学家（rhetores）对他们而言是非常重要的。但是，精英阶层高度尊崇的教育却无法支撑如下结论：对穷人大众的有效基础教育值得推广或资助，哪怕是对男童。

有关奴隶教育的问题，最详尽的相关学术研究呈现出乐观论调，这与现代关于古代奴隶制著作的主要传统相一致。[①] 该论点中一个重要元素为家庭学校——"古代最为系统、持续时间最长的教育奴隶后代的方案"。[②] 据认为，家庭学校存在于每一位罗马富人的家庭，是训练奴隶的读、写和其他技能的常规机构。[③] 这种模式可能是克拉苏（Crassus）创立的教育机制，以他拥有众多数量的奴隶来看，这种做法绝不是无私的。[④]

诚然，有几位帝国时期的著作家提及富人的家庭学校（paedagogia）。然而塞内卡并未解释清楚 "paedagogium" 的功能；普林尼认为 "paedagogium" 是奴隶们偶尔休憩之所；在乌尔皮安看来，"paedogogia" 所指并非地点，而是人——侍者或接受服务训练的人。[⑤] 很可能 "paedagogia" 是提比略至塞维鲁时期富裕家庭的一个普遍特点，这一点业已得到证实。目前尚不清楚这些非皇室的家庭学校开展的到底是何种训练。毫无疑问，有时家庭学

---

① C. A. Forbes, *TAPhA* lxxxvi（1955），321—360.

② Forbes 334.

③ 参见 Marrou, *Histoire* 391；Bonner, *Education* 45。

④ Plu. *Crass.* 2.

⑤ Sen. *De tranq.an.* i.8；Plin. *Ep.* vii.27.13；Ulp. in *Dig.* xxxiii.7.12.32. 两篇铭文述及非皇室家庭的 "paedagogi puerorum"：*CIL* vi.7290，9740（更多内容见 S. L. Mohler, *TAPhA*［1940］，275—276）。

校会进行读写教育，但文献资料中提及最为频繁的当属配制食物和端食物的训练，[1] 这或许是主要的训练项目。没有证据支持这样的观点：家庭学校提供类似外面世界所开展的“系统的”基础教育。[2] 尽管同为猜测，但大家庭中奴隶的后代更有可能在两种情况 247
下才会学习读与写：要么是细心而仁慈的奴隶主心系此事，如此小奴隶会被送至家庭以外的学校；[3] 要么是具备读写能力的奴隶努力将这种能力传给后代，以帮助他们获释。就此而论，一定比例的被释奴和奴隶家庭之间的依赖关系显然是至关重要的。

皇室的奴隶教育可能更加系统化，因为他们对有管理能力及受过其他教育奴隶的需求极大。尽管尚且不知它们确切的功用，但帕拉丁山（Palatine）和西莲山（Caelian）专门用于训练奴隶的建筑物为观点增加了砝码。[4] 两处建筑的规模异常庞大。帕拉丁山的学校“paedagogium”，如果这是对其准确定义的话，那里产出大量由奴隶刻泐的涂鸦；不幸的是涂鸦中并没有多少有用的信息。无论如何，当时极有可能出现了有组织的尝试，向皇室的一些成员（奴隶）进行少量的读写教育。[5] 但从帕拉丁山上的学校到普通农耕者、劳工或身为奴隶的家庭侍者的生活，两者之间有着天壤之别。

---

① Colum. i praef.5；Sen. *Ep*. 47.6；Juv. v.121—123.

② 此外，Suet. *Nero* 28.1 和 Tertull. *Apol*. 13 都证实“paedagogia”与鸡奸有关联。

③ 如赫尔墨罗斯的境遇一样，见 Petr. *Sat*. 58.13。

④ 帕拉丁山的居民点，主要见 H. Solin & M. Itkonen-Kaila，*Paedagogium*（Helsinki，1966）或 V. Väänänen（ed.），*Graffiti del Palatino* i（Acta Instituti Romani Finlandiae iii）；F. Lenormant 支持传统的界定方式，见 pp. 68—78（Solin），但它几乎不可能沿袭卡埃利乌斯山居民点的功能，见 F. Coarelli，*Roma*（Rome & Bari，1980），144。

⑤ H. Solin，*L'interpretazione delle iscrizioni parietali. Note e discussioni*（Faenza，1970），23 n.17 认为“*paedagogium*”的任务之一就是教当地的居民高水准的拉丁文和希腊文（虽然非常不确定），其中还更令人信服地论及语言形式和涂鸦的“相对稳定的拼字法”，说明作家们接受过一些教育。关于皇室“paedagogi puerorum”的铭文（其中一篇为 T. Flavius Ganymedes：CIL vi.8970），见 Mohler，*TAPhA* lxxi（1940），267；关于建在卡埃利乌斯山的“a Capite Africae”，见 Mohler 271—273（虽然作者认为它像现代意义上的寄宿学校，但并无说服力）。在公元 198 年有不少于 24 个“paedagogi puerorum a Capite Africae”，它们皆为皇室的被释奴，向皇帝进献。

读写水平

世界精英

在希腊—罗马世界的上层，一定程度的书写文化对精英而言已是一种社会必须。目不识丁的男性被认为是怪诞的。

并不是说属于该社会阶层的每个人都一定会亲笔书写，甚至连自己阅读也未必，因为有接受过相关训练的奴隶可用。根据昆体良的记载，这大概就是为什么体面人（honesti）并不在意书写的质量与速度的原因（从原文的语境看，他所指的显然是笔迹，而非写作风格）。① 虽然极少数罗马上层的亲笔字留存至今，但有些范例却与昆体良的评论相一致。埃及地方行政长官苏巴提亚努斯·阿奎拉（Subatianus Aquila）似乎在公元 209 年一份官方文件中亲笔加入 "祝君健康（errosthai se boulomai）"。② 与文件中的其他笔体相比，阿奎拉的笔迹非常潦草，只是勉强可以识读。公元 111 年的一份协议更加引人注目，涉及亚历山大城一位名为尤利乌斯·塞翁（Ti. Iulius Theon）的富人，其继承人订立协议以分割他的奴隶，协议之所以更为引人注目，因为里面包含较长的句子以及第一语言是希腊语的人。协议的主体书写得非常清晰，但最后四行由他的两个儿子和孙子所写，书写得似乎漫不经心。③ 出现此种情况很正常，因为我们列出的奴隶所从事的职业包括速记员、司书以及写工。换言之，尤利乌斯·塞翁家人不需要具备整洁书写的能力。

有一则故事或许可以揭示贵族阶层的轻视态度，尽管故事的结局是反面。这是关于安东尼·皮乌斯和马尔库斯·奥里略治下雅典的克洛埃苏斯（Croesus）和赫罗狄斯·阿提库斯（Herodes Atticus）的故事。赫罗狄斯被告知其子不擅长写字，而且记忆力很差。因此，赫罗狄斯找来 24 名小奴隶，用字母表中的 24 个字

248

---

① *Inst.* i.1.28: "res quae fere ab honestis ... neglegi solet, cura bene ac velociter scribendi"；i.1.29 中暗示此类人会为自己书写。

② *P.Graec.Berol.* 35，附带 W. Schubart 的观点。

③ *P.Oxy.* xliv.3197.

母为他们命名，这样他的儿子就可以通过与这些奴隶一起长大来学习字母。然而，我们从这则故事中所能探查到的也只能是有关一位富豪对其儿子读写障碍症的反应。①

249

　　之后不久，有人发现在卡西乌斯·狄奥（Cassius Dio）的两段篇章中，进一步揭示出在一些情况下，上层社会中男性成员的读写能力是不能断定的。他对有关教育资助者（maecenas）的帝国政策的一段讲话中，建议在元老院阶层及骑士阶层的儿子学习骑术与使用武器之前，他们应该一同去学校接受教育，② 这是因为他们需要学习统治所用的技能。狄奥想要消除上层社会的哪些弱点呢？显然，其中之一便是混乱无序的教育，这是议员阶层与骑士阶层的儿子主要在家中接受教育造成的结果。③ 而另一段篇章涉及的是奥克拉提尼乌斯·阿德文图斯（M. Oclatinius Adventus），此人为公元 217 年马克里努斯（Macrinus）任命的执政官。狄奥称此人"因缺乏教育而不具备阅读能力"。④ 下文是奥克拉提尼乌斯隐喻的一部分：他曾是一位探兵，却看不见；他曾是位"信差"（拉丁文作"frumentarius"，军团中又一种职务），却目不识丁。这则资料背后到底说明什么难下定论：可能想说的是读写教育的缺乏，而不是真正的具备些许读写能力或目不识丁的问题。

　　无论如何，从他对教育和读写文化高涨甚至狂热的关注看，卡西乌斯·狄奥才是典型的希腊—罗马精英，而非奥克拉提尼乌斯。不仅仅是文献资料，墓志铭及墓碑也清晰地表明这是普遍的看法。⑤ 至少在某种程度上可以推断碑文中真正受人敬仰者体现出的美德是对文字、学习（studia）、辩论口才和艺术的投入，这些

---

① Philostr. *V.Soph.* ii.1.10（δυσγράμματος）. 其子名为"Bradua"，公元 185 年晋升为执官（关于家庭背景，见 W. Amelimg, *Herodes Atticus*［Hildesheim, 1983］, i.95—96）。

② Dio lii.26.1：ἵνα ἕως τε ἔτι παῖδές εἰσιν ἐς τὰ διδασκαλεῖα συμφοιτῶσι, 译作"除训练外，他们应该一同去学校接受教育"。

③ 见 Quint. *Inst.* i.2。

④ lxxviii.14.1：ὑπ'ἀπαιδευσίας, 即"由于缺乏教育"。

⑤ 罗马时代展现出文化生活场景的墓碑和相关铭文，见 Marrou, ΜΟΥΣΙΚΟΣ ΑΝΗΡ，尤见 222—230。

品质被证明是真实存在的。

　　事实上，希腊与罗马的上层社会非常厌恶自己阶层中存在目不识丁者，因此当塞尔多利乌斯（Sertorius）或尤利乌斯·阿格利科拉（Cn. Iulius Agricola）这类开明而能力出众的官员着手提拔受尊重的平民后裔从政时，他们会考虑这些人受教育的情况。公元前 1 世纪 70 年代塞尔多利乌斯曾在西班牙推行此举，① 阿格利科拉曾于公元 1 世纪 80 年代在不列颠有过相同的做法。② 在阿格利科拉与塔西佗时代，西部诸省的其他官员几乎全都采取同样的政策，因为塔西佗认为阿格利科拉的举措非常有益，而且并不怪异。至提比略时代，在高卢诸省区，贵族家庭出身的青年人大都聚集到奥古斯都学园（Augustodunum），以追寻"自由学习"（studia liberalia）。③ 当地的富人无疑对此进行了资助，④ 正如公元 2 世纪后期诺伊马根（Neumagen）的"学校"浮雕所表明的，拥有些许读写能力或许已经成为获取声望的源泉。⑤ 与此同时，在东部，罗马人应该很少鼓励教育，因为长久以来，不论哪里的有产阶级都

---

① Plu. *Sert*. 14.3：他把所有部落最好家境的男童送至奥斯卡（Osca），将他们置于希腊和罗马教师的门下，为他们长大后得到一些权力。

② Tac. Agr. 21.2："教授官员家庭的男童实用的技艺（principum filios liberalibus artibus erudire）。"塔尔苏斯的德摩特里乌斯，一个"*grammaticus*"有可能参与其中（参见 R. M. Ogilvie & I. A. Richmond ad loc）。

③ Tac. *Ann*. iii.43.

④ 从 Suet. *De gramm*. 3 中可以瞥见出一些信息：根据罗宾逊（R. P. Robinson）高质量的校勘，富有的罗马骑士阶层支付教师的巨额薪酬，让其在诸如奥斯卡（Osca，即 Huesca）的行省教学（"eques"的欧斯坎语名"Aeficius"与地名完全吻合）。此处的"grammaticus"不可能教授读书习字，也不可能是苏埃托尼乌斯笔下在高卢（Gallia Togata）教书的著名"doctores"。

⑤ 诺伊马根浮雕：W. von Massow, *Die Grabmäler von Neumagen*（Berlin & Leipzig, 1932），no.180 以及 pl. 27；其他地方也有描述：E. M. Wightman, *Roman Trier and the Treveri*（London, 1970），pl. 14a；Bonner, *Education* 图 9。碑文的内容（von Massow 285 将其追溯到公元 1 世纪八十年代）非常详尽。关于"学校"的浮雕，其中一部分描绘着如此场景：一位教师坐在两名青年学生中间，旁边站着另一名学生。像是在说明死者对自己或儿子教育的关注程度。Marrou, ΜΟΥΣΙΚΟΣ ΑΝΗΡ 214 争论的焦点是碑文内容所指不大可能是教师。

认为只要怀抱追求，就需要具备最起码的读写文化。

　　财富从未曾是读写能力的绝对保证，新晋富人亦可能受过极少的教育。已知最显著的例证当属阿尼乌斯·塞琉古。他只是一位被释奴，见于庞贝城的一块蜡板上，这份文本出自公元 1 世纪 40 年代，由塞琉古的奴隶纳尔杜斯（Nardus）代写，因为前者"称自己目不识丁"。① 资料还述及数额为十万塞斯特斯的月息，明显表明塞琉古拥有或至少可以支配大量金钱。佩特洛尼乌斯（Petronius）著作中将富足的被释奴赫尔墨罗斯（Hermeros）描绘为具备少许读写能力：他沾沾自喜地宣称自己只能识别出石刻文（"lapidarias litteras scio"）——学校教育最初几次课教授的大写字母，但它们并非普通商业文件中使用的字母。② 但这些目不识丁或具备少许读写能力的富人或许是新贵，他们的儿子至少会接受基本的传统教育。

251

　　在希腊与罗马的精英中，实际上女性可能与男性具备同等的读写能力，但并未见有力的证据。富人教育女童至少具备一定的读写能力是出于实际的考虑，因为她们中的大多数需要操持一个大家庭。虽然她们默默无闻，但还没有确凿的证据证明这些女性不会读写。少数富人家的女性成为有识之士，有的则从事经济或商业事务，尽管文字在这些事务中并非必不可少，但却很有用。一些文献中的暗示清晰地表明，罗马有才智的上层女性通常可以接受高水平的传统教育，事实也基本如此，因此这些女性可能成为撒路斯特（Sallust）评价塞布罗尼亚（Sempronia）时所说的 "litteris Graecis Latinis docta"，后者因在喀提林（Catilinarian）事件中扮演的作用而闻名。③ 至于希腊，一部伪普鲁塔克著作中 ④ 讲述了关于马其顿的腓力二世（Philip II）之母欧律狄克的故事，故事可能揭示出罗

---

① 见 Sbordone, *RAAN* Ii（1976），145—147 中的文本。

② Petr. *Sat*. 58.7. 尚未发现类似的"石刻文（lapidariae litterae）"资料。R. W. Daniel, *ZPE* xl（1980），158—159 认为这些是商业文书的草稿，这种观点难以立足。

③ Sall. *Cat*. 25.2.

④ Ps.-Plu. *De lib.educ*. 20 或 *Mor*. 14b-c，作者显然没有意识到欧律狄克是谁。关于文本问题，见最新发表的 L. Robert, *REG* xcvii（1984），450—451。

马帝国治下希腊富有文人的态度：欧律狄克"野蛮粗俗至极"，是伊里利亚人，且目不识丁，但她却心系孩童的教育情况并为此习字。这意味着对于拥有比较优越的社会地位的希腊女性而言，目不识丁是极其野蛮粗俗的，这样的女性则可以弥补自身的缺陷。墓葬浮雕表明对于家境良好的女性而言，接受一些读写教育被认为是必要的，① 庞贝城的一些女性肖像画则证实了这一点。

252　　但现在难以确定上层社会男童接受教育的常态是否也延伸到女童。推动重视男童教育的比较常见的雄心壮志并不会寄托在女童身上。该阶层的所有女童，抑或大多数女童均依赖某种形式的私人教育的不确定性，她们中的许多人在十二或十三、四岁时结婚。或许这样的体制使得某些女性至多只掌握了少许读写能力。

士兵的读写能力

根据马里乌斯（Marius）引入的征募手段，大致可以断定在共和国后期，相当一部分罗马军团的士兵是目不识丁的。然而，即便是在共和国后期，有的士兵也拥有一定数量的财产，② 随着公元前 1 世纪文化水平的渐渐提升，军团中目不识丁者的数量很可能有所下降。如共和国末期内战期间的几则例证那样，当我们发现欲想通过书写文本的形式在罗马军团中宣传的尝试时，不必认为他们中的许多人可以轻松地自行阅读。③ 在普通的平民以及士兵

① 在罗马的陪葬浮雕中，关于女性读写或手持书卷的，见 Marrou, ΜΟΥΣΙΚΟΣ ΑΝΗΡ nos.1, 8, 11, 13, 68, 71, 84, 106, 111, 156, 157, 163, 165, 167, 192（应该出自罗马），154（出自卡普亚），15, 104, 166, 168（出自纳尔旁高卢），52（出自迦太基），72（出自塔拉戈），193（不确定）。庞贝城的肖像，见原文 263 注释 459。

② Harmand, *L'armée et le soldat* 256；P. A. Brunt, *Italian Manpower*, 225 B.C.-A.D.14（Oxford, 1971），410.

③ 公元 46 年恺撒试图通过简洁的"biblia"暗中破坏阿非利加西庇阿·纳西卡（Scipio Nasica）的地方军及罗马军队，并取得了成效；纳西卡却善待之（Dio xliii.5；参见 *Bell. Afr.* 32）。就像第二次腓力战争之前恺撒应对布鲁图斯那样（Dio xlvii.48.1），在公元 44 年，屋大维（Octavian）用了同样的伎俩对付安东尼的军队（App. *BC* iii.44：许多 Biblia）。公元 30 年，当安东尼用"传单投掷物"打入亚历山大城之外的屋大维营地时（恰巧证明"biblion"可以是多么轻便的物体），屋大维亲自将其读给兵士（Dio li.10.2—3）。

中进行宣传的通常做法仍是口头方式，但如果涉及影响军队忠诚的问题，就必须找出慎重的办法，尽管这种办法能传至的受众是有限的。

在元首统治时期，军事环境定然为书写提供了一种推动力，有时还为年轻人提供晋升的机会，使他们可以离开家；另外还为他们提供书写文字的动机。

尽管可以从草纸文献中了解到许多目不识丁的机动步兵，但从现存证据中，笔者仅发现一位目不识丁的士兵（事实上为一位老兵）。[①] 那些由士兵，而非掌握着司书职位的人所书写的文献，现存的数量并不多，而且私人信件并不会体现出缺乏读写能力的问题（因此，我们通常无法得知谁是实际的写信人），但士兵一定普遍具备读写能力抑或具备一定的读写能力；以莱茵河岸的士兵为例，他们能够在饮水器皿的底部刻写自己的名字。[②] 两个兵种之间的差异显著，这似乎支撑了那些认为"兵团士兵通常是在拥有一定财产的家庭中征募"之人的观点。在最近的一些文献中有一点愈发清晰：至少在某些行省，拥有财产的家庭显然募捐了大量钱财。[③] 当然，实际上即使在帝国鼎盛时期，某些士兵也必定是目不识丁的，但可能大部分应征入伍的士兵皆受过一些基本的教育。[④]

在远离教育中心的行省疆域内征募的机动步兵，有的在服役伊始定然对希腊语和拉丁语一无所知。有证据表明他们中的许多人无法正常书写。关于该问题，一份颇具价值的文献是干草贸易

253

---

① 在 *P.Mich.* ix.551（Caranis，公元 103 年），一头驴的买卖。

② B. Galsterer, *Die Graffiti aus der römischen Gefässkeramik aus Haltern*（Münster，1983），55—57。

③ 见 G. Forni in *ANRW* ii.1（1974），391（总结性陈词）；M. Speidel in *ANRW* ii.7.2（1980），743—744 或 *Roman Army Studies* i（Amsterdam，1984），60—61。

④ 约公元 115—117 年，昔兰尼（Cyrenaica）军队一张死亡名录具有重要价值：*CPL* no.110 或 R. O. Fink, *Roman Military Records on Papyrus*（Cleveland，1971），no.34（参考书目见后者）。它是由"根本不习惯写字的人"草拟的（Fink 160），可能是因为当时伤亡惨重。

收据编成的册子，公元 179 年，某蔷薇军团（Veterana Gallica）的马兵中队记于埃及。① 如果大胆地假设那些被视为目不识丁或"书写速度较慢"的人自行书写，在留存至今的数量充足的 64 份文本中，有 42 例（66%）系不会读写者或"书写速度较慢"的人自行书写。在这些马兵中，有高达 34% 的人具备可以签名的读写能力，这是一个比较高的数字。②

254

出自普赛尔基斯（Pselcis）的陶片收据给我们留下类似的印象，③ 但经过进一步探究发现，读写能力与军衔密切相关，这一点不足为奇。已知军衔的十一位不会读写的士兵几乎全部是普通士兵，唯一的特例是一位掌旗官。④ 在已知具体军阶的被请去为他人书写的士兵中，6 位为普通士兵，8 位为军官。看起来在埃及这一

---

① *P.Hamb.* i.39，Fink 283—306 中第一次完整发表。

② 一些目不识丁者或许未被如此描述。另一方面，Fink 32 中的"Casis Apitus"（即 Cassius Habitus?）并非完全目不识丁，因为在允许以他的名义写下对目不识丁者的书写符号后，他又亲笔添加"兄弟阿彼托斯刻（Κασις Απιτος ελαβου）"。在第 33 篇文本中，塞莱努斯（Serenus）之子赫利奥多鲁斯（Heliodorus），一位书写速度较慢者，在收取凭证的末尾写下"埃利奥多鲁斯刻（Ηλιοδωρος ελαβα ως προγιται）"，表明他实际上只具备些许读写能力。

③ U. Wilcken, *Griechische Ostraka aus Aegypten und Nubien*（Leipzig & Berlin, 1899），包括一些收取凭证，附有部分或全部目不识丁者的书写符号，还有一些由他人代写，并非收取本人所写，出现这些例证或大部分例证的原因大概是没有文化（这些是公元 2 世纪晚期或 3 世纪早期的文本）：nos. 1129*（星号标志着使用目不识丁者书写符号的例证），1130，1131，1132*，1136*，1139*，1141*。Fink no.78 中对这些文本进行翻印，类似文本包括：*SB* iii.6957，6958，6960，6961*，6962，6964，6966，6974*；*O. Bodl.*（或 *O.Tait*）ii.2004，2009，2011（?）*，2014，2016，2020，2021，2030*，2035，2038。这些文本来源于马兵部队的可能性，见 Fink 311。在大约 40 个能证明收取者是否受过教育的案例中，14 个具备读写能力（占 35%）。其他证据：H. Harrauer & R. Seider, *ZPE* xxxvi（1979），109—120 中的 *P.Vindob.* L135，是公元 27 年一名准马兵写给另一名预备兵士的拉丁文债务凭证，据传两人皆目不识丁。*SB* vi.9248（或 Fink no. 79，2 世纪）是另一份写给目不识丁的马兵的收据。一名目不识丁的水兵，见：P. M. Meyer, *Juristische Papyri*（Berlin, 1920），no.37 或 *FIRA* iii no.132（公元 166 年）。

④ *SB* iii.6962 或 Fink no. 78.37（公元 178 或 210 年）。

小部分普通机动马兵的样本中，约有三分之二目不识丁或仅具备少许的读写能力，但高级军衔也不会由这样的人担任。然而，即便是普通的士兵，从文化角度上讲是希腊人，而从经济状况上看也绝非穷人（尽管他们可能出身贫困家庭）。[1] 在帝国其他地区，许多机动步兵仍然是从更为粗野的部落中征募的，尤其是西部，应征入伍的兵士很可能比埃及那些服兵役的人具有更低的读写能力，现在掌握的证据大都是从埃及这些服役军人那里获取的。

奴隶

受到高等教育的奴隶是比较普通的，就像那些成功的被释奴，可以推断他们在重获自由前起码接受过一定的教育。在教师这一行业中，尤其是在罗马，许多较高层次的成员都是被释奴或奴隶。[2] 到处都需要一定数量的拥有各种文化程度的奴隶，所有的富人都需要这样的奴隶，从富人对与有文化的奴隶进行交谈的喜爱中可以判断，富人需要奴隶并不仅是出于物质原因，这一点可见于贺拉斯（Horace）与普林尼的著作中。[3] 如我们所见，在弗拉维亚治下的罗马，奴隶有时被送往学校是很自然的事情。虽然内部学校或许曾为罗马皇室的奴隶提供一些教育，但在指导奴隶基本读写方面尚未形成普遍的体系。

至于乡村，瓦罗认为拥有一位能读会写的管家（vilicus）是有益的。[4] 瓦罗的读者显然未认为情况理应如此，即便在大庄园，也并不总能够达到这样的理想状态。[5] 据认为，瓦罗的牧羊官

255

---

[1] 除 R. Marichal, *L'occupation romaine de la Basse Egypte*（Paris, 1945）, 27—33 外，似乎未见对埃及准马兵的研究。

[2] 见 Christes, *Sklaven und Freigelassene*；贝里图斯（Berytus）的赫尔米普斯（Hermippus）是哈德良时期的作家，此人至少有两部著作（Suidas ii pp.673—674 Adler）。

[3] Hor. *Sat.* ii.6.65—76; Plin. *Ep.* ix.36.4.

[4] *RR* i.17.4.

[5] 参见 Cic. *De rep.* v.3.5; Colum. i.8.4（下文有引用）。

（magister pecoris）能够读写，足以读懂随身携带的关于绵羊所需服用的药品的书册。① 意大利最东南的他林敦与萨伦托（Salento）的现象颇为有趣，到处都有石刻文，有些刻文甚至是出自技术拙劣的石匠，表明人们对此种纪念方式和对读写能力的渴望影响着相当数量的奴隶，而该地区曾大量使用奴隶劳动力。②

256

　　然而，上述情况无一能够使我们认为奴隶主曾让大量奴隶接受读写教育，也不能认为许多奴隶能够独立学习读写。总有人是在已经成为具备读写能力的成年人或青少年时期沦为奴隶的。尤其是至密特里达提战争（Mithridatic Wars）时，这种现象一直极为普遍；但在奥古斯都时代之后，奴隶能否取得读写能力都出现在沦为奴隶之后。

　　富有的被释奴阿尼乌斯·塞琉古与其奴隶纳尔杜斯的例证是有征兆的：纳尔杜斯具备读写能力而且极有可能是位行家；像当时大多数奴隶及曾为奴隶的人一样，塞琉古目不识丁。③ 在虚构的一户坎帕尼亚人家中，能够计算十进位除法，能够即看即读的人是一位极其有前途的青少年奴隶。④ 即使富裕的被释奴赫尔墨罗斯

---

① *RR*. ii.2.20（关于罗马执政官对自己财产的关注程度，尚未发现更有力的证据）；另外，科鲁迈拉卷七也未提供相关暗示。Gasperini, *Terza miscellanea greca e romana* 178—179 发表两篇他林敦之外（N3 或 *AE* 1972 no. 102 和 N4，附照片）两位奴隶牧羊倌（gregarii）的墓志铭。*CIL* xi. 7586，他强调了此类文本的匮乏。两篇他林敦文本异常粗糙，部分原因正如后文所述。

② 该地区使用的材料与它们对铭文的影响，见 G. Susini, *Arch.Stor.Pugl*. xxii（1969），45—48；Gasperini 174 n.1。后者估算该地区被缅怀者中有 30%—40% 是奴隶，可能表明奴隶的读写水平与被释奴的读写水平相差无几。前文已见一些特殊的证据，是关于该地区具备读写能力的农奴的，参考原文 216 注释 207，但他们仍旧只是一小部分人。

③ 见原文 251。

④ Petr. *Sat*. 75.4. 特里马尔奇奥（Trimalchio）称其亲吻了奴隶 "non propter formam, sed quia frugi est：decem partes dicit, librum ab oculo legit"。根据 *Sat*. 28.6—7，我们发现在特里马尔奇奥的门前有一个威胁奴隶用的棍棒，如果他们未经允许出门，将会被抽打一百下。这有力说明在多数情况下用文字控制那些即便看不懂信息的人。

仅能识读石刻文（lapidariae litterae），① 他仍对此引以为豪。

此处述及的所有或大多数具备读写能力的奴隶在某些方面属特例。甚至在瓦罗及其朋友的庄园中身居要职者也是农庄奴隶中的精英。科鲁迈拉（Columella）有些模棱两可地评论道，如果有较好的记忆力，即使是目不识丁的管家也可以"相当出色"地（satis commode）管理好庄园事务。他引用先前一位权威人士的说法：相比于账本，目不识丁的管家更多地使用钱币，因为其目不识丁的状况令其很难篡改账目。② 由于富有而精明的科鲁迈拉对一位目不识丁的管家感到相当满意，似乎可以推断出（实际上显而易见）即便是古罗马庄园中较高等级的奴隶通常也不具备读写能力。

近来有学者称，③ "任何一个奴隶，如果他（或她？）具备读写能力，身价则会更高"，表明许多奴隶最终都接受了读写教育。共和国期间那些待售的能读会写的奴隶均被贴上"litterator"的标签，这证实了至少在某段时间，读写能力无疑提高了奴隶的市场价值。④ 据称，克拉苏通过将奴隶训练为朗诵者、司书以及其他职业人员赚取巨额利润。⑤ 不过应避免"大体而言，罗马的奴隶主时刻准备将他们的奴隶推向市场"的猜想，倘若有某位大奴隶主曾决定为所有的男性奴隶安排教育，如此投资或许也未免草率。⑥

实际情况基本如下：至于大多数奴隶所从事的日常工作，奴隶主在能读会写的奴隶身上不可能看到任何优势；与此同时，还存在一些具备读写能力的奴隶可以履行的特殊职能，而且相比于出身自由农耕者家庭的人，奴隶通常有更多的动机学习读与写。

257

---

① 　Sat.58.7.

② 　Colum. i.8.4 中谈到了知识渊博的凯尔苏斯（Celsus），他在提比略手下从事书写。

③ 　Bonner, Education 37.

④ 　Suet. De gramm. 4.

⑤ 　Plu. Crass. 2.

⑥ 　塞内卡把主人给奴隶的开明教育视作一种放纵、一种仁慈（De ben. iii.21.2），但这对研究没有任何帮助，因为他所指并非基本的读写教育。

受过教育的男性奴隶向来不会引发太多评论。同时，从事比较卑贱的行业的奴隶，无论男女，例如狄奥·克莱索斯顿的一则故事中的马夫或一部伪琉善的《驴子》的著作中的女仆帕拉伊斯特拉（Palaistra），均被认为目不识丁。①

如同在其他方面那样，关于奴隶的读与写，越是远离罗马以及其他的城市中心，我们所能了解的越少。碑铭证据很少为我们提供多少信息，为支持此论点，罗列数量相对较少的奴隶的墓志铭毫无意义。诚然，被释奴墓志铭的数量庞大，事实上被释奴可能尤其喜爱文字的纪念方式，可以作为他们新身份的象征。②庞贝城一些粗刻无疑是奴隶刻写的，这丝毫不足为奇。③至少迄今为止，也没有改变或在我们已经形成的大体情况上添加什么。草纸文献验证了应预想到的结果：的确存在一些具备读写能力的奴隶，但却没有理由认为此类人曾普遍存在。

尽管拥有读写能力的奴隶数量有限，但却对整个教育体系的面貌有重要的影响。比较重要的一点再清晰不过了，因为对于富足的罗马人以及官员而言，轻而易举地便可以习得读写技能或训练奴隶的司书技能，因此他们没有关心自由民的基础教育的实际需要。④罗马城的大部分司书工作均由奴隶及自由民完成，这一特殊情况几近排除了绝大多数自由民具备读写能力的可能性。

意大利

关于晚期共和国时代以及帝国初期读写文化的普及程度，之前的探究已给出一些最重要的证据。现在要进行一项尝试，即估算出罗马帝国三大地区各达到了怎样的读写水平。尽管我们会对

---

① Dio Chrys.ii.15（因为当事奴隶具备读写能力，所以能赋予自己自由）；Ps.-Luc. Ass11（帕拉伊斯特拉［Palaistra］目不识丁）。

② 可能这就是赫尔墨罗斯在炫耀能够识读"石刻文（lapidariae litterae）"——此处为墓碑文。

③ Harris, ZPE lii（1983），108 n.99 举出一些例证。

④ 参见 W. V. Harris, Quaderni di storia xxvii（1988），16—17。

每个地区的情况进行概括，但必须牢记，读写水平在每个地区的城市与乡村之间显然存在巨大差异。

关于罗马和意大利，前文已述及那里语言的多样性（在该问题上并未对读写产生严重的阻碍）、城镇化（可与其他先进的前现代人类群体的城镇化程度相媲美）以及学校教育（按相同的标准看，明显是不够成熟的）的情况。我们已经注意到，当时对基础教育和慈善事业的关注都极度缺乏。所有这些证据可能使我们将罗马与意大利具备读写能力的男性的比例定结为 20% 至 30%，也就是 1587 年至 1700 年间英格兰的水平。迄今为止，我们所发现的有关于罗马女性的读与写的证据表明，她们的读写水平很低，或许远低于 10%。

学者们有时对罗马的读写水平持有更加乐观的看法，只有如下论点能够支持这些看法，即文字的功用非常广泛，营造出一种"书写文化"（这是事实）；同时这种文化也需要广泛的读写能力（不一定属实）。仅在罗马就定然一直存在成千上万的具备读写能力者。我们只需考虑身处元老院阶层与骑士阶层者，或多或少依附于他们的人，富有的商人、执政官的护卫、日益壮大的皇帝"家眷"以及富人拥有的可信赖的奴隶。然而，在普通公民的民事与经济生活里，我们没有理由认为总人口中具备读写能力者占很高的比重。显然，在罗马城之外的意大利，握有财产者一直都具备文化涵养抑或说至少具备一些读写能力；[①] 在大多数城市，有产阶级之下也应存在一些具备读写能力者。就意大利而言，如同罗马那样，我们所掌握的有关于读写能力的使用的资料均不能说明：读写能力曾传播至大多数公众。

诚然，现存的罗马粗刻有助于表明许多地方均出现过超越写工读写能力的水平。事实上，有人认为绝大多数粗刻，无论是庞

259

---

① 公元 1 世纪的沃拉特拉伊（Volaterrae），墓碑雕刻中使用书卷和双折画是特权的象征，见 Nielsen in Bruun, *The Romanization of Etruria* 263—404（它们都是男性的标志）。

贝城、罗马、奥斯提亚、康达托马古斯（Condatomagus）还是马格达伦斯博格（Magdalensberg），均是"较低社会阶层"的刻泐。[1] 在庞贝城被毁时，城墙上可见成千上万的刻泐。并无必要判定这些随意刻泐主要出自"较低"社会阶层之手。它们中的大多数可能是出自几百名能读写的奴隶以及出身尊贵的学童之手，历经几年，实际上是几十年而形成的。[2] 诅咒和下流的语言并不仅仅局限于穷人，穷人也不一定是角斗比赛的书面公告的最主要受众。[3]

庞贝城许多屋舍墙外的选举背书（programmata）也不能作为真正意义上的普遍读写能力证据被引用。[4] 毫无疑问，文字已经深深植根于庞贝城的公民生活中，大多数有影响力的投票人至少具备一定的读写能力，使得他们能够接收背书（programmata）传达的信息。背书人（rogatores）本身并不一定具备读写能力，他们由渔夫、染工和赶骡人[5]之类普通的社会群体构成。如角斗公告一样，真正的书写者是技艺精湛的专业写工，其书写特点是严谨、能力强和准确。大多数背书人是商人，或许还有并不贫穷的个人。为公示语付钱者的愿望不仅是影响选举，还要宣称自己的社会地位。下面这则发现清楚地证明这一点：最高级别的选举拘泥于固定的程序，每年都有许多地方以及相应数量的候选人进行角逐。[6] 渔夫、染工和赶骡人寻求与领导者进行交往，他们清楚（很难不知道）利用好背书会有助益。他们中间是否有人完全具备读写能力尚且不清楚。

几乎所有随意刻泐者、预期的读者或读者群的身份、性别以及职业都无法确定。从这些随意刻泐中，我们所能发现的关于读

---

[1] Cavallo in Vegetti, *Oralità, scrittura, spettacolo* 175.

[2] 某些情况下可以认为许多粗刻出自同一人之手：H. Solin, *S & C* v（1981），310。

[3] A.-M. Guillemin, *Le public et la vie littéraire à Rome*（Paris, 1937），78.

[4] 如经常引用的那样，见原书169注释99。

[5] *CIL* iv.826；864；97，113.

[6] 见原书216。

写水平的信息要低于预想的程度。① 如许多类似证据揭示的，"大量随意刻泐的出现象征着读写能力达到现代水平"的论点是荒诞之谈。例如，1857 年印度兵变期间，尽管在一些印度城市可以看到大量的涂鸦，但当时这个国家的人口绝大多数都是不会读写的。②

庞贝城内极为引人注目的一组粗刻（在其他遗址亦发现有相似物）包含一些文学及类文学的篇章：对诗人诗句及著作家编写的散文诗的引用。③ "Arma virumque cano" 随处可见，《埃涅阿斯》（*Aeneid*）卷二的第一个词 "conticuere"（无言或沉默）也相当普遍；除此之外，维吉尔的文句还在二十几处得以引用。但凡能够揭示读写能力之处，我们都很少发现维吉尔的文句或打油诗；维吉尔的所有文句几乎均见于大型房舍或者公共场所，那里人人都可能刻写过文字，包括穷人，也包括富人家的孩童。④ 因此，尽管庞贝城的人流露出对散文诗的热忱，尽管种种迹象表明《埃涅阿斯》确实曾极负盛名，但关于普遍的读写能力却无任何力证出现。

对庞贝城粗刻的具体位置进行全面的研究是一项重任，可能仅带来印象式的结果。至于小型居所内粗刻的出现或缺失可归于各种原因。在非常狭小的住所中可能相对缺少随意刻泐的证据。在大型居所、底层拥有八到十间小屋而且楼上有更大空间的房舍中，粗刻较为普遍。底层带有四五间房屋（楼上另有一些房间）的房内或许有篇较短的粗刻，也可能没有；⑤ 我们可以猜测，住在

261

---

① 无须考虑标志着房屋主人或居住者的标识（此类标识罕有）、商店和酒馆的价格清单（就笔者所知，尚未发现这类粗刻的实例）以及供出租的小型财产（事实上不存在）；所有这些，见 Harris, *ZPE* lii（1983），105。

② C. Hibbert, *The Great Mutiny*（London, 1978），81, 221.

③ 见 M. Gigante, *Civiltà delle forme letterarie nell'antica Pompei*（Naples, 1979）。目前尚未掌握的出于他处的诗文，究竟有多少原文本是不可能厘清的问题。

④ 一些特例：CIL iv.733（一种出于它处的辟邪用的对联，系用希腊语所写，绘制在一个 "taberna"），2213（妓院中的［contiquere］忧怨），4665（小房舍中的相同物）。

⑤ 相关例证见 Harris 106。

这样的房子里的可能并非是特别富有的工匠或店主，而且生活在这类家庭的成员可能是半识字或完全识字的。至于庞贝城的大多数穷人，可能有的生活在这类楼房内，有的生活在更小的居所，还有的生活在乡村或街巷。

另一组相关资料源自庞贝城的经济事务代理人卡埃基利乌斯·伊乌昆都斯（L. Caecilius Iucundus），其中包括 153 块涂蜡书板。[①] 伊乌昆都斯的某些委托人亲笔书写收据，其他人由中间人代理。中间人使用诸如"我应……的请求而书写"的套话，也就是说他们并未使用暴露目不识丁状况的套话。然而，目不识丁显然是雇佣第三方的原因，[②] 因为此处所述及的委托人似乎并非不在场。[③] 在应要求提供收据的十七位男债权人中，有十一位（65%）亲手签写了收据。[④] 而五位女债权人则无一能够自行书写。此种差异支撑了"不能自行撰写文件的人目不识丁"的观点。然而伊乌昆都斯的委托人远非典型的庞贝城人：如果用"奢华"形容不当的话，他们是拥有大量待拍卖财产的人；平均成交金额约为 4500 塞斯特斯。[⑤] 鉴于此，这些文件与"有读写能力的庞贝城男性公民的比例远低于 65%"的观点相一致，实际上也支撑了此类观点。在商品销售额高于 3511 塞斯特斯的男债权人中，只有一位未能自

262

---

① 见 *CIL* iv Suppl. i（3340），*FIRA* iii 以及 Andreau, *Les affaires de Monsieur Jucundus*。

② 如 Mommsen, Hermes xii（1877），104—105 中的观点一样。卡瓦略（G. Cavallo）赞同他的观点，见 *Alfabetismo e cultura scritta nella storia della società italiana*（Perugia, 1978），121—122。关于公元 38 年在普特奥里参与一桩金钱交易的一位目不识丁者，见 G. Purpura in *Atti del XVII Congresso internazionale di papirologia*（Naples, 1984），iii.1248—54。

③ 该现象见于 Tab. XXIV：债权人翁布里亚的安提奥基斯（Umbricia Antiochis）本身没有书写能力，却出现在签名者中，其他一些例证同样如此：用来指债权人的"habere se dixsit"似乎也出现了。

④ 能够自行书写的男性包括：VI, XX, XXI, XXVI, XXVIII, XXXII（用希腊字母写的拉丁语），XXXIII, XXXVIII（书写不当，拼写较差），XLV, L, LVIII（书写不当）；不能自行书写的有：VII, XVII, XXVII, XXX, XXXV, XLVI。

⑤ Andreau, *Les affaires de Monsieur Jucundus* 91.

行书写收据。这大致揭示出一种经济水平，在该经济水平之上的
庞贝城男性里罕有不能读写者。尽管女债权人并非出身贫困，① 但
她们全然不具备书写能力，如此给人一种不乐观的迹象。庞贝城
女性的读写能力是否可能会很低呢？

　　这一问题让人想起庞贝城一系列比较著名的壁画，画中的女
性手握笔和书板。迄今所知，至少存在六幅这样的壁画，大都见
于相当宽大的房舍内，也有一两幅见于非常朴实的环境。② 画中形
象源于古典时代的雅典，但其在庞贝城普通房舍内墙壁上的出现
却激起了我们对房屋的主人对女性教育看法的思考。我们显然能
得出两种推论：一是在庞贝城一定数量的比较富裕的家庭内（可
能猜测是十夫长阶层或仅次于十夫长的阶层），女性的书写能力曾
被认为是一种魅力或财产；二是处于该社会阶层的女性并不是一
定具备读写能力，如果具备读写能力，则无疑是一种殊荣。

---

① 他们所达成的四笔债务数额都在中上等水平：HS 11, 039（Tab. XXV），8, 562
　（XL），6456 1/2（XXII）and 6, 252（XXIV）。某种社会力量抑制了女性学习书
　写似乎不太可能。

② K. Schefold *Die Wände Pompejis*（Berlin，1957），130，158，168（一幅双人肖
　像画，特伦提乌斯［Terentius Neo］的妻子和手持草纸卷的男子，见图5），
　171—172，202 以不同的方式举出其中的六个；参见 249（最后一个被视为
　"Muse oder Dichterin mit Scrinium"）。在公元七世纪庞贝城的原址（Naples inv.
　9084），一幅经常被复制的吸引眼球的肖像画，如 T. Kraus，*Lebendiges Pompeji*
　（Cologne，1973），pl. 213，但笔者认为尚存争议（参见 A. Allrogen-Bedel in *Neue*
　Forschungen in Pompeji［Recklinghausen，1975］，118—119）。相对合理的房舍为
　Casa dell'Ara Massima（VI.16.15—"di non grandi proporzioni"：M. della Corte，
　Case ed abitanti di Pompei［3d, ed., Naples，1965］，88），里面有精心装饰的墙
　壁画；此外还有科尔奈利乌斯·狄亚杜麦努斯（L. Cornelius Diadumenus）的房
　舍（VII.12.26—27—"non molto vasta"：della Corte 202，也进行了大量装饰）。
　在理解特伦提乌斯及其妻子时需要谨慎，有观点认为他是面包师，但这些肖像
　可能出自提比略时期（D. L. Thompson in *Pompeii and the Vesuvian Landscape*
　［Washington, D.C., 1979］，78），它们的社会身份无法确定（Thompson 79 评论
　道：有读写能力的庞贝城人颇以他们的成就而骄傲）。这里值得一提的还有女性
　读草纸卷场景的肖画像（Helbig，*Wandgemälde* nos.，1866—68），此外还有大量
　关于缪斯的作品。

将目光再次转回至粗刻，我们必须注意到它们几乎未能揭示刻写者的职业。所出现的工匠职业包括漂洗工、编织工、糕饼师、香料商和修鞋匠。[①] 粗刻之所以引人注目，是因为述及之人在劳作中无一对书写技能有特别的需要，但这些人有多大的代表性仍不清楚。

庞贝城粗刻最后一处引人注目之处在于它们的拼写。在拼写上，帝国初期意大利那些由职业写工所刻或写的铭文具有更高的准确率，相比于这样的铭文，大多数粗刻在两三个词之后均会出现拼写错误。[②] 如许多铭文所证实的那样，迨至该时期，拉丁文书写已不再仅仅是个人品位问题，[③] 一定数量的庞贝城人显然已掌握书写规则。据推测，学校教师曾不遗余力地推行统一的拼写方法。"普遍未能实现拼写统一"表明在总人口中，完全具备读写能力者的比重或许很低（前文推算具备读写能力的男性的比例在 20%以下，不论如何，完全具备读写能力者的比重不会超过这一百分比），尽管当时存在大量具备少许读写能力者，他们只能以一种比较困难的方式书写。[④]

数千名生活在公元 79 年的庞贝城居民定然具备一定的书写能力，[⑤] 但也可能不会超过两千或三千人。这些人中可能囊括了元老院阶层中的所有男性成员，以及从事技术性更高的职业的部分工匠与商人；在后一种社会群体内，女性的读写水平极有可能很低。

---

① 漂洗工 Cresce（n）s 书写 CIL iv.4100，4102—04，4106—07，4109，4112—13，4115，4117—18，4120，或许还有一些其他的粗刻；织工所写：8258—59；其他人所写：1768—69、2184 和 1711。

② *CIL* iv（8873—9172）提供 50 篇文本，每篇都有三个或更多完整又易于理解的拉丁文字。随意拿出其中的一部分，笔者发现 74% 的文本至少都出现一处拼写错误。

③ 见 V. Väänänen, *Le latin vulgaire des inscriptions pompéiennes*（rev. ed., Berlin, 1958），12—13。

④ 就笔者所知，没有哪位古文书学家系统地研究过庞贝城或其他罗马涂鸦展现的绘画技巧或缺陷。

⑤ 尤里亚·费利克斯（Iulia Felix）房内壁画的集会场景似乎强调"读"在庞贝城的普遍性。画中四人（两人可能是参与者或旁观者）在读集会上刊布的文本或一些文本（见图 7）。这些文本可能具有非凡的民事或商业意义。

尽管很难确定具体的数字，但相当数量生活在城市中的奴隶定然具备读写能力。而在乡村人中，读写能力水平或许更为低下。

　　其他意大利城市如何与庞贝城媲美呢？相比于赫库兰尼姆（Herculaneum）、奥斯提亚或任何已发掘的遗址，庞贝城所拥有的涂鸦的数量是无与伦比的。对此可以有各种解释。然而，庞贝城不同于大多数其他城市体现在两个重要的方面：它与希腊世界有着更为紧密的联系，而且更加富有。该地区的农业与商业蓬勃发展，接近罗马精英眼中理想的庄园。[①] 实际上，庞贝城的读写能力很可能高于意大利。[②]

　　大体而言，相比于意大利，其他一些比较富足的城市可能拥有更高比例的具备读写能力者。例如奥古斯都第十区（Tenth Augustan Region）诸城，阿奎雷亚城（Aquileia）有一千多篇拉丁语铭文被收录在过时已久的《拉丁语铭文集》(*Corpus Inscriptionum Latinarum*，*CIL*)中，而维罗纳及布雷西亚（Brixia）也分别有 600 多篇铭文被收录。实际上，地区差异在预料之中，坎帕尼亚和第十区（Tenth Region）可能就比偏远的南部地区具有更高的读写水平。

　　某一地区现存铭文的密度可以大致揭示刻写碑铭最为频繁的时期该地区的读写水平，意大利碑铭的活动最为频繁的时期约从公元 50 年持续至 250 年。对这种观点，很容易出现可能的反对意见：一个地区或许比另一个地区具备更强的碑铭传统；一个地区也很可能比另一个地区更加富裕（这两个因素并非与读写水平不相关联）；一个地区可能比另一个地区拥有更多容易获取且适合的石材；一个地区在后古代对建筑材料的需求可能高于另一个地区；一个地区可能比另一个地区拥有更长的古物研究历史。最后一点，人口密度也因地区而异，这种差异甚至达到了一种难以估

---

①　R. C. Carrington, *JRS* xxi（1931），110—130 给出对该地区的最佳看法。

②　根据尤里亚·费利克斯房内的一位写工在集会中工作场景的壁画，可以推断出即便在庞贝城，写工也排队等候雇佣，见 *Le pitture antiche d'Ercolano* iii.213, pl. xli。参见 Harris, *ZPE* lii（1983），111 n.113。这定然是所有城镇都存在的普遍现象。

量的程度。

　　尽管如此，《拉丁语铭文集》不可避免地存在缺陷，表3概述了各地区碑铭的密度。表中的数字几乎与各地区间读写能力的比例关系相一致。至少这种排序是有据可循的：有其他依据表明利古里亚（Liguria）和卢卡尼亚（Lucania）可能是意大利读写水平最低的地区，坎帕尼亚或许为读写水平最高的地区。如果这样的排序大体上有据可循的话，最有意思的或许是，我们会发现意大利中部与中东部那些先前讲欧斯坎语和欧斯坎—翁布里亚语（Osco-Umbrian）的地区拥有相对较高的读写水平。

表3　奥古斯都大帝各行政区每平方千米范围内拉丁语铭文的数量

	地区名	每平方千米的铭文数量	
I	坎帕尼亚（Campania）	410.9	（100.0）
VI	翁布里亚（Umbria）	275.7	（67.1）
V	皮塞努姆（Picenum）	205.1	（49.9）
IV	萨莫奈（Samnium）	156.6	（38.1）
X	维尼提亚（Venetia）	119.6	（29.1）
VII	伊特鲁里亚（Etruria）	118.0	（28.7）
II	阿普利亚（Apulia）	73.6	（17.9）
XI	坦斯帕达纳（Transpadana）	70.8	（17.2）
VIII	埃米利亚（Aemilia）	69.5	（16.9）
IX	利古里亚（Liguria）	42.9	（10.4）
III	卢卡尼亚（Lucania）	18.5	（4.5）

　　数据出处：铭文的数量：CIL V, IX, X, XI（但笔者略掉了帝国政府的里程碑）。不同区域：J. Beloch, *Die Bevölkerung der griechischrömischen Welt*（Leipzig, 1886）, 431。

　　注：未加权地区的平均数值为141.9；本位偏差为111.0。括号内数字代表坎帕尼亚密度值为100时的指数。

　　注：这些地区的名称显然与部族的划分不完全一致。尽管《拉丁语铭文集》的相关资料已完全过时，但其相对不完整性可能因地区差异而相去甚远；根据近来一些出版物，可以猜测就大多数地区而言，在业已发表的铭文中，约有二分之一至三分之二见于《拉丁语铭文集》。

综上所述，我们只能对罗马和意大利读写文化的广度进行大致估算。前文估算男性与女性具备读写能力的比例分别为 20%—30% 和不足 10%，一些最重要的考虑因素应该引出不同于两个比例的数字，即应该估算出更低的比例。如果按重要性排序，这些因素依次包括学校体系的明显漏洞、普遍缺乏资助教育的意愿、缺少能够引起富人对贫困自由民的教育产生兴趣的强制力量，以及某些富裕的被释奴目不识丁或具备基本读写能力的证据。从对反的立场看，也有一些主要因素，按重要性排序依次为：庞贝城大量的随意刻泐；这类文本中有些明显出自工匠之手；共和国后期和帝国时代的意大利的富足使一些人有相对较多的空闲时间学习读写；读写能力的诸多功用传播至许多不同的地区（提菲努姆［Tifernum］的乡人提交给普林尼的书面请愿尤其值得一提）。笔者断定，整体上罗马和意大利具备读写能力者的比例可能低于 15%。

266

西部诸省的读与写

西部诸省的部分地区逐渐呈现出意大利的文化特点，我们一定会认为至公元 1 世纪，西部地区的读写水平达到了纳尔旁高卢和巴埃蒂卡的高度，而北非各城市也不应逊色多少。

在不参照任何数据的情况下，我们只能想到这里。事实上如表 4 所示，同样可以尝试大致估算西部诸省相对的铭文密度。如上文述及的意大利的数据，此处同样持保留意见，因为我们面临着更多的困难：所探究的某些行省要比其他行省更快地归入了罗马的统治；① 地域差异更为严重【莱提亚（Raetia）与诺里库姆（Noricum）显然比其他行省的人口密度更低】；且《拉丁语铭文集》对各地区铭文收录的充分与否也不相同。②

尽管这些数据可以给诸行省的读写水平以非常准确的排序（这

---

① 达西亚过于特殊而被忽略。
② 另外，一些行省，尤其是北非的行省在墓志铭中大量使用其他语言。

些数据也只能用来进行如此排序），不过也有些奇怪的地方。努米底亚名列前茅的主要原因是那里有军队，但达尔马提亚的位置似乎颇为引人注意，因为在公元86年之后，似乎从未有任何军团驻扎在该行省；①之所以出现这样的结果，在很大程度上是因为萨洛那（Salona）城内数量众多的碑铭。相反，巴埃蒂卡却出乎意料地排位很低。我们很容易会认为《拉丁语铭文集》辑录的年代，正是当地的碑铭刻工相对匮乏的时候，再加上远离柏林（Berlin）和维也纳，才使得西班牙诸行省的排位情况不理想。②照此看来，表中数据表明：作为行省，只有阿非利加那些由总督掌管的行省（Proconsularis）、努米底亚、达尔马提亚和纳尔旁高卢可能达到过意大利的读写水平（其他地区的个别城市也可能达到过同等的高度）。

267

表4　主要西部各省纪念碑拉丁语铭文数量，按平方千米计

行　省　名	每平方千米的铭文数量
由总督掌管的阿非利加行省（Africa Proconsularis）	127.3
努米底亚（Numidia）	94.3
达尔马提亚（Dalmatia）	62.7
纳尔旁高卢（Narbonensis）	55.6
潘诺尼亚（Pannonia）	28.7
诺里库姆（Noricum）	24.8
巴埃蒂卡（Baetica）	21.7
撒丁岛（Sardinia）	20.2
恺撒—毛里塔尼亚行省（Mauretania Caesariensis）	18.9
贝尔吉卡以及莱茵河岸上的日耳曼西部 （Belgica and Germany west of the Rhine）	18.3

① 　J. Wilkes, *Dalmatia*（London, 1969）, 114.
② 　笔者尚未尝试计算已发表文章的总数，参考书目见 Bérard et al., *Guide de l'épigraphiste*, 78—82。

续表

行 省 名	每平方千米的铭文数量
阿奎塔尼亚（Aquitania）	11.2
卢格杜南西斯（Lugdunensis）	10.3
卢西塔尼亚（Lusitania）	9.6
塔拉戈南西斯（Tarraconensis）	7.8
布列塔尼亚（Britannia）	5.7
莱提亚（Raetia）	5.2
廷吉塔纳—毛里塔尼亚行省（Mauretania Tingitana）	3.3

数据出处：铭文的数量：CIL ii, iii, vii, viii, x, xii, xiii（略掉里程碑）。不同区域：J. Beloch, *Die Bevölkerung der griechischrömischen Welt*（Leipzig, 1886），444, 448, 460, 461（撒丁岛、西班牙、高卢和多瑙河沿岸诸行省）。

注：未加权地区的平均数值为30.9；本位偏差为33.7。

注：《拉丁语铭文集》的相关资料已完全过时，笔者假定当时情况与此相似。考虑到一致性问题，笔者接受《拉丁语铭文集》所界定的行省的划分界限。据笔者估算，阿非利加由总督掌管行省的铭文密度约为每平方米110000篇，努米底亚100000篇，恺撒—毛里塔尼亚行省120000篇，廷吉塔纳—毛里塔尼亚行省约为40000篇，而不列颠约为200000篇。

在一些不够发达的行省，读写能力一定主要限定在一小部分特殊的社会群体。像不列颠与潘诺尼亚之类的行省，帝国权力的代表者与能读会写的士兵刻写绝大多数的铭文，在具备读写能力的人中，他们也占据很大一部分。[1] 如我们所见，另一个能读会写

---

[1] 在不列颠，只有零星几篇铭文出自南部、中部或东部，出自切斯特南部的铭文不足20%。R. G. Collingwood & R. P. Wright, *The Roman Inscriptions of Britain*（Oxford, 1965）的总数为2314，其中包括许多不完整的残篇。J. C. Mann, *JRS* lxxv（1985），205认为，"在 *RIBI* 中收录的2216石块中（除路标牌外），1914块出自于军事控制区"。曼安（Mann）试图简要的解释这种现象，他提到是因为东南部缺乏"优质建筑石料"（204），他的观点无疑带来不同声音，但购买墓碑并不是价格考量，而主要是文化原因。不列颠在文化上的滞后性在 A. A. Barrett, *Britannia* ix（1978），307—313（除了少数几次提及《埃涅阿斯》外，没有文学上的含义）中呈现得淋漓尽致。关于潘诺尼亚，见 Bilkei, *Alba Regia* xviii（1980），73。

268 的群体是当地有权势者，罗马官员曾试图将他们罗马化。在各地区那些更加繁荣的城市里，当地比较富有的中产阶级也渐渐加入了该群体，在我们所探究的时代的大部分时间里，像意大利那样，伴随这些城市经济繁荣的是成功的被释奴的出现。在每个城市，一些更具远大抱负的商人与工匠逐渐变得能读会写，抑或说具备了一定的读写能力。与此同时，读写在乡村的传播不可能超越庄园主和从事专门工作的奴隶。

这些论断显然难掩推测性的本质。事实上，这些论断与一位专家对多瑙河畔诸省的碑铭及其社会背景所做的论断相一致，甚至比专家的论断更为乐观。他总结道，在潘诺尼亚，目不识丁的现象极为普遍，而且这种现象甚至存在于诸如什人长这类较高的社会阶层中。①

从布列塔尼亚（Britannia）出土的证据与此种解释并不相矛盾。实际上在所有的行省都发现了涂鸦，②不列颠出土的非正式铭文（书板、其他资料和涂鸦本身）都极具启发性。原因是人们对看似不重要的刻文予以极大关注。③几乎所有这类文字资料都非常简短，最常见的要么是宗教题献，要么只是物品所有者的标识（还有少数刻写的是做标识者的名字）。许多刻文都与军队有关，或者与其他一些因军事占领而产生的人员有关。在这些资料中，最吸引人的当属现存数量很少，且定然与非军队环境下的工匠或并未完全罗马化的凯尔特人相关的刻字。在伦敦（London）

269 和奇切斯特（Chichester）发现的一名玻璃制造者的名字，以及出

---

① Mócsy, *Pannonia and Upper Moesia* 262—263.
② 西部行省的大量重要资料包括上文提及的 la Graufesenque（A. Petrucci 在 *Bullettino dell'Archivio paleografico italiano* ser. 3 i［1962］, 118 据此推论，读写能力在更为富饶的西部行省广泛传播）；R. Etienne et al.（eds.）, *Fouilles de Conimbriga* ii（Paris，1975），143—205；Galsterer, *Graffiti aus der Römischen Gefässkeramik*；R. Egger, *Die Stadt auf dem Magdalensberg*（Vienna，1961）。
③ 见 *JRS* xi（1921）—lix（1969）中关于铭文发现的年表以及后来的 "*Britannia*" 中的内容。

自坎特伯雷（Canterbury）一个刻有所有者名字的木工直角尺，按常理来看，表明这种人至少具备一定的读写能力。① 在威尔特郡（Wiltshire）发现的一篇由 "尤提乌斯／尤图斯【Iut（i）us】的女儿克洛提卡（Corotica）" 写给阿波罗的题献，连同拉特兰郡（Rutland）由 "莫库里克索玛（Mocuxsoma）" 写给地方神灵的题献表明，尽管并不一定完全具备读写能力，但一些部分罗马化的本地人已接纳罗马人的书写习惯。② 有时会出现篇幅较长的文本：如前文述及的书板，上面刻写着一篇拉丁语书信，系由一位带有凯尔特名字的男子写给他的某个奴隶的。③

　　然而，此类证据导致人们对罗马治下不列颠的普遍读写水平产生一些误解。对古代教育条件的不了解，或许再加上爱国热忱的乐观渲染，促生一些过于夸张的说法。一位学者宣称 "甚至连工匠都可以写拉丁文"，④ 的确，一些工匠能够书写所谓的拉丁语，但大多数或许仍不具备这种能力，更不用说真正意义上的当地民众了。⑤

　　有关西部诸省女性读写能力的确凿证据极少。没有任何证据能够真正揭示女性的读写水平极高，也没有证据表明她们很容易去学校接受教育。有几篇文献表明，相当数量的女性理所当然具备阅读能力。在高卢的单锥体纺轮上发现这样一组文字资料，是用高卢语、拉丁语或两种语言的混合文字刻写的（因此预期读者为当地人）。拉丁语刻写的螺纹上有诸如 "你好，小姑娘！（Salve tu puella）" 和 "你好，妹妹！（Salve soror）" 之类的信息，可

---

① 玻璃制造商，见 R. P. Wright, *JRS* lv（1965），224 no. 16 以及 lix（1969），239 no. 24；工匠修建的广场，见 H. Chapman, *Antiquaries' Journal* lix（1979），402—407（M. W. C. *Britannia* x［1979］，351 no. 32 中同样谈及并论证了该问题）。

② 这些文本，见 R. P. Wright, *JRS* lii（1962），191 no. 4 和 192 no. 6。

③ 发现于伦敦，见原文 230 注释 287。

④ S. Frere, *Britannia*（3d ed., London, 1987），303；参见 R. M. Ogilvie & I. A. Richmond on Tac. *Agr.* 21.2；J. Morris, *Londinium*（London, 1982），221—222。

⑤ D. Ellis Evans 在 *ANRW* ii.29.2（1983），977 认为在罗马治下的不列颠，只有一小部分人具备读写能力。

270 以被理解为全部是写给女性的。① 所刻写的文本匿名且简短，通常妙趣横生，这与有些刻写于饮水器皿或投石弹的文字颇为相似。所有这些文字都为刻写它们或决定刻写它们的人带去些许简单的快乐。阅读机会青睐的读者可能至少具备一定的读写能力，也可能不及这样的水准，但刻写于纺锤螺纹上的文字却预示着使用这类物件的女性可能具备读的能力。在女性读写能力广度的问题上，这只是一种提示，不足以成为结论的依据，尤其是这种普通文本的数量并不大。只有参照前面探讨的基本因素我们才能对西部诸省女性的读写能力做出假设性的估计：即使在帝国鼎盛时期，可能只有少数女性能够读写。

在具备少许而非完全具备读写能力的文化中，将年龄记录为以五或零结尾是司空见惯的，所以在总人口中年龄如此结尾者的比例高于正常的 20%；似乎太多人的年龄是 20、25 之类的数字，这种情况同样大量出现在罗马帝国。② 经研究，有人尝试将该情况与罗马世界存在的目不识丁状况联系到一起。③ 罗马人用四舍五入法计年龄④ 的显著特征在某种程度上证实了他们中的许多人目不识丁。⑤

---

① 对该材料最近的描述和研究是 W. Meid, *Gallisch oder Lateinisch*? 13—26 和 *ANRW* ii.29.2（1983），1029—43。拉丁文献见：A. Héron de Villefosse, *BACT* 1914, 213—230。已知文献约有 15 篇，大部分都出自塞诺恩斯（Senones）和埃都伊（Aedui）。依照传统它们可被追溯到公元 3 世纪或 4 世纪（Meid 13 或 1030），也可能更早。

② 见 A. Mócsy, *AAASH* xiv（1966），387—421。

③ R. P. Duncan-Jones, *Chiron* vii（1977），333—353, and *ZPE* xxxiii（1979），169—177。

④ 着重见 *Chiron* vii（1977），343。即便在这种办法最不盛行的意大利（罗马除外），在男性墓志铭中年龄大约 54% 都被估算到以五或零结尾的数字。

⑤ Duncan-Jones 351 公布十个现代国家中估算年龄和文盲的数据并研究了它们的相互关系。事实是在现代背景下，若估算指数水平超过 30（按地区计，罗马的平均指数高出许多，约为 55），那么文盲率至少达到 70%（347，意味着估算年龄的比例分别为 44% 和 64%）。但计算罗马帝国时期年数上的误差还面临诸多实际的困难（参见 Duncan-Jones 336，文中并未成功的解决争论）。现如今，即便是在第三世界，有读写能力者可能时常被问及自己的确切年龄，而在古代却没有必要弄清该问题。

因此，可以尝试追踪不同社会阶层、不同性别和不同地区使用四舍五入法计年龄的差别；对于读写文化的社会历史而言，重要的发现是相比于意大利的十夫长，罗马有铭文记录的士兵更倾向于以整数计年龄（尽管不如普通公民那样普遍）。[①] 该趋势给我们提供了一则强有力的暗示：尽管缺乏有关执政官阶层和军团士兵目不识丁的具体证据，但这并非轶事。[②] 从地理意义上讲，以整数计年龄的做法在意大利、高卢、罗马本身、阿非利加那些由总督掌管的行省和努米底亚是最少的。[③] 这种模式与拉丁语碑文分布的密集度恰好吻合。但无需强调，这种计算相应读写能力的方法充其量能得到近似结果。

271

关于西部所有行省或部分地区的读写能力，我们是否能够计算出一个极具价值的终极数字值得怀疑。但上文展示的碑铭数据，尤其是与意大利相应的碑铭数字相比较时，再加上先前述及的所有其他消极因素，使得西部诸省整体的非文盲率甚至不足5%—10%。

该结论并未使有关罗马的教育著作（oeuvre éducatrice）变得毫无意义，而是重新定义已有结论。至公元 1 世纪末期，所有西部行省不仅有罗马殖民者的后裔，还有一些熟悉拉丁语和罗马文化的其他各类当地人，进行书写是他们生活经历中的常规。这些行省，可能除阿非利加由总督掌管的行省外，先前从未达到过该时期的读写水平。这种读写能力也并未局限于少数贵族、祭祀或司书中的精英人士。在所有城中皆有具备读写能力的工匠和庄园

---

① Duncan-Jones 338—339。士兵的估算指数为 37.9，意大利什人长为 15.1，公民中非被释奴或奴隶为 48.4。

② 在罗马帝国的大部分地区，较之于男性，女性的年龄往往是估算的。该现象不应与男女之间读写能力的差异有多大联系，是因为女性的从属地位限制了她们的读写水平。

③ Duncan-Jones 343 用升续排列估算男性年龄的地区：意大利、高卢、罗马本身、阿非利加那些由总督掌管的行省、努米底亚、毛里塔尼亚（一个可理解的特例）、达尔马提亚、西班牙、默西亚、日耳曼、达契亚、潘诺尼亚以及诺里库姆。

主。城市的社会结构越来越与意大利的城市相似，有了富裕的被释奴就更加一致了。然而，新涌现的具备读写能力者在数量上极为有限。相比于近代早期的州郡的情况，西部诸省或许只开设了少数学校。事实上，那里的社会或经济只要求较低水平的读写。

272

只有极少数当地人口能够接受教育，其他人则没有机会。有些希腊人怀有的"所有男性都应该识字"的认知也从未站稳脚跟。

在罗马世界，基本的读写能力与公共图书馆之间并无多大关联，但贫困并未使西部行省城市（已知的一些特例除外，如迦太基和塔穆加迪 [Timgad]）都缺乏公共图书馆，而证据表明意大利和希腊东部都存在公共图书馆。普及书籍毫无意义，即使象征性地在公民间普及也同样无济于事。罗马引入的拉丁文化影响深远，但绝非民主文化。

希腊人的读写能力

无论走到哪里，希腊人就将他们的教育理念带到哪里，如果我们记得许多人都生活在希腊文化的周围，就可以把对所有希腊人读写能力的探讨放在同一章节内。

对自由民或男性自由民普及教育的理想似乎只在仅有的几个城市得以实现，这种想法在罗马势力到来之后沦陷。如前文所见，狄奥多鲁斯·西库鲁斯认为，书写在公元 1 世纪第三个 25 年是值得称道的。他对卡容达斯提出的"资助所有公民的儿子接受教育"的规划赞赏有加（据认为，卡容达斯规划的覆盖面并不够广，并未将女童纳入资助范畴）。在两个世纪之后的桑索斯河畔，富足的奥普拉莫阿斯让这种计划付诸实施也不足为奇。希腊精英对传统教育的深深敬意在罗马帝国初期清晰可见，对于埃里安（Aelian）所著的关于先前的密提林人（Mytilenaeans）的故事，应该没有哪位精英认为难于鉴赏。在故事中，密提林人惩罚叛逆的联军，禁止他们教授男童习字或艺术（mousike）。[①] 受过良好教育的希腊人对目不识

---

① *VH* vii.15："将此视作最严厉的惩罚。"

丁的厌恶显而易见，如前文所见，隆古斯不顾所有反对，执意坚持让其年轻的牧山羊人和牧绵羊女掌握读写技能。埃里乌斯·阿里斯提德提供一些清晰的证据，证明希腊人视学校为振兴城市的基本要素，但由于几乎没有关于罗马治下的希腊人对基础学校教育提供经济上资助的证据，希腊人中的读写氛围可能在淡化。

目前无法确定希腊诸城市是否为地中海世界读写能力最强的地方。罗马、其他一些意大利城市，以及融入拉丁文化传统的一些西部行省的首府，可能与希腊诸城处于相同或拥有更高的读写水平。现存铭文是进行比较的仅有根据。少数几个城市，如以弗所，曾产出过大量的铭文，[①] 这样一座普通的希腊城市，像许多西部城市一样，为我们提供了成百上千篇铭文资料。至于所有的行省、甚至部分行省，缺乏希腊语铭文资料导致难以在东西部之间进行比较。然而，在罗马时代，各地区所产生的铭文数量也有很大的差异，这一点毋庸置疑。如果将彼奥提亚视为古希腊的平均值地区，那么在旧版《希腊语铭文》（*Inscriptiones Graecae*）中发现 2969 篇铭文，相当于每 1000 平方公里的土地上分布着 1151 篇，比坎帕尼亚的拉丁语铭文的密度高出许多。即使拿出一半与古典时代和希腊化时代铭文的数量相抵（实际上后者的数量小于前者），其密度仍然很高。[②] 另一方面，如果剖析新近发表的《小亚细亚碑文》（*Tituli Asiae Minoris*）中所收录的吕底亚（Lydia）铭文，会发现在罗马帝国有 600 至 700 篇，抑或说每 1000 平方公里约有 75 至 90 篇，与西部那些更为罗马化行省的拉丁语铭文密度颇为相似。[③]

273

---

① *Die Inschriften von Ephesos* i—vii 或 *IGSK* xi-xvii 约有 5000 条目，其中自然包含希腊化时代的文本。

② *IG* vii.504—3472；附录中有许多其他铭文，铭文集发表于 1892 年。Beloch, *Bevölkerung der griechisch- römischen* Welt 161 认为该地区方圆有 2580 平方公里。

③ 1981 年发表的 V.I 涵盖吕底亚东北部 8000 平方公里（见卷末地图）。R. MacMullen 就该材料发表过有价值的注解（*ZPE* lxv［1986］，237—238），但略显赘述。

一如常态，有关读写能力传播的直接文献资料较少。就此论题可以讲述一下能够给我们带来启示的四段文字。其中一段出自阿尔特米多鲁斯（Artemidorus）关于《梦》的册子，只是表明作者意识到许多目不识丁的成年人的存在，因为他认为梦见习字对识字者和目不识丁者的涵义不同。[①] 琉善两则文本的启发意义大于争议，尽管对两段文字的解读都存在争议。琉善构想出一位欺骗成性的修辞学教师，是如此描写的：他对一位入门不久的演说者说"即便你遇到常人的问题，不知如何书写想要书写的内容，也要稳步前行……"。[②] 琉善显然不是在介绍大体的社会状况，而是借机对演说者和他们的教师加以讽刺。无论如何，如果说不能进行书写是"非常普通"的事，那意味着什么呢？但至少琉善应该明白大量的希腊人目不识丁；另一段文字是雅典妓女（hetairai）间展开的一段虚构对话，德罗西斯（Drosis）目不识丁，必须让凯莉多尼乌姆（Chelidonium）代读其情人的告别信；[③] 但这也几乎无法揭示两名妓女的读写水平，就更不用说其他的社会群体了。

或许索拉努斯（Soranus）的观点更具启发性，前文已有所引用，大意是想成为一名合格的助产师，妇女应熟知文法，那样她才能阅读，将理论运用到实践中。[④] 如果索拉努斯比任何真正的希腊助产师都更加注重理论，我们并不会感到奇怪，但正如我们应该预期的那样，他的言论不仅说明有些接生员不具备书写能力，也同时表明如果设想身处普通社会阶层的女性至少具备阅读能力，也绝非没有可能，这并不意味着许多希腊女性能做到这样；同理，此处探讨的是那些在一项技术行业里能力最强的从业者，之前已发现这种迹象，即在古代，医学知识尤其可能是通过阅读传播的。[⑤]

[①] Artemid.Dald. *Oneir*. i.53.

[②] Lucian *Rhet.praec.* 14.

[③] *Dial.meretr*. 10.2—3. 凯利多尼乌姆（Chelidonium）一篇（木炭）粗刻，内容是一位哲学家丑化其旧情人克莱尼亚斯（Cleinias）。

[④] Soranus *Gyn.* i.3，原书 203 注释 144 中有引用。

[⑤] 见原书 82。

有关社会阶层的问题，从铭文，尤其是墓志铭的角度，还需更加谨慎。从理论上讲，墓志铭也可以用来纪念农耕者、牧绵羊者或牧山羊者，但只有大量的墓志铭才能揭示某一社会阶层的读写水平，哪怕是间接地揭示。无论怎样，为希腊农耕者刻写的墓志铭少之甚少，这不过是希腊碑铭中的沧海一粟。①

偶有一些希腊语铭文是从事体力劳动者委托他人刻写的，如搬运工，一些城市中便存在此类铭文，表明体力劳动者了解文书的功能及它们所代表的声望。② 然而，这些资料如同庞贝城的宣传标语一样，对搬运工自身的读写水平实际上没有提供任何有用的信息。

275

至于埃及这样一个拥有众多希腊人以及或多或少被希腊化居民的行省，现在掌握的原始资料相对充足。从现存埃及的希腊语铭文看，自罗马势力到来之后铭文数量急剧增加，相应地，与目不识丁者相关的铭文的数量也有所增加。在卡尔德里尼（Calderini）过去进行的一项研究涵盖了 440 篇此类铭文，均为公元前 100 年至公元 200 年之间的铭文，③ 绝大多数都出自公元前 30 年之后，自卡尔德里尼的研究之后，更多这类铭文业已发表。还有其他一些文献在这方面给我们提供了一些启示，但并没有使用固有的目不识丁公式。

希腊语草纸文献相当清晰地表明就埃及那种语言哪些社会群体识字，哪些社会群体介于识字与目不识丁之间，又有哪些社会

---

① 牧羊犬和牧山羊人，见 L. Robert, Hellenica vii（Paris, 1949）, 153—154；铭文上只是简单地写着"马内斯［Manes］, 主人受用的牧羊犬", 所以不难猜测它的主人。见"一位农耕者"词条：L. Robert, RPh ser.3 xxxi（1957）, 20（SEG i.459, 出自弗里吉亚腓罗迈［Philomelion］的四行诗铭文；更可能是一位乡绅）。

② 塔尔苏斯的制陶同业会，见 T. R. S. Broughton, AJA xlii（1938）, 55—57（一篇铭文）；其他关于卡里莫斯（Calymnos）、斯穆尔纳（Smyrna）、亚历山大城的特洛阿斯（Alexandria Troas）、西奇库斯（Cyzicus）和佩里恩图斯（Perinthus）的资料，见 L. Robert, BCH ci（1977）, 88—92（另一证据）, qq.v.。

③ R. Calderini, Aegyptus xxx（1950）, 15.

群体基本是目不识丁的。① 由于在某些情况下，那些被认为目不识丁者称他们不懂希腊语，不过却能用埃及语书写，致使对这类文献的研究工作变得更为复杂。② 另一个复杂的情况之前已提及，即那些在某些特殊场合依赖于中间人代为书写者事实上可能具备书写能力；被断言目不识丁者也可能具备阅读能力，甚至可以勉强进行书写。如前文所见，一封看似亲笔信的书信也可能是未指明的第三方代写的。

很多情况下，大多数训练师（gymnasium）阶层的男性（主要是拥有一定数量财产的希腊城市居民和他们的子嗣）都具备读写能力，但少数人属于中间群体，他们能够以"较慢的速度书写"，如公元 99 年的一篇文献证实的那名渔夫，他有幸跻身训练师阶层。③ 这些人构成了一个精英团体，他们尽力维系自身的希腊特点。在城市和一些较大的村落，有一定数量的工匠（有些属于训练师阶层）具备读写能力，但许多其他的工匠却不然。举例而言，据称所有学徒契约中的编织工皆目不识丁。如此例所示，这类工匠确实偶尔使用文字，但他们没有必要亲自进行书写，且他们中的许多人在教育儿子习字方面明显持无所谓或全然不关心的态度。这种家庭充其量拥有少数能读会写的成员，但同时也有目不识丁

---

① 迄今所知，E. Majer-Leonhard 于 1913 年将该类材料进行分类，后来 R. Calderini 和 H. C. Youtie 对该问题进行研究（见原文 10 注释 31 和 32）。

② N. Lewis, *Life in Egypt under Roman Rule*（Oxford, 1983），81 认为，希腊的许多目不识丁者，尤其是僧侣阶层的成员可以用通俗文字书写，但这种说法完全是相对的。

③ 在公元 285 年（*P.Oxy.* xlvi.3295）之前的资料中未见目不识丁的训练师阶层成员；*P.Flor.* i.4（245 A.D.）中提及一位被界定为"十二德拉克玛"阶层，该阶层是比训练师阶层更庞大的特权群体（参见 E. Bickermann, *Archiv für Papyrusforschung* ix［1928］，39—40；S. L. Wallace, *Taxation in Egypt from Augustus to Diocletian*［Princeton, 1938］，119, 403—405）；参见 *PSI* iii.164（公元 287 年）。关于渔夫，见 *P.Tebt.* ii.316 或 *Chrest.* 148。邮提（Youtie）在它处对希腊罗马治下的埃及读写能力的完美评述忽略了阶级因素的分布。他认为"写工是必不可少的，读写能力却不然"，该观点动摇了"富有的希腊男性通常具备读写能力"的事实，这则事实显然更重要。

者。① 在目不识丁的人口中，可以发现各行各业拥有一定技能的劳工，② 涉及他们亲自书写的例证实为罕见。③ 即便是通过中间人使用书写文本的情况也相当有限：如果偶尔有的话，也是为订立书面遗嘱。④ 如所预想的，有些被释奴和奴隶是具备读写能力的，⑤ 但这无法对生为自由民的大众的读写提供任何证据，只能表明当时经济体系的运行根本不需要这些人掌握读写。埃及自由民中的所有穷人几乎都目不识丁，目前所掌握的大量文献中几乎未见反例。

在更大、更加富有的居民点之外，读写水平肯定更为低下。显然，在乡村地区，学校可能罕有，能读会写的只是极少数人（有些人不仅能读会写，且对文学有一定的鉴赏力）可以达到的成就。当时并没有规定村落里的年长者（presbuteroi komes）应具备读写能力。文献资料中出现的公元 3 世纪的村落首领（komarkhai）也通常是目不识丁的。⑥

或许我们认为只要有乡村官员懂希腊语的话，那么乡村司书（komogrammateus）就一定是懂希腊语的。实际上，如邮提所探究的佩塔乌斯（Petaus，公元 184 至 187 年托勒密—荷尔莫［Ptolemais Hormou］的乡村写工，其间还担任过其他乡村的司书）的例证所示，乡村司书并不一定需要能读会写。⑦ 佩塔乌斯可以

277

---

① E. Wipszycka, *Rev.Et.Aug.* xxx（1984），280 声称 "对于所有的社会阶层来说，学习读写仅为个人的选择是真实的"，该说法不正确；无论对于训练师阶层还是穷人，都没有选择的余地。

② Calderini, *Aegyptus* xxx（1950），25—26.

③ *P.Lond.* iii.164 i 和 k（公元 212 年）这类罕见的签名文献，部分是由费拉提诺斯（Philantinous）这样的编织工签名；*BGU* iv.1065（公元 97 年）述及一位金匠以笨拙的手法签名。

④ 见 Montevecchi, *Aegyptus* xv（1935），77，79—80。

⑤ 奴隶参与管理雇佣工的例证，见 Biezuńska-Malowist, *L'esclavage dans l'Egypte* ii. 98—105；关于被释奴签写文件的例证，见 *P.Oxy* xxxviii.2857.34—37（公元 134 年，见 pl. v）；*PSI* v.473（公元 168 年）。

⑥ 最早出现在文献中的乡村首领是目不识丁的，见：*P.Oxy* xliv.3178（248）；之后不久的资料中提及的全部八位乡村首领皆无读写能力，见 *P.Flor.* i.2（265）。

⑦ H. C. Youtie, *Cd'El* xxxi（1966），127—143；这些文本收录于 *P.Petaus* 中。

用标准的套话 "我，乡村司书佩塔乌斯，呈递了（该文件，Petaus komogrammateus epidedoka）"，在任职期间，他曾一度尝试着脱离模板，独立签写文件，因为草纸文献 *P. Petaus* 121 似乎是一份草稿，佩塔乌斯在上面练习书写签文件用的套话。[①] 显而易见，即便他能够读希腊语，而且也极有可能具备这种能力，但实际上他不具备书写能力。从他能够书写的内容已经足够签写文件的角度看，他才具备书写能力。

在佩塔乌斯一次官方调查中所发生的情况阐释了这一点。[②] 该地区的另一名乡村司书，塔马乌伊斯（Tamauis）的伊斯基里翁（Ischyrion）遭到控诉，大概是说他不称职，因为他是一位无力还债的债务人而且目不识丁。当地的行政官（strategos）委任佩塔乌斯（显然，佩塔乌斯被认为是有能力胜任的）查处此事。他汇报的调查结果是一切皆无问题，实际上伊斯基里翁并非目不识丁，并称 "他签写了所有呈递给行政官以及其他人的乡村文件"。[③] 如果能够理清佩塔乌斯的回答能在多大程度令其上级满意，将会非常有意义；按理说佩塔乌斯应该明白自己在做什么，从中可以看出，上级官员要求乡村司书掌握的读写能力，其实就是能签字的能力。换言之，像佩塔乌斯那样，伊斯基里翁充其量只具备较低的读写能力，但他仍能以此完成工作，因为读写工作通常系由下属代其履行的。另一方面，如果伊斯基里翁完全目不识丁的话，这应该是对他的一种侮辱。这则证据表明，在安东尼治下的埃及，许多乡村官员很可能是目不识丁或只具备基本的读写能力。

鉴于上述种种原因，当一生大部分时间都在亚历山大城度过的俄利根（Origen）断言绝大多数人口（他将希腊人作为整体考

---

① 见 *P. Petaus*, pl. XIX（a）。

② 见 *P. Petaus* 11。

③ 笔者参照的是 *P. Petaus* 11 第 35—37 行的校勘本，见 Youtie, *GRBS* xii（1971），240 n.8: μή εἶναι δέ καί ἀγράμματου αὐτόυ, ἀλλά ὑπογράφειν οἷς ἐπιδίδωσι στρα（τηγώ）καί ἄλλοις βιβλίοις τής κωμογρα（μματείας）。

虑）都"目不识丁"且"有些粗鄙"时，① 也就不足为奇了。如果将此言论视为对俄利根进行的社会调查的最后结论，难免有些误导，况且目前很难厘清他所说的"目不识丁"到底是何含义，俄利根的研究作为对一些现代评论家所持的狭隘的社会观的一种矫正，具有一定价值。② 或许除某些较大的城市之外，亚历山大城的居民比埃及其他地区的希腊人和讲希腊语的居民拥有更高的读写水平。③

　　在罗马治下的埃及，女性的读写水平显然低于男性。草纸文献中通常会发现一些目不识丁的女性，其家庭成员中的男性具备读写能力；④ 反之则不然，因为相关证据极其罕见。⑤ 相比于给他人写信，女性似乎更多的是接收信件，这也被理解成她们读写能力更低的标志，⑥ 尽管许多信件由中间人书写，但仍是一种合理的论断。有些出身于训练师阶层的女性同样目不识丁，⑦ 实际上在该阶层以下，定然极少有能读会写者。男童受教育继续在演绎性别

279

---

①　*Contra Cels.* i.27：πολλαπλασίους οἱ ἰδιῶται καὶ ἀγροικώτεροι τῶν ἐν λόγοις γεγυμνασμέυωυ，译作"许多人目不识丁，缺乏教育"。

②　Wipszycka，*Rev.Et.Aug.* xxx（1984），280 中出现"掌握了一种非常普遍的文字（une connaissance très généralisée de l'écriture）"的表述，此种观点对于元首治下的埃及而言不恰当。

③　参见 Pomeroy in Foley，*Reflections* 312。然而，如前文所见（原书 13），对于读写能力的发展来说，小城镇的环境至少需要和大城市一样有利。

④　见 *BGU* iv.1107 或 *Sel.Pap.* i.16（公元前 13 年，那位女性有一个能读会写的兄弟）；*P.Mich.* ix.554（Domitianic，一位目不识丁的女性，有一个书写缓慢的姐妹和一个能读会写的兄弟）；*P.Fayum* 100（公元 99 年，两位有能读会写的丈夫的女性，第 21—22 行以及 27—29 行）；*P.Oxy.* xvii.2134（约公元 170 年，有一个能读会写的儿子）；*P.Amh.* ii.102（公元 180 年，其丈夫书写速度较慢）；*P.Tebt.* ii.399（公元 2 世纪，有一个能读会写的丈夫）。

⑤　一位女性，丈夫目不识丁，她本身具备读写能力：*P.Oxy.* xii.1463；参见 Youtie，*ZPE* xvii（1975），216。有趣的是，妻子为奥克希林库斯人，丈夫为亚历山大城人。

⑥　Cole in Foley，*Reflections* 235.

⑦　*P.Oxy.* xxxviii.2858（公元 171 年）；在 *P.Oxy.* vii.1028（86）中，一位该阶层的女子将其签名加入到编者称之为"粗劣的安色尔字体（rude uncials）"里。

歧视主义者对女性教育的不屑。① 公元 263 年奥莱里亚·泰索乌斯（Aurelia Thaisous）写给埃及高级行政官的请愿信展示出女性超凡的读写能力，奥莱里亚显然是位富人，在请愿中，她以自己可以轻松进行书写为资本伸张权利。② 这是她引以为傲的根本，她期望着自己的读写能力能够给埃及的执政官留下好印象。③ 根据自己业已掌握的证据，邮提总结道，"对于所有的社会阶层，女性目不识丁历来是一种传统"。④ 对于条件最为优越家庭的女性而言，情况可能并非如此，除此之外，这种观点是毋庸置疑的。

关于罗马治下埃及读写能力有限的社会范畴，一直在考量的证据被"贷方的读写能力高于借方；出租人的读写能力高于承租人；男性中富人的读写能力通常高于其他所有人"⑤ 的趋势所肯定。所有这些均暗示着是否让男童接受读写教育在很大程度上受到教育费用的影响，若非学者们在该问题上一直缺乏现实主义的态度，这几乎是确定无疑的，但绝不能忽视一个事实，即前文提及的那些交易涉及的不认字者，尽管不具备读写能力，却在使用文字。

当前面临的一个重要问题是，根据草纸文献推出的结论对探究希腊世界其他地方是否有价值。埃及人口中讲希腊语的那部分人难称整个社会的代表，因为当时曾存在一个庞大的人类群体，主要由农耕者构成，他们只懂很少、抑或完全不懂移居者的语言。280 一些懂希腊语者在两种文化间徘徊，而其他人，尤其是生活在亚历山大城和某些大城市（metropoleis）中的人或许一直保持着浓

---

① *P.Bouriant* 1，第 146—153 行：如果女性接受书写教育，剑也应该接受教育（ἰδὼν γυναῖκα διδασκομένην γράμματα εἶπεν' οἷον ξίφος ἀκονᾶται）。主题是第欧根尼，草纸的年代是公元四世纪（但一定是代代传抄的）。

② *P.Oxy*. xii.1467.

③ Youtie, *ZPE* xvii（1975），221. 实际上她获得所申请的"孩童权利（ius trium liberorum）"；Youtie, *HSCPh* lxxv（1971），168。

④ *HSCPh* lxxv（1971），170.

⑤ Calderini, *Aegyptus* xxx（1950），25；*P.Mich*. xii.633（约公元 30 年的）中举出众多例证中的一例，13 奥洛拉土地（3.58 公顷）的出租人至少能签写姓名（然而，作者称"他以一种笨拙而带棱角的方式书写"），三位承租人目不识丁。

郁的希腊色彩。从这些人阅读以及誊写的书籍判断，他们的希腊性是实实在在的。综上所述，不应认为生活在旧希腊城市中的希腊人在传播读写文化方面比居住在埃及的希腊人更加出色。一些带有良好教育传统的城市，诸如爱琴海东岸与邻近海域的那些城市和男童教师普遍存在的地区，在读写文化的传播方面可能更具优势。但就目前所掌握的有关埃及之外希腊学校的资料，皆无法证明这些学校曾在罗马帝国产生重大影响，甚至超出草纸文献中揭示的学校教育影响。

　　另有一个东部行省可以提供相对丰富的（按照宽松的标准，但不得不采用这样的标准）读写证据，该行省是犹地亚，尽管这些证据涉及最多的并非希腊语与拉丁语的读与写，不过有位学者曾提出惊人的言论：在近东，书写是与各社会阶层的生活相伴的基本能力，[①] 这种观点与公元 1 世纪的犹地亚有特殊关联。此论断的依据是《马太福音》(Matthew) 中的三段文字。这几段文字描绘了耶稣 (Jesus) 通过问及 "难道你没读过……吗？"（原文应是阿拉米语，最早的阅读应该是用希伯来语进行的），试图解决一次争论。这则资料意味着犹地亚的街道和田埂中的那个人，抑或说至少男性，被认为已经阅读过圣经《旧约》。然而，这类证据对于探究普遍的读写能力毫无价值，据认为在所论及的这些场合，耶稣都是在对特殊的受众讲话，要么是法利赛人 (Pharisees)，要么是 "大祭司与长老"，[②] 他们理应阅读过圣经《旧约》。[③] 由于与目前所掌握的希腊的读写水平严重不符，"公元 1 世纪的犹地亚普及

281

---

① C. H. Roberts in *Cambridge History of the Bible* i (Cambridge, 1970), 48 (参照 49)。然而，他继续使用模糊的措辞 "以一种现代记忆中不存在的方式"。
② Matt. xii.3, xix.4 (法利赛人), xxi.42 (高级祭司和长者)。其他对观福音书中也有类似文本。
③ 《约翰福音》中一段文字也许意义更为重大：耶稣在圣殿讲学，犹太人问道："这个人不学习，如何就识字呢？" (vii.14—15, 可能指的是 "他是如何认识经文的呢？")，里面暗含的意思便是：人们是不会对耶稣这样社会背景的人寄予 "读" 的希望的。Luke iv.16—17 展示耶稣读经文的场景；John viii.6—8 中展示着耶稣书写的场景 (可能是虚构的)。

读写"的误解逐渐退却。①

从社会史家的观点看，在数量众多的古代书面材料中，最为怪异的为赛法语和萨姆德克语涂鸦，之前在"口头语言与书写语言言"部分业已简要探究过。它们的数量异常庞大，看起来似乎可以揭示在这些人类群体中曾存在相对较高的读写水平，若将这些涂鸦的年代表、功用以及特点加以考虑，则只能得到与表象相反的结论。

变化

由于在此所探究的时间悠远漫长，所以理应去探寻期间发生的变化，即便读写水平发生看似显著而又合情合理的变化（如在公元前 250 年至前 100 年间，罗马公民的读写能力定然有所提高），但这样的论断难以证实。同样，在公元 200 年至 400 年间，罗马帝国居民的读写能力极有可能出现了衰退，但目前无法论证。

文字的功用定然有所扩展，不仅指文字在先前不为人知的地区开始得以广泛使用。关于该问题，有一则来源于政治生活的例证：公元 59 年开创了元老院决议（acta senatus），以记录先前从未得到正式记录的内容；此外还有对罗马公民生日的登记。但该时期罗马人所有关于书写的实践在公元前 100 年之前皆已出现，至少是小规模进行的。在该时期，罗马文化已经处于一种过渡阶段，由口头为主向依赖文字过渡。这种过渡一直在延续，但始终未能达到现代的标准。从上层社会的角度讲，他们并无必要推进比公元 14 年的变化更深层次的变革，无论如何，如果没有教育体系与社会体系领域所发生的根本性变化，如果没有文字复制技术方面所发生的不可思议的重大变化，这种文化上的过渡不可能出现。

---

① 此处不予研究。S. Safrai 在 H. H. Ben-Sasson & S. Ettinger（ed.），*Jewish Society through the Ages*（New York, 1969），148—169 对萨姆德克时期的基础教育进行了研究。

第三部分　罗马世界的读写能力与目不识丁的状况

在公元前 1 世纪与公元 1 世纪，由于罗马化影响遍及各行省那些滞后的区域，所以在罗马世界，具备读写能力的居民的数量定然呈上升态势。意大利人与各行省拉丁语化的速度与程度有时候被高估，不过大范围的拉丁化确实曾出现，或许正是拉丁化导致拉丁语读写文化在一定程度上的发展。

但希腊人与罗马人本身是在同一时期或多或少拥有读写能力的吗？有人认为希腊世界，抑或说至少某些希腊城邦，至公元前 1 世纪的后 50 年业已度过了其读写水平的鼎盛时期，究其原因，教育资助的明显减少可以印证这样的论断，按其他标准，公元 1 世纪和 2 世纪希腊草纸文献的产量大幅增加。[①] 无论如何，同时期埃及的读写水平不太可能出现重大的衰退。草纸文献与陶片数量的增加源于不同因素：官僚化、买卖交易中越来越多地使用文字以及对文字更加喜爱。由于法尤姆距雅典、帕加马和安条克较远，因此，设想书写文本使用的增加在帝国的希腊部分为普遍现象是颇具诱惑力的。希腊化时代对教育的慈善资助似乎也是促进读写水平发展的原因，但却受地域的限制；这些善举也象征着资助者支持基础教育的态度。在罗马帝国治下，缺少对教育的慈善资助阻碍了读写水平的发展，但与此同时，其他一些因素（上文连同草纸文献提及的因素）却在某种程度上促进读写的发展。最近有人对吕底亚赛塔伊（Saittae）进行了研究，表明公元 1 世纪希腊世界某些地区的铭文数量有所增加，该趋势一直持续至公元 2 世纪三十年代，[②] 对此可以有不同的解释，但与读写水平的联系或许并

---

① 展示着可追溯年代的草纸和放逐陶片的数量曲线图，见 R. MacMullen, *AJPh* ciii（1982），234—235，在公元 140—160 年期间达到鼎盛。蒙特沃基（Montevecchi，见原书 118 注释 10）编纂的不同类型法律文献的记录表显示：它们的数量从奥古斯都时代起便是庞大的；另见 J. Rowlandson, *P.Oxy.* 1.3589 中编纂的奥克希林库斯的租赁物的清单：自 103 年起数量陡增，323 年后逐渐减少。

② 见 MacMullen, *ZPE* lxv（1986），237—238；实例非常小（*TAM* v.1 中 405 篇可追溯年代的铭文）。

不密切。

　　在这方面，很难找到公元前 1 世纪在罗马人与意大利人中发挥过相同作用的因素。一些资料暗示着读写水平的提高，比如公元前 1 世纪五十和四十年代士兵中间使用的宣传物，但这些皆为暗示，仅此而已。但从奥古斯都时代起罗马与意大利碑铭数量的大幅增加（公元 1 世纪中期之后增幅可能更加明显）或许可以表明，更多的人（至少多出一部分）能够进行读与写。[①] 在合理的范畴内，所能做出的假设仅此而已。

283

---

① 　S. Hornshöj-Möller, *Aegyptus* lx（1980），197 认为，"罗马的读写水平在公元 2 世纪已开始衰退" 的观点似乎没有任何依据。

八、晚期古代

在公元 324 年建都君士坦丁堡后，罗马皇帝致信尤塞比乌斯（Eusebius），要求订购 50 卷（somatia）羊皮纸圣经供新都的教堂使用。[1] 此举在古典时代并无先例，而是源于一项重要的文化变革，即一种严重依赖文字的国家资助宗教的兴起。但与此同时，皇帝的信也揭示着读写状况在新都的延续，因为订购书籍是为让大多数信徒都能听到大声朗读的经文。皇帝期望 50 卷经文能够满足新都的精神需求。

公元 324 年以前，罗马帝国整体的读写水平很可能有所下降；因此必须从更早的时间，即公元 3 世纪中叶开始探究罗马帝国后期读写水平下降的程度、时间、原由及其影响。[2] 显然，在公元 3 世纪至 7 世纪，罗马帝国的读写水平确实有所下降。公元 5 世纪早期城市精英及碑铭石刻数量的减少便是有力的佐证。然而，尚未发现有公开发表的证据；但不难发现，该时期出现新的具备读写能力的社会群体，文字也衍生出新用途。此外，有些行省的读

---

① Euseb. *Vita Const.* iv.36.

② 关于晚期古代读写水平的研究，可提供一些详细信息的只有卡瓦略（G. Cavallo）的简述（着重见 *La cultura in Italia fra tardo antico e alto medioevo*［Rome, 1981］, ii.523—538；以及 M. Vegetti［ed.］, *Oralità, scrittura, spettacolo*［Turin, 1983］, 166—186）；关于埃及则见 E. Wip［s］zycka, *Rev. Et.Aug.* xxx（1984）, 279—296。

285　写水平下降缓慢，甚至不易察觉。①

　　本章即将谈及的变化与一系列政治、经济及宗教方面的发展密不可分，而其中许多又是极富争议的历史问题。此处探究只是为了尽可能追寻能读会写者和目不识丁者的命运，进而折射出文字在晚期古代社会的状况。本章将从公元 250 年开始述至公元 5 世纪早期，但后者远不是所有地区读写状况的自然分界点，而且需要对其后的一些趋势进行考量。需要指出的是古代的草纸文献可以将我们带至公元 6 世纪，甚至更近的时期。

　　在某些程度上讲，城市的衰败和城市精英的减少是独立的现象，各自都经历了复杂的历史过程，且地区差异也很显著。显而易见，从公元 3 世纪中期至戴克理先大帝时代，罗马帝国许多地区的城市均经历了一段极其艰难的时期：私人建筑及政府出资兴建建筑的相对稀少便足以证明。在整个罗马帝国或说大部分地区，私人铭文数量急剧下降表明城市精英、富裕的各种工匠及商人的处境异常艰难。公元 3 世纪末的四帝共治时代重现了经济复苏的迹象。自那之后，各地的发展参差不齐，即使同一地区内部的发展也存在巨大的差异。实际上，近来的研究倾向于认为，公元 4 世纪期间，一些地方经济复苏明显，② 且远距离贸易似乎也出现了一定的繁荣。③ 换言之，帝国经济在公元 4 世纪后期或 5 世纪才开

---

① 在 Vegetti 183 中，Cavallo 指出 "illitteratus" 一词的意义从 "没有教养" 变成 "不能读写"（见 H. Grundmann, *Archiv für Kulturgeschichte* xl〔1958〕, 21—24），一般认为，该转变发生在公元 5 世纪或 6 世纪初，暗示着一种衰败趋势。因为现在证明 "illitteratus" 的要求已经降低。然而，此种变化的真实性有待商榷，或许该词在某些语境中一直指基本的读写能力。

② 最令人信服的例证见 C. Lepelley, *Les cités de l'Afrique romaine au Bas-Empire* i-ii（Paris, 1979—1981），但阿非利加诸行省不受蛮族侵略的时间无疑要长于欧洲诸行省。

③ 参见 J. Rougé, *Recherches sur l'organisation du commerce maritime en Méditerranée sous l'empire romain*（Paris, 1966），312—319。该时期其他形式的贸易交流和分布情况，见 C. R. Whittaker in P. Garnsey, K. Hopkins & C. R. Whittaker（eds.），*Trade in the Ancient Economy*（London, 1983），174—178。

始普遍且长期衰退。

或许城市衰落在帝国的西部地区尤为不均衡，但这种衰落最终出现在帝国西部的所有行省。不论城市和个人是否在塞维鲁诸皇帝治下已减少修造建筑物，这一趋势在公元 3 世纪下半叶的整个意大利及西部均随处可见。毫无疑问，原因之一就是社会财富逐渐转移至皇室和富人手中，但无论如何，在之前几个世纪维系一定读写能力与文化的富裕的中产阶级于公元 3 世纪末期遭到严重削弱。有些城市，如奥古斯都—特莱维里城（Augusta Treverorum，现今之特里尔），在公元 4 世纪达到前所未有的鼎盛。事实上，公元 4 世纪见证了某种程度的复兴，尤其是在北非地区；过去一些"4 世纪衰退"的普遍推断论现证明对某些地区是不适用的，但大多数意大利城市再也没有达到罗马帝国鼎盛时期的繁荣程度，且这些地区的城镇生活也未能从公元 5 世纪早期侵略所致的毁坏中恢复，这些是不容动摇的事实。①

这些衰退现象在铭文中皆有所反映。在奥古斯都至塞普提米乌斯·塞维鲁斯期间，整个罗马帝国拉丁铭文的数量每年都稳定增长，之后却急剧下降，尽管在瓦列里乌斯（Valerian）及伽利埃努斯（Gallienus）时代，铭文数量仍高于朱利亚—克劳狄（Julio-Claudian）时期的水平；即便在公元 268 年至 284 年间，数量也未曾远低于提比略治下的水平。② 这足以合理地说明：经济状况的下降，给以刻工为业的阶层带来一定的影响，但这种影响具有滞后性；换言之，他们在无法过活的情况下仍然坚持一段时间的工作。

---

① 对公元 4 世纪使用拉丁语的罗马帝国城市衰败问题应持谨慎态度的理由，见 C. R. Whittaker, Opus i（1982），171。信赖同时代人对该问题的观点是很危险的，尽管安布罗斯（Ambrose）遵照的是西塞罗模式，但关于北部意大利，他的著名论断值得注意。Aemilia（Ep. 39.3）中提到"如此多的……城市废墟遗迹（tot…semirutarum urbium cadavera）"。关于意大利诸城，着重见 B. Ward-Perkins, From Classical Antiquity to the Middle Ages（Oxford, 1984）。

② 见 S. Mrozek, Epigraphica xxxv（1973），113—118；R. MacMullen, AJPh ciii（1982），243—245 对前者给出的数据提出评论。

在四帝共治和君士坦丁治下，铭文在数量上曾一度有所复苏，但即便如此，也仅仅是政府出面干预的结果；而在之后的公元 4 世纪，又开始了新的衰败。

关于罗马帝国的希腊部分，目前很难得出铭文数量的总体数据，但毫无疑问，在公元 250 年到 350 年间，铭文的数量定然曾呈下降趋势。[①] 然而，较之于西部诸城，东部城市的衰败过程较为缓慢，根据已知建筑的数量粗略判断，许多地方在历经公元 3 世纪严重且显著的困难后，于公元 4 世纪经历了一次大规模的复兴。在某些地区，这种态势持续至公元 6 世纪。[②]

公元 3 世纪的铭文体现出一个显著特征，即可证实的获释奴的数量急剧下降；当时获释奴的数量比之前大幅减少且可能更加贫穷。也许是因为对奴隶需求的下降，同时由于获释奴和奴隶积累财富的能力有所下降，即使获释奴具备了庸俗的名声，他们却服务于精英们的经济生活和文化生活。他们向精英们看齐，有时其后代也能够加入精英的行列，自从亚历山大·塞维鲁（Alexander Severus）时代起，罗马帝国的获释奴在铭文中出现的频率陡降，[③] 出现频率减少的还有文职司书，一种类似地方行政官的职位，也是那些富有的私人获释奴一直为之竞争的职位。

这些现象及相关变化对总体读写水平的影响并非简单议题。在公元 4 世纪，具备读写能力的获释奴数量远低于 200 年前的情况，但正因如此，或许对于一个生来拥有获释奴身份的男性而言，如果具备辨认文字的能力，就大有机会攀升到较高的政治和社会

287

---

① 见 *ZPE* lxv（1986），237—238，R. MacMullen 称吕底亚的赫尔姆斯（Hermus）山谷上游的希腊铭文大都有迹可循，公元 250 年后不久数目急剧下降；考虑到经济因素，他认为"在公共场合以永久的形式刻写信息的动机"减弱了。但中北部的叙利亚在经历一次类似的消沉后，希腊铭文于公元 324 年重现，并一直持续到 609 年（MacMullen 引用 L. Jalabert 的观点）。可能诸多此类的变化在东部行省皆有迹可循。

② 暂见 E. Patlagean, *Pauvreté économique et pauvreté sociale à Byzance, 4ᵉ—7ᵉ siècles*（Paris & The Hague, 1977），232—233。

③ 见 P. R. C. Weaver, *Familia Caesaris*（Cambridge, 1972），25—26, 301。

地位；因此，利巴尼乌斯（Libanius）能够列举出那些原本身份卑微却通过这种途径晋升的人，夸张地说，他们甚至可以升至最高的政治地位。① 作为成功的修辞学家，约翰·克莱索斯顿（John Chrysostom）认为父母贫苦的孩童可以通过修辞学改变命运。② 如公元 4 世纪的东部地区，既然存在某种形式的自下而上的社会流动性，便定然存在一些提供启蒙教育的学校，贫困者也能接受教育。但这并不意味着此种学校体系能够惠及大量穷人的孩童。

288

文字的新旧功用

第一个，同时也是一个棘手的问题，即在上文述及的时期内，文字在经济生活中是否起到了不同的作用。草纸文献表明，在公元 4 世纪，尤其是 4 世纪 30 年代的埃及，某些商业文件、租赁合同及出售契约的使用比公元 3 世纪大幅减少。③ 经济活动的不景

① Liban. *Or.* xlii.23—25；参见 lxii.10。Flavius Philippus，约公元 344—351 年东部地区的军事执政官，自称是一位腊肠师傅之子；达提亚努斯（Datianus）公元 358 年出任执政官，他是浴池侍者之子；多米提亚努斯（Domitianus），公元 353—354 年东部地区的军事执政官，是位手工劳动者之子，所有这些信息，见 D. Nellen，*Viri litterati*；*gebildetes Beamtentum und spätrömisches Reich im Westen*（Bochum，1977），98—102，利巴尼乌斯显然不认同极端的社会流动。弗拉维乌斯（Flavius Optatus）从一位小学教师（不是普通教师：他是利希尼乌斯皇子的老师）晋升到贵族等级以及君士坦丁治下的执政官，但这是一个特例（参见 Liban. *Or.* xlii.26—27）。

② John Chrys. *Adv.oppugn.* iii.5（或 PG xlvii.357）；他自己的父母并非一无所有。

③ 现有公元 3 世纪奥克西林库斯（Oxyrhynchus）的租契 49 份，公元 4 世纪有 15 份（其中只有三份晚于 335 年，*P.Oxy.* i.3589 comm.）。虽然蒙特沃基编纂的出售契约现在过时，但仍然颇具信息价值，以下便是公元 3、4 两个世纪的文件数量比：出售奴隶，15∶2（*Aegyptus* xix［1939］，14—16）；出售动物，9∶6（ibid. 33—50）；出售房屋，37∶7（*Aegyptus* xxi［1941］，97—98）；出售土地，36∶6（*Aegyptus* xxi ii［1943］，17—18）；"oggetti vari，" 12∶2（ibid. 244—261）。该时期逐渐消失的文献类别是有关婴儿护理的（最后一篇见于公元 308 年）：M. Manca Masciadri & O. Montevecchi，*I contratti di baliatico*（Milan，1984）。 一直数量有限的劳动合同及服务合同于公元 200 年后消失，但在东罗马帝国皇帝治下及其后又大规模出现，见 O. Montevecchi，*I contratti di lavoro e di servizio nell'Egitto greco romano e bizantino*（Milan，1950）。

气或许是这一变化的主要原因，但也可能因为对文件合同的重视程度有所下降。约在公元 300 年前后的几十年里，罗马帝国银行业衰落，这本身就是一个复杂的问题，但其可能表明城市居民最终不再那么需要文书。① 也许有人会认为后古代遗留下来广泛的律法中，没有什么可以表明书面事务程序被口头形式所取代了，但此类证据却远不能反映日常生活。狄奥多西乌斯（Theodosian）时代，达到某金额的借贷或买卖活动是否可能不再有书面记录，这一问题尚无定论，但此种假设却是有理由的。像以前一样，晚期古代大而分散地产的有效管理要求文字记录，但尚不清楚同类的记录是否继续记载或以同等的程度在记载，这是另一个有待解决的问题。

289　　罗马帝国后期比元首统治时期更加官僚化，且养活着更多数量的官员，这似乎是无法辩驳的历史事实。② 据此可进一步推断：至少在某些地方，尤其是晚期古代的埃及社会，需要普遍的读写能力。③ 仔细研究发现，官僚化显著发展的影响是截然不同的。从该时期起直至亚历山大·塞维鲁（Alexander Severus）时代，帝国的获释奴和奴隶逐渐被自由官员所取代。但在公元 250 年至 400 年期间，因政府需要而产生的"文书工作"却呈显著的下降趋势。在四帝共治时代与君士坦丁治下呈现出相反态势，但后来文书工作继续减少。皇帝们长期竭力维系并扩展对政府机器的控制，却仍未能在一个先前没有官僚机制的世界里创造出一种新的官僚机制，这样的挣扎自奥古斯都时代起就一直以这样或那样的形式出现。公元 3 世纪后半叶官僚机制向军队过渡，公元 4 世纪在高级官员中衍生出一种新工作：皇帝特使（agentes in rebus）。他们

---

① 参见 J. Andreau in A. Giardina（ed.）, *Società romana e impero tardoantico*（Rome & Bari, 1986）, i.601—615。

② 见诸如 M. I. Finley, *Ancient Slavery and Modern Ideology*（London, 1980）, 146; Marrou, *Histoire* 446。

③ Wipszycka, *Rev.Et.Aug.* xxx（1984）, 280; 这里她发现读写能力显然得以有限地传播是"矛盾的"。

负责督查工作，君士坦丁二世（Constantius II）赋予他们很大权力。[①] 可以清楚地认识到，在君士坦丁之后，即使出身卑微者也可通过仕途之路跻身最高的政治职位行列。政府中存在着新型的晋升之道，可能对人们看待教育的态度产生重要影响。

然而，从文字功用的视角下出现一些重要问题，即官僚机制是否在整体上催生出更多的文书工作，还是减少了文书工作；另外，文书工作是否对生活产生新的影响。

罗马政府对埃及进行的最后一次行省人口普查是在公元257年至258年，现在看来，自瓦列里乌斯（Valerian）和伽利埃努斯（Gallienus）时代之后直至四帝共治时代，人口普查似乎没有在任何一个行省中完成。戴克理先进行的新人口普查极其繁琐（从这种意义上，拉克坦提乌斯［Lactantius］充满敌意的措辞是可以接受的），[②] 总体上，戴克理先制定的税收体制产生的文件数量，按任何古代的标准衡量都是庞大的数字，[③] 官员收集的具体情况因地区差异而不同。最终，由于该税收体制极为繁琐，因此很快便被废弃；至少在现存资料最多的埃及如此，或许是在戴克理先退位之前。[④] 后来在埃及取代这种税收体制的均是较为粗糙的办法，对信息、甚至对文件的依赖性或许都大大减弱；可能至公元341年或342年，政府不再对不同质量的土地征收差额赋税。[⑤] 这种所谓的"财产登记资料库"理应以精确的新人口普查为基础，但据证实，公元319年之后便已不复见。[⑥]

290

欲想探求戴克理先税收体制的复杂程度，对于大多数行省而

---

① 关于这些见 A. Giardina, *Aspetti della burocrazia nel basso impero*（Rome, 1977）。

② Lactant. *De mort.pers*. 23.1—4.

③ 埃及的行政长官命令将税法法令送到每个村庄或其他一些地方（*P.Cair. Isidor*. 1, line 16）。

④ 关于年代，见 J. Lallemand, *L'administration civile de l'Egypte de l'avènement de Dioclétien à la création du diocèse*（284—382）（Brussels, 1964），36—37, 185—186；关于戴克里先的税收制度，见 Lallemand 168—182。

⑤ Lallemand 37, 184—185.

⑥ Lallemand 188.

言是缺少可靠资料的。① 但在许多行省，或许这一体制显得比埃及更为简单。目前已掌握大量详细信息的只有另外一个地区，即爱琴海东部和东南九个城市公元3世纪后期或4世纪早期财产声明的铭文记录。② 它们无疑是复杂的，但涉及总人口中一小部分生活安逸者，他们生活的地方不大，却在几个世纪保持着较高读写水平的传统。前文已合理地指出：由于记录用来固定那些时常变动的细节，诸如拥有的羊和猪的数量，因此是所有者社会身份的象征。③ 简言之，这些例证进一步说明，铭文展示的表面信息并非其全部内涵。四帝共治时代的政府无疑加强使用文字，以建立一种新的财税制度，但并不意味着整个帝国范围内都有常规的文件流通。

291

在公元3世纪后期及公元4世纪的大部分时间里，埃及的城镇管理中大量使用"文件"。在所涉及的相关文件中，有些非常平淡，是日常生活的记录，如奥克西林库斯巡夜人名单，抑或是因劳动为国家服役而交给村官的凭证。④ 然而，这类文件确实通常涉及当地的大事件。无论如何，城镇管理需要的文件数量终归越来越少。如此趋势自公元4世纪40年代起日益显著，并成为4世纪最后三十几年的标志性特点。⑤

类似的发展变化在帝国其他地区的表现我们不得而知。阿普利亚（Apulia）发现的一份瓦伦提尼安一世（Valentinian I）时期的法令于最近发表，表明政府为了收税，正在积极采纳改进过的

---

① 概述见 A. H. M. Jones, *The Later Roman Empire*, 284—602（Oxford, 1964），i.61—66。

② 见 W. Goffart, *Caput and Colonate*: *Towards a History of Late Roman Taxation*（Toronto, 1974），113—121。

③ Goffart 121.

④ 关于寻夜人，见 P.Oxy. i.43（295）；村官（comarchs）的收取凭据，见 Lallemand, *L'administration civile* I 35n.2 提供的相关资料。如作者所述，这些资料颇具价值，因为大多数村官目不识丁。

⑤ 见 Lallemand 在 96—138 中引用的资料。

地方账目记录方法，包括每月汇总（mestrui breves）。[①] 但长期来看，比如从塞维鲁（Severan）时代至公元 5 世纪早期，文字在城市管理中的使用整体呈下降趋势。这种迹象可从当时的变化中看出，如公元 293 年有一项规定，不具备读写能力者也可在罗马教廷任职，这种下降态势是缓慢的过程。近来对另一个地区，即北非一些行省的相关资料进行了一次全面的探究，通过对该地区进行的最新研究发现，有些官方行政职位在公元 4 世纪后半叶仍存在，[②] 在公元 5 世纪遭受蛮族入侵的所有地区或许皆已消失殆尽。

公元 291 年，罗马采纳几个世纪以来第一部系统的法典——《格莱哥里亚努斯法典》（Codex Gregorianus）；公元 294 年或其后不久有《赫尔摩格尼亚努斯法典》（Codex Hermogenianus）。诚然，两部法典皆未能留存下来。[③] 或许有观点会认为这种创新代表着文书的权威性得到进一步增强。但仍须谨慎，因为据推断，这些法典只不过是对业已存在的法律篇章的编纂，它们是这一新规定广泛出现时期的方便之举，并不是对书面律法崭新态度的产物。此外，这些法律篇章的编纂似乎是由个人发起的，而非政府。不论著者处于怎样的社会地位，似乎都可以稳妥地假定法典旨在为官员处理政务时提供法律指导。[④]

这种新形式的法律参考书之所以便捷，是因为册子取代了卷子，这是公元 3 世纪末期发生的迅速变化。

司法程序在多大程度上依赖于文字这一问题因司法结构本身发生的变化而变得极其复杂，包括军事法及教会法的出现。与

292

---

① A. Giardina & F. Grelle, *MEFRA* xcv（1983），249—303.

② 阿非利加元老院行省就存在由地方执政官掌管的一个小镇，其古代名称不详，仅有一些记录，在公元 368 年至 370 年得到修葺和复原（*CIL* viii.27817 或 *ILS* 5557："tabularia antiquissima"；参见 Lepelley, *Cités* ii.106）。在公元 397 或 398 年同一行省内的图布尔斯库—努米底亚（Thubursicu Numidarum），可能有城市雇佣的速记员 "notarii"（August.*Ep.* 44；Lepelley ii.216）。

③ *FIRA* ii. 653—665 中给出了这些法典的残片。主要见 L.Wenger, *Die Quellen des römischen Rechts*（Vienna, 1953），534—536。

④ 参见 T. Honoré, *ZSS* ciii（1986），168—169。

上文刚刚提到的行政管理类文件一样，古埃及草纸文献表明：公元 4 世纪后期，司法文件在数量上有所减少，但这一趋势并不是绝对的。例如，公元 390 年，一位目不识丁的底层劳动者仍然认为当遭到殴打时，请人代写一份请愿书是值得的。[①] 即便在该时期，人们也普遍了解欲得到法律补偿，就必须递交一份书面申诉材料。

及至公元 3 世纪 50 年代，罗马军队仍定期整理之前进行的详细书面记录，如公元 250 年至 260 年十年间机动部队刻于布涅姆（Bu Njem）陶片上的文件。在众多写于草纸上的军事记录中，有些出自杜拉欧罗波斯（Dura Europus），也有的源自埃及。公元 3 世纪 40 年代至 3 世纪 50 年代期间的草纸文献数量众多，但公元 256 年之后却消失殆尽，直到公元 293 年才又出现一些琐碎的残篇，但可信度却不高。[②] 军队的官僚机制在瓦列里乌斯和伽利埃努斯时代瓦解。在四帝共治时代却又重现，此时还复现了正规的军用花名册。[③] 尽管后来的草纸文献记录了许多关于军队的资料，但却无法跟早期对官僚机构进行的详尽记录相比。至此，军队早已参与到各行省的民事管理和文书工作中，这种现象最早出现于塞维鲁时代，公元 3 世纪中期发展迅速。[④] 从严格意义上讲，军队事务或许在公元 3 世纪便达到官僚化的鼎盛时期。

公元 383 年之后，或许是其后不久，维吉提乌斯（Vegetius）在著述中表达了如下观点：“既然军团里的许多职位需要受过教育的士兵（litteratos milites），招募新兵的人应该检测所有应征者的身高、体格和头脑反应能力；但在某些情况下，挑选的是具备做

---

① P.*Oxy.* xlix.3480.

② 见 R.O Fink, Roman *Military Records on Papyrus*（Cleveland, 1971）；但他对构成军事记录内容的界定非常局限。公元 293 年的资料：Fink no.86 或 *P.Grenf.* ii.110。

③ *P.Mich.* x.592, 593.

④ 见 R. MacMullen, *Solider and Civilian in the Later Roman Empire*（Cambridge, Mass, 1967）, 54—70。

记录（如果"notarum peritia"指的是"做记录"的话）和算数功底的人。"① 然而文中并无证据证明军队中文书工作已大幅增加。数百年来，军队有官僚化的一面，从很早起就需要具备读写能力的兵士。军队已吸收曾一度靠平民完成的一些读写功用，仅此而已。确实，倘若维吉提乌斯更加强调对文书功底的需求，这全然不足为奇。至于他认为的军团里每天记录一份书面名册，根据草纸文献提供的证据，却只是一种美好的愿望或是基于老旧资料的过时信息。

在文学及准文学文本领域已出现一种变化，可能对该类文本使用的方式带来重要的启示。手抄本形式的书籍逐渐取代草纸卷。② 早在公元1世纪，文献便已为人所知，但在目前掌握的公元2世纪希腊文献中，98%以上仍为草纸卷的形式（此百分比在埃及以外的地区或许低出许多，但没有充分的依据）。公元3、4及5世纪，草纸卷的使用率分别降至81%，26%及11%，但埃及存在一个长期拥护手抄本的群体，即公元2世纪为数不多的（已知有11篇）基督教草纸经文皆为手抄本。③ 埃及文献的总量约从公元300年起显著下降且主要为册子。

294

为弄清如此变化，必须一并考虑下述两种现象：基督徒尤其钟爱将《圣经》转化为册子形式，而撰写抑或委托他人代写非基督文本者却迟迟不愿用册子，从公元3世纪最后几十年至4世纪初的几十年才开始接受。显而易见，首要原因是经济上的有利因素，册子留有更大的页边距，并且可使草纸或羊皮纸正反面使

---

① ii.19："quoniam in legionibus plures scholae sunt quae litteratos milites quaerunt, ab his qui tirones probant in omnibus quidem ... sed in quibusdam notarum peritia, calculandi computandique usus eligirur."

② 当前对这些情况最好的诠释为 C. H. Roberts & T. C. Skeat, *The Birth of the Codex*（London，1983）。

③ 数字全部出自 Roberts & Skeat 36—37，40—41（G. Cavallo, *SIFC* ser.3 iii［1985］，120—121认为公元300年之前的册子总数甚至要低于预期）。关于册子在埃及之外的重要地位，见 J. Scheele, *Bibliothek und Wissenschaft* xii（1978），25—33，其中提供了有关奥古斯丁的证据。

用。① 即便不考虑基督徒们奇特的行为，这种解释也足够充分：很难相信基督徒是当时仅有的在乎成本的人群（册子一直存在成本优势），或者这是一种巧合：在基督徒的数量和影响力均迅速增长的时期，即便在异教文本中，册子逐渐成为主流。

　　有观点认为，作为社会较低阶层的基督徒偏爱册子而非卷子，原因在于他们已习惯使用册子并以怀疑的态度看待上流社会使用的卷子。② 这种说法难称准确，主要因为使用书籍最多的基督徒定然对卷子异常熟悉（实际上，被误认为是"大众文学"的内容几乎都写于卷子，至少在埃及如此，目前掌握的所有证据几乎都出自埃及），更多平民基督徒来自没有任何日常书籍的背景。③ 最后一点或许很重要：许多基督徒对旧的书写文化没有任何心理依附，也许基于这个理由，他们对于抛弃旧式书籍显得尤其情愿，但需要从其他角度考虑册子吸引人之处。册子使得一本"书"包含更长篇幅的内容成为可能，诸如说整部《伊利亚特》或《埃涅阿斯纪》，之前则需要多个卷子。④ 但有人对此深表怀疑，认为基督徒

295

---

① T. C. Skeat, *ZPE* xlv（1982），173—175 估算如此可以节省 44% 的纸，将书写所需的劳力成本计算进去后，发现可以节省 26% 的成本。在 Vegetti, *Oralità, scrittura, spettacolo* 182—183 中，卡瓦略认为由于书籍不是奴隶抄写的，而是付费由写工抄写，实际上晚期古代的书籍可能更加昂贵，但这种观点并无说服力。

② 见卡瓦略在自己编写的 *Libri, editori e pubblico nel mondo antico*（Rome & Bari, 1975），83—85 以及 *SIFC* ser. 3 iii（1985），118—121 中的观点。

③ 在某种程度上，卡瓦略的观点似乎基于一种误解，即诸如 Lollianus, *Phoenicica* 这样从册子中得到的信息是为公众（basso popolo）所写。认为类似 Bodmer Codex XXVII（公元 3 世纪后期或公元 4 世纪早期；A. Carlini, *Mus.Helv.* xxxii ［1975］，33—40 描述的莎草纸）的著作是专为较低的社会阶层所著难免有些牵强（Cavallo, *Libri* 108），因为那是修昔底德（Thucydides）著作的一部分！将这样的册子与现代的平装书进行比照完全不恰当（85），当时没有大规模的教育，因此不会吸引公众的关注。关于"大众文化（传奇故事，见 *Acta Alexandrinorum*；《陶工预言》，见 Astrampsychos, *Sortes*）几乎总是见于书卷"这一总结性的言论，见 Roberts & Skeat 69—70。

④ 参见 E. G. Turner, *The Typology of the Early Codex*（Philadelphia, 1977），82—84；Roberts & Skeat 71—73。

肯定认识到册子的某种特殊优越性，且有人提出这种优越性是册子中可以更容易找到某一特定的章节。① 为找到欲想读给信徒的，抑或在神学辩论中用于驳斥对手的某一章节经文，过去通常需要展开长达十英尺的草纸。如若在书中标上页码，立刻就能够找到这节经文，该有多容易啊！② 有趣的是，在与基督教或犹太教无关的公元 2 世纪手册子文献清单中，有 17 部现在已为我们所知，其中 6 部或 6 部以上更可能当时是被用作参考及引用文献，而非用于普通阅读。③ 有些文本可能是人们一直想得到的以"单独一卷"版本出现的，诸如柏拉图的《论共和》，因此册子比卷子有更多的优越性。大体上看，册子应该使阅读更加容易，定然可以降低在技术手册、法律文本或一系列法案（诸如后来在公元 3 世纪 90 年代新法典中出现的那种）中查找资料的难度。④ 在宗教书籍占据相对重要地位的年代；在对书籍的参考与引用，而非孤立且漫不经心的阅读变得更加普遍的年代，册子取代卷子当属情理之中。⑤

296

许多地方在公元 3 世纪或许都经历一次世俗文献的抄写及实

① C. R. Gregory, *Canon and Text of the New Testament* (New York, 1912), 322—323; F. G. Kenyon, *Books and Readers in Ancient Greece and Rome* (2d ed., Oxford, 1951), 114—115.

② August. *Ep.* 29.4—10 中对此举描绘得栩栩如生，即一位布道者的看法 "codicem etiam accepi et recitavi torum illum locum"。T. C. Skeat 不赞成"主要考虑的是便于参考和引用"的观点，他认为（*Cambridge History of the Bible* ii [Cambridge, 1969], 70）如果不分章节，在册子中查找一段文字的困难程度不亚于在卷子中搜寻。显然，最大的区别是可以在册子的页间进行标记。Skeat 认为（72）册子备受基督徒喜爱是因为"早期教会中的某位领袖……继承传统……要求必须使用册子"，这种观点毫无根据，也未能解释为什么异教徒最终也从一种形式转换到另一种形式。

③ Roberts & Skeat 71；参见 Turner 89—90。

④ 关于古典时代法官文本从卷子转向使用册子，见 F. Wieacker, Textstufen klassischer Juristen（*Abh. Gött.* ser.3 no. 45, Göttingen, 1960），93—119。

⑤ 另一个重要变化是使用皮纸的情况越来越多，而不是草纸，但该变化所隐含的信息比较模糊。就此问题，最新的学术研究包括 R. Reed, *Ancient Skins, Parchments and Leathers*（London & New York, 1972），86—117；Roberts & Skeat 5—10。皮纸得以更多使用在某种程度上是因为草纸愈发难以获得。

际的可用性方面的衰退。埃及草纸文献产量的急剧下降出现在公元 4 世纪（公元 2 世纪时达到顶峰），[①] 虽然无法衡量其他地方的这种趋势，但这或许是波及整个帝国的变化。与此同时，该趋势亦是深层文化变革的征兆和缘由，即人们对过去在记录历史、哲学、各种风格的创造性文学及数学领域的成就，普遍失去了感知力。当然这种趋势的破坏力并非彻头彻尾：仍然有一些作家继续创作，在我们现在所探究的阶段之后很长时间，东部和西部均还有学者文人存在。显然，当马克洛比乌斯（Macrobius）撰写《农神节》时手头并不缺少书籍。无论如何，确实存在一种间断性。如果将某一个罗马人的文学常识与这种趋势联系起来显然是冒险性的做法，但像拉克坦提乌斯（Lactantius，生于约公元 240 年）这类头脑活跃的人，其在阅读方面受到的限制是否在一定程度上归因于可读之书的异常匮乏，至少这是值得考虑的问题。[②] 尤其引人注意的是拉克坦提乌斯对拉丁散文作家了解的局限性，即便对于令他受益匪浅的西塞罗亦是如此。拉克坦提乌斯生活的年代被公认为是异教文献传播下降的早期阶段，然而，这种下降趋势后来变得非常明显。即使在奥古斯丁（Augustine）时代的希波（Hippo）这样的重镇，西塞罗的许多甚至所有著作都无法找到。[③] 后来的一些作家，如利巴尼乌斯（Libanius）及尼萨（Nyssa）的格雷戈里（Gregory）在抱怨写工短缺的时候，他们所指可能是一个严重且

[①] Kenyon, *Books and Readers* 37；W. H. Willis, *GRBS* ix（1968），210：有 636 篇文献可追溯至公元 3 世纪，204 篇追溯至公元 4 世纪；P. Lemerle, *Le premier humanisme byzantn*（Paris，1971），57—60（但在君士坦丁堡，皇帝的司书使很多著作得以流传）。

[②] R. M. Ogilvie, *The Library of Lactantius*（Oxford，1978），书中在 109—110 进行了总结。他把拉克坦提乌斯（Lactantius）作品的阅读量与德尔图良（Tertullian，约生于公元 160 年）作品的阅读量做了对比。然而，耶柔米（Jerome）的作品比拉克坦提乌斯作品似乎阅读量更大。

[③] August. *Ep.* 118.9. 奥古斯丁对希腊语了解不多（*Ep.* 118.2.10），在先前几个世纪里，对于所谓的有文化涵养者而言，这是不可原谅的，但却成为希腊语书籍在拉丁世界传播减少的证据，此外还有其他一些证据。

普遍的问题。①

　　相比于罗马帝国的鼎盛时期，新文献的传播受到更严格的限制。在公元4世纪后期和西多尼乌斯·阿波里纳里斯（Sidonius Apollinaris）时代的文献领域，富有的知识分子可以通过向认识的人借书然后找人抄书的方式获取书籍；朋友之间可能赠送自己作品的抄本；而书商则很少被提及。②

　　文字的其他重要功用进入不均衡的衰退期。实际上，公元3世纪中叶，各种各样的颂扬和纪念性铭文，从歌颂皇帝的文辞到简短的墓志铭均大量减少；在四帝共治时代出现过一定程度的复兴，而在公元4世纪中后期又再次衰退。可能主要是经济方面的原因，但无论如何，其结果是人们用文字服务于各种各样目的的习惯淡化了。

　　然而，公元2世纪已然可见，文字在宗教事务中的重要性与日俱增。由于目前掌握的关于该趋势的证据大都跟基督教有关，因此必须考虑到在探讨文字在基督徒中的功用时，如此论证看似有些偏颇，因为在君士坦丁皇帝信奉基督教之前，基督徒仅是一个少数群体。但从公元312年起，基督教开始直接或间接影响到每个人，因此应追寻早期基督徒对文字的态度，尤其因为该问题长期未能得到清楚地把握。与此同时，异教似乎亦加大了对文字的使用，诸如说，大部分现存出自埃及的奇妙希腊草纸文献都出自公元3和4世纪，③因为该时期对此类文献的使用大大增加（其

298

---

① Liban, *Ep.* 347.1, 605.2（参见 569.2）；Greg.Nyss. *Ep.* 12，其中分别述及安条克（Antioch）与卡帕多西亚（Cappadocia）的情况。

② 参见 P. Petit, *Historia* v（1956），484—486；书籍在利巴尼乌斯所处阶层的流通（同时受政治因素的影响），见 A. F. Forman, *JHS* lxxx（1960），122—126；*Or.* i.148, *Ep.* 428.3 等资料提及书商。西部地区的情况，见 M. Kraemer, *Res libraria cadents antiquitatis Ausonii et Apollinaris Sidonii exemplis illustratur*（Marburg, 1909），67—73。西多尼乌斯（Sidonius）所指是一位书商（*bybliopola*, *Ep.* ii.8.2, v.15），在 *Ep.* ii.8.2, v.15 中，这位书商至少充当抄胥的角色，西多尼乌斯亲自仔细校验他的工作。

③ A.-J. Festugière, *Les moines d'Orient* i（Paris, 1961）. 25 n.5.

他地方的境况无从知晓）。

借助文字阐释或捍卫宗教信仰的做法比以往任何时期都更加普遍，主要因为争辩的双方是基督徒和反对者中的善辩之人。反对者眼中文字宣传手段的重要程度可以通过下述事实来说明：在马克西米努斯（Maximinus）治下（因此这可能仅是东罗马帝国的情况），政府将本丢·彼拉多（Pontius Pilate，钉死耶稣的古代罗马的犹太总督）的回忆录传播到行省"乡村和城邑的每个角落"展示于众。[①] 此举的效果或许并不明显，尤其是在乡村地区。

但不应该把文字和书籍看成是公元最初 3 个世纪里基督教进行宣传的主要手段。[②] 有种迹象清楚地证明了这一点：在该时期里，基督教传教士们几乎没有将《圣经》译成希腊语和拉丁语之外的任何其他语言，[③] 即使基督教义很快便传播到许多行省那些主要讲本地语言的人群。[④] 另一证明文字在基督信仰中具有重要性为悖论的证据，是可追溯至公元 200 年之前的《新约》草纸文献片段的数量极为稀少。[⑤] 从尤塞比乌斯（Eusebius）那里可知，即使在巴勒斯坦，获取《圣经》经文也并非总是轻而易举之事，即使他的朋友庞非勒（Pamphilus）作为一位热衷于分发《圣经》者，他仍不得不自己抄写《圣经》。[⑥] "基督教义主要靠文字传播"这一不当观点，或许只适用于那些夸大罗马帝国读写能力水平之人。

对于这一新宗教中专业的虔诚信徒们，《圣经》经文具有广泛的重要性，且他们认为这是与神明接触的一种有效方式。人们自

---

① Euseb. *HE* ix.5.1.

② 同时见 Vegetti, *Oralità*, *scrittura*, *spettacolo* 181 中卡瓦略的观点。

③ 对于想要将基督教看成是以阅读书籍为主的宗教人士，西部的情况自然会带来困惑：H. I. Marrou in *La scuola nell'occidente Latino dell'alto medioevo*（Settimane di Studio del Centro itliano di studi sull'alto medioevo, xix）（Spoleto, 1972），137—138。

④ 参见 Iren. *Contra baeres*. iii.4。

⑤ E. A. Judge & S. R. Pickering, *Prudentia* x（1978），1—13（四个明确的例证）；Roberts & Skeat, *Birth of the Codex* 40—41（五个例证）。

⑥ Jerome *Adv. Rufin.* 1.9.

然会认为基督教的这一思想在很大程度上系从犹太教继承而来。①
无论如何，基督徒很快养成一种依附文字的习惯，无疑是受到他
们相互的空间距离遥远的驱动，也可能因为希腊罗马世界的某一
特定传统——对所写内容的敬畏心理。即使是一个外人，可能也
清楚基督徒挚爱这些圣籍。②宗教作品愈发具有权威性，如若不是
在更早的时代，起码至公元 3 世纪早期希波吕托斯（Hippolytus）
创作时，宗教作品异常重要，已经成为有学问之人评论的主题。③
另外，《圣经》的权威性被认为是支撑宗教信仰的有力武器，在多
数人眼中，宗教信仰是与理性区分开来的。④

　　神学书籍不断产生。从公元 2 世纪 60 年代波利卡普（Polycarp）
去世和公元 177 年的卢格都努姆（Lugdunum）大迫害开始，被
处决的基督徒成为陈述受害者遭遇的小册子的主题，而这些小册
子，有的是真实的，有的则是伪造的。⑤虽然大多数著名的基督
教小册子作家均出身中产阶级，⑥但受教育程度较低的作家也将神
学辩论方面的著作与神迹记载结合起来。到戴克理先时代，达到
某种规模的基督教群体，比如帖撒罗尼迦（Thessalonica）或锡尔
塔（Cirta），应该都拥有一定数量的文书，当迫害开始时，政府将
这些文书作为合理的目标。⑦宗教著作被赋予的权威性极大增强：
基督展示或只是手握卷子的画面出现在公元 4 世纪的一些石棺上

---

① 参见 J. Leipoldt & S. Morenz, Heilige Schriften（Leipzig, 1953）, 116—117。

② Lucian *Peregr.* 11—12（大声阅读）。

③ 参见 Euseb. *HE* vi.22—23。

④ 见 Hippolytus *Contra haer.*（或 *Contra Noetum*）9（251 为 Nautin）等。

⑤ 见 Euseb. *HE* iv.15；Cypr. *Ep.* 27.1 等。

⑥ A. Kneppe, *Untersuchungen zur städtiscben Plebs des* 4. *Jabrbunderts n. Chr.*
（Bonn, 1979）, 169.

⑦ 参见 *Martyr Acts of Agape*, *Eirene and Chione* 5.1 或 H. Musurillo（ed.）, *Acts of
the Christan Martyrs*（Oxford, 1972）, 286—290：基督徒有那么多书写用的皮
纸、草纸卷、书板、册子与叶子（σελίδες）；背景是戴克理先治下的帖撒罗尼
迦（Thessalonica）。另见 *Acta Munati Felicis in Gesta apud Zenophilum*（CSEL
xxvi）, 188, 书中的 303 述及了锡尔塔（Cirta）的状况。

300　（见图 8）。① 奥古斯丁解释道，应该相信基督教的神迹，因为神迹伴有经文的权威性："如我们所知，这些神迹均记载于极其真实（veracissimis）的书里，告知曾经发生的事情和神迹欲推崇的信仰。"②

　　强调《圣经》经文的重要性促成了有关记忆奇迹的寓言故事的产生。故事的来源和意义尚不完全明了，但这些故事是虚构的抑或被夸大了似乎是最可能的情况，因为在当时的文化背景下，有些不具备条件学习阅读的人狂热地相信他们理应对神学著作文字异常熟悉。当时的世界，许多人会相信这些寓言故事，其中有些无疑是有学识者。③ 无论如何，奥古斯丁（Augustine）称，原本为修道士的安东尼（Antony）尽管不具备读写能力，却能够背诵经文。④ 尤塞比乌斯所提及的一位埃及盲人则没有那么神奇：据传他背下《圣经》的所有经卷，但他是在成为盲人之前将它们烙在记忆里的。⑤ 确实有人曾在记忆经文方面下功夫：在公元 4 世纪后期的奥克希林库斯，可能在其他地方亦是如此，人们规定执事必须能够背下一定数量的经文，而牧师则需记下更多。⑥ 不言而喻，这些人具备读的能力，但与此同时，他们的大脑记忆需时刻做好准备，以在某种程度上代替书籍。

　　我们必须时刻注意，不要低估古时最伟大记忆的能力。从奥古斯丁和马蒂纳斯·卡佩拉（Martianus Capella）那里我们得知，

---

① 见 F. Gerke, *Christus in der apätantiken Plastik*（3d ed., Mainz, 1984），figs. 48, 49, 52, 53, 61, 70, 71。

② August. *CD* xxii.8.

③ 此处并非否认故事可能是真实的（关于记忆壮举，见原书 31—33）。实际上，此处所引用的故事似乎全部不可信。如 E. Wipszycka, *Rev. Et. Aug.* xxx（1984），290 所述，作为史料，缺乏真实性使它们更有价值。

④ August. *De doctr.Christ.* Prol.4（*PL* xxxiv.17）："完全不能够读写（sine ulla scientia litterrum）。"关于之后的类似故事，见 Wipszycka 290, 293。

⑤ Euseb. *De mart. Pal.* 13.7.

⑥ 见 F. Rossi, *Memorie della R. Accadmia dlle Scienze di Torino ser.* 2 xxxvii（1885），84 发表的科普特语草纸资料。

古典时代的"记忆术"在公元 4 世纪早期仍然存在。①然而，尽管"记忆术"实际上是半口承文化的产物和标志，却是一种合理的体系，构成演说技巧训练的一部分，无疑，这种办法确实奏效，不过却与基督教的神迹没有丝毫关系，且无论如何，都不足以使人实践上述基督教作家充满幻想的惊人记忆壮举。

301

　　某种程度上，基督徒对文字及其功用的态度定然是复杂的。基督徒们一直坚持强调，彼得（Peter）和其他的使徒均未受过教育，②事实可能确实如此。如此情况随处可见，所以亚历山大城的俄利根（Origen，古代基督教希腊教会神学家）含蓄地、克莱门特（Clement）比较公开地声称缺乏教育并不是获得永生救赎的障碍。③最终，这一观点定然对教育产生间接影响。瑟尔苏斯（Celsus）指责说，"基督徒使孩童从教师那里走开，尽管小学基础教育并不是主要的宗教战场，但任何将孩童带离教师的行为定然会对读写能力产生影响。"④关于曾接受过一定教育的基督徒所处的两难境地，德尔图良（Tertullian）如此表述：学习读与写的能力（litteratura）十分重要，但传统教育中充斥着异端邪说。⑤在后来的一些基督教群体中，"无知"被认为是一种积极的精神价值，而且修道士安东尼（Antony）因无读写能力而受到尊重，而并非是"尽管他不具备读写能力，却仍然受到尊重"。⑥修道院院长阿塞尼

---

① F. A. Yaates, *The Art of Memory*（London, 1966）, 46—53.

② Acts iv. 13（ἀγράμματοι καὶ ἰδιῶται，译作"目不识丁的、未经训练的"）；Orig. *Contra Cels.* viii.47（给出相同的描述）；Jerome *In matth.* Iv.19—20（他们是渔夫，且目不识丁）；参见 Rufin. *Apol. contra Hieron.* ii.37—38（*CCSL* xx.112）；August. *CD* xviii.49。

③ Orig. *Contra Cels.* i.27, vi. 14（参见 iii.50）；Clem.Alex. *Paed.* iii.11.78（然而，后者是一位文化程度足够高的人，他有资格宣称信仰不需要文字也可以习得）。

④ Orig. *Contra Cels.*iii.55—58。他的答语其实是在否认基督徒让孩童离开教师，那些教师只教授"一种类似喜剧的东西"（σεμνότερα）。

⑤ *De idololatria* 10.

⑥ 见 Athanas. *Vita Antonii* 1, 72, 73；August. *De doctr.Christ.* prol.4；Sozomen *HE* i.13. *Adv.Iudaeos* 10（*CCSL* iv.278）比较典型："谈论没有文字的书写（sine litteris disserit scripturas eis）。"关于神职人员目不识丁的早期历史，当前似乎尚未进行充分的研究，但 Festugière, *Les moines d'Orient* i. 75—91 与 J. Saward, *Perfect Fools*（Oxford, 1980）, 1—47 中提供了一些资料。

乌斯(Arsenius), 曾是皇帝阿卡狄乌斯（ Arcadius ）和皇帝霍诺里乌斯（Honorius）的私人教师，他曾赞美那些未受过教育者，可能还曾赞美过无读写能力的埃及农民。① 虽然传统的修道士至少要具备阅读能力（尽管事实上，他们可能是无读写能力的），② 且有些修道士，像世俗的人一样，感受到往昔书写文化的巨大魅力，但他302 们可能会对普通信徒受落后的教育状况感到自满，或起码是知足的，③ 只因这是一个崇尚信仰的时代，而不是理性时代："人们相信渔夫（ Creditur piscatoribus ）。" ④

到公元 4 世纪末期，神谕曾拥有的宗教声望已经转移至其他文本，最主要的是《圣经》，此外还有《埃涅阿斯论》。随之便产生了福音书占卜法，随意指向一处经文以预知未来，随后又出现了维吉尔式（ Sortes Vergiliance ）的占卜法（可能使公元 4 世纪九十年代的新奇事物）。⑤《圣经》的这一用途，最有名的例子发生在公元 386 年米兰的一座花园中，奥古斯丁突然听见童声说："拿起来，读！（ Tolle，lege ）"，于是便随意翻开手抄本《圣经》，继而发现《罗马书》（《新约》第六卷）第十三章中 13、14 节的启示。⑥ 也许在基督徒或异教徒中，这种方法全然不常见，但却为相

---

① *Apophth. Patrum* in *PG* lxv.88—89. 修道院长非常喜爱三部经书，但他却不希望拥有财产，关于他如此矛盾的想法，见 *Apophth. Patrum* in *PG* lxv.188 （最终他放弃几部经书）。

② 关于目不识丁的牧师，见原书 320。

③ Clem.Alex. *Paed.* iii.11.78；Orig. *Contra Cels.* 1.27，vi.14. John Chrys. *Adv. oppugn.* iii.12（*PG* xlvii.368）与 Pelagius on *I Cor.* i.19（*PL* Suppl. i.1184）中坚持类似的观点。

④ Ambros. *De fide* xiii.84.

⑤ 见 P. Courcelle, *Recherches sur les Confessions de Saint Augustin* (2nd ed., Paris, 1968), 188—202; Y. de kisch, *MEFR* lxxxii (1970), 321—362。H. Dessau, *Hermes* xxvii (1892), 582—585 中将 *sortes Vergilianae* 看做是 *Historia Augusta* 内的篇章。着重注意 August. *Ep*. Lv.37 (*CSEL* xxxiv.2.212)。

⑥ August. *Conf.* viii.29（"nihil aliud inerpretans divinitus mihi iuberi, nisi ut aperirem codicem et legerem quod primum caput intervenissem"）。他对得到的建议完全熟悉，但建议却带有超自然的权威性。

当一部分公众所知晓，至少基督教精英将其视为非常严肃的事情。

在公元 4 世纪的埃及或其他地方，教堂定然也曾努力使从事宗教相关职业者接受启蒙教育。那些独处的禁欲主义者可能不具备读写能力；实际上，组织严密的宗教团体中的许多修道士也一定不具备读写能力，① 但帕科米乌斯（Pachomius）强调，所有见习修道士均要接受阅读培训（他自然认为有些新人不具备读写能力）：② 这种现象更加有趣，因为帕科米乌斯本人远不是希腊古典文化的直接传人，他却用科普特语（Coptic，埃及古语）写作，无疑还常常讲科普特语。③ 无论如何，这种规定的初衷是个人阅读对于帕科米乌斯时代修道士的日常生活有着极大的重要性。阿塔纳西乌斯（Athanasius）要求修女在黎明时手握经书。④ 另一方面，奥古斯丁称西部许多人（他所指的是神职人员）仅仅依靠信仰、希望及慈爱活着（sine codicibus）；⑤《本笃会规（Benedict）》默认无读写能力的状况，没有做出任何消除这种状况的尝试。⑥

但对普通基督徒而言，虽然文字暗含着权威性，他们无需自

303

---

① Wipszycka, *Rev.Et.Aug.* xxx（1984），293 称修道士"定然"能够阅读《圣经》，这种说法完全错误，所收集的 *Apophthegmata Patrum* 显然未能揭示他们一直坚持阅读《圣经》。

② *Praecepta* 19—140（*PL* xxiii.82 and A. Boon, *Pachomiana Latina*［Louvain，1932］，49—50）："si litters ignorabit, hora prima et tertia et sexta vadet ad eum qui docere poest ... et etiam nolens legere compelletur"；参见 Basil of Caesarea *Regulae Fusius Tractatae* 15（论述的并不十分明晰）。这种思想的传播：在公元 6 世纪的阿尔勒（Arles），凯撒里乌斯主张所有的女信徒均应学习读写（*Regula Sanctarum Virginum* 18.6），且奥列里乌斯（Aurelian）称所有的男修道士均应学习读写（*Regula ad monachos* 32）。

③ 有关公元 6、7 世纪，读与写在埃及修道生活中愈发重要的作用，见 Wipszycha，293—295。

④ Athanas. *De virginitate* 12.

⑤ De doctr. *Christ.* i.39："homo itaque fide et spe et caritate subnixux eaque inconcusse retinens non indigent scripturis nisi ad alios instruendos."

⑥ Benedict *Regula*（*CSEL* lx）58.20. 申请成为修道士者必须提交文字形式的申请，但如果本人不识字，可以找他人代写——"et ille nobicius signum faciat et manu sua eam super altare ponat"。Marrou, *Historie* 477 称如此规定意在解决新信徒的教育问题，这存在极大的误导性。

己阅读。这种说法似乎与亚历山大城的克莱门特（Clement）与希波吕托斯（Hippolytus）之后的教文背道而驰。教文使信徒们养成自己阅读《圣经》的习惯，[①] 但它们皆出自有学识者（掌握新型文字）和出身大都市者（亚历山大城、罗马和迦太基），无疑是针对生活舒适且受过良好教育以及能够读懂属灵教义作品的基督徒。[②] 将这一要求加给所有的信徒是正常的，众所周知，并不是所有信徒都能够读懂亚历山大城克莱门特所著的内容，即便读给他们也无法理解。

304

教会的领袖们认识到，如果基督教著作欲想对公众产生重大影响，则必须口头传播。公元 2 世纪时，经文通常是说给人听的。[③] 在《塔利亚》（Thaleia）一诗中，阿里乌斯（Arius，公元 4 世纪希腊神学家）通俗地阐释了他的思想，但其之所以得到有效的传播，是因为它可以被吟唱出来。[④] 当一个高级神职人员遇到"信徒不能自行阅读"的问题时，关于其态度，公元 4 世纪耶路撒冷的西里尔（Cyril）揭示道：事实上，他自然认识到有些基督徒不具备阅读《圣经》的能力，便告知这些人背诵大概的教义。[⑤] 在

① Clem.Alex. *Paed*.ii.10.96（黎明是祈祷、阅读与辛勤劳作的时间，而不是性交的时间）；希波吕托斯：见 H. Achelis, *Die ältesten Quellen des orientalischen Kirchenrechtes*（Leipizig, 1891）, 126—127；H. *Der aethiopische Text der Kirchenordnung des Hippolyt*（Göttingen, 1946）, 136—139；Leipoldt & Morenz, *Heilige Schriften* 118。另见 Cyprian *De zelo et livore* 16, Novatian *De bono pudicitiae* 14。

② 关于早期宗教著作的社会起源，参见 Kneppe, *Untersuchungen zur stä dtichen Plebs* 169 以及（专门涉及克莱门特的）R. MacMullen, *Historia* xxxv（1986）, 323。关于约翰·克莱索斯顿关注他的这些特殊教民，希望他们能真正阅读自己所拥有的经文，见 *Hom. in Ioann*. 32.3（*PG* lix. 187—188）；参见 *De Lazaro* 3.1—4（*PG* xlviii. 991—996）。

③ Iren.*Contra haeres*. Ii. 27.2；Orig. *Contra Cels*. ii.50。

④ Athanas. *Or.contra Arian*. i.7（PG xxxi.24）, *Epist. de Syn*. 15（*PG* xxvi.705）；另见 A. H. M. Jones, *The Later Roman Empire* ii.964；M. L. West, *JThS* xxxiii（1982）, 98—105。

⑤ Cyril Hieros. *Cat*.v.12（PG xxxiii. 520—521）.

奥古斯丁时代，有人向信徒们阅读那些描述神迹（aretalogies）的小册子。① 这些就是教堂把写在《圣经》上的文字传达给某些无读写能力的民众的所有途径。

有人曾竭力证明不仅克莱门特及其他一些人建议个人阅读《圣经》，即便在早期的基督徒中，这种情况也很常见。② 但为支撑此论断去引用尤塞比乌斯对俄利根（Origen）童年所接受的训练的描述却并无助益。俄利根的父亲曾认真对他进行经文训练。③ 所引用的其他证据则更加不相关。现已掌握一些证据，证明像所有其他人一样，广大基督徒中也存在大量不具备读写能力者。

其他宗教崇拜也有各自的经书，但即使考虑到基督教著作大都得到更好的保存这一因素，仍不可否认基督教给我们留下的印象：大量使用文字，由此便引发一个问题，即这是否是基督教成功的原因。实际上，教会领袖们对经文的热情基于一定的实用主义基础。文字的权威性具有重大意义，为领导者提供一种控制手段和保持凝聚力的途径，因此就出现了无穷无尽的有关信条和行为的教导。④ 神学小册子和布道稿成为新时期的典型形式。

严重的赘言现象使许多基督著作家深为苦恼，其中最引人注目的当属约翰·克莱索斯顿和奥古斯丁，此种现象本身也说明一些问题，或许与能够进行速记（notarii）的写工数量的增多存在联系。然而，富有的罗马人从不缺乏写工的帮助，那么就需要其他的解释。事实也许是这样的：基督教作家通常不会给挑剔的读者

305

---

① August. *CD* xxii.8.

② A. von Harnack, *Ueber den privaten Gebrauch der Heiligen Schriften in der alten Kirche*（Beiträge zur Einleitung in das Neue Testament v）（Leipzig, 1912）. 另见 Leipoldt & Morenz, *Heilige Schrifen* 118—120。该论点的狭隘性显而易见。

③ Euseb. *HE* vi.2.7—10. 教父是富人，同时还是信仰狂热者以及后来的殉道者。

④ 关于后一种形式的文字，相关例证见 Cyprian, *De habitu virginum*（PL iv.451—478）。从为他著传的作者那里得知，他显然是通过文字控制那些人的 "velut frenis quibusdam lectionis dominicae"（Pontius *Vita Cypr.* 7.4 或 *PL*iii. 1547）。

写东西，实际上几乎不为读者写作。书籍业似乎从罗马时代早期起就已衰落，而大多数宗教作品传播的最主要方法，除了捐赠之外，就是将文本存放在图书室内，比如希波（Hippo）教堂的图书室内便收录了奥古斯丁的作品集，同时可以出租抄写本，如此有能力且对此感兴趣的个人可以拥有自己的抄写本。[1] 草纸文献表明，起码在埃及，此类著作传阅量相对较少不足为奇。

基础教育

许多富人仍然高度重视教育。在公元298年的奥古斯都学园（Augustodunum），修辞学家欧迈尼乌斯（Eumenius）就这一问题所做的演讲提及该传统，[2] 在那之后很长时间里仍能继续培养出与先前同样杰出的著作家。例如，只需阅读西多尼乌斯·阿波里纳里斯（Sidonius Apollinaris）的信函就能看到即便在公元5世纪六七十年代仍然混乱的高卢，情况俨然如此。然而传统的力量对基础教育所产生的影响甚微。和先前一样，精英阶层中的多数人会确保自己的儿子能够受到良好的教育，但上层人士很少或从未采取任何措施来支持大众教育。[3] 帝国鼎盛时期对基础教育的慈善资助微不足道，晚期古代甚至没有对基础教育的慈善资助。在资料中偶尔出现关于公共学校（schola publica）或行省学校（municipalis）的信息，也无法让我们联想到类似现代由公共资金兴办的学校，哪怕只是小学。[4]

306

---

[1] 参见 August. *serm*. 23.8 等；Possidius *Vita August*. 18（*PL* xxxii, 49）；Scheele, *Bibliothek und Wissenschaft* xii（1978），着重见 76—78。

[2] *Pan. Lat*. Ix（或 iv）. 关于君士坦丁治下文法教师与教授读写的教师的特权，见 C. *Th*. xiii.3.1 and 4；公元360年官方对读写教育的重视，见 xiv.I.1；公元4世纪雄辩家的数量及能力，见 R. MacMullen, *RSI* lxxxiv（1972），5—6。

[3] 由于忽略了这一事实，致使马鲁在其《古代教育史》，尤其是439中对晚期古代的教育给出一种非常失衡的解释。

[4] 奥古斯丁是在迦太基的公共学校内教授修辞学的（*Conf*. vi.7.11）。关于维索提奥（Vesontio）与卢格都努姆（Lugdunum）开设的公共学校，见 Auson. *Grat*.7.31。

第三部分 罗马世界的读写能力与目不识丁的状况

　　与先前一样，在该时期，有些人自行学习读写，而不去学校。然而，这方面的直接证据却非常稀少，对这种教学的广泛程度的了解也基本只是一种猜测。或许那些极其富有者会在基础教育阶段雇佣家庭教师，① 而当有文化的家庭无法支付孩童上学的费用或当父亲（或其他亲属）是受过高等教育的人，② 那么这个孩童，尤其是在希腊语环境中，可能会在家里学习读写。尽管公元 3、4 世纪的资料通常将大多数基础教育描述为是由某种小学教师来承担的。③ 例如，伪马卡里乌斯（Macarius-Symeon）的观点揭示出人们在学习文字的最初阶段，会去一个特定的场所，这是理所当然的。④ 对于那些家境相当宽裕的孩童或是出身于贫穷但对教育怀有不寻常的抱负的家庭的孩童来说，⑤ 这样的经历可能很常见，在东西部诸省中均是如此。我们也知道，有时从事基础教育的人的首要职业根本不是教书。⑥ 因此，在铭文资料中，基本无法将这些人

307

---

① 佩拉的保利努斯，奥索尼乌斯之孙，六岁去学校接受教育之前，在家里接受基础教育（*Eucharist.* 65 或 SC ccix. 64），如此场景定然发生在布迪加拉（Burdigala），即他最早学习希腊语的地方（同上 74—76）（参见 Auson. *Ep.* xxii.45—50 或 75.45—50 Prete；R. A. Kaster，*TAPhA* cxiiii［1983］，332—333）。那里是一个社会高贵人等去的地方。

② 可能是公元 4 世纪弗吉亚（Phygia）的希帕提乌斯（Hypatius）的境况，因为教他习字的父亲是一位高度受过教育者（scholastichos，见 Callinicus *Vita Hypat.* 1 或 *SC* clxxvii. 72）。

③ 见 Kaster 325—328 中涉及的资料，文中称资料的价值不一。Kaster，338 认为上层阶级的成员接受基础教育时，他们跟随文法教师学习，普通教师（ludi magister）则迎合"较低阶层的人"的需要。该观点无证据支撑且与事实相悖，除非以一种相对的方式理解该观点，因为迄今所知，并没有多少"较低社会阶层"的人将他们的男童送往学校（Kaser 340 中规避此观点），但这并不是否认学校具有社会阶层特色。

④ *Hom.* 15.42（或 *PG* xxxiv.604）.

⑤ 至少奥古斯丁的例证异常明晰。他是商人（*curialis*）之子，非常富有，尽管只是普通市民（admodum tenuis，见 *Conf.* ii.3.5；参见 B. D. Shaw，*P & P* cxv［1987］，8—10），他在塔加斯特城（Thagaste）学校中学习读与写：*Conf.* i.13.20，参见 i.9.14。

⑥ Cypr. *Ep.* 61.1；Greg.Nyss. *Contra Eunom.* i.49（i.39 Jaeger）.

确认为教师。因此，晚期古代一定比例的读写能力，可能是在学校之外教授的，但事实上这种教育的深度和广度，定然与学校体制的变化密切相关。

戴克理先的《价格法令》表明，小学教师的待遇一直较差，因为该法令规定他们每月只能向每个学生收取 50 德纳里乌斯（denarii），相当于希腊及拉丁文法教师（grammatici）及几何教师（geometrae）收入的四分之一，①或许这意味着他们的收入甚至远不及工匠的收入。②但就像更早的时期那样，这种不受社会重视现象的真正意义仍是模糊不清的：主要影响可能在于，虽然实际上并非所有人，但至少绝大多数人均可以接受基础教育。另一方面，并非众多具备读写能力者都被吸引至小学教师的行列。

公元 3 世纪的经济困窘无疑削弱了罗马帝国的教育。公元 4 世纪后期的帝国，尤其是西部地区的混乱对帝国教育定然产生极大的负面影响。如同先前一样，文化及宗教的变革逐渐削弱教育体系。晚期古代的中等及高等教育普遍都带有希腊文和拉丁文的一些形式，而这两种语言比较保守，不是地方语言，且与日常生活中使用的语言相去甚远。③对生活在公元 6 世纪的埃及或公元 5 世纪高卢的人而言，诺努斯（Nonnus）使用的希腊语与西多尼乌斯·阿波里纳里斯（Sidonius Apollinaris）使用的拉丁语并不是两种语言最实用的形式（即使社会精英认为此种形式的语言极为有效，且任何读过维布伦［Veblen］著作的教育史家也如此认识该问题）。无论如何，我们最关心的问题并非思想较务实型的父母是否对高水平的读写教育失去兴趣，而是基础教育（elementa）是否在异教徒当中失去吸引力，然而实际上，没有理由认为基础教育在当时已失去吸引力。另一方面，如下文将要讨论的，基督教确

308

---

① *Dioletians Presisedikt*, ed. S. Lauffer, pp. 124—125.

② 参见 A. H. M. Jones, *The Later Roman Empire* ii.997。对学校教师的轻蔑态度：Liban. *Or.* xlii.26；SHA *Quadr.Tyr.* 14.1。戴里克先法令中的新表述方式"χαμαιδιδάσκαλος"（意指"不专业的教师"）便流露出轻视。

③ 关于各种形式的拉丁语，见 Grundmann, *Archiv für Kulturgeschichte* xl（1958），22。

实削弱了基础教育的传统体系。

在帝国西部更加文明化的一些地区，四帝共治时代，至少在公元 4 世纪的大部分时间里，许多、抑或是所有的中型城邑极有可能继续开设学校。弗鲁姆-科涅利（Forum Cornelii），意大利北部一座规模适中的城邑，在戴克理先大迫害时期曾有一位教授读写技能的教师（magister litterarum，被学生杀害）；① 与科尔奈利乌斯相似的地方帕伦提乌姆（Parentium）在公元 4 世纪后期或 5 世纪早期亦出现了一位儿童教师（magister puerorum）。② 我们从奥古斯丁（生于公元 354 年）那里得知，在其年轻时塔加斯特（Thagaste）开设有一所基础教育学校，且马都拉（Madaurus，即今阿尔及利亚的末达乌路赫 Mdaourouch）定然也有一所。③ 爱奥尼乌姆（Iomnium）是毛里塔尼亚凯萨雷西斯（Mauretania Caesariensis）岸边一个相当不起眼的小地方，在基督教掌控的帝国早期的某个时期有一位学问高深的先生（magister liberalium litterarum）。④ 特塔狄乌斯（Tetradius），奥索尼乌斯（Ausonius）的一名学生，在伊库利斯马（Iculisma）并不显要的阿奎塔尼亚成为一名教师（据推测是文法教师，grammaticus）。⑤ 尽管如此，仍可以感受到基础教育在某种意义上的衰退；至少公元 4 世纪后期或稍晚的一位基督教作家就评论道，教育孩童读写的传统被忽视（per neglegentiam obsolevit）。⑥

甚至有一些蛛丝马迹表明，西部诸行省的一些女童也上学。

---

① Prudentius *Peristeph.* 9.21—24.

② *Inscr.It.* x2.58（或 *ILCV* 719）and 74，两篇都是纪念一位名为克拉默苏斯（Clamosus）者的捐献（如 Kaster, *TAPhA* cxiii［1983］, 342 所述，两件事涉及的是同一人，也可能是父子）。其实，此人的正式的职业（*nom parlant*）"街道喊话员"不大可会引用 Martial, v.84.1—2（虽然引用 Kaster 的观点）；因此，这并不能表明他所教授的内容"与古典传统存在关联"。

③ *Conf.* i.13.20, ii.3.5.

④ *ILS* 7762.

⑤ Auson. *EP.* 11 便是写给他的；第 22—23 行中，伊库利斯马被认为是较落后的地区。

⑥ Ps.-Ambrose *Comm. in Epist. ad Eph.* iv.11—12（*PL* xvii.409d）。

新近发表的一部公元3世纪末，抑或4世纪时的拉丁文教科书表明一些女童的确上过学。① 奥索尼乌斯（Ausonius）以一种极其随意的方式提及他的女儿上学。② 在像他这种极为有涵养的阶层，这种情况显然很平常。但在妇女的社会地位丝毫没有提高的情况下，男学生的数量极有可能继续远超过女学生的数量。

据推测，在帝国西部那些较为落后的省份，以及那些公元3世纪以来受军事行为影响最为严重的地区，学校的数量甚至要比意大利及其他特权地区更为稀少。

与之相似的是，帝国东部许多城市在很长时间内一直开设学校。马克西米努斯（Maximinus）政府和尤塞比乌斯均猜想学校遍布各地。③ 整个公元4世纪，在那些至多可以算作二流的城，教师的存在似乎相当普遍（对此同样只有零星的证据）。这很可能是"智慧之师"奥列里乌斯·特罗非姆斯（Aurelius Trophimus）从事的职业，此人的诗文墓志铭见于弗里吉亚（Phrygia）中部的某个小地方，可追溯至公元4世纪上半期。④ 塔维姆（Tavium），伽拉提亚的第三重镇，虽然难称大城市，但在利巴尼乌斯（Libanius）时代亦存在小学教师，⑤ 且幼发拉底河（Zeugma，拈连）岸的塞琉古在公元4世纪的某个时期曾开设一所学校，一位讲拉丁语的军官，其十岁大的儿子在那里上过学。⑥ 在瓦伦斯（Valens）治下，有一位来自埃德萨（Edessa）的基督教牧师普罗托戈奈斯（Protogenes），他被流放到上埃及北部的安提努波利斯城（Antinoopolis）。由于识文断字，他还在那里开办了一所学校。⑦ 但这种情况的重要性尚不清楚，因为也许暗示着安提努波利斯城的重

---

① A. C. Dionisotti, *JRS* lxxii（1982），97（第1行）.

② *Ep*. 22.23.

③ Euseb. *HE* ix.5.1, 7.1.

④ *SEG* vi.137第4与第28行；参见 Kaster, *TAPhA* cxiii（1983），342。

⑤ Liban. *EP*. 1080.

⑥ *AE* 1977 no. 818. 这似乎是对 "amb. in sco" 唯一的合理解释。男童十岁死去时仅上过两个月的学。

⑦ Theodoret *HE* iv.18.8. 他的公开目的是传教。

要性，之前那里从来没有学校。在公元 300 年之后的草纸文献中，即便有明确提及学校的话，其数量也极其稀少。[①] 在利巴尼乌斯的一篇演说辞中，他对接受过学校教育者与金匠（当时定然是各类工匠中最为富裕的）进行比照，由此判断，即便在类似于安条克这样幅员广阔而又充满活力的城，似乎去学校接受教育者的社会范畴也极为有限。[②] 晚期古代西里西亚（Cilicia）科律库斯（Corycus）的墓志铭中提及多达 120 余种职业，其中包括各类比较兴旺的工匠及从商人员，但却没有小学教师，[③] 表明当时不存在小学教师，抑或说如果存在的话，他们也是贫穷的、没有地位的。"罗马帝国后期，许多村落拥有小学"这一说法最具误导性。[④] 没有任何证据表明公元 4 或 5 世纪存在这种学校，即使偶有存在也远非普遍现象。

310

实际上，教会的祭司已经全然接受下层穷人无读写能力的事实。将教育传播至当时已经被确认为自然形成的边界以外并非他们关心的问题。无论是教会，还是教会极其推崇的新政权，均没有给予基础教育任何帮助（除了我们之前提到过的那些专门担任教会职务的人员以外）。一位现代辩论家认为基督徒对"教育穷人感兴趣"完全无法立足；[⑤] 另外一位辩论家认为君士坦丁时代之前的教会是"希腊人和罗马人中伟大的基础教育教师"，但也是毫无根据的。[⑥] 从朱利安（Julian）的一段评论中可以推断，基督徒们

---

① 学校校长（grammatodidaskalos）：*Stud. Pol.* xx. 1117（Heracleopolis）。关于并未进一步介绍的"didaskaloi"，见 *SB* xii.10981，*BGU* iv. 1024。

② Liban. Or. lxiv.112. 然而，金匠通过观看舞蹈表演了解普里阿摩斯与拉伊俄斯的府邸。

③ 参见 W. V. Harris, *ZPE* lii（1983），95。

④ A. H. M. Jones, *The Decline of the Ancient World*（London，1966），348. 他本意可能并不是说许多村落拥有学校教师。

⑤ W. H. C. Frend, *Marrtyrom and Persecution in the Early Church*（Oxford，1965），212；所参照的文本 Tatian, *Or.* 30 根本未揭示出此类信息。

⑥ 观点采自 von Harnack, *Ueber den Privaten Gebrauch* 60。公元 4 世纪的一篇文本 *Constitutiones Apostolrrum* iv.11（或 F. X. Funk［ed.］, *Didascalia et Constitutiones Apostolorum*［Paderborn，1905］，233），对儿童进行"神圣书信"教育的要求是敷衍的，是对保罗书信的一段拙劣模仿，如此指令并无实际意义。

甚至未能设计出一种学校教育体制，以实现用基督作品代替他们憎恶的传统异教著作。① 在瓦伦斯（Valens）治下，一位与世隔绝者曾在这方面做出过尝试性的努力，此人是前文方才提及的埃德萨的普罗托戈奈斯。令人惊讶的是，从已知情况看，罗马帝国讲希腊语或拉丁语的地区并未见类似的尝试。② 因此，公元 4 世纪的基督徒未能得到一个令他们完全满意的教育体制。

311

有人建议基督徒父母甚至应该将未来不做修道士的男童送往修道院去接受训练。凯撒城的巴西勒（Basil of Caesarea）[略带谨慎地] 和约翰·克莱索斯顿都赞同该提议。③ 但当前没有迹象表明这种观点业已被接受，抑或说不大可能为人们所接受，后来克莱索斯顿似乎认为教育是父母自己的责任。④ 基督著作家关于信徒应该诵读经文的告诫均未使得人们采取实际措施支持阅读，倒是后来一些新教教会采取一些鼓励阅读的实际举措。虽然教会照顾孤儿在古代世界基本无先例，但教会并没有为他们开办学校。⑤

罗马帝国早期业已存在的稀疏的、不成体系的学校在公元 3 世纪，乃至 4 世纪时并未消亡。它们并没有淹没在基督徒夺权的初期，但在经济、政治发展的影响下，最终在基督徒反教育的优先次序影响下，此类学校不可避免会变得更加虚弱。

一次真正的衰退

由于有关晚期古代读写文化范畴的证据有限，我们不仅得不

---

① Julian *Adv. Galil.* 229e. 他质疑基督徒挑选一些孩童传教《圣经》的做法，预言这些孩童长大后会像奴隶一样地位低下。

② Marrou, *Histoire* 467，475. 然而，凯撒城的巴西勒与杰罗姆（Jerome）为注定要成为修道士的孩童制定了一套基础教育课程，异教文本被排除在教学内容以外：Marrou 473（着重见 Bas. *Reg. fus. tract.*15.3 或 *PG* xxxi.954）。

③ Bas. *Reg. brev. tract.* 292（*PG* xxxi, 1288）；John Chrys. *Adv. oppugn.* iii.18（*PG* xlvii.380，但年轻人显然不在讨论之列）。

④ *De inani gloria*：尤见 19、22（*SC* clxxxviii.104，106），受众为富人。

⑤ Marrou, *Histroire* 466.

到有效的数据，甚至难以认清某些地区读写水平的整体变化趋势。公元 6 世纪的埃及留存下来的数量相对较多的草纸文献警示我们，或许并非罗马帝国所有地区的读写水平均在平稳下降。存在着一些不确定性通常也是史学家期望最高之处。

　　从严格意义上讲，"无读写能力"没有影响到权贵或富人，也就是除某些特别粗鄙的军队官员以外的什人长以上的阶层。然而，上层精英中不乏受过良好教育者，同一阶层的其他人大都为军人，两类人之间产生更加显著的区别。或多或少出身农民而后晋升为高官的士兵，如皇帝伽列里乌斯（Galerius）或许勉强能够读写而已。① 然而，"上层精英应该以一种文雅的方式讨论问题、进行书写"的观点曾持续一段时间。因此，未受过全面的古典教育的君士坦丁与瓦伦提尼安一世（Valentinian I）② 确保他们的儿子能接受这样的教育。

312

　　在君士坦丁堡为上层受众书写的约翰·克莱索斯顿认为，所有人都尽可能让他们的儿子学习文字。③ 迄今所知，公元 4 世纪没有一位上层精英不具备读写能力，尽管不能完全排除曾存在这类人的可能性。当利巴尼乌斯表扬朱利安终止雇用"异邦人"作行省总督时，他承认虽然异邦人不具备理性（nous），但却"能够快速地进行书写"。④ 我们从利巴尼乌斯那里得知，朱利安曾重新任用"满腹经纶者"。事实上如前文所见，即使在帝国鼎盛时期，上

---

① *Epit. de Caes*.40.15，伽列里乌斯生于多瑙河畔的达西亚的农耕（parentibus agraiis）家庭，曾做过牧师（pastor armentarius，unde ei cognomen Armentarius fuit）。他的侄子，即后来的马克西米努斯皇帝，与拉克唐（Lactant）一样成为传统主题的素材，见 *De mort.pers*.19.6："sublatus nuper a pecoribus et silvis, statim scutarius"（见 18.3）。但作者的宗教仇恨使著作的价值大打折扣。*HA* 中将公元 267—272 年一位篡权者博诺苏斯（Bonosus）描绘成军人，*Quadr. Tyr*.14.1 将之描绘成一名男童（litterarum nihil didicit）。

② 君士坦丁是年轻的 "litteris minus in structus"；*Exc. Val*.2。

③ John Chrys. *De inani Gloria* 18（*SC* clxxxviii.102）.

④ *Or*. xviii.158. MacMullen，*RSI* lxxiv（1972），7 中不应引用这则资料证实朱利安治下的行省总督"充其量"只懂得如何读写。

层阶级中也未能普遍实现又快又好地书写，然而，公元4世纪发生某种趋势的变化；阿米亚努斯（Ammianus）称赞瓦伦提尼安，称其"scibens decore"，① 他似乎在暗示一些新的情况；在那之前的几个世纪，这或许是一种不体面的称呼，或者对于称赞一位尊贵的罗马人时只能算是微不足道的理由。

在该时期，这样的读写水平在统治阶级之外有所衰退，最早的相关征兆是公元293年四帝共同的决定："expertes litterarum"确指无读写能力者，并非只具备有限读写文化者，他们皆可担任什人长。② 但这绝不能说明无读写能力的状况"普遍存在"于什人长阶层，③ 也不大可能是诸帝对某一特例做出的回应。该决定可以被理解为富人规避担任什人长的结果，换言之，不太富裕者正在当官掌权。现已得到证实的埃及首位无读写能力的城镇理事见于四帝发布诏令之后十多年，但遗憾的是，目前对他的背景没有任何准确的信息。④ 无论如何，能够在四帝共治时期担任什人长似乎仍意味着拥有大量财产，富人真正普遍规避该职位只是到后来才出现。⑤ 因此，公元293年的规定的确说明，之前在很大程度上与无读写能力绝缘的社会阶层，现在却夹杂着更多无读写能力者。

313

---

① "一位优雅的画匠和造型师（venusteque pingens et fingens）"；xxx.9.4.

② *Cod.Iust.* x.32.6.

③ 与 MacMullen 7 宣称的观点一致。

④ *P. Thead.* 32（或 G. M. Parássoglou, *The Arcbive of Aurelius Sakaon*［Bonn, 1978］, no. 15）第1—12行（公元308年）。另见 H. C. Youtie, *HSCph* lxxx（1971）, 175n.49。M. Drew-Bear, Cd'E lix（1984）, 319—320 将 *P. Sakaon* 15 视作证明埃及一位目不识丁的商店主（bouleutes）的唯一确凿证据。一位名为卡西利亚努斯（Caecilianus）的工匠是位织工，公元303年曾在拜扎塞纳（Byzacena）行省的阿布图捏（Abthugni）出任行政官，A. H. M. Jones, *The Later Roman Empire* ii.860 认为他"明显目不识丁"，因为他有一位写工代笔官方信件；但绝不能据此认为他目不识丁，此人显然至少应具备读的能力（见 Lepelley, *Cités* ii. 273）。

⑤ Jones ii. 738, 741；参见 W. Langhammer, *Die rechtliche und soziale Stellung der Magistratus munincipales and der Decuriones*（Wiesbaden, 1973）, 262—278。

第三部分　罗马世界的读写能力与目不识丁的状况

在公元 4 世纪罗马高等级社会中，迄今仍未发现任何一位女性无读写能力的例证，尽管一些像君士坦丁的母亲海伦娜（Helena）那样出身较低的社会阶层、却依靠男人的影响崛起的女性，肯定都是文盲或者说只具备些许读写能力。当奥古斯丁描绘其理想中的妻子时——"有文化，vel quae abs te tacile possit erudiri"，① 我们怀疑他所指的极有可能是基本的读写能力，而且还揭示着在他所处的社会阶层，适龄女性（按现代标准来看当时女性的结婚年龄并不大）通常都缺乏这样的能力。

至于读写文化在较低社会阶层的传播，如同在其他历史时期那样，该时期的史学家中不乏持乐观态度者。例如，西部异邦人方面的一位权威人士坚称：读写能力在该地区"一直是必不可少的，尤其是在城镇"。他的主要论据是：若非如此，也就不必劳神刊布铭文。② 但如果按一座古典时代城邦的标准来判断，铭文数量极少，而且即便是先前时代的碑铭文化也并不依赖普遍的读写能力（这里无需重申理由）。琼斯（A. H. M. Jones）断言，工匠、商店主与经济水平更低者"大都不能读写"，③ 这是更加合理的推断。

缺乏对基础教育的资助不可避免导致广大穷人不具备读写能力。在说教及其他形式的文学极大发展的同时，却没有任何一位晚期古代的作家鼓励雇佣教师或建造供学校使用的建筑。有些用于扶持教堂的财力起到教授牧师与修道士读与写的作用，否则他们会一直不具备读写能力，因此在某种程度上，我们所面对的是读写能力从一个社会场域向另一个社会场域的转移，而并非读写水平的衰退。

在整个研究中，女性的读写状况一直比男性的更加难以捉摸。除她们以外，最难确定的还有工匠与店主。在帝国鼎盛时期，他们是一个"有些人能读会写、有些人具备一定的读写能

314

---

① August. *Soliloq*. 1.10.17.

② P. Riché, *Education et culture dans l'Occident barbare*, *VI—VIIIe siécles*（Paris, 1962），60—61. 实际上，他认识到学校体制的一些局限性。

③ Jones ii.997.

力、有些人无读写能力"的社会阶层，公元 4 世纪西部地区的情况可能同样如此，在那之后不久的东部地区亦然。公元 4 世纪曾有一些褊狭的小学校，如果石匠和面包师们对自己的儿子寄予厚望的话，可以将他们送至这些小学校。罗马军事著作家维吉提乌斯（Vegetius）认为军队或许可以招募到一些具备读写能力的士兵，他们最有可能出自工匠及商店主这一社会阶层。

目前只能推测该时期奴隶的读写水平是否呈衰退趋势。尽管绝大多数奴隶一直都不具备读写能力，但奥古斯丁曾郑重地讲述一名习得阅读技能的奴隶的故事，并将其视作奇迹，①这似乎揭示出一些新内容，即在该时期，一名奴隶能够阅读已是相当了不起的成就。

由于个别区域内城邑的幸存或消亡，读与写在西部行省的命运定然会天壤之别。现存公元 3 世纪中期之后的铭文数量与先前相比呈下降趋势，下降的幅度在地区间从严重下降（如意大利）到急剧下降［如上莫西亚（Upper Moesia）］，各行省内部的差异也很显著。直至约公元 400 年，许多城邑还经常有新铭文的出现，②这些信息只能对读与写的境况给出模糊的暗示。然而，读写水平极有可能从公元 3 世纪中期起呈现总体的下降趋势，而在公元 5 世纪早期异邦入侵后变得更为严重。一百年后，除书记员及修道士人员外，极少有完全能读会写者。阿尔勒的凯撒里乌斯（Caesarius of Arles）手下一位修道士（卒于公元 542 年）在一篇布道稿中形象阐明这种现象，在其生活年代相对比较开化的地区普遍存在。至少从表面上看，读《圣经》是信徒的责任，但必须

315

---

① *De doctr.Chtist.* prol.4. 一位自由民通过奇迹学习阅读的故事，见 *Historia Monachorum* 30，该故事发生在埃及；另见 H. Hyvernat（ed.），*Les actes des martyrs d'Egypte*（Paris，1886—87），180，这是一则发生在埃及乡村的故事（Wipszycka，Rev.Et.Aug. xxx［1984］，290 中对其进行引用）。

② 关于上莫西亚，见 A. Mócsy，*Gesellschaft und Romanisation in der römischen Provinz Moesia Superior*（Amsterdam，1970），200 中的图表。

承认，不仅是乡巴佬（rustici），甚至连富有的商人（negotiatores）或许都无法自行阅读。当无读写能力的商人在经济事务中需要书写时，他们雇佣能读会写者（mercennarios litteratos）；为了听到《圣经》，他们同样被告知雇佣能读会写者，没有人觉得教堂应该告诉或者帮助习字。[①]

在帝国东部，读写水平的下降同样是缓慢的过程。在公元 5 世纪，该地区也未遭受接踵而至的蛮族侵袭。如前一章所见，有证据表明及至戴克理先时期，埃及无读写能力的状况已在各社会阶层中蔓延。我们首次在公元 285 年的高级学监阶层发现一位文盲。[②]公元 320 年，百夫长瓦莱里乌斯（Valerius Arion）的遗嘱由另外七位军团的百夫长作见证人，据传七人中有三位是文盲，如此状况在先前的同一阶层并不常见。[③]有位名叫奥列里乌斯·德米特里乌斯（Aurelius Demetrius）的人曾在阿尔西诺（Arsinoe）担任要职，公元 4 世纪初，他语出惊人地宣称自己无读写能力。该例证有趣之处在于，此人是在向行省长官请愿时作出这一声明的；换言之，他很清楚如何利用文字来博得同情，而羞耻感并未阻止其宣布自己无读写能力。[④]还有一则例证，由于发生在乡村，因此不会引发惊奇，尽管如此，但它还是非常有价值的：一位像泰德尔菲亚（Theadelphia）的奥列里乌斯·萨卡昂（Aurelius Sakaon）那样有权势者也无读写能力。此人活跃于公元 4 世纪的一二十年代，他在利用文书方面很老道，实际上非常

316

---

① Caes, Arel. *Serm*.6.1—2（*CCSL* ciii.31—32）；参见 8.1（*CCSI* ciii.41）。

② *P. Oxy.* xlvi.3295. R. Calderini, *Aegyptus* xxx（1950），26 提及公元 3 世纪所有目不识丁的高级学监，但观点可能采自 *P. Flor i.*63；如 U.Wilcken, *Archiv für Papyrusforshung iv*（1908），448 所示，文中并未给出相关证据。公元 298 年，令人写下 *P. Panop.Beatty* I 第 182 行内容的官员认为有必要指明，某个任务需要的人不仅应该具备良好的理解力和财富，还应善于书写。具备前两种品质并不能保证第三种。

③ *SB* xii. 11042 或 *P.Col.* vii.188.

④ *P.Oxy.* i.71，另见 H. C. Youtie *ZPE* xvii（1975），206 的评论。德米特里乌斯（Demetrius）曾是高级牧师，监管着粮食供给。

巧妙。①

　　另一方面，从公元 3 世纪至 4 世纪，写于草纸上的私人书信的数量下降幅度较小（在最近的一份散篇书信目录中，隶属于公元 3 世纪的有 224 封，公元 4 世纪的有 205 封），② 这表明至少到狄奥多西乌斯（Theodosius）时代，书写大部分信件的富裕阶层的读写水平并未下降，充其量是略有下降。在公元 325 年至 350 年期间，赫墨波利斯（Hermoupolis）一位富有的女性至少具备简单的读写能力。③ 草纸文献的数量在总体上严重下降是在公元 4 世纪中期，呈间歇性下降趋势；从公元 4 世纪 70 年代至公元 5 世纪 70 年代基本是持续下降。④ 令人颇感惊讶的是，后来草纸文献的数量出现一次反弹，稳定的增长态势一直持续到公元 5 世纪。显而易见，公元 4 世纪衰退的直接原因是官方与其他行政活动急剧减少。⑤ 某些位于沙漠边缘的地区（泰德尔菲亚、索克诺帕伊乌·涅索斯［Soknopaiou Nesos］）人口的减少可能也是一个原因。⑥ 诚然，草纸文献数量的减少并不能明确证实同时期的读写水平出现衰退。近来，有人宣称从这样或那样的意义上讲，埃及的读写水平在公元 4 世纪至 7 世纪期间并未下降。⑦ 然而，当一个社会愈发

317

---

① *P.Strasb.* i.42；P. Thead. 21 等；参见 Parássoglou, *Archive of Aurelius Sakaon* 的全部内容。在公元 316 年奥克希林库斯的一份资料中，一位木匠能够签名，而另一个却目不识丁：*P.Oxy.* i.53。之后未再发现任何一位确定工匠身份者签写文书。

② G. Tibiletti, *Le lettere private nei papiri greci del III e IV secolo d.*C.（Milan，1979），6—22.

③ 见 K. A.Worp, *Das Aurelia Charite Archiv*（Zutphen，1980）。她显然出自一个希腊家庭，以能够书写而自豪（Worp 9）。Worp 2 揭示她从母亲那里学习书写。

④ R. S. Bangnall & K. A. Worp, *Miscellanea Papyrologica*（Papyrologica Forentina vii）（Florence，1980），13—21 提供了最新的数据。

⑤ R. Rémondon in *Atti dell'XI Congresso internazionale di papirologia*（Milan，1966），140—142；Bagnall & Worp 13，但 Wipszycka, *Rev.Et.Aug.* xxx（1984），282—283 持反对意见。

⑥ 参见 Wipszycka 282。

⑦ Wipszycka 295.

不需要行政文书，文字材料也不需要有新的抄本时，就会发现读写技能越来越不重要，自然也越来越不值得向年轻人传授。

令人好奇的是，在一个我们深信读写水平呈下降趋势的时期，却再次出现"能够以较慢速度书写的人"。从整个公元212年到390年这一历史时期，只有一个人以缓慢书写者的身份出现在一篇草纸文献中，[1]但在公元390年之后，此类人再度被频繁提及。这也许是一次毫无意义的传统改变，而更可能的是：这一介入时期大致与罗马治下的埃及历史上读写水平的鼎盛时期相符。

然而，在帝国东部的其他大多数行省，读写水平的鼎盛时期极有可能更早。我们绝不会将埃及联想为这一领域的典型。但前文已述及的有关学校教师的证据以及希腊城邦的状况表明，习得读写技能者的数量在公元4世纪并无大幅下降。倘若公元4世纪至6世纪希腊的碑铭证据更有条理的话，或许可以在该问题上提供一些暗示。不过必须审慎对待，以免将一些零散的铭文当作确凿的证据。例如，在西里西亚（Cilicia）的科律库斯（Corycus）发现的墓志铭表明，[2]较富裕的工匠与商人了解文字服务于个人纪念目的，尽管实际上这些人并非能读会写，但在小亚细亚的诸行省中尚未发现类似的铭文。目前只能依赖诸如"公元4世纪后期写工短缺"以及"关于公元5、6世纪学校教师的证据相对较少"之类的间接资料。

公元439年，狄奥多西乌斯（Theodosius）二世发现君士坦丁堡便于统治，因为哪怕是自己不能签订遗嘱者都能够订立有效的遗嘱，从这则资料中可以获取一条并不严密的间接暗示。[3]先前的政府曾认为，心系遗嘱事宜的有产阶级大都能够签署自己的遗嘱；诚然，这并不意味着他们完全能读会写，即便是有限的能力也无法保证；猜想这是发生不久的变化。

318

---

① *PSI* ix.1037（公元301年），另见 H. C. Youtie, *GRBS* xii（1971），249 的评论。

② 笔者在 *ZPE* lii（1983），93—95 中论及这则资料。

③ *N. Th. xvi*.3："quod si litteras testator igoret vel subscribere nequeat, octavo subscribere pro eo adhibito eadem serari decerinmus"；参见 xvi.6。

古人的读与写

　　有时，基督教的辩护者暗示信徒爱好读书的本质意味着古代的基督徒显然比异教徒更加能读会写，[①] 这种假定对普通信徒而言相当不切实际。有时基督教义要求普通的基督徒自行阅读《圣经》，但如我们所见，似乎没有人认为如此指令同样针对无读写能力的社会阶层。在基督教义还只是一小群狂热分子信仰的年代，俄利根（Origen）和亚历山大城的克莱门特便承认：总体上看，基督徒大都是未受过教育的，这也是极其自然的状况。这便是人们对当时亚历山大城的看法，在许多其他地方，基督徒的读写水平可能更低。从君士坦丁时代起，当信仰崇拜不再是个人的狂热，基督教的读写水平比先前更加取决于阶级、性别及个人能力等常见因素。公元4世纪仍缺乏专门为基督教打造的教育计划，事实上可能阻碍了基督徒的读写教育。

　　有人称基督教使用的拉丁语为"易于促进读写能力的拉丁语，具有意识形态语言的简洁性与一致性"。[②] 但实际上，这种促进性传播只影响到毕生奉献给宗教的人，即使在那个年代，这样的人也不在多数。[③] 这位学者（即 P. Brown）进一步称"奥古斯丁在希波（Hippo）出产大量作品的背后，能够感觉到当时尽可能广泛传播这种宗教文字能力的需求压力"，在区分宗教的读写文化（即文字在宗教事务中的功用）与其他类型的读写文化方面，这是一种认识深刻的言论。但该言论与一则尴尬的事实相悖，即奥古斯丁与任何其他有影响力的神职人员都未曾顾及广泛的无读写能力的

319

---

① Leipoldt & Morenz, *Heilige Schrifen* 115—120；Marrou in *La scuola nell'occidente latino* 136. 参见 F. Steinmann, *Klio* liii（1971），353—360，出自上埃及底杰姆（Djeme）的公元8世纪的科普特语草纸揭示出较高水平的读写能力，作者欲为其找到解释，认为是基督教需要普通信徒自行阅读《圣经》；实际上，所探究的法律文本并不能代表公众的读写水平（见 Wipszycka, *Rev.Et.Aug.* xxx［1984］，287 的评论）。

② P. Brown, *JRS* lviii（1968），90.

③ 布朗认为，"完全参与"晚期古代的基督教活动需要读写能力，但不仅普通男信徒无法实现（对普通女信徒而言更加不现实），甚至在僧侣中也无法实现。公元5世纪早期阿非利加目不识丁的牧师，见下文。

窘境。这一点不足为奇，因为他们已经丢弃本可以让他们如此的希腊文化传统。如我们所见，书籍对神职人员是如此的重要，以至于修道士条例规定新人必须习字。因此，基督教的确为一些人带来（起码的）阅读学习，如果不是宗教，他们是不会学习阅读的。但这样的努力，以及为维系有读写能力的神职人员而做出的挣扎，逐渐耗尽基督徒支持读写的动力。

从教会领袖的角度看，牧师大体应该具备阅读能力。各地神职人员的读写水平很可能存在差异。在讲希腊语的埃及，书写在先前一度是比较普遍的现象，尽管有关神职人员无读写能力的例证并非罕有，但在公元 4、5 世纪似乎并不常见。在该时期，我们关注的是神职人员对书写的认知或无知，他们中的大多数是可以进行书写的。[①] 关于埃及那位无读写能力的基督徒的价值，前文已谈论许多，但如果他确实不懂希腊语的话，在无需进行阅读的低级别神职人员中，他的出现根本就不足为奇。[②] 在偏西的北非诸行省，公元 411 年，在所有需要题字的天主教主教中，据传仅有一人"目不识丁"，此人是祖拉（Zura）的主教保利努斯（Paulinus）。[③] 同一地区的其他证据表明，虽然人们认为拥有能读会写的执事优于目不识丁者，但有些执事并未达到这样的标准。[④]

320

---

① Wipszycka 288，某个时期（不大可能是公元 3 世纪之后）被称为使徒规则的文书（T. Schermann, *Die allgemeine Kirchenordnung*［Leipzig, 1914］, 25）表明，埃及的主教可能不具备书写能力。但在探寻目不识丁的牧师的过程中，Wipszycka 仅在公元 4 世纪的文献中发现两则例证（均为执事，*SB* vi.9622 或 *Pará ssoglou*, *Archive of Aurelius Sakaon no.48*, *P. Würzb*.16），而公元 5 世纪难见一例。根据该时期大量带有牧师签名的文书，她进行了合理的推断：该时期埃及讲希腊语的牧师具备较高的读写能力。尽管存在分歧，但更多支持此结论的观点，见 Wipszycka 282—290。

② *P. Oxy.* xxxiii.2673（公元 304 年）. 他可能懂科普特语：C. H. Roberts, *Manuscript, society and Belief in Early Christian Egypt*（London, 1979）, 65, 请参阅最新和最具说服力的 G. W. Clarke, *ZPE* lvii（1984）, 103—104。

③ *Gesta Collationis Carthaginiensis anno* 411i, 133 或 *CCSL* cxlixA.112.

④ *Codex Canonum Ecclesiae Africanae* in H.T. Bruns（ed.）, *Canones Apostolorum*（Berlin, 1839）, i.169. 时间为公元 401 年。

在诸如此类相对较开化的行省之外，神职人员的读写水平可能更低。

基督教似乎对有些地区产生一些影响，包括促进能够读写的语言的传播。至少基督教扩展了西部地区拉丁语的使用范畴，这是显而易见的。① 如此便确保新群体能够接触读与写，哪怕只是微弱的接触。值得注意的是，大致在同一时期，随着科普特语（Coptic，古埃及的通俗文字，用改进后的希腊字母写成，比传统文字更容易学习）的发展② 与叙利亚语作为一种书面语言的发展，其他语言的读写活动在某些地区变得更加容易。

然而，基督教弱化古代对人文教化（paideia）的崇敬。在很多世纪里，人文教化对帝国内更为希腊或希腊化的居民的总体教育水平无疑产生过积极影响。目前无法厘清在经济、政治平稳发展的年代，基督教本身会对读写水平产生怎样的影响。基督教对阅读能力的总体影响尚不明朗（因为阅读的作用曾经历一些变化），但如本研究所揭示的，基督教对读写的影响很可能是消极的。

目前无法量化读写文化在晚期古代传播过程中的变化。大量证据表明读写水平确实呈下降趋势，但或许不如想象的严重；罗马鼎盛时期从未达到过普及读写能力的水平，读写文化在晚期古代也没有绝迹。可以发现，读写水平在公元 3 世纪仍有所下降，甚至波及什人长阶层。虽然证据有限，但公元 4 世纪最后几十年和公元 5 世纪初的几十年，许多地方的读写水平出现明显的衰退，这里并非简单指读写能力退缩至上层精英。当时社会各阶层仍不乏在工作中使用文字的行家，文字在更为专业、更为虔诚的基督徒中几乎占据一种全新的地位。然而，基督教鼓励学习读写的程度有时被极度夸大，修道制度在某种程度上需要读写能力，但即便是如此制度的兴起也未能极大推动整体的读写水平，读写能力

321

---

① C. C. Smith in *ANRW* ii.29.2（1983），945—946.

② 见 Wipszycka，*Rev*，*Et.*Aug. xxx（1984），286。

的功用转而衰退。与此同时，即使是在罗马帝国鼎盛时期也未能普及，抑或说强有力的学校体系却进一步衰弱，尤其是在西部地区，学校得不到政府或慈善资助。单单是有这类资助的话，就可以使这些学校产生广泛的影响。在这种情况下，读写水平不可避免地从帝国鼎盛时期的工匠读写水平（虽然这样的读写水平在希腊世界的某些地方可能持续相当一段时间）下降至微弱的水平，此种状况一直持续至中世纪，从那之后才取得长足的进步。　322

结　语

如果先抢夺他的书的话……那就可以束缚他的大脑；

切记要先将其书弄到手，因为像我一样，没有书的话他只是一个酒鬼，还会失去可以支配的灵魂。他们全都像我一样对他恨之入骨。因此要先焚毁他的书……

——凯列班（Caliban）

这段文字见于《暴风雨》（*The Tempest*）第三章的第二部分，第85—92页。

摘要重述

在古风时代的希腊和意大利，文字以我们几乎全然不知的方式由一种功用向另一种功用传播。但可以发现，以各种形式呈现出的希腊语和意大利语文字不仅实用、简单，在适当的环境中还益于表达，甚至庄严乃至近似神奇。因此，文字最早的用途可能主要集中于商业实践，较早的文本用于确认所有者对登记物品的所有权，或表达对死者的永恒纪念，或是在向神灵奉献手工刻品。或许所有这些活动都具有实际目的，但它们要求书写承担更多功能，而不仅是记录口头信息。在某种意义上，文字克服了时间的限制：涂鸦述说着花瓶主人的身份；墓志铭讲述墓穴主人（既有男性，也有女性）曾经的生活；贡品上的题词宣告某人向某位神灵祭献。鉴于此，可以通过复制文字让一段话语增加力量，而且完全可能支撑大量复制。即使有为数不多的复制也可能非常重要，比如，一首诗歌的复制品可以让诗歌流传下去，而在先前时代，它们随着作者的衰老或死亡而遗失。

在公元前 7 世纪后期至前 6 世纪，文字的功用进一步扩展。文字的书信功能出现的时间可能更早，无论如何，至《伊利亚特》（*Iliad*）成书时书信极有可能已为人所知；到公元前 6 世纪后期，书信定然为人们所熟知，尽管书信可能一直是一种非常特殊的交流方式。随着文字功用的增加、能读会写与具备少许读写能力者在数量上的增长，文字渐渐植根于许多希腊城邦的居民生活。该时期出现第一部成文法律、第一批钱币铭文和第一批负责书面记录的官员。雅典的希帕尔库斯（Hipparchus）是已知最早使用文字进行公开政治宣传的希腊人，在某段时间，雅典人曾将某些狂妄自大的政客的名字刻于陶片上，以实现驱逐他们的目的。

及至公元前 6 世纪末，由于文字诸多新功用的出现，再加上祭神活动中越来越多地使用书写文本，大部分希腊男性（几乎所有居住在城邑的男性和许多生活在乡村的男性）均已感受到文字的存在。正如有些人定然从希腊语书写史最早的阶段意识到的，及至此时，许多人肯定会认识到可以通过中间人利用文字：可以寻求他人代笔（波利克拉泰斯［Polycrates］的老师［grammatistes］也许是经证实的最早例证，但并不是说波利克拉泰斯无读写能力）、代为阅读，或是将读到的信息传递给你。然而，大致在同一时期（极有可能在公元前 6 世纪）出现教授男童"识文断字"的学校，前提是家长为此支付费用，这是一种明显促进读写文化发展的社会机制。

在古典时代，当雅典与希腊城邦发展至鼎盛时期时，文字的功用总体上在继续增加，首当其冲的是在法律、商业事务和城市公共生活等方面的发展。尤其在公元 5 世纪 20 年代至 4 世纪 60 年代期间，可以看到这种进程在雅典发展。同时，编史和技术指南开始出现，各类书籍传播的更加广泛。目前已证实该时期出现买卖书的交易。大体上可以确认至公元前 323 年，希腊城市中已

323

有相当数量的男性花费大量时间阅读书籍，许多人的生活受到文字在生产生活中使用的影响。鉴于书写的重要性与日俱增，柏拉图与其他人士主张所有公民的儿子，甚至是女儿都应该习字。尽管就目前所知，还没有哪座城践行了这项提议。

324　　然而，在古典时代的希腊，文字的声名绝不是完全正面的。即使是在受过教育的希腊人中，文字的名声似乎也受到质疑：希腊人经常将书信和其他形式的文件视为诈骗工具。连同柏拉图在《菲德罗篇》中对文字的某些使用提出的有理有据的批评（诚然，再未发现与之类似的资料），类似的观点或许有意无意地抑制了口承文化向书写文化的转变。

希腊化的希腊人，尤其是统治并管理托勒密王朝的人扩展了文字在官方事务中的使用，且远超越其在古典时代的使用。希腊人有史以来第一次将诸多大型的城邦联合在一起，是依赖文字实现的。但希腊化时代比较显著的变化体现在基础教育方面：至少在少数几座城，个人慈善家致力于使所有拥有获释奴身份的男童（有时还涉及女童）都能去学校接受教育。

在很早的时代起，文书似乎便履行着一些超越实际用途的功能。文字的联想意义在一定程度上取决于读者或观者，但在读写水平有限的社会里，文字的自然表达能力会因其常与神圣、崇敬（如《荷马史诗》）和官方事物联系在一起而升华。这种印象不大可能被削弱，因为虽然一个居住在古典时代或希腊化时代城市的人不会对文字感到特别，但文字与政治权力之间的联系可能愈发紧密。

文字在早期意大利的功用甚至比古风时代的希腊更难确定。无论是陶瓶与其他物品上刻写的所有者的姓名、宗教题献，还是其他存留至今的文本，均不能清楚地说明问题。统治者和商人可能用于交换的书板尚未得到证实。我们所认为的"在罗马，文字在宗教事务中的作用尤其重要"实际上可能是错误的。在公元前4世纪，随着从碑铭中获悉的文字功用更广，情况变得更加清晰；此外，显而易见，从公元前4世纪起，各种文本对罗马军事和政治权力的有效实施发挥至关重要的作用。文字的功用一直不断扩展且贯穿整个共和时期，在波利比阿（Polybius）和选举法案（leges tabellariae）时代之后，相关证据也大幅增加。

在共和国后期及帝国初期，文字的使用无论在功能上还是地域上均得到进一步发展。因为在罗马征服活动之前基本没有读写文化的欧洲各行省开始经历罗马化过程。在此期间，文字的功用变得如此广泛，以至于一些学者易于得出如此推断：罗马城在使用文字方面实际上是很现代的，城内有诸多宣传材料和小报之类的东西。至朱里亚—克劳狄王朝，文字的使用范畴异常广泛，尽管庞贝城的碑铭并未完全阐释出该问题，但却是最为理想的。罗马人使用书面凭信、记录书面账目、撰写政治标语、通过大规模的文书组织武装力量、记录有谁晋升为公民、散布咒符与宣扬宗教信条的书籍、用涂鸦互相漫骂或示爱、写信，还普遍用文字纪念亡者。

325

在古代晚期，文字在古典时代曾有过的许多功用渐渐失去重要性，抑或一并消失。在不同地区的衰退程度也存在极大差异，如此趋势明显适于描绘官方对文字的使用。当然，欲证明某种否定（如文字在此时并未用于这样或那样的目的）通常很困难，但显而易见，几乎社会生活的各个方面和许多地区，文字在公元5世纪的使用少于公元250年之前的年代。宗教实践是极大的特例；尽管基督教并不要求普通的信徒必须亲自为宗教的缘故阅读《圣经》，尽管对于帝国居民总体的读写水平而言，基督教可能产生一种消极影响，但它却把《圣经》阅读带入那些献身于这种宗教崇拜的信徒们的生活核心，不论男女。

即便当希腊人与罗马人已经超越古风阶段，他们仍在坚持口头处理事务的做法，而且要高于通常所认为的程度。一方面，具备读写能力者仍保留一些非读写方式处理某些问题；另一方面，大多数人仍无读写能力，从这两种意义上说，如此观点是真实的。在整个古代，政治宣传和文化传播均在很大程度上依赖口头形式。关于对口头方式的坚持，尽管所掌握的证据大都是间接的——因为非书面语言存留时间一般较短——不过显然，许多男性在行使公民权利、履行公民义务、过活、满足宗教需求等方面，很少需要或不需要自行读写。

326　　自然可以说口头处理事务的方式一直得以延续，因为除在极个别地区的极短时间内，没有哪股经济、社会或宗教力量曾要求人们放弃这种传统，并且没有哪股力量曾促成一种普及教育的体系。按现代的标准衡量，书面交流受限于诸多的不便且可能代价昂贵。有些形式的文字还可能引起猜疑。

之后出现一种摆脱口承文化的转变，但并不是向书写文化的转变（按照"现代文化为书写文化"的标准），而是向中间情况的转变，非原始亦非现代。在这样的世界，即古风时代之后，全部的社会精英都严重依赖于文字，其他所有人均被这种潮流所影响。但口承文化的一些印迹仍清晰可见，最为显著的是普遍依赖记忆力，并注重记忆力的培养。

如此看来，古代社会从未达到普及读写能力的水平似乎完全合乎情理。一位批评家可能认为，该结论只不过是某些难以立足的论点堆积的结果，但事实上，这种观点具有稳固的基础。首先，该结论基于一种比较性的论点：读写在很大程度上是一些力量的产物，而古代不存在这些力量；力图实现普遍读写能力的社会会显示出征兆，尤其是一个庞大而又不断扩展的学校体系，在古代的资料中难以发现这样的体系。这背后隐藏着古代世界的"消极面"：不仅缺少能使书面文本广泛传播的技术，"所有公民（或信徒）应能读会写"的思想意识淡薄，而且缺少对具备读写能力劳动力的需求，自从这种需求出现便基本上被奴隶填补了。

关于古代那些不完全具备读写能力以及目不识丁者，现存在具体的证据，有些感兴趣的学者得出了一些正确的结论，但更多时候，他们将实际上在古代比较普遍或典型的东西（乡村居民、工匠、奴隶及女性的生活）看成社会的边缘现象。还有一些学者认为古代业已普及或近乎普及了教育，这又是一个难以立足的观点。

最有希望做成的事是估算一下某些特定时期内某些特定人群

可能达到的读写水平，适当注意具备少许读写能力者的存在，坦白地说，还要意识到所有这些估计的不确定性。

毫无理由认为读写文化曾在公元前 8 世纪或前 7 世纪的希腊快速传播。如果读写能力只是某些富人以及少数的技师与工匠所掌握的财富的话（看起来最有可能如此），那么在总人口中涉及的仅仅是一小部分人。但在公元前 6 世纪，至少至前 6 世纪末期，雅典出现了工匠读写水平的迹象，在这样的背景下，许多、抑或说绝大多数的技术工匠以及社会精英中的成员均具备读写能力，而包括几乎所有女性在内的广大民众是无读写能力的。这样的读写水平的存在最清楚的证据是雅典陶片放逐法的规则，至少从公元前 5 世纪 80 年代起：它们似乎揭示在总人口中，至少 15% 的成年男性达到了具备一定读写能力或更高的水平，而在这 15% 中，有相当一部分可以自如书写。由此看来，根据我们的界定方式，或许我们可以认为 5% 或更多的成年人（包括女性和奴隶）是能读会写的。在古风时代结束前，还有一些反映读写文化传播的最重要的证据，即基奥斯和阿斯图帕拉埃亚的学校。界定阿提卡人口（男女均包括在内）中具备读写能力者的比例上限极其困难，但按比较分析法计算，如果至波斯战争时代有超过 10% 的阿提卡人真正能读会写会令人感到惊奇。在其后的一个半世纪，该比例或许有所增加，但由于未曾出现彻底的社会、经济、政治、技术、宗教乃至最终在教育方面（所指的是基础教育）的变化，这种百分比的增幅不可能很大，他们的读写能力显然没有超越工匠的读写水平。考虑到女性的读写水平可能一直停留在极低水平，因此总体上女性具备读写能力的比例不大可能超过 10—15%。待到公元前 4 世纪中期，真正发生变化的是具备读写能力者有更多的动机运用他们的读写能力，尤其是读的能力。所有这些证据在多大程度上映射希腊其他地区的读写状况又是一个模糊的问题：比较发达的地区（可能包括爱琴海的东南岸）至少应拥有类似雅典的读写水平；但另一端，有些城邦实际上只有极少数完全具备读写能力者，也极少使用文字，斯巴达即为典型代表。

古人的读与写

在一些古典学者看来，此类结论可能非常不受欢迎。我们的读写研究中注意到一些普通的希腊人，可以再次重申，即便考虑到普通人的读写状况，也不会推翻这些结论。一种相反观点必须要解释统治阶级中的多数人为什么学习读写，他们是如何学习读写的，这些正是观点暗含的内容。

或许希腊化时代曾出现一种显著变化，一种或许曾在拥有最高读写水平的城邦中产生过最强势影响的变化。迄今所知，特奥斯（Teos）和其他一些地方都在实践平等教育的教育慈善行为，其背后隐藏的教育哲学或许曾产生一些影响。这些举措的真正动因难以判定，显然，该时期的许多希腊人（当然不仅指前文述及的四座城邦）认为学校应获得资助。只有特奥斯获得的资助是针对城邦内所有孩童教育的，但无论特奥斯还是其他地方，这样的憧憬均不大可能实现。即使在特奥斯，能读会写的女性也难以达到预期，但这些城邦或许见证了"早期现代"社会的读写水平，即甚至有 30%—40% 的获释奴具备读写能力。公元前 1 世纪 80 年代爱琴海沿岸爆发危机，教育资助持续的时间可能没有贯穿整个阶段。在罗马治下，希腊城市公民普及教育的动机似乎再未复见。

罗马人和拉丁人的读写技艺最早在何时超越少数对文字有特殊需要者，目前仍无法判定。或许是公元前 4 世纪末，就此时间没有太大争议。通过他们使用文字的方式推断，这种情况在共和国中期进一步发展。然而，对于整个共和国时代的教育情况，我们所掌握的信息甚至比古典时代的希腊还要少，事实确是如此，我们毫无理由认为学校收纳了总人口中的大多数。最早能揭示"罗马公民或许达到较高读写水平"的是公元 2 世纪 30 年代的选举法（leges tabellariae），要求投票者使用极其简单的文字。此类法律并不是平民主义立法，但至少说明有相当一小部分具备读写能力的公民。具备读写能力的女性可能少于男性，在公元前 100 年以前，如果将男女公民加在一起，具备读写能力者的比重不可能超过 10%。由于奴隶以前所未有的数量涌入，致使该问题进一步复杂化，有些奴隶具备读写能力，而且他们完成了大部分必要的文书工作。

总体上，在罗马帝国，读写水平在各地区间普遍存在差异。一个主要的制约因素即很大一部分行省公民甚至不会讲拉丁语或希腊语。随着希腊语的读与写率先在东部地区（不仅是东部）得以传播，拉丁语的读写也传播至西部的所有行省，但在许多地方，本土语言仍是占支配地位的口头语言。与此同时，大多数学校仍没有得到共同体的支持，甚至未曾得到慈善家的扶持。对于许多人而言，学校所教授的内容只有很低的或根本没有实际价值。大多数地区关于读与写的直接证据仍很稀少。特别值得提及的是，庞贝城的证据表明，那里至公元 79 年曾实现类似于工匠读写水平的高度。相比其他一些意大利城市，庞贝城的读写水平可能更胜一筹，要远高于西部行省的大多数地方。即使在庞贝城，富人也可能只具备极低的读写能力，抑或无读写能力。在西部诸省，可能除以新布匿语为主要口头语言的地区外，读写能力几乎完全局限在城市的社会精英和对读写有特殊的实际需要者。关于意大利和西部地区女性的读写能力，没有任何证据怀疑她们的读写能力低于男性，证据所揭示的信息也证实这一点。在这些行省，具备读写能力的女性的比例可能低于 5%。

希腊人对教育的传统敬意一直延续到罗马治下。在他们看来，有产阶级（除非是获释奴）或在城市生活中拥有显著身份者无读写能力一直是无法想象的，这显然未能揭示广大公众的读写状况。由于愈发缺少对基础教育的慈善资助，从希腊化时代起，公众的总体读写水平应该呈下降趋势。证据表明工匠充其量只具备有限的读写能力。小农与穷人通常是不具备读写能力的。

古典时代提出一些最为棘手的问题，在某种程度上是由于各城的命运和经济存在地区差异，也因为将读写能力与已知的经济社会结构变化联系起来是非常困难的。晚期古代官僚化的程度仍存疑问，再加上文字在宗教事务中越来越多的使用，使得问题变得更为复杂。然而，很可能从来就未巩固起来的基础教育体系，最终还更加衰弱了。或许直至公元 4 世纪后期甚至更晚的年代，

330 读写水平才出现严重的衰退，有些资料表明早在公元 3 世纪，有些地方便出现了读写水平的衰退迹象。与这种衰退相对的是宗教开始激发阅读，使得拥有一定社会身份的人利用并传播读写技艺、抑或说并不娴熟的读写技艺。虽然基督教鼓励信徒进行阅读，但却强化了阻碍世俗（非宗教性的）读写发展的某些力量。

相比于先前两百多年那些教育化程度最高国家的读写水平，古典时代的读写水平很低。这种状况完全可以预见，因为每一社会团体只能实现其社会结构与思潮要求，以及技术所允许的读写水平。就书写而言，希腊人和罗马人在并不比埃及人或腓尼基人具备技术优势的情况下（仅字母表除外），最大限度地使用文字，传播如何进行读写的技艺，这可以被视作相当卓越的成就。

那么，为何古典世界实现了远高于近东的读写水平呢？字母表的简易性是不容小视的解释。无论如何评论腓尼基文字何等简单，也不论公众有多大的能力学习比希腊文字更难懂的文字（希伯来语、阿拉伯语和日语），事实一直如此：正是那些简单而又完善的希腊文字的使用者首先跨出关键一步，超越了书吏的读写水平。不过这种解释（是否为严格的"技术决定论"）不能完全阐释清楚当时的具体情况。毕竟，希腊字母和后来的罗马字母传播至很多地区，但都未能进一步发展至希腊文字在希腊的传播和使用的程度。从拜占庭时代至 19 世纪，希腊人本身也是普遍无读写能力的。

因此不得不考虑其他因素。我们可以求助于一般性概括，将原因归于希腊人和罗马人的心理状态，这或许是正确的。但除了希腊和罗马字母表的优越性外，希腊人还有一个特别的优势，即作为一个民族，他们在公元前 8 世纪至 4 世纪期间发展迅猛，而且是以一种比较特殊的方式：相对而言，至少在某些城邦内，新财富在公民群体中分布广泛。希腊城邦的公民拥有自信的物质基础，有能力支付教师的薪酬，并且有进行学习并维系读写技能的331 闲暇。如此便形成一种良性发展，因为读写能力显然会创造出财富。最后还可以加入这样的设想：从阿富汗至大西洋的广大区域，希腊人本身的流动性较强，这或许是书面交流的又一个动机。

读写文化的影响

希腊和罗马的读写水平的影响是什么呢？该问题有别于单个群体或个体初学读写技能造成的影响，后者甚至更难以回答，因为它需要大量的证据来证实，而非靠单纯的推测。[①] 因此，不能武断地对选择性字母拼词（alphabétisation）的影响妄下定论。至于希腊人和罗马人的读写能力和目不识丁状况的影响，姑且仅能做假定的回答。

从经济层面看，在古代世界读与写盛行的地区，即便从事贸易者也不必自行书写，读写能力无疑有助于贸易的发展。所记录的技术信息也很可能促生积极的经济效应。

一位伟大的人类学家曾言：[②] "书面交流方式的首要功能是促进奴隶制的发展。"不难看出，文字能以多种不同方式服务于政治和社会的霸权体系。在某种程度上，文字当然有助于希腊和罗马的霸主地位。用文字武装自己伊始，希腊人就在沿地中海和黑海海岸线上的大片别国领土内建立殖民点，巩固在其统治城邦（polei）中的权力（然而，在早期城邦治理中，文字的作用是极为次要的）。后来，尤其从公元 6 世纪起，能支付起教育费用的希腊人运用文字加强自己的政治利益，而目不识丁逐渐被视作没有任职的资格。在公元前 5 世纪短暂的帝国统治期间，雅典人进行细致的文字记录。在城市中，与政治权力有密切联系的是文化霸权，其在一定程度上取决于对书面文本的直接认识。托勒密时期官僚化的政府以书写文本为主导，确切地讲，即由能够使用书写文本者进行治理。

332

反之，若非因为文字，罗马会发现欲将势力扩展至拉提乌姆

---

① 参见 S. Scribner & M. Cole, *The Psychology of Literacy*（Cambridge, Mass., 1981），6—8 全部内容。
② 见原书第 38 页。文中所指为宏观的统治，而不是单指对奴隶制的促进。

以外的地方是完全不可能的。同样，上层阶级在一定程度上通过掌控书写文本实施优于共同体其他成员的权力。这里再一次，而且更加凸显出某一社会阶层的文化霸权维系了社会稳定，因为它涵盖了对一种外邦语言精髓的掌握。只有在组织管理上控制整个帝国，尤其是元老院的官员和军队时，才有可能形成某种形式的皇帝集权。这种控制基本是通过书信或其他文件实现的。相反，教育体制和文字交流系统的削弱加速了罗马帝国后期的衰退。

欲支撑该观点还需进行更多的研究。一种理论认为读写能力会加剧剥削，或许在融合两种截然不同读写能力的社会里作用尤为显著：社会精英及其侍者具备高水平的读写能力，而总人口中的其他成员完全不具备读写能力。在希腊或罗马城市，唤起底层民众注意的主要途径是在公众面前进行演说。与此同时，如果教育体制存在的话，在社会中往往产生保守的影响，加剧阶级分化并阻碍社会的流动性。如果将希腊人和罗马人在"开放"与"保守"之间的标尺上定位，或许没有任何一种政治文化（只有极少数和偶然的例外）是靠近"开放"一侧的，并且罗马人一直生活在非常保守的社会中。实际上，接受初等教育的机会有限，接受辩论术学习的机会更加有限，[1] 但接受这种教育是社会精英的标志。诚然，在希腊甚至是更大范围的罗马帝国，民众无读写能力的状态促进了政治秩序的稳定，诸多历史过往已然对此给予证实。一名日本官员在 18 世纪 20 年代从政府的角度详细地评论民众无读写能力的益处，显然他的论证是正确的。[2] 另一方面，由读写能力的传播引发的骚乱俨然各式各样，不胜枚举。[3]

但对于有限读写能力的政治影响和社会影响，我们需进行更多的论述。这些影响在任何情况下都不应该被夸大：阶级分化

333

---

① 关于后一问题的重要性，参见 L. Stone, *P & P* xlii（1969），7—74。

② R. P. Dore, *Education in Tokugawa Japan*（London，1965），215 述及 Ogyū Sorai（1666—1728）的一句话。

③ 参见 N. Z. Davis, *Society and Culture in Early Modern France*（Stanford，1975），189—226（公元 1600 年前的"印刷与民族"）；Stone 84—86（18 世纪的英格兰）。

和社会停滞并非特权阶层利用读写的产物，如果特权阶层能够利用文字而其他阶层不能，阶级分化与社会停滞当属情理之中。希腊—罗马社会环境下最重要的一点，是有限的读写能力可能曾对社会产生保守的影响，也可能有助于创造和保卫公民权利。换言之，第二章中述及的"尚古主义者"在谴责读写能力的政治和社会影响方面似乎有些过度。有限的读写水平并未在中世纪前创造出高度民主的文化背景（也是最矛盾的结果），但确实在帮助公民争取和维护自己的权利方面产生积极的效应。自己能够读懂公文，能够写请愿书无法保证什么，但总是好于读不懂、写不出。当欧里庇得斯让提休斯宣布书面法律赋予每个公民法律面前平等的权利时，他绝不是完全错误的。此举至少给予公民一定程度的安全感，否则他们无法获得安全感。此举甚至在一定程度上保护公民免受独裁政治，因为相比于目不识丁者，识字的公民更难被控制。反对罗马皇帝的声音通常是以书写形式表现的，有时此类文本会被严肃对待，乃至遭到镇压。

简言之，文字可以被视作阶级霸权或个人统治的工具。但当运用文字的能力扩散到一定规模的社会群体时，该团体可能会对权利有更强烈的意识，显然他们不会平白无故地开创或保证自由，甚至是自主（libertas）。我们不能说"读写水平越高，自由越多"，①因为捍卫自由涉及诸多其他因素。但相比于目不识丁的社会群体，能读会写的群体更有可能反抗压迫，保罗·弗莱雷（Paulo Freire）等人的这一论断是难以辩驳的。

这种讨论可以从历史事实和假说推进到关于自由和民事秩序的一种哲学思考。文字利于对内部和外部人口的统治，尤其是当被统治者无读写能力时。对于内部人口而言，文字可以促进许多方面的发展：成文法产生诸多积极影响，更加复杂的经济生活有

334

---

① 至于应如何定位读写能力在古典时代的地位，J. Chall, *Harvard Educational Review* xl（1970），274 给予简明的解答："这是阅读的伟大之处，它能给人带来自由。一旦拥有读写能力这种工具，即便只是为了以某种方式思考，你也会形成自己的想法。"

利于经济增长，和平秩序，一定程度的人才向上流动通道。凯列班（Caliban）认为自己被文字媒介所控制；神奇的是，专制的普洛斯彼罗（Prospero）的确控制了他，这是一种希望看到的结果。

毫无疑问，文字是皇帝必不可少的统治工具。但事实上，考虑到近东早期的帝国时代，这种活跃在希腊和罗马世界的特定读写能力是否为先决条件尚存争议。古代希腊和罗马帝国在一切事务上都极其依赖文字和公文。

基于前文的概述，可以简要回顾希腊和罗马读写能力在思想文化上的影响。无法形成定论似乎是老生常谈的结果，妥善回答该问题可能需要将所有影响古代思想文化生活发展的因素纳入全面考量。

我们应该提醒自己那些实际的困难。即使当读写水平已经取得相当大的进步，这些困难仍制约着资料的积累和观点的交流。我们已经注意到大多数古代人获得书籍的不便与昂贵代价。读写能力本身引导具有普通读写能力的希腊人和罗马人了解外部的世界和新观点，进一步讲，引导他们树立批判性思维模式，此类假设极其不现实。[①] 或许可以猜想的是，大部分希腊人和罗马人只在现实的平淡生活中使用他们的读写能力而已。

推崇矛盾论者可能会消极地描绘有限的读写水平造成的思想、文化、政治和社会影响。可以如此认为：读与写会赋予某些书写文本特权地位，会抑制创造性和多样性。千年来，荷马的作品植根于受过教育的希腊人的思想中。大体而言，过去的权威声音都是由作品得以书写下来的诗人发出。众所周知，大多数希腊和罗马作者的灵感与先驱者保持靠近，同时他们在以某种方式实践着多样化的（variatio）艺术。将某些特定作品确立为经典之作的影响远超出文学范围，例如，人们认为或许经典作品的影响助长宗教中的保守主义（据希罗多德称，荷马和赫西俄德教会希腊人了

335

---

① 读写能力给世界观带来的改变之微小，见 K. A. Lockridge, *Literacy in Colonial New England*（New York, 1974）, 4。

解上帝），至少受教育者如此。①

　　同样，在技术领域，论著中提到的权威声音或许被夸大并吸引了相当的关注，从而影响到开展独立的调查研究。可以肯定，关于技术问题，古代大多数相关作者对所研究的主体都持有一种教条的态度，大多数农业和军事问题的作者同样如此，如盖伦（Galen）对希波克拉底的著作就怀有颇深的敬意。

　　希腊和罗马读写水平对思想文化的影响必须加以说明，从而揭示其弱点。对于古典世界的大部分文学和文化成就，文本的积累是必要而非充分条件。这些记录下来的无论是哲学的，科学的，抑或历史的观点给后来者提供了资料，同时也是一种挑战。他们可能因为一些困难而忽视这种挑战（当然，或许他们辜负了期望，正如修昔底德和波利比阿之后的编年史一样）。或许反而可以说，作为希腊人，他们不应忽视这种挑战。换言之，希腊人的心理尤为倾向于某些的思想文化发展，这种倾向并非读写的产物，无论怎样也不是直接结果。心理对抗和好奇在希腊最早期的文学作品中随处可见。然而，希腊和罗马的思想家关注的部分资料是书写文本，使得哲学体系的发展和资料的积淀成为可能，而且并未钳制思想。相关例证不胜枚举，如尽管盖伦十分尊敬希波克拉底，他还是专门写道："我应该解释（希波克拉底的）过于令人费解的内容，再加入自己的内容，按照希波克拉底书写的方法来完成。"② 读与写使希腊人创造出一种延续数代人却依然充满活力的文学传统。

336

　　若追溯古代读写模式对希腊和罗马思想史的可能性影响，则需要进行一项专门研究，尤其是那段历史的某些基本面被离奇忽

---

① 对神圣文献永久性和局限性特点的评论，见 B. V. Street, *Literacy in Theory and Practice*（Cambridge, 1984），136—137。

② *De usu partium* i.8（iii. 21 Kühn）。G. E. R. Lloyd, *Science*, *Folklore and Ideology*（Cambridge, 1983）中探究了如下问题：文字的权威性是否阻碍了评判性研究；并从对普林尼、解剖学作家以及索拉努斯（Soranus）的研究中得出结论——这些影响因人而异（尤见第 116 页）。

视的情况下。针对古代著作家的著述，必须对许多的具体问题发问，还有一些普遍问题，如语言和逻辑的发展、词汇运用的精度、小说的产生、怀疑论和理性主义，对过去时代和外部世界的态度，换言之即希腊人和罗马人完整的思维方式。

古代的书写文化主要局限于享有特权的少数人群，尽管在一些地方他们的规模可观，同时书写文化还和口承文化元素并存。书写文化无疑加剧了阶级差异，也在帝国的建立中扮演了重要作用。一些人自然顺利地进入文字的特权社会，而其他人却有着不同程度的困难。如果希腊人和罗马人能够普遍具备读写能力，或许他们已然成为截然不同的民族，然而如此高度不可能实现（per impossibile）。事实是他们取得的成就非常有限，给这个群体带来的意义复杂且并非所有人都受益其中。幸而生为识字者，当为厚赐。

337

索　引

参考文献

I. Works Primarily Concerned with Greek and Roman Literacy or Education

Beck, F. A. G. *Greek Education. 450–350 B.C.* London, 1964.

———. *Album of Greek Education.* Sydney, 1975.

———. "The Schooling of Girls in Ancient Greece." *Classicum* [Sydney] ix (1978), 1–9.

Best, E. E. "The Literate Roman Soldier." *Classical Journal* lxii (1966–67), 122–127.

———. "Martial's Readers in the Roman World." *Classical Journal* lxiv (1968–69), 208–212.

———. "Literacy and Roman Voting." *Historia* xxiii (1974), 428–438.

Bilkei, I. "Schulunterricht und Bildungswesen in der römischen Provinz Pannonien." *Alba Regia* xx (1983), 67–74.

Bonner, S. F. "The Street Teacher: An Educational Scene in Horace." *AJPh* xciii (1972), 509–528.

———. *Education in Ancient Rome.* Berkeley, 1977.

Booth, A. D. "Elementary and Secondary Education in the Roman Empire." *Florilegium* i (1979), 1–14.

———. "The Schooling of Slaves in First-Century Rome." *TAPhA* cix (1979), 11–19.

———. "Some Suspect Schoolmasters." *Florilegium* iii (1981), 1–20.

———. "Douris' Cup and the Stages of Schooling in Classical Athens." *Echos du monde classique* xxix (1985), 275–280.

Boring, T. A. *Literacy in Ancient Sparta.* Leiden, 1979.

Bower, E. W. "Some Technical Terms in Roman Education." *Hermes* lxxxix (1961), 462–477.

Boyaval, B. "Le cahier de Papnouthion et les autres cahiers scolaires grecs." *Rev.arch.* 1977, 215–230.

Burns, A. "Athenian Literacy in the Fifth Century B.C." *JHI* xlii (1981), 371–387.

Calderini, R. "Gli ἀγράμματοι nell'Egitto greco-romano." *Aegyptus* xxx (1950), 17–41.

Cartledge, P. A. "Literacy in the Spartan Oligarchy." *JHS* xcviii (1978), 25–37.

Cavallo, G. "Dal segno incompiuto al segno negato. Linee per una ricerca su alfabetismo, produzione e circolazione di cultura scritta in Italia nei primi secoli dell'impero." In *Alfabetismo e cultura scritta nella storia della società italiana. Atti del seminario tenutosi a Perugia il 29–30 marzo 1977.* Perugia, 1978, 119–145.

———. "Scrittura, alfabetismo e produzione libraria nel tardo antico." In *La cultura in Italia fra tardo antico e alto medioevo.* Rome, 1981, ii.523–538.

———. "Alfabetismo e circolazione del libro." In M. Vegetti (ed.), *Oralità, scrittura, spettacolo.* Turin, 1983, 166–186.

Cole, S. G. "Could Greek Women Read and Write?" In H. P. Foley (ed.), *Reflections of Women in Antiquity.* New York, 1981, 219–245.

Cristofani, M. "Rapporto sulla diffusione della scrittura nell'Italia antica." *S & C* ii (1978), 5–33.

Forbes, C. A. "The Education and Training of Slaves in Antiquity." *TAPhA* lxxxvi (1955), 321–360.

Freeman, K. J. *Schools of Hellas.* London, 1907.

Grasberger, L. *Erziehung und Unterricht im klassischen Altertum.* Vols. i–iii. Würzburg, 1864–1880.

Harris, W. V. "Literacy and Epigraphy, I." *ZPE* lii (1983), 87–111.

———. "L'analfabetismo e le funzioni della parola scritta nel mondo romano," *Quaderni di storia* xxvii (1988), 5–26.

Harvey, F. D. "Literacy in the Athenian Democracy." *REG* lxxix (1966), 585–635.

Johnston, A. "The Extent and Use of Literacy: The Archaeological Evidence." In R. Hägg (ed.), *The Greek Renaissance of the Eighth Century B.C.: Tradition and Innovation.* Stockholm, 1983, 63–68.

Maehler, H. "Die griechische Schule im ptolemäischen Aegypten." In E. Van't Dack et al. (eds.), *Egypt and the Hellenistic World. Proceedings of the International Colloquium, Leuven, 24–26 May 1982.* Louvain, 1983, 191–203.

Majer-Leonhard, E. ΑΓΡΑΜΜΑΤΟΙ. *In Aegypto qui litteras sciverint qui nesciverint ex papyris graecis quantum fieri potest exploratur.* Frankfurt-a.-M., 1913.

Marrou, H. I. "L'école dans l'antiquité tardive." In *La scuola nell'occidente latino dell'alto medioevo* (Settimane di Studio del centro italiano di studi sull'alto medioevo, xix). Spoleto, 1972, 127–143.

———. *Histoire de l'éducation dans l'antiquité.* 7th ed. Paris, n.d.

Mohler, S. L. "Slave Education in the Roman Empire." *TAPhA* lxxi (1940), 262–280.

Nieddu, G. F. "Alfabetismo e diffusione sociale della scrittura nella Grecia arcaica e classica: Pregiudizi recenti e realtà documentaria." *S & C* vi (1982), 233–261.

————. "Testo, scrittura, libro nella Grecia arcaica e classica: Note e osservazioni sulla prosa scientifico-filosofica." *S & C* viii (1984), 213–262.

Sagredo, L., & S. Crespo. "La enseñanza en la Hispania romana." *Hispania Antiqua* v (1975), 121–134.

Schmitter, P. *Die hellenistische Erziehung im Spiegel der Νέα Κωμῳδία und der Fabula Palliata.* Bonn, 1972.

————. "Compulsory Schooling at Athens and Rome?" *AJPh* xcvi (1975), 276–289.

Vogt, J. "Alphabet für Freie und Sklaven." *RhM* cxvi (1973), 129–142. Reprinted in *Sklaverei und Humanität. Ergänzungsheft zur 2. erweiterten Auflage.* Wiesbaden, 1983, 17–27.

Wipszycka, E. "Le degré d'alphabétisation en Egypte byzantine." *Rev.Et. Aug.* xxx (1984), 279–296.

Youtie, H. C. "Pétaus, fils de Pétaus, ou le scribe qui ne savait pas écrire." *Cd'E* lxxxi (1966), 127–143. Reprinted in *Scriptiunculae.* Amsterdam, 1973, ii. 677–698.

————. "Αγράμματος: An Aspect of Greek Society in Egypt." *HSCPh* lxxv (1971), 161–176. Reprinted in *Scriptiunculae* ii. 611–628.

————. "Βραδέως γράφων: Between Literacy and Illiteracy." *GRBS* xii (1971), 239–261. Reprinted in *Scriptiunculae* ii. 629–651.

————. "'Because They Do Not Know Letters.'" *ZPE* xix (1975), 101–108. Reprinted in *Scriptiunculae Posteriores.* Bonn, 1981, i.255–262.

————. "Υπογράφευς: The Social Impact of Illiteracy in Graeco-Roman Egypt." *ZPE* xvii (1975), 201–221. Reprinted in *Scriptiunculae Posteriores* ii.179–199.

Ziebarth, E. *Aus dem griechischen Schulwesen.* 2d ed., Leipzig & Berlin, 1914.

II. General Works on Greek and Roman History (books of tangential relevance omitted)

Achelis, H. *Die Ältesten Quellen des orientalischen Kirchenrechtes.* Leipzig, 1891.

Allrogen-Bedel, A. "Herkunft und ursprünglicher Dekorationszusammenhang einiger in Essen ausgestellter Fragmente von Wandmalereien." In *Neue Forschungen in Pompeji.* Recklinghausen, 1975, 115–122.

Andreau, J. *Les affaires de Monsieur Jucundus.* Rome, 1974.

————. "Declino e morte dei mestieri bancari nel Mediterraneo occidentale (II–IV d.C.)." In A. Giardina (ed.), *Società romana e impero tardoantico.* Rome & Bari, 1986, i.601–615.

Annibaldis, G., & O. Vox. "La più antica iscrizione greca." *Glotta* liv (1976), 223–228.

Astin, A. E. *Cato the Censor.* Oxford, 1978.

Auerbach, E. *Literatursprache und Publikum in der lateinischen Spätantike und im Mittelalter.* Bern, 1958.

Bacchielli, L. "Le pitture dalla Tomba dell'altalena di Cirene nel Museo del Louvre." *Quaderni di archeologia della Libia* viii (1976), 355–383.

Bagnall, R. S., & K. A. Worp. "Papyrus Documentation in Egypt from Constantine to Justinian." In *Miscellanea Papyrologica* (Papyrologica Florentina vii). Florence, 1980, 13–23.

Balland, A. *Fouilles de Xanthos* vii. *Inscriptions d'époque impériale du Létoôn.* Paris, 1981.

Balogh, E. "Voces paginarum. Beiträge zur Geschichte des lauten Lesens und Schreibens." *Philologus* lxxxii (1927), 84–109, 202–240.

Bardon, H. *La littérature latine inconnue.* Vols. i–ii. Paris, 1952–1956.

Barrett, A. A. "Knowledge of the Literary Classics in Roman Britain." *Britannia* ix (1978), 307–313.

Barruol, G. "La résistance des substrats préromains en Gaule méridionale." In D. M. Pippidi (ed.), *Assimilation et résistance à la culture gréco-romaine dans le monde ancien.* Paris & Bucharest, 1976, 389–405.

Bartoccini, R. "Frammento di legge romana rinvenuto a Taranto." *Epigraphica* ix (1947), 3–31.

Bean, G. E. "Notes and Inscriptions from Pisidia, II." *Anatolian Studies* x (1960), 43–82.

Beard, M. "Writing and Ritual. A Study of Diversity and Expansion in the Arval Acta." *PBSR* liii (1985), 114–162.

Beazley, J. D. *Athenian Black-Figure Vase-Painters.* Oxford, 1956.

———. *Attic Red-Figure Vase-Painters.* 2d ed. Oxford, 1963.

———. *Paralipomena.* Oxford, 1971.

Bekker-Nielsen, T. *Bydannelse i det romerske Gallien.* Arhus, 1984.

Belloni, G. G. "Monete romane e propaganda. Impostazione di una problematica complessa." In M. Sordi (ed.), *I canali della propaganda nel mondo antico* (Contributi dell'Istituto di storia antica iv). Milan, 1976, 131–159.

Beloch, J. *Die Bevölkerung der griechisch-römischen Welt.* Leipzig, 1886.

Bénabou, M. *La résistance africaine à la romanisation.* Paris, 1975.

Bentley, R. *A Dissertation upon the Epistles of Phalaris.* London, 1699.

Bérard, F., et al. *Guide de l'épigraphiste.* Paris, 1986.

Berger, A. *Encyclopedic Dictionary of Roman Law.* Philadelphia, 1953.

Bernand, A., & O. Masson. "Les inscriptions grecques d'Abou-Simbel." *REG* lxx (1957), 1–46.

Berneker, E. "χειρόγραφον." In *RE* Suppl. x (1965), cols. 126–127.

Beseler, G. "Romanistiche Studien." *ZSS* l (1930), 18–77.

Besevliev, A. *Untersuchungen über die Personennamen bei den Thrakern.* Amsterdam, 1970.

Bianchini, M. "La συγγραφὴ ed il problema delle forme contrattuali." In A. Biscardi et al. (eds.), ΣΥΜΠΟΣΙΟΝ *1974*. Athens, 1978, 245–258.

Bickermann, E. "Beiträge zur antiken Urkundengeschichte." *Archiv für Papyrusforschung* ix (1928), 24–46.

Biezuńska-Malowist, I. *L'esclavage dans l'Egypte gréco-romaine.* Vol. ii. Wroclaw, 1977.

Bikerman, E. *Institutions des Séleucides.* Paris, 1938.

Bilkei, I. "Römische Schreibgeräte aus Pannonien." *Alba Regia* xviii (1980), 61–90.

Birt, T. *Die Buchrolle in der Kunst.* Leipzig, 1907.

———. *Kritik und Hermeneutik, nebst Abriss des antiken Buchwesens.* Munich, 1913.

Blegen, C. W. "Inscriptions on Geometric Pottery from Hymettos." *AJA* xxxviii (1934), 10–28.

Boardman, J. *Athenian Black Figure Vases.* London, 1974.

———. *Athenian Red Figure Vases. The Archaic Period.* London, 1975.

Boegehold, A. L. "The Establishment of a Central Archive at Athens." *AJA* lxxvi (1972), 23–30.

Bogaert, R. *Banques et banquiers dans les cités grecques.* Leiden, 1968.

Bonner, R. J. "The Use and Effect of Attic Seals." *CPh* iii (1908), 399–407.

Bonner, R. J., & G. Smith. *The Administration of Justice from Homer to Aristotle.* Vols. i–ii. Chicago, 1930–1938.

Booth, A. D. "Allusion to the Circulator by Persius and Horace." *Greece and Rome* xxvii (1980), 166–169.

———. "Litterator." *Hermes* cix (1981), 371–378.

Bove, L. *Documenti processuali dalle Tabulae Pompeianae di Murecine.* Naples, 1979.

———. "Documentazione privata e prova: Le tabulae ceratae." In *Atti del XVII Congresso internazionale di papirologia.* Naples, 1984, iii.1189–1200.

———. *Documenti di operazioni finanziarie dall'archivio dei Sulpici.* Naples, 1984.

Bowersock, G. W. *Greek Sophists in the Roman Empire.* Oxford, 1969.

———. *Roman Arabia.* Cambridge, Mass., 1983.

Bowman, A. K., & J. D. Thomas. *Vindolanda: The Latin Writing-Tablets.* London, 1983.

Bradeen, D. W. *The Funerary Inscriptions (The Athenian Agora* xvii). Princeton, 1974.

Bradley, K. R. "Child Labour in the Roman World." *Historical Reflections* xii (1985), 311–330.

Brann, E. "Late Geometric Well Groups from the Athenian Agora." *Hesperia* xxx (1961), 93–146.

Bravo, B. "Une lettre sur plomb de Berezan': Colonisation et modes de contact dans le Pont." *Dialogues d'histoire ancienne* i (1974), 111–187.

Brelich, A. *Aspetti della morte nelle iscrizioni sepolcrali dell'impero romano.* Budapest, 1937.

Bretone, M. "Il giureconsulto e la memoria." *Quaderni di storia* xx (1984), 223–255.

Bringmann, K. "Edikt der Triumvirn oder Senatsbeschluss? Zu einem Neufund aus Ephesos." *Epigraphica Anatolica* ii (1983), 47–76.

Brixhe, C., & G. Neumann. "Découverte du plus long texte néo-phrygien: L'inscription de Gezler Köyü." *Kadmos* xxiv (1985), 161–184.

Broneer, O. "Excavations on the North Slope of the Acropolis, 1937." *Hesperia* vii (1938), 161–263.

Broughton, T. R. S. "A Greek Inscription from Tarsus." *AJA* xlii (1938), 55–57.

Brown, P. "Christianity and Roman Culture in Late Roman Africa." *JRS* lviii (1968), 85–95.

———. "Town, Village and Holy Man. The Case of Syria." In D. M. Pippidi (ed.), *Assimilation et résistance à la culture gréco-romaine dans le monde ancien.* Paris–Bucharest, 1976, 213–220.

Brugnone, A. "Defixiones inedite da Selinunte." In *Studi di storia antica offerti dagli allievi a Eugenio Manni.* Rome, 1976, 67–90.

Bruneau, P. "Tombes d'Argos." *BCH* xciv (1970), 437–531.

Bundgård, J. A. "Why Did the Art of Writing Spread to the West? Reflexions on the Alphabet of Marsiliana." *Analecta Romana Instituti Danici* iii (1965), 11–72.

Burnett, A. "The Coinages of Rome and Magna Graecia in the Late Fourth and Third Centuries B.C." *Schweizerische Numismatische Rundschau* lvi (1977), 92–121.

Burr, V. "Editionstechnik." In *RLAC* (1959), cols. 597–610.

Calabi Limentani, I. "Modalità della comunicazione ufficiale in Atene. I decreti onorari." *QUCC* xvi (1984), 85–115.

Calhoun, G. M. "Documentary Frauds in Litigation at Athens." *CPh* ix (1914), 134–144.

———. "Oral and Written Pleading in Athenian Courts." *TAPhA* l (1919), 177–193.

Callender, M. H. *Roman Amphorae.* London, 1965.

Callmer, C. "Antike Bibliotheken." In *Opuscula Archaeologica* iii (Skrifter utgivna av Svenska Institutet i Rom x) (1944), 145–193.

Camp, J. M. Review of *Studies in Attic Epigraphy . . . Presented to Eugene Vanderpool. AJA* lxxxvii (1983), 113–115.

Cantineau, J. *Le nabatéen.* Vols. i–ii. Paris, 1930–1932.

———. *Grammaire du palmyrénien épigraphique.* Cairo, 1935.

Cantineau, J., et al. (eds.), *Inventaire des inscriptions de Palmyre*. Beirut & Damascus, 1930–1975.

Carlini, A. "Il papiro di Tucidide della Bibliotheca Bodmeriana P. Bodmer XXVII." *Mus.Helv.* xxxii (1975), 33–40.

Carrington, R. C. "Studies in the Campanian Villae Rusticae." *JRS* xxi (1931), 110–130.

Carter, L. B. *The Quiet Athenian*. Oxford, 1986.

Cartledge, P. A. "Spartan Wives: Liberation or License?" *CQ* xxxi (1981), 84–105.

Casarico, L. *Il controllo della popolazione nell'Egitto romano*. Vol. i. Azzate, 1985.

Cavallo, G. "Note sulla scrittura greca corsiva." *Scriptorium* xxii (1968), 291–294.

———. "La nascita del codice." *SIFC* ser.3 iii (1985), 118–121.

——— (ed.). *Libri, editori e pubblico nel mondo antico*. Rome, 1975.

Chadwick, J. "The Berezan Lead Letter." *PCPhS* xix (1973), 35–37.

Chapman, H. "A Roman Mitre and Try Square from Canterbury." *Antiquaries' Journal* lix (1979), 402–407.

Christes, J. *Sklaven und Freigelassene als Grammatiker und Philologen im antiken Rom*. Wiesbaden, 1979.

Civiltà del Lazio primitivo. Rome, 1976.

Clarke, G. W. "An Illiterate Lector." *ZPE* lvii (1984), 103–104.

Cockle, W. E. H. "State Archives in Graeco-Roman Egypt from 30 B.C. to the Reign of Septimius Severus." *JEA* lxx (1984), 106–122.

Coldstream, J. N. *Geometric Greece*. London, 1977.

Cole, S. G. "New Evidence for the Mysteries of Dionysos." *GRBS* xxi (1980), 223–238.

Colonna, G. "Una nuova iscrizione etrusca del VII secolo e appunti sull'epigrafia ceretana dell'epoca." *MEFRA* lxxxii (1970), 637–672.

———. Contribution to "Il sistema alfabetico." In *Atti del colloquio sul tema l'Etrusco arcaico*. Florence, 1976, 7–55.

———. " 'Scriba cum rege sedens.' " In *L'Italie préromaine et la Rome républicaine. Mélanges offerts à Jacques Heurgon*. Rome, 1976, i.187–195.

———. In C. M. Stibbe et al., *Lapis Satricanus* (= Archeologische Studiën van het Nederlands Instituut te Rome, Scripta Minora v). The Hague, 1980.

Corbier, M. "L'écriture dans l'espace public romain." In *L'Urbs. Espace urbain et histoire. Actes du colloque (Rome, 8–12 mai 1985)*. Rome, 1987, 27–60.

Coulton, J. J. "Opramoas and the Anonymous Benefactor." *JHS* cvii (1987), 171–178.

Courcelle, P. *Recherches sur les Confessions de Saint Augustin*. 2d ed., Paris, 1968.

Courtney, E. *A Commentary on the Satires of Juvenal*. London, 1980.

Cousin, G., & C. Diehl. "Cibyra et Eriza." *BCH* xiii (1889), 333–342.

Crawford, D. J. *Kerkeosiris. An Egyptian Village in the Ptolemaic Period.* Cambridge, 1971.

Crawford, M. H. *Roman Republican Coinage*. Cambridge, 1974.

Crifò, G. "La legge delle XII Tavole. Osservazioni e problemi." In *ANRW* i.2 (1972), 115–133. Reprinted in *Libertà e uguaglianza in Roma antica*. Rome, 1984, 91–123.

Criscuolo, L. "Ricerche sul komogrammateus nell'Egitto tolemaico." *Aegyptus* lviii (1978), 3–101.

Cristofani, M. "Appunti di epigrafia etrusca arcaica. Postilla: la più antica iscrizione di Tarquinia." *ASNSP* ser.3 i (1971), 295–299.

———. "Appunti di epigrafia etrusca arcaica, II." *Arch.Class.* xxv–xxvi (1973–74), 151–165.

———. "L'alfabeto etrusco." In *Popoli e civiltà dell'Italia antica*. Vol. vi. Rome, 1978, 403–428.

———. "Appendice. Le iscrizioni." In *Materiali per servire alla storia del Vaso François* (= *Bollettino d'arte*, Serie speciale i) (1981), 175–178.

——— (ed.). *Civiltà degli etruschi* (Florence exhibition catalogue). Milan, 1985.

Cugusi, P. *Evoluzione e forme dell'epistolografia latina nella tarda repubblica e nei primi due secoli dell'impero*. Rome, 1983.

Cunningham, I. C. *Herodas. Mimiambi*. Oxford, 1971.

Curtis, R. I. "Product Identification and Advertising on Roman Commercial Amphorae." *Ancient Society* xv–xvii (1984–86), 209–228.

Curtius, L. *Die Wandmalerei Pompejis*. Cologne, 1929.

Cuvigny, H. "La surveillance des récoltes ($\gamma\epsilon\nu\eta\mu\alpha\tau o\phi\nu\lambda\alpha\kappa\iota\alpha$)." *Cd'E* lix (1984), 123–135.

Dalzell, A. "C. Asinius Pollio and the Early History of the Public Recitation at Rome." *Hermathena* lxxxvi (1955), 20–28.

Daniel, R. W. "Liberal Education and Semiliteracy in Petronius." *ZPE* xl (1980), 153–159.

Davies, J. K. *Athenian Propertied Families, 600–300 B.C.* Oxford, 1971.

Davies, R. W. "The Daily Life of the Roman Soldier under the Principate." In *ANRW* ii.1 (1974), 299–338.

Debut, J. "Les documents scolaires." *ZPE* lxiii (1986), 251–278.

de Kisch, Y. "Les sortes Vergilianae dans l'Histoire Auguste." *MEFR* lxxxii (1970), 321–362.

della Corte, M. "Pompei—Continuazione degli scavi in via dell'Abbondanza." *Not.Sc.* 1916, 155–58.

———. "Scuole e maestri in Pompei antica." *Studi romani* vii (1959), 622–634.

———. *Case ed abitanti di Pompei*. 3d. ed. Naples, 1965.

Delorme, J. *Gymnasion. Etude sur les monuments consacrés à l'éducation en Grèce.* Paris, 1960.

de Romilly, J. *La loi dans la pensée grecque.* Paris, 1971.

de Sarlo, L. *Il documento oggetto di rapporti giuridici privati.* Florence, 1935.

de Ste. Croix, G. E. M. "Greek and Roman Accounting." In A. C. Littleton & B. S. Yamey (eds.), *Studies in the History of Accounting.* Homewood, Ill., 1956, 14–74.

Dessau, H. "Ueber die Scriptores Historiae Augustae." *Hermes* xxvii (1892), 561–605.

Devréesse, R. *Introduction à l'étude des manuscripts grecs.* Paris, 1954.

di Capua, F. "Osservazioni sulla lettura e sulla preghiera ad alta voce presso gli antichi." *RAAN* xxviii (1953), 59–99.

Dionisotti, A. C. "From Ausonius' Schooldays?" *JRS* lxxii (1982), 83–125.

d'Ipolito, F. "Das ius Flavium und die lex Ogulnia." *ZSS* cii (1985), 91–128.

Dornseiff, F. *Das Alphabet in Mystik und Magie.* 2d ed. Leipzig & Berlin, 1925.

———. "Hesiods Werke und Tage und das alte Morgenland." *Philologus* lxxxix (1934), 397–415. Reprinted in E. Heitsch (ed.), *Hesiod.* Darmstadt, 1966, 131–150.

Dover, K. J. *Lysias and the Corpus Lysiacum.* Berkeley, 1968.

Dow, S. "The Athenian Calendar of Sacrifices. The Chronology of Nikomakhos' Second Term." *Historia* ix (1960), 270–293.

Drew-Bear, M. "Les conseillers municipaux des métropoles au IIIᵉ s. ap.J.C." *Cd'E* lix (1984), 315–332.

Drijvers, H. J. W. *Old-Syriac (Edessean) Inscriptions.* Leiden, 1972.

Duensing, H. *Der aethiopische Text der Kirchenordnung des Hippolyt.* Göttingen, 1946.

Duncan-Jones, R. P. "Age-Rounding, Illiteracy, and Social Differentiation in the Roman Empire." *Chiron* vii (1977), 333–353.

———. "Age-Rounding in Greco-Roman Egypt." *ZPE* xxxiii (1979), 169–177.

Easterling, P. E. "Books and Readers in the Greek World. 2. The Hellenistic and Imperial Periods." In *Cambridge History of Classical Literature* Vol. i. Cambridge, 1985, 16–41.

Edelstein, E. J., & L. Edelstein. *Asclepius: A Collection of the Testimonies.* Baltimore, 1945.

Eder, W. "The Political Significance of the Codification of Law in Archaic Societies: An Unconventional Hypothesis." In K. Raaflaub (ed.), *Social Struggles in Archaic Rome.* Berkeley, 1986, 262–300.

Egger, R. *Die Stadt auf dem Magdalensberg.* Vienna, 1961.

Ellis Evans, D. "Language Contact in Pre-Roman and Roman Britain." In *ANRW* ii.29.2 (1983), 949–987.

Emonds, H. *Zweite Auflage im Altertum.* Leipzig, 1941.

Erhardt, C. T. H. R. "Roman Coin Types and the Roman Public." *Jahrbuch für Numismatik und Geldgeschichte* xxxiv (1984), 41–54.

Erman, H. "La falsification des actes dans l'antiquité." *Mélanges [Jules] Nicole*. Geneva, 1905, 111–134.

Etienne, R., et al. (eds.). *Fouilles de Conimbriga*. Vol. ii. Paris, 1975.

Falbe, C. T., J. C. Lindberg, & L. Müller. *Numismatique de l'ancienne Afrique*. Vol. ii. Copenhagen, 1860.

Faraone, C. A. "Aeschylus (*Eum.* 306) and Attic Judicial Curse Tablets." *JHS* cv (1985), 150–154.

Ferrandini Troisi, F. "'Pesi da telaio.' Segni e interpretazioni." In *Decima miscellanea greca e romana*. Rome, 1986, 91–114.

Festugière, A.-J. *Les moines d'Orient*. Vols. i–iv. Paris, 1961–1965.

Fink, R. O. *Roman Military Records on Papyrus*. Cleveland, 1971.

Finley, M. I. *Studies in Land and Credit in Ancient Athens, 500–200 B.C.* New Brunswick, N.J., 1952.

———. *The Use and Abuse of History*. London, 1975.

———. "Censura nell'antichità classica." *Belfagor* xxxii (1977), 605–622.

———. *Ancient Slavery and Modern Ideology*. London, 1980.

———. "Le document et l'histoire économique de l'antiquité." *Annales E.S.C.* xxxvii (1982), 697–713.

Fiumi, E. "Contributo alla datazione del materiale volterrano. Gli scavi della necropoli del Portone degli anni 1873–1874." *SE* xxv (1957), 367–415.

Flory, S. "Who Read Herodotus' *Histories*?" *AJPh* ci (1980), 12–28.

Forni, G. "Estrazione etnica e sociale dei soldati delle legioni nei primi tre secoli dell'impero." In *ANRW* ii.1 (1974), 339–391.

Fraenkel, E. *Rome and Greek Culture*. Oxford, 1935. Reprinted in *Kleine Beiträge zur klassischen Philologie*. Rome, 1964, ii.583–598.

———. *Horace*. Oxford, 1957.

Franklin, J. L. *Pompeii: The Electoral Programmata, Campaigns and Politics, A.D. 71–79*. Rome, 1980.

Fraser, P. M. *Ptolemaic Alexandria*. Vols. i–iii. Oxford, 1972.

Frederiksen, M. W. "Changes in the Pattern of Settlement." In P. Zanker (ed.), *Hellenismus in Mittelitalien*. Göttingen, 1976, 341–355.

Frere, S. *Britannia*. 3d ed. London, 1987.

Friedrich, J. *Kleinasiatische Sprachdenkmäler*. Berlin, 1932.

Frier, B. W. *Libri Annales Pontificum Maximorum: The Origins of the Annalistic Tradition*. Rome, 1979.

———. "Roman Life Expectancy: Ulpian's Evidence." *HSCPh* lxxxvi (1982), 212–251.

Fuhrmann, M. *Das systematische Lehrbuch*. Göttingen, 1960.

Funaioli, G. "Recitationes." In *RE* (1914), cols. 435–446.

Furley, D. J. "The Purpose of Theophrastus's *Characters*." *Symb.Osl.* xxx (1953), 56–60.

Galsterer, B. *Die Graffiti aus der römischen Gefässkeramik aus Haltern.* Münster, 1983.

Gandz, S. "The Dawn of Literature. Prolegomena to a History of Unwritten Literature." *Osiris* vii (1939), 261–522.

García y Bellido, A. "Die Latinisierung Hispaniens." In *ANRW* i.1 (1972), 462–500.

Garlan, Y. "Greek Amphorae and Trade." In P. Garnsey et al. (eds.), *Trade in the Ancient Economy.* London, 1983, 27–35.

Garnsey, P. D. A. "Where Did Italian Peasants Live?" *PCPhS* n.s. xxv (1979), 1–25.

Gascou, J. *Suétone historien.* Rome, 1984.

Gasperini, L. "Il municipio tarentino. Ricerche epigrafiche." In *Terza miscellanea greca e romana.* Rome, 1971, 143–209.

Gastaldi, S. "La retorica del IV secolo tra oralità e scrittura." *Quaderni di storia* xiv (1981), 189–225.

Gentili, B. "Poesia e comunicazione nell'età ellenistica." In *Studi in onore di Aristide Colonna.* Perugia, 1982, 123–130. Virtually repeated in *Poesia e pubblico nella Grecia antica.* Rome & Bari, 1984.

Georgiev, V. I. "Thrakisch und dakisch." In *ANRW* ii.29.2 (1983), 1148–94.

Gerke, F. *Christus in der spätantiken Plastik.* 3d ed. Mainz, 1948.

Gernet, L. "La création du testament." *REG* xxxiii (1920), 123–168, 249–290. Reprinted as "La loi de Solon sur le 'testament,'" in *Droit et société dans la Grèce ancienne.* Paris, 1955, 121–149.

———. "Sur les actions commerciales en droit athénien." *REG* li (1938), 1–44. Reprinted in *Droit et société dans la Grèce ancienne,* 173–200.

Gerov, B. "Die lateinisch-griechische Sprachgrenze auf der Balkanhalbinsel." In Neumann & Untermann (see below), 147–165.

Gianotti, G. F., & A. Pennacini. *Società e comunicazione letteraria in Roma antica.* Vols. i–iii. Turin, 1981.

Giardina, A. *Aspetti della burocrazia nel basso impero.* Rome, 1977.

Giardina, A., & F. Grelle. "La Tavola di Trinitapoli. Una nuova costituzione di Valentiniano I." *MEFRA* xcv (1983), 249–303.

Gigante, M. *Civiltà delle forme letterarie nell'antica Pompei.* Naples, 1979.

Glotz, G. *Ancient Greece at Work.* Trans. M. R. Dobie. London, 1926. Originally published as *Le travail dans la Grèce ancienne.* Paris, 1920.

Goffart, W. *Caput and Colonate: Towards a History of Late Roman Taxation.* Toronto, 1974.

Gómez-Moreno, M. *Misceláneas.* Madrid, 1949.

Gomme, A. W. et al. *A Historical Commentary on Thucydides.* Vols. i–v. Oxford, 1945–1981.

Gorges, J. G. "Centuriation et organisation du territoire. Notes préliminaires sur l'exemple de Mérida." In P. A. Fevrier & P. Leveau (eds.), *Villes et campagnes dans l'Empire romain.* Aix-en-Provence, 1982, 101–110.

Graham, A. J. "The Authenticity of the ὅρκιον τῶν οἰκιστήρων of Cyrene." *JHS* lxxx (1960), 94–111.

Grandjean, Y. *Une nouvelle arétalogie d'Isis à Maronée.* Leiden, 1975.

Green, W. M. "Augustine's Use of Punic." In *Semitic and Oriental Studies: A Volume Presented to William Popper* (U. of Calif. Publications in Semitic Philology xi). Berkeley, 1951, 179–190.

Gregory, C. R. *Canon and Text of the New Testament.* New York, 1912.

Grier, E. *Accounting in the Zenon Papyri.* New York, 1934.

Griffin, M. "The Elder Seneca and Spain." *JRS* lxii (1972), 1–19.

Grundmann, H. "Litteratus—illiteratus." *Archiv für Kulturgeschichte* xl (1958), 1–65.

Guarducci, M. "Poeti vaganti e conferenzieri dell'età ellenistica." *Mem.Acc. Linc.* ser.6 ii (1929), 629–665.

———. *Epigrafia greca.* Vols. i–iv. Rome, 1967–1978.

———. "La cosiddetta fibula praenestina." *Mem.Acc.Linc.* ser.8 xxiv (1980), 413–574.

Guéraud, O., & P. Jouguet. *Un livre d'écolier du IIIᵉ siècle avant J.-C.* Cairo, 1938.

Guillemin, A.-M. *Le public et la vie littéraire à Rome.* Paris, 1937.

Haas, O. *Die phrygischen Sprachdenkmäler.* Sofia, 1966.

Habicht, C. "Falsche Urkunden zur Geschichte Athens im Zeitalter der Perserkriege." *Hermes* lxxxix (1961), 1–35.

Häusle, H. *Das Denkmal als Garant des Nachruhms.* Munich, 1980.

Hall, U. "Voting Procedure in Roman Assemblies." *Historia* xiii (1964), 267–306.

Hands, A. R. *Charities and Social Aid in Greece and Rome.* London, 1968.

Hansen, M. H. "*Nomos* and *Psephisma* in Fourth-Century Athens." *GRBS* xix (1978), 315–330. Reprinted in *The Athenian Ecclesia.* Copenhagen, 1983, 161–176.

———. *Demography and Democracy. The Number of Athenian Citizens in the Fourth Century B.C.* Herning, 1986.

Harmand, J. *L'armée et le soldat à Rome de 107 à 50 av.n.è.* Paris, 1967.

Harrauer, H., & R. Seider. "Ein neuer lateinischer Schuldschein, P.Vindob. L135." *ZPE* xxxvi (1979), 109–120.

Harris, W. V. *Rome in Etruria and Umbria.* Oxford, 1971.

———. "Roman Terracotta Lamps. The Organization of an Industry." *JRS* lxx (1980), 126–145.

Harrison, A. R. W. *The Law of Athens.* Vols. i–ii. Oxford, 1968–1971.

Hartog, F. *Le miroir d'Hérodote.* Paris, 1980.

Harvey, F. D. Review of Havelock, *Origins of Western Literacy.* *CR* xxviii (1978), 130–131.

Hasebroek, J. "Zum griechischen Bankwesen der klassischen Zeit." *Hermes* lv (1920), 113–173.

————. "Die Betriebsformen des griechischen Handels im IV. Jahrh." *Herme.* lviii (1923), 393–425.

Hassall, M. W. C., et al. "Roman Britain in 1978, II. Inscriptions." *Britannic* x (1979), 339–356.

Hassall, M., M. Crawford & J. Reynolds. "Rome and the Eastern Province at the End of the Second Century B.C." *JRS* lxiv (1974), 195–220.

Haussoullier, B. *La vie municipale en Attique.* Paris, 1884.

Havelock, E. A. *Preface to Plato.* Cambridge, Mass., 1963.

————. "Preliteracy and the Presocratics." *BICS* xiii (1966), 44–67 Reprinted in *The Literate Revolution* (see below), 220–260.

————. *Prologue to Greek Literacy.* Cincinnati, 1973.

————. *The Origins of Western Literacy.* Toronto, 1976.

————. "The Preliteracy of the Greeks." *New Literary History* viii (1976-77), 369–391. Reprinted in *The Literate Revolution* (see below) 185–207.

————. *The Literate Revolution in Greece and Its Cultural Consequences* Princeton, 1982.

Helbig, W. *Wandgemälde der von Vesuv verschütteten Städte Campaniens* Leipzig, 1868.

Hellebrand, W. *Das Prozesszeugnis im Rechte der gräko-ägyptischen Papyr.* Munich, 1934.

Helmbold, W. C., & E. N. O'Neil. *Plutarch's Quotations.* Baltimore, 1955

Herman, J. "Du latin épigraphique au latin provincial." In *Etrennes de Sep tantaine. Travaux de linguistique et de grammaire comparée offerts Michel Lejeune.* Paris, 1978, 99–114.

————. "La langue latine dans la Gaule romaine." In *ANRW* ii.29.2 (1983 1045–60.

Herrmann, P. "Teos und Abdera im 5. Jahrhundert v. Chr." *Chiron* ꜱ (1981), 1–30.

Héron de Villefosse, A. "Un peson de fuseau, portant une inscription latin incisée, trouvé à Sens." *BACT* 1914, 213–230.

Heubeck, A. *Schrift* (= *Archaeologia Homerica* iii.X). Göttingen, 1979.

————. "Die Würzburger Alphabettafel." *WJA* xii (1986), 7–20.

Hignett, C. *A History of the Athenian Constitution.* Oxford, 1952.

Hinard, F. "Remarques sur les *praecones* et le *praeconium* dans la Rome c la fin de la République." *Latomus* xxxv (1976), 730–746.

Hodder, I. "The Spatial Distribution of Romano-British Small Towns." I W. Rodwell & T. Rowley (eds.), *The "Small Towns" of Roman Britai* Oxford, 1975, 67–74.

Hölscher, T. *Staatsdenkmal und Publikum.* Konstanz, 1984.

Holl, K. "Das Fortleben der Volkssprachen in Kleinasien in nachchristlich

Hombert, M., & C. Préaux. "Recherches sur le *prosangelma* à l'époque archaïque." *Cd'E* xvii (1942), 259–286.

———. *Recherches sur le recensement dans l'Egypte romaine*. Leiden, 1952.

Honoré, T. "The Making of the Theodosian Code." *ZSS* ciii (1986), 133–222.

Hope-Simpson, R. "The Analysis of Data from Surface Surveys." *JFA* xi (1984), 115–117.

Hornshöj-Möller, S. "Die Beziehung zwischen der älteren und der jüngeren römischen Kursivschrift. Versuch einer kulturhistorischen Deutung." *Aegyptus* lx (1980), 161–223.

Hudson-Williams, H. L. "Isocrates and Recitations." *CQ* xliii (1949), 65–69.

Humphreys, S. C. "Family Tombs and Tomb Cult in Ancient Athens. Tradition or Traditionalism?" *JHS* c (1980), 96–126. Reprinted in *The Family, Women and Death. Comparative Studies*. London, 1983, 79–130.

Immerwahr, H. R. "Book Rolls on Attic Vases." In *Classical, Mediaeval and Renaissance Studies in Honor of Berthold Louis Ullman*. Rome, 1964, i.17–48.

———. "More Book Rolls on Attic Vases." *Antike Kunst* xvi (1973), 143–147.

Isserlin, B. S. J. "The Antiquity of the Greek Alphabet." *Kadmos* xxii (1983), 151–163.

Jacques, F. "Les cens en Gaule au IIe siècle et dans la première moitié du IIIe siècle." *Ktema* ii (1977), 285–328.

Janko, R. "Forgetfulness in the Golden Tablets of Memory." *CQ* xxxiv (1984), 89–100.

Jeffery, L. H. "Further Comments on Archaic Greek Inscriptions." *ABSA* l (1955), 67–84.

———. *The Local Scripts of Archaic Greece*. Oxford, 1961.

———. "'Αρχαῖα γράμματα: Some Ancient Greek Views." In *Europa. Studien zur Geschichte und Epigraphik der frühen Aegaeis. Festschrift für Ernst Grumach*. Berlin, 1967, 152–166.

———. "Greek Alphabetic Writing." In *Cambridge Ancient History*. 3d ed. Vol. iii.1. Cambridge, 1982, 819–833.

Jeffery, L. H., & A. Morpurgo-Davies. "Ποινικαστὰς and Ποινικάζειν. BM 1969 4-2, 1, a New Archaic Inscription from Crete." *Kadmos* ix (1970), 118–154.

Johnson, A. C. *Roman Egypt* (= T. Frank [ed.], *An Economic Survey of Ancient Rome* ii). Baltimore, 1936.

Johnston, A. W. "A Fourth Century Graffito from the Kerameikos." *Ath. Mitt.* c (1985), 293–307.

Jones, A. H. M. *The Greek City from Alexander to Justinian*. Oxford, 1940.

———. *The Athenian Democracy*. Oxford, 1957.

———. *The Later Roman Empire, 284–602*. Vols. i–iii. Oxford, 1964.

———. *The Decline of the Ancient World*. London, 1966.

Jones, J. W. *The Law and Legal Theory of the Greeks*. Oxford, 1956.

Jordan, D. R. "A Survey of Greek Defixiones Not Included in the Special Corpora." *GRBS* xxvi (1985), 151–197.

Judge, E. A., & S. R. Pickering. "Biblical Papyri Prior to Constantine: Some Cultural Implications of their Physical Form." *Prudentia* x (1978), 1–13.

Kaster, R. A. "Notes on 'Primary' and 'Secondary' Schools in Late Antiquity." *TAPhA* cxiii (1983), 323–346.

Katičić, R. "Die Balkanprovinzen." In Neumann & Untermann (see below), 103–120.

Keaney, J. J., & A. E. Raubitschek. "A Late Byzantine Account of Ostracism." *AJPh* xciii (1972), 87–91.

Kelly, T. "The Spartan Scytale." In *The Craft of the Ancient Historian: Essays in Honor of Chester G. Starr*. Lanham, Md., 1985, 141–169.

Kenyon, F. G. "Two Greek School-Tablets." *JHS* xxix (1909), 29–40.

———. *Books and Readers in Ancient Greece and Rome*. 2d ed. Oxford, 1951.

Kim, C.-H. "Index of Greek Papyrus Letters." In J. L. White (ed.), *Studies in Ancient Letter Writing* (= *Semeia* xxii). Chico, Calif., 1982, 107–112.

Kirk, G. S., & J. E. Raven. *The Presocratic Philosophers*. Cambridge, 1957.

Klaffenbach, G. *Bemerkungen zum griechischen Urkundenwesen* (= *SB Berlin* 1960, vi).

Kleberg, T. *Buchhandel und Verlagswesen in der Antike*. Trans. E. Zunker. Darmstadt, 1967. Originally published as *Bokhandel och Bokförlag i antiken*. Stockholm, 1962.

Kneppe, A. *Untersuchungen zur städtischen Plebs des 4. Jahrhunderts n. Chr*. Bonn, 1979.

Knibbe, D. "Quandocumque suis trium virorum rei publicae . . ." *ZPE* xliv (1981), 1–10.

Knox, B. M. W. "Silent Reading in Antiquity." *GRBS* ix (1968), 421–435.

———. "Books and Readers in the Greek World. 1. From the Beginnings to Alexandria." In *Cambridge History of Classical Literature*. Vol. i. Cambridge, 1985, 1–16.

Koskenniemi, H. *Studien zur Idee und Phraseologie des griechischen Briefes bis 400 n. Chr*. Helsinki, 1956.

Kraemer, M. *Res libraria cadentis antiquitatis Ausonii et Apollinaris Sidonii exemplis illustratur*. Marburg, 1909.

Kroll, J. H. *Athenian Bronze Allotment Plates*. Cambridge, Mass., 1972.

Kubitschek, W. "Census." In *RE* (1899), cols. 1914–24.

Kübler, B. "Subscriptio." In *RE* (1931), cols. 490–501.

Lahusen, G. *Untersuchungen zur Ehrenstatue in Rom*. Rome, 1983.

Lallemand, J. *L'administration civile de l'Egypte de l'avènement de Dioclétien à la création du diocèse (284–382)*. Brussels, 1964.

Lambrinudakis, W., & M. Wörrle. "Ein hellenistisches Reformgesetz über di öffentliche Urkundenwesen von Paros." *Chiron* xiii (1983), 283–368.

Lang, M. *Graffiti and Dipinti* (= *The Athenian Agora* xxi). Princeton, 197(

Lang, M., & M. Crosby. *Weights, Measures, and Tokens* (= *The Athenia Agora* x). Princeton, 1964.

Langdon, M. K. *A Sanctuary of Zeus on Mount Hymettos* (= *Hesper,* suppl. xvi). Princeton, 1976.

Langhammer, W. *Die rechtliche und soziale Stellung der Magistratus munic pales und der Decuriones.* Wiesbaden, 1973.

Larfeld, W. *Handbuch der griechischen Epigraphik.* Vols. i–ii. Leipzi| 1902–1907.

Lauffer, S. (ed.), *Diokletians Preisedikt.* Berlin, 1971.

Laur-Belart, R. "Ueber die Schreibkunst beim römischen Militär." *Jahre, bericht der Gesellschaft Pro Vindonissa* 1942/43, 32–39.

Lavelle, B. M. "Hipparchos' Herms." *Echos du monde classique* xxix (1985 411–420.

Lavency, M. "La préparation du discours dans la rhétorique primitive." *LE* xxvii (1959), 353–361.

Leipoldt, J., & S. Morenz. *Heilige Schriften.* Leipzig, 1953.

Leisi, E. *Der Zeuge im attischen Recht.* Frauenfeld, 1908.

Lejeune, M. "Sur les abécédaires grecs archaïques." *RPh* lvii (1983), 7–1:

Lejeune, M., et al. "Textes gaulois et gallo-romains en cursive latine: 3. I plomb du Larzac." *Etudes celtiques* xxii (1985), 95–177.

Lemerle, P. *Le premier humanisme byzantin.* Paris, 1971.

Leo, F. *Geschichte der römischen Literatur.* Vol. i. Berlin, 1913.

Lepelley, C. *Les cités de l'Afrique romaine au Bas-Empire.* Vols. i–ii. Pari 1979–1981.

Levick, B. M. "Propaganda and the Imperial Coinage." *Antichthon* x' (1982), 104–116.

Levin, D. N. "To Whom Did the Ancient Novelists Address Themselves? *Rivista di studi classici* xxv (1977), 18–29.

Lewis, N. *Papyrus in Classical Antiquity.* Oxford, 1974.

———. *Life in Egypt under Roman Rule.* Oxford, 1983.

———. *Greeks in Ptolemaic Egypt.* Oxford, 1986.

———. "The Process of Promulgation in Rome's Eastern Provinces." I *Studies in Roman Law in Memory of A. Arthur Schiller.* Leiden, 198(127–139.

Linderski, J. "The libri reconditi." *HSCPh* lxxxix (1985), 207–234.

———. "The Augural Law." In *ANRW* ii.16.3 (1986), 2146–2312.

Littmann, E. *Thamūd und Ṣafā. Studien zur altnordarabischen Inschrifter kunde.* Leipzig, 1940.

Lloyd, G. E. R. *Magic, Reason and Experience.* Cambridge, 1979.

Longo, O. "Scrivere in Tucidide: Comunicazione e ideologia." In *Studi in onore di Anthos Ardizzoni*. Rome, 1978, i.519–554.

———. *Tecniche della comunicazione nella Grecia antica*. Naples, 1981.

Lonie, I. M. "Literacy and the Development of Hippocratic Medicine." In F. Lasserre & P. Mudry (eds.), *Formes de pensée dans la collection hippocratique*. Geneva, 1983, 145–161.

Lord, A. B. *The Singer of Tales*. Cambridge, Mass., 1960.

Lullies, R. "Die lesende Sphinx." In *Festschrift zum sechzigsten Geburtstag von Bernhard Schweitzer*. Stuttgart, 1954, 140–146.

Luschnat, O. "Thukydides der Historiker." In *RE* Suppl. xii (1971), cols. 1085–1354.

MacDowell, D. M. *The Law in Classical Athens*. London, 1978.

MacMullen, R. "Provincial Languages in the Roman Empire." *AJPh* lxxxvii (1966), 1–14.

———. *Soldier and Civilian in the Later Roman Empire*. Cambridge, Mass., 1967.

———. "Sfiducia nell'intelletto nel quarto secolo." *RSI* lxxxiv (1972), 5–16.

———. "How Many Romans Voted?" *Athenaeum* lviii (1980), 454–457.

———. *Paganism in the Roman Empire*. New Haven, 1981.

———. "The Epigraphic Habit in the Roman Empire." *AJPh* ciii (1982), 233–246.

———. "What Difference Did Christianity Make?" *Historia* xxxv (1986), 322–343.

———. "Frequency of Inscriptions in Roman Lydia." *ZPE* lxv (1986), 237–238.

Maiuri, A. "Tabulae ceratae Herculanenses." *Par.Pass.* i (1946), 373–379.

Manca Masciadri, M., & O. Montevecchi. *I contratti di baliatico*. Milan, 1984.

Mann, J. C. "Epigraphic Consciousness." *JRS* lxxv (1985), 204–206.

Marganne, M.-H. *Inventaire analytique des papyrus grecs de médecine*. Geneva, 1981.

Marichal, R. *L'occupation romaine de la Basse Egypte*. Paris, 1945.

———. "L'écriture latine et la civilisation du Ier au XVIe siècle." In *L'écriture et la psychologie des peuples (XXIIe semaine de Synthèse)*. Paris, 1963, 199–247.

———. "Nouvelles fouilles et nouveaux graffites de la Graufesenque." *CRAI* 1981, 244–272.

Marquardt, J. *Das Privatleben der Römer*. 2d ed. Leipzig, 1886.

Marrou, H. I. ΜΟΥΣΙΚΟΣ ΑΝΗΡ. Paris, 1938.

McDonnell, M. "*Ambitus* and Plautus' *Amphitruo* 65–81." *AJPh* cvii (1986), 564–576.

McDowell, R. H. *Stamped and Inscribed Objects from Seleucia on Tigris*. Ann Arbor, 1935.

Meeks, W. A. *The First Urban Christians: The Social World of the Apostle Paul*. New Haven, 1983.

Meid, W. *Gallisch oder Lateinisch? Soziolinguistische und andere Bemerkungen zu populären gallo-lateinischen Inschriften*. Innsbruck, 1980. Another version in *ANRW* ii.29.2 (1983), 1019–44.

Meiggs, R., & D. M. Lewis. *A Selection of Greek Historical Inscriptions*. Oxford, 1969.

Mélèze-Modrzejewski, J. "Le document grec dans l'Egypte ptolémaïque." In *Atti del XVII Congresso internazionale di papirologia*. Naples, 1984, iii.1171–87.

Meritt, B. D. *Athenian Financial Documents of the Fifth Century*. Ann Arbor, 1932.

———. *Epigraphica Attica*. Cambridge, Mass., 1940.

Meyer, C. *Die Urkunden im Geschichtswerk des Thukydides*. Munich, 1955.

Michell, H. *The Economics of Ancient Greece*. 2d ed. Cambridge, 1957.

Millar, F. "Local Cultures in the Roman Empire: Libyan, Punic and Latin in Roman Africa." *JRS* lviii (1968), 126–134.

———. *The Emperor in the Roman World*. London, 1977.

Millett, P. "The Attic *Horoi* Reconsidered in the Light of Recent Discoveries." *Opus* i (1982), 219–249.

Minton, W. W. "Homer's Invocations of the Muses: Traditional Patterns." *TAPhA* xci (1960), 292–309.

Mitteis, L., & U. Wilcken. *Grundzüge und Chrestomathie der Papyruskunde*. Vols. i–iv. Leipzig & Berlin, 1912.

Mócsy, A. "Die Unkenntnis des Lebensalters im römischen Reich." *AAASH* xiv (1966), 387–421.

———. *Gesellschaft und Romanisation in der römischen Provinz Moesia Superior*. Amsterdam, 1970.

———. *Pannonia and Upper Moesia*. London, 1974.

———. "The Civilized Pannonians of Velleius." In *Rome and Her Northern Provinces. Papers Presented to Sheppard Frere*. Gloucester, 1983, 169–178.

Momigliano, A. "The Place of Herodotus in the History of Historiography." In *Secondo contributo alla storia degli studi classici*. Rome, 1960, 29–44. Reprinted in *Studies in Historiography*. London, 1966, 127–142.

———. *Alien Wisdom*. Cambridge, 1975.

———. "Storiografia greca." *RSI* lxxxvii (1975), 17–46. Reprinted in *Sesto contributo alla storia degli studi classici e del mondo antico*. Rome, 1980, 23–32.

———. "The Historians of the Classical World and Their Audiences: Some Suggestions." *ASNSP* ser.3 viii (1978), 59–75. Reprinted in *Sesto contributo*, 361–376.

———. "An Inscription from Lyons and the Language Situation in Gaul in the Third and Fourth Centuries A.D." *ASNSP* ser. 3 xii (1982), 1105–15. Reprinted in *Settimo contributo alla storia degli studi classici e del mondo antico*. Rome, 1984, 463–473.

Mommsen, T. "Die pompeianischen Quittungstafeln des L. Caecilius Jucundus." *Hermes* xii (1877), 88–141. Reprinted in *Gesammelte Schriften*. Vol. iii. Berlin, 1907, 221–274.

———. *Römisches Staatsrecht*. Vols. i–iii. Leipzig, 1887.

———. *Römisches Strafrecht*. Leipzig, 1899.

Montevecchi, O. "Ricerche di sociologia nei documenti dell'Egitto greco-romano, I. I Testamenti." *Aegyptus* xv (1935), 67–121.

———. "Ricerche di sociologia nei documenti dell'Egitto greco-romano, II. I contratti di matrimonio e gli atti di divorzio." *Aegyptus* xvi (1936), 3–83.

———. "Ricerche di sociologia nei documenti dell'Egitto greco-romano, III. I contratti di compra-vendita." *Aegyptus* xix (1939), 11–53; xxi (1941), 93–151; xxiii (1943), 11–89, 244–261.

———. *I contratti di lavoro e di servizio nell'Egitto greco romano e bizantino*. Milan, 1950.

———. *La papirologia*. Turin, 1973.

———. "Il censimento romano d'Egitto. Precisazioni." *Aevum* l (1976), 72–84.

Mrozek, S. "A propos de la répartition chronologique des inscriptions latines dans le Haut-Empire." *Epigraphica* xxxv (1973), 113–118.

Muciaccia, G. "In tema di repressione delle opere infamanti (Dio 55.27)." In *Studi in onore di Arnaldo Biscardi*. Milan, 1984, v.61–78.

Murray, O. *Early Greece*. Brighton, 1980.

Nellen, D. *Viri litterati; gebildetes Beamtentum und spätrömisches Reich im Westen*. Bochum, 1977.

Neumann, G. "Kleinasien." In Neumann & Untermann (see below), 167–185.

Neumann, G., & J. Untermann (eds.). *Die Sprachen im römischen Reich der Kaiserzeit* (Bonner Jahrbücher Beiheft xl). Cologne & Bonn, 1980.

Nicolet, C. *Le métier de citoyen dans la Rome républicaine*. Paris, 1976.

———. "Centralisation d'état et problème du recensement dans le monde gréco-romain." In *Culture et idéologie dans la genèse de l'état moderne*. Rome, 1985, 9–24.

Nielsen, M. "The Lid Sculptures of Volaterran Cinerary Urns." In P. Bruun (ed.), *Studies in the Romanization of Etruria*. Rome, 1975, 263–404.

Nilsson, M. P. *Die hellenistische Schule*. Munich, 1955.

———. *Geschichte der griechischen Religion*. Vols. i–ii. 3d ed. Munich, 1967–1974.

Nock, A. D. *Conversion*. Oxford, 1933.

Norman, A. F. "The Book Trade in Fourth-Century Antioch." *JHS* lxxx (1960), 122–126.

Norsa, M. *Scrittura letteraria greca dal secolo IV a.C. all'VIII d.C.* Florence, 1939.

Notopoulos, J. A. "Mnemosyne in Oral Literature." *TAPhA* lxix (1938), 465–493.

Ogilvie, R. M. *The Library of Lactantius*. Oxford, 1978.

Osborne, R. "Buildings and Residence on the Land in Classical and Hellenistic Greece. The Contribution of Epigraphy." *ABSA* lxxx (1985), 119–128.

———. *Classical Landscape with Figures*. London, 1987.

Pack, R. A. *The Greek and Latin Literary Texts from Greco-Roman Egypt*. 2d ed. Ann Arbor, 1965.

Page, D. L. "Thucydides' Description of the Great Plague at Athens." *CQ* iii (1953), 97–119.

Painter, K. "A Roman Writing Tablet from London." *BMQ* xxxi (1966–67), 101–110.

Panciera, S. "Catilina e Catone su due coppette romane." In φιλίας χάριν. *Miscellanea in onore di Eugenio Manni*. Rome, 1979, v.1635–51.

Papanikolaou, A. D. *Chariton-Studien. Untersuchungen zur Sprache und Chronologie der griechischen Romane*. Göttingen, 1973.

Parca, M. "Prosangelmata ptolémaïques, une mise à jour." *Cd'E* lx (1985), 240–247.

Pasquali, G. "Commercianti ateniesi analfabeti." *SIFC* vii (1929), 243–249.

Patlagean, E. *Pauvreté économique et pauvreté sociale à Byzance, 4ᵉ–7ᵉ siècles*. Paris & The Hague, 1977.

Payne, H. *Archaic Marble Sculpture from the Acropolis*. 2d ed. Oxford, 1950.

Pecorella Longo, C. "La bulé e la procedura dell'ostracismo: Considerazioni su Vat.Gr. 1144." *Historia* xxix (1980), 257–281.

Peremans, W. "Egyptiens et étrangers dans l'Egypte ptolémaïque." *EFH* viii (1962), 121–155.

———. "Le bilinguisme dans les relations gréco-égyptiennes sous les Lagides." In E. Van't Dack et al. (eds.), *Egypt and the Hellenistic World. Proceedings of the International Colloquium, Leuven, 24–26 May 1982*. Louvain, 1983, 253–280.

Perna, R. *L'originalità di Plauto*. Bari, 1955.

Pestman, P. W. *L'archivio di Amenothes, figlio di Horos (P.Tor. Amenothes)*. Milan, 1981.

———. *A Guide to the Zenon Archive*. Leiden, 1981.

Petit, P. "Recherches sur la publication et la diffusion des discours de Libanius." *Historia* v (1956), 479–509.

Petitmengin, P., & B. Flusin. "Le livre antique et la dictée. Nouvelles recherches." In *Mémorial André-Jean Festugière*. Geneva, 1984, 247–262.

Petrucci, A. "Per la storia della scrittura romana: I graffiti di Condatomagus." *Bullettino dell'Archivio paleografico italiano* ser.3 i (1962), 85–132.

——— (ed.). "Epigrafia e paleografia. Inchiesta sui rapporti fra due discipline." *S & C* v (1981), 265–312.

Pfeiffer, R. *A History of Classical Scholarship*. Vols. i–ii. Oxford, 1968–1976.

Pfohl, G. (ed.). *Das Alphabet. Entstehung und Entwicklung der griechischen Schrift*. Darmstadt, 1968.

Pfuhl, E., & H. Möbius. *Die ostgriechischen Grabreliefs*. 2 vols. Mainz, 1977–1979.

Philonenko, M. "Le collège des 'officiales tabularii legionis' dans le camp de Lambèse." *Revue africaine* lxix (1928), 429–435.

Picard, G. C. "Observations sur la condition des populations rurales dans l'Empire romain, en Gaule et en Afrique." In *ANRW* ii.3 (1975), 98–111.

Pierce, R. H. "Grapheion, Catalogue, and Library in Roman Egypt." *Symb. Osl.* xliii (1968), 68–83.

Le pitture antiche d'Ercolano e contorni incise con qualche spiegazione. Vols. i–v. Naples, 1757–1779.

Poccetti, P. "Nomi di lingua e nomi di popolo nell'Italia antica tra etnografia, glossografia e retorica." *AION (ling)* vi (1984), 137–160.

Polomé, E. C. "The Linguistic Situation in the Western Provinces of the Roman Empire." In *ANRW* ii.29.2 (1983), 509–553.

Pomeroy, S. B. "Technikai kai Mousikai." *AJAH* ii (1977), 51–68.

———. "Women in Roman Egypt (A Preliminary Study Based on Papyri)." In H. P. Foley (ed.), *Reflections of Women in Antiquity*. London, 1981, 303–321.

———. *Women in Hellenistic Egypt*. New York, 1984.

Posner, E. *Archives in the Ancient World*. Cambridge, Mass., 1972.

Préaux, C. "La preuve à l'époque hellénistique, principalement dans l'Egypte grecque." In *Recueils de la Société Jean Bodin* xvi (1964) (= *La preuve* i), 161–222.

Pringsheim, F. *The Greek Law of Sale*. Weimar, 1950.

———. "The Transition from Witnessed to Written Transactions at Athens." In *Aequitas und Bona Fides. Festgabe zum 70. Geburtstag von August Simonius*. Basel, 1955, 287–297. Reprinted in *Gesammelte Abhandlungen*. Heidelberg, 1961, ii.401–411.

Pugliese, G. "La preuve dans le procès romain de l'époque classique." In *Recueils de la Société Jean Bodin* xvi (1964) (= *La Preuve* i), 277–348.

Pugliese Carratelli, G. "L'instrumentum scriptorium nei monumenti pompeiani ed ercolanesi." In *Pompeiana. Raccolta di studi per il secondo centenario degli scavi di Pompei*. Naples, 1950, 266–278.

Purpura, G. "Tabulae Pompeianae 13 e 34: Due documenti relativi al prestito marittimo." In *Atti del XVII Congresso internazionale di papirologia.* Naples, 1984, iii.1245–66.

Ramsay, W. M. "Inscriptions en langue pisidienne." *Revue des Universités du Midi* i (1895), 353–362.

Raskin, G. *Handelsreclame en soortgelijke praktijken bij Grieken en Romeinen.* Louvain, 1936.

Raubitschek, A. E. *Dedications from the Athenian Akropolis.* Cambridge, Mass., 1949.

Rebuffat, R., & R. Marichal. "Les *ostraca* de Bu Njem." *REL* li (1973), 281–286.

Reed, R. *Ancient Skins, Parchments and Leathers.* London & New York, 1972.

Reeve, M. D. "Hiatus in the Greek Novelists." *CQ* xxi (1971), 514–539.

Rémondon, R. "Problèmes de bilinguisme dans l'Egypte lagide (UPZ 1 148)." *Cd'E* xxxix (1964), 126–146.

———. "L'Egypte au 5ᵉ siècle de notre ère: Les sources papyrologiques et leur problèmes." In *Atti dell'XI Congresso internazionale di papirologia.* Milan, 1966, 135–148.

Renfrew, C., & M. Wagstaff (eds.). *An Island Polity. The Archaeology of Exploitation in Melos.* Cambridge, 1982.

Rhodes, P. J. *The Athenian Boule.* Oxford, 1972.

———. "Ephebi, bouleutae and the Population of Athens." *ZPE* xxxviii (1980), 191–201.

———. *A Commentary on the Aristotelian Athenaion Politeia.* Oxford, 1981.

Riché, P. *Education et culture dans l'Occident barbare, VI–VIIIᵉ siècles.* Paris, 1962.

Riepl, W. *Das Nachrichtenwesen des Altertums.* Leipzig & Berlin, 1913.

Robb, K. "The Poetic Sources of the Greek Alphabet: Rhythm and Abecedarium from Phoenician to Greek." In E. A. Havelock & J. P. Hershbell (eds.), *Communication Arts in the Ancient World.* New York, 1978, 23–36.

Robert, L. *Etudes anatoliennes.* Paris, 1937.

———. *Hellenica.* Vol. vii. Paris, 1949.

———. "Une épigramme de Carie." *RPh* ser.3 xxxi (1957), 7–22. Reprinted in *Opera Minora Selecta.* Amsterdam, 1969, i.373–388.

———. "Documents d'Asie Mineure." *BCH* ci (1977), 43–132.

Roberts, C. H. *Manuscript, Society and Belief in Early Christian Egypt.* London, 1979.

———. "Books in the Graeco-Roman World and in the New Testament." In *Cambridge History of the Bible.* Vol. i. Cambridge, 1970, 48–66.

Roberts, C. H. & T. C. Skeat. *The Birth of the Codex.* London, 1983.

Rocco, A. "Caleni, vasi." In *EAA* (1959), 271–272.

Rodríguez Almeida, E. *Il Monte Testaccio*. Rome, 1984.

Röllig, W. "Das Punische im Römischen Reich." In Neumann & Untermann (see above), 285–299.

Rössler, O. "Libyen von der Cyrenaica bis zur Mauretania Tingitana." In Neumann & Untermann (see above), 267–284.

Roma Medio Repubblicana. Rome, 1973.

Rossi, F. *I papiri copti del Museo Egizio di Torino*. Turin, 1887.

Rostovtzeff, M. I. *A Large Estate in Egypt in the Third Century B.C.* Madison, Wis., 1922.

———. *The Social and Economic History of the Hellenistic World*. Vols. i–iii. Oxford, 1941.

———. *The Social and Economic History of the Roman Empire*. Vols. i–ii. 2d ed. Oxford, 1957.

Rotondi, G. *Leges Publicae Populi Romani*. Milan, 1912.

———. *Scritti giuridici*. Vols. i–ii. Milan, 1922, i.433–489.

Rougé, J. *Recherches sur l'organisation du commerce maritime en Méditerranée sous l'empire romain*. Paris, 1966.

Roux, G. "Commentaires à l'Orestie." *REG* lxxxvii (1974), 33–79.

Ruschenbusch, E. ΣΟΛΩΝΟΣ NOMOI. Wiesbaden, 1969.

———. "Epheben, Buleuten und die Bürgerzahl von Athen um 330 v. Chr." *ZPE* xli (1981), 103–105.

———. "Die Diaitetenliste IG II/III² 1927." *ZPE* xlix (1982), 267–281.

———. "Die Diaiteteninschrift vom Jahre 371 v.Chr. . . ." *ZPE* liv (1984), 247–252.

Ryle, G. *Plato's Progress*. Cambridge, 1966.

Sachers, E. "Tabula." In *RE* (1932), cols. 1881–86.

Saglio, E. "Praeco." In C. Daremberg & E. Saglio, *Dictionnaire des antiquités grecques et romaines* (1907), 607–610.

Sanmartí, E., and R. A. Santiago. "Une lettre grecque sur plomb trouvée à Emporion (Fouilles 1985)." *ZPE* lxviii (1987), 119–127.

Saward, J. *Perfect Fools*. Oxford, 1980.

Sbordone, F. "Preambolo per l'edizione critica delle tavolette cerate di Pompei." *RAAN* li (1976), 145–168.

Scheele, J. "Buch und Bibliothek bei Augustinus." *Bibliothek und Wissenschaft* xii (1978), 14–114.

Schefold, K. *Die Wände Pompejis*. Berlin, 1957.

Schmidt, K. H. "Gallien und Britannien." In Neumann & Untermann (see above), 19–44.

Schmitt, R. "Die Ostgrenze von Armenien über Mesopotamien, Syrien bis Arabien." In Neumann & Untermann (see above), 187–214.

Schmoll, U. *Die südlusitanischen Inschriften*. Wiesbaden, 1961.

Schnapp-Gourbeillon, A. "Naissance de l'écriture et fonction poétique en Grèce archaïque. Quelques points de repère." *Annales E.S.C.* xxvii (1982), 714–723.

Schubart, W. *Das Buch bei den Griechen und Römern.* 2d ed. Berlin & Leipzig, 1921.

Schulten, A. *Numantia.* Vols. i–iv. Munich, 1914–1931.

Schulz, F. "Roman Registers of Birth Certificates." *JRS* xxxii (1942), 78–91; xxxiii (1943), 55–64.

Schürer, E. *The History of the Jewish People in the Age of Christ.* Rev. ed. G. Vermes et al. Vol. ii. Edinburgh, 1979.

Scobie, A. *Aspects of the Ancient Romance and Its Heritage.* Meisenheim, 1969.

———. "Storytellers, Storytelling and the Novel in Graeco-Roman Antiquity." *RhM* cxxii (1979), 229–259.

Segal, C. P. "Greek Tragedy: Writing, Truth, and the Representation of the Self." In *Mnemai: Classical Studies in Memory of Karl K. Hulley.* Chico, Calif., 1984, 41–67.

Seidl, E. *Ptolemäische Rechtsgeschichte.* Glückstadt, 1962.

Seston, W., & M. Euzennat. "Un dossier de la Chancellerie romaine, la Tabula Banasitana. Etude de diplomatique." *CRAI* 1971, 468–490.

Shaw, B. D. "Bandits in the Roman Empire." *P & P* cv (1984), 3–52.

———. "The Family in Late Antiquity: The Experience of Augustine." *P & P* cxv (1987), 3–51.

Shear, T. L. "The Monument of the Eponymous Heroes in the Athenian Agora." *Hesperia* xxxix (1970), 145–222.

Sherk, R. K. *Roman Documents from the Greek East.* Baltimore, 1969.

Sherwin-White, A. N. *The Letters of Pliny. A Historical and Social Commentary.* Oxford, 1966.

Siewert, P. "Die angebliche Uebernahme solonischer Gesetze in die Zwölftafeln. Ursprung und Ausgestaltung einer Legende." *Chiron* viii (1978), 331–344.

Skeat, T. C. "The Use of Dictation in Ancient Book Production." *PBA* xlii (1956), 179–208.

———. "Early Christian Book-Production: Papyri and Manuscripts." In *Cambridge History of the Bible.* Vol. ii. Cambridge, 1969, 54–79.

———. "The Length of the Standard Papyrus Roll and the Cost-Advantage of the Codex." *ZPE* xlv (1982), 169–175.

Smith, C. C. "Vulgar Latin in Roman Britain: Epigraphic and Other Evidence." In *ANRW* ii.29.2 (1983), 893–948.

Smith, M. "The Eighth Book of Moses and How It Grew (PLeid. J 395)." In *Atti del XVII Congresso internazionale di papirologia.* Naples, 1984, ii.683–693.

Smith, M. F. "Fifty-five New Fragments of Diogenes of Oenoanda." *Anatolian Studies* xxviii (1978), 39–92.

Sofer, J. "Die Hieronymuszeugnis über die Sprachen der Galater und Treverer." *Wiener Studien* lv (1937), 148–158.

Sokolowski, F. *Lois sacrées des cités grecques. Supplément.* Paris, 1962.

Solin, H. *L'interpretazione delle iscrizioni parietali. Note e discussioni.* Faenza, 1970.

———. "Die herkulanensischen Wandinschriften. Ein soziologischer Versuch." *Cronache ercolanesi* iii (1973), 97–103.

———. In A. Petrucci (ed.) (see above), *S & C* v (1981), 304–311.

Solin, H., & M. Itkonen-Kaila. *Paedagogium* (= V. Väänänen [ed.], *Graffiti del Palatino* i = *Acta Instituti Romani Finlandiae* iii). Helsinki, 1966.

Solmsen, F. Review of E. A. Havelock, *Preface to Plato. AJPh* lxxxvii (1966), 99–105.

Sommer, R. "T. Pomponius Atticus und die Verbreitung von Ciceros Werken." *Hermes* lxi (1926), 389–422.

Speidel, M. "Legionaries from Asia Minor." In *ANRW* ii.7.2 (1980), 730–746. Reprinted in *Roman Army Studies.* Amsterdam, 1984, i.45–63.

Speyer, W. *Bücherfunde in der Glaubenswerbung der Antike.* Göttingen, 1970.

———. *Büchervernichtung und Zensur des Geistes bei Heiden, Juden und Christen.* Stuttgart, 1981.

Starr, R. J. "The Circulation of Literary Texts in the Roman World." *CQ* xxxvii (1987), 213–223.

Steinacker, H. *Die antiken Grundlagen der frühmittelalterlichen Privaturkunde.* Leipzig & Berlin, 1927.

Stella, L. A. *Tradizione micenea e poesia dell'Iliade.* Rome, 1978.

Stibbe, C. M., et al. *Lapis Satricanus* (= Archeologische Studiën van het Nederlands Instituut te Rome, Scripta Minora V). The Hague, 1980.

Susini, G. "Problematica dell'epigrafia classica nella regione apula e salentina." *Arch.Stor.Pugl.* xxii (1969), 38–48.

Syme, R. *History in Ovid.* Oxford, 1978.

Szegedy-Maszak, A. *The Nomoi of Theophrastus.* New York, 1981.

Talamanca, M. "Documentazione e documento (diritto romano)." In *Enciclopedia del diritto* (1964), 548–560.

Tanzer, H. H. *The Common People of Pompeii: A Study of the Graffiti.* Baltimore, 1939.

Tarn, W. W. *Hellenistic Civilisation.* 3d ed. London, 1952.

Taubenschlag, R. *The Law of Greco-Roman Egypt in the Light of the Papyri.* New York, 1944.

Taylor, L. R. *Roman Voting Assemblies.* Ann Arbor, 1966.

Thesleff, H. "Scientific and Technical Style in Early Greek Prose." *Arctos* n.s. iv (1966), 89–113.

Thomas, J. D. "Aspects of the Ptolemaic Civil Service: The Dioiketes and the Nomarch." In H. Maehler & V. M. Strocka (eds.), *Das ptolemäische Aegypten*. Mainz, 1978, 187–194.

Thompson, D. L. "Painted Portraiture at Pompeii." In *Pompeii and the Vesuvian Landscape*. Washington, D.C., 1979, 78–92.

Thompson, H. A. "The Excavations of the Athenian Agora. Twelfth Season, 1947." *Hesperia* xvii (1948), 149–196.

Thompson, W. E. "Athenian Attitudes towards Wills." *Prudentia* xiii (1981), 13–23.

Thomsen, R. *The Origin of Ostracism*. Copenhagen, 1972.

Tibiletti, G. *Le lettere private nei papiri greci del III e IV secolo d.C.* Milan, 1979.

Torelli, M. *The Typology and Structure of Roman Historical Reliefs*. Ann Arbor, 1982.

———. *Lavinio e Roma*. Rome, 1984.

Tovar, A. "Las inscripciones celtibéricas de Peñalba de Villastar." *Emerita* xxvii (1959), 349–365.

———. "A Research Report on Vulgar Latin and Its Local Variations." *Kratylos* ix (1964), 113–134. Reprinted in R. Kontzi (ed.), *Zur Entstehung der romanischen Sprachen*. Darmstadt, 1978, 410–435.

Tozzi, P. L. *Saggi di topografia antica*. Florence, 1974.

Turner, E. G. *Athenian Books in the Fifth and Fourth Centuries B.C.* London, 1952.

———. *Greek Papyri. An Introduction*. Oxford, 1968.

———. "Oxyrhynchus and Rome." *HSCPh* lxxix (1975), 1–24.

———. *The Typology of the Early Codex*. Philadelphia, 1977.

Untermann, J. "Alpen-Donau-Hadria." In Neumann & Untermann (see above), 45–63.

———. "Die althispanischen Sprachen." In *ANRW* ii.29.2 (1983), 791–818.

Väänänen, V. *La latin vulgaire des inscriptions pompéiennes*. Rev. ed. Berlin, 1958.

van Compernolle, R. "Le droit à l'éducation dans le monde grec aux époques archaïque et classique." *Recueils de la Société Jean Bodin* xxxix (1975) (*L'enfant* v), 95–99.

van den Branden, A. *Les inscriptions thamoudéennes*. Louvain, 1950.

Vanderpool, E. *Ostracism at Athens*. Cincinnati, 1970.

Vanderpool, E., & W. P. Wallace. "The Sixth Century Laws from Eretria." *Hesperia* xxxiii (1964), 381–391.

van Effenterre, H. "Le contrat de travail du scribe Spensithios." *BCH* xcvii (1973), 31–46.

Vetter, E. *Handbuch der italischen Dialekte*. Heidelberg, 1953.

Veyne, P. "Titulus praelatus, offrande, solennisation et publicité dans les ex-votos gréco-romains." *Rev.arch.* 1983, 281–300.

Vinogradov, Y. G. "Drevneisheye grecheskoye pismo s ostrova Berezan." *VDI* cxviii (1971), 74–100.

von Harnack, A. *Ueber den privaten Gebrauch der Heiligen Schriften in der alten Kirche (Beiträge zur Einleitung in das Neue Testament v)*. Leipzig, 1912.

von Schwind, F. *Zur Frage der Publikation im römischen Recht*. Munich, 1940.

von Wilamowitz-Moellendorff, U., et al. *Staat und Gesellschaft der Griechen und Römer*. 2d ed. Leipzig & Berlin, 1923.

Wade-Gery, H. T. *The Poet of the Iliad*. Cambridge, 1952.

Walke, N. *Das römische Donaukastell Straubing-Sorviodurum*. Berlin, 1965.

Wallace, S. L. *Taxation in Egypt from Augustus to Diocletian*. Princeton, 1938.

Watson, A. *The Law of Obligations in the Later Roman Republic*. Oxford, 1965.

———. *Roman Private Law around 200 B.C.* Edinburgh, 1971.

———. *The Law of Succession under the Later Roman Republic*. Oxford, 1971.

———. *Law Making in the Later Roman Republic*. Oxford, 1974.

———. *Rome of the XII Tables: Persons and Property*. Princeton, 1975.

Watson, G. R. "Documentation in the Roman Army." In *ANRW* ii.1 (1974), 493–507.

Weaver, P. R. C. *Familia Caesaris*. Cambridge, 1972.

Weil, R. "Lire dans Thucydide." In *Le monde grec. Hommages à Claire Préaux*. Brussels, 1975, 162–168.

Weiss, E. *Griechisches Privatrecht*. Vol. i. Leipzig, 1923.

Welles, C. B. *Royal Correspondence in the Hellenistic Period*. London, 1934.

Wendel, C. "Bibliothek." In *RLAC* (1954), cols. 231–274. Reprinted in *Kleine Schriften zum antiken Buch- und Bibliothekswesen*. Cologne, 1974, 165–199.

Wenger, L. *Die Quellen des römischen Rechts*. Vienna, 1953.

West, M. L. *Hesiod, Works and Days*. Oxford, 1978.

———. "The Metre of Arius' *Thalia*." *JThS* xxxiii (1982), 98–105.

West, S. "Herodotus' Epigraphical Interests." *CQ* xxxv (1985), 278–305.

Whatmough, J. Κελτικά. *HSCPh* lv (1944), 1–85. Reprinted in *The Dialects of Ancient Gaul*.

———. *The Dialects of Ancient Gaul*. Cambridge, Mass., 1970.

White, J. L. "The Greek Documentary Letter Tradition Third Century B.C.E. to Third Century A.D." In White (ed.), *Studies in Ancient Letter Writing* (= *Semeia* xxii). Chico, Calif., 1982, 89–106.

Whitehead, D. *The Demes of Attica, 508/7–ca. 250 B.C.* Princeton, 1986.

Whittaker, C. R. "Labour Supply in the Later Roman Empire." *Opus* i (1982), 171–179.

————. "Late Roman Trade and Traders." In P. Garnsey, K. Hopkins & C. R. Whittaker (eds.), *Trade in the Ancient Economy*. London, 1983, 163–180.

Widmann, H. "Herstellung und Vertrieb des Buches in der griechisch-römischen Welt." *Archiv für Geschichte des Buchwesens* viii (1967), 545–640.

Wieacker, F. *Textstufen klassischer Juristen* (= *Abh.Gött.* ser.3 xlv). Göttingen, 1960.

————. "Die XII Tafeln in ihrem Jahrhundert." *EFH* xiii (1966), 293–356.

Wilcken, U. *Griechische Ostraka aus Aegypten und Nubien*. Leipzig, 1899.

————. "Zu den Florentiner und den Leipziger Papyri." *Archiv für Papyrusforschung* iv (1908), 423–486.

————. "Ueber antike Urkundenlehre." In *Papyri und Altertumswissenschaft. Vorträge des 3. Internationalen Papyrologentages (1933)*. Munich, 1935, 42–61.

Wilhelm, A. *Neue Beiträge zur griechischen Inschriftenkunde*. Vol. i (= *SBAW Wien* clxvi.1). 1910.

Will, E. L. "The Roman Amphoras." In A. M. McCann (ed.), *The Roman Port and Fishery of Cosa*. Princeton, 1987, 171–220.

Willetts, R. F. *The Law Code of Gortyn* (= *Kadmos* Suppl. i).

Williamson, C. "Law-Making in the Comitia of Republican Rome." Ph.D. diss., London, 1983.

————. "Monuments of Bronze: Roman Legal Documents on Bronze Tablets." *Classical Antiquity* vi (1987), 160–183.

Willis, W. H. "A Census of Literary Papyri from Egypt." *GRBS* ix (1968), 205–241.

Winnett, F. V. *Safaitic Inscriptions from Jordan*. Toronto, 1957.

Winnett, F. V., & G. L. Harding. *Inscriptions from Fifty Safaitic Cairns*. Toronto, 1978.

Wolff, H. J. *Das Recht der griechischen Papyri Aegyptens*. Vol. ii. Munich, 1978.

Woodward, A. M. "Notes on Some Attic Decrees." *ABSA* l (1955), 271–274.

Worp, K. A. *Das Aurelia Charite Archiv*. Zutphen, 1980.

Wycherley, R. E. *Literary and Epigraphical Testimonia* (= *The Athenian Agora* iii). Princeton, 1957.

Young, R. S. "Excavation on Mount Hymettos, 1939." *AJA* xliv (1940), 1–9.

Youtie, H. C. "Records of a Roman Bath in Upper Egypt." *AJA* liii (1949), 268–270. Reprinted in *Scriptiunculae*. Amsterdam, 1973, ii.990–993.

————. "P.Mich. inv. 855: Letter from Herakleides to Nemesion." *ZPE* xxvii (1977), 147–150. Reprinted in *Scriptiunculae Posteriores*. Bonn, 1981, i.429–432.

Zalateo, G. "Papiri scolastici." *Aegyptus* xli (1961), 160–235.

Zambon, A. Διδασκαλικαί. *Aegyptus* xv (1935), 3–66.

Zgusta, L. "Die epichorische pisidische Anthroponymie und Sprache." *Archiv Orientální* xxxi (1963), 470–482.

Ziegler, K. "Plutarchstudien." *RhM* lxxxi (1932), 51–87.

III. Selected Works on Literacy in Other Cultures

Ascher, M., & R. Ascher. *Code of the Quipu: A Study in Media, Mathematics, and Culture.* Ann Arbor, 1981.

Aston, M. "Lollardy and Literacy." *History* lxii (1977), 347–371.

Baines, J. "Literacy and Ancient Egyptian Society." *Man* xviii (1983), 572–599.

Baines, J., & C. J. Eyre. "Four Notes on Literacy." *Göttinger Miszellen* lxi (1983), 65–96.

Beales, R. W. "Studying Literacy at the Community Level: A Research Note." *JIH* ix (1978–79), 93–102.

Bozzolo, C., D. Coq & E. Ornato. "La production du livre en quelques pays d'Europe occidentale aux XIVᵉ et XVᵉ siècles." *S & C* viii (1984), 129–160.

Chall, J. Contribution to "Illiteracy in America: A Symposium." *Harvard Educational Review* xl (1970), 264–276.

Chartier, R., M. M. Compère & D. Julia. *L'éducation en France du XVIᵐᵉ au XVIIIᵐᵉ siècle.* Paris, 1976.

Cipolla, C. *Literacy and Development in the West.* Harmondsworth, 1969.

Clanchy, M. T. *From Memory to Written Record: England, 1066–1307.* Cambridge, Mass., 1979.

Collinson, P. "The Significance of Signatures." *Times Literary Supplement* 8 January 1981, 31.

Cressy, D. *Literacy and the Social Order. Reading and Writing in Tudor and Stuart England.* Cambridge, 1980.

Davis, N. Z. *Society and Culture in Early Modern France.* Stanford, 1975.

de Chabrol de Volvic, G. J. G. "Essai sur les moeurs des habitants modernes de l'Egypte." In *Description de l'Egypte.* Vol. xviii. 2d ed. Paris, 1826, 62–65.

Dore, R. P. *Education in Tokugawa Japan.* London, 1965.

Duverdier, G. "La pénétration du livre dans une société de culture orale: Le cas de Tahiti." *Revue française d'histoire du livre* xlii (1971), 27–49.

Eisenstein, E. *The Printing Press as an Agent of Change.* Vols. i–ii. Cambridge, 1979.

Franklin, S. "Literacy and Documentation in Early Medieval Russia." *Speculum* lx (1985), 1–38.

Furet, F., & W. Sachs. "La croissance de l'alphabétisation en France, XVIIIᵉ–XIXᵉ siècle." *Annales E.S.C.* xxix (1974), 715–721.

Gawthrop, R., & G. Strauss. "Protestantism and Literacy in Early Modern Germany." *P & P* civ (1984), 31–55.

Golden, H. H. "Literacy." In *International Encyclopedia of the Social Sciences*. New York, 1968, 412–417.

Goody, J. *The Domestication of the Savage Mind*. Cambridge, 1977.

———. "Paths to Knowledge in Oral and Written Cultures." In D. Tannen (ed.), *Spoken and Written Language: Exploring Orality and Literacy*. Norwood, N.J., 1982, 201–215.

———. *The Logic of Writing and the Organization of Society*. Cambridge, 1986.

Goody, J., & I. Watt. "The Consequences of Literacy." *CSSH* v (1962–63), 304–345. Reprinted in Goody (ed.), *Literacy in Traditional Societies*. Cambridge, 1968, 27–68.

Graff, H. J. *The Literacy Myth: Literacy and the Social Structure in the Nineteenth-Century City*. New York, 1979.

———. *The Legacies of Literacy*. Bloomington, Ind., 1987.

———. (ed.). *Literacy and Social Development in the West: A Reader*. Cambridge, 1981.

Grafton, A. T. Review of E. Eisenstein, *The Printing Press as an Agent of Change*. *JIH* xi (1980–81), 265–286.

Gruneberg, M. M., P. E. Morris & R. N. Sykes (eds.). *Practical Aspects of Memory*. London, 1978.

Hajdu, H. *Lesen und Schreiben im Spätmittelalter*. Pécs, 1931.

Hallpike, C. R. *The Foundations of Primitive Thought*. Oxford, 1979.

Harman, D. "Illiteracy: An Overview." *Harvard Educational Review* xl (1970), 226–244.

Hibbert, C. *The Great Mutiny*. London, 1978.

Houston, R. "Literacy and Society in the West, 1500–1850." *Social History* viii (1983), 269–293.

Johansson, E. "The History of Literacy in Sweden." In H. J. Graff (ed.), *Literacy and Social Development in the West: A Reader*. Cambridge, 1981, 151–182.

Kirsch, I. S., & A. Jungeblut. *Literacy: Profiles of America's Young Adults* (Educational Testing Service Report no. 16-PL-02). Princeton, 1986.

Kozol, J. *Illiterate America*. New York, 1985.

Laqueur, T. W. "The Cultural Origins of Popular Literacy in England 1500–1850." *Oxford Review of Education* ii (1976), 255–275.

Lockridge, K. A. *Literacy in Colonial New England*. New York, 1974.

———. "L'alphabétisation en Amérique, 1650–1800." *Annales E.S.C.* xxxii (1977), 503–518.

Lülfing, H. *Johannes Gutenberg und das Buchwesen des 14. und 15. Jahrhunderts*. Munich, 1969.

Murra, J. V. *Formaciones económicas y políticas del mundo andino*. Lima, 1975.

Naveh, J. *The Early History of the Alphabet*. Jerusalem & Leiden, 1982.

Nickerson, R. S. "Adult Literacy and Technology." *Visible Language* xix (1985), 311–355.

Ong, W. J. *Orality and Literacy. The Technologizing of the Word*. London, 1982.

Parkes, M. B. "The Literacy of the Laity." In D. Daiches & A. Thorlby (eds.), *The Mediaeval World*. London, 1973, 555–577.

Pattison, R. *On Literacy. The Politics of the Word from Homer to the Age of Rock*. Oxford, 1982.

Petrucci, A. "Scrittura e libro nell'Italia altomedievale. Il sesto secolo." *Studi medievali* x.2 (1970), 157–213.

Safrai, S. "Elementary Education, Its Religious and Social Significance in the Talmudic Period." In H. H. Ben-Sasson & S. Ettinger (eds.), *Jewish Society through the Ages*. New York, 1969, 148–169.

Sanderson, M. "Literacy and Social Mobility in the Industrial Revolution in England." *P & P* lvi (1972), 75–104.

Scribner, S., & M. Cole. *The Psychology of Literacy*. Cambridge, Mass., 1981.

Seppilli, A. *La memoria e l'assenza. Tradizione orale e civiltà della scrittura nell'America dei Conquistadores*. Bologna, 1979.

Steinmann, F. "Wie gross war die Zahl der schreibkundigen Kopten?" *Klio* liii (1971), 353–360.

Stone, L. "Literacy and Education in England, 1640–1900." *P & P* xlii (1969), 69–139.

Street, B. V. *Literacy in Theory and Practice*. Cambridge, 1984.

Stubbs, M. *Language and Literacy. The Sociolinguistics of Reading and Writing*. London, 1980.

[UNESCO]. *Statistics of Educational Attainment and Illiteracy 1945–1974* (Unesco Statistical Reports and Studies no. 22). Paris, 1977.

Vansina, J. *Oral Tradition as History*. Madison, Wis., 1985.

Yates, F. A. *The Art of Memory*. London, 1966.

上海三联人文经典书库

已 出 书 目

17.《秘史》［东罗马］普罗柯比 著 吴舒屏 吕丽蓉 译

18.《论神性》［古罗马］西塞罗 著 石敏敏 译

19.《护教篇》［古罗马］德尔图良 著 涂世华 译

20.《宇宙与创造主：创造神学引论》［英］大卫·弗格森 著 刘光耀 译

21.《世界主义与民族国家》［德］弗里德里希·梅尼克 著 孟钟捷 译

22.《古代世界的终结》［法］菲迪南·罗特 著 王春侠 曹明玉 译

23.《近代欧洲的生活与劳作（从15—18世纪）》［法］G.勒纳尔 G.乌勒西 著 杨 军 译

24.《十二世纪文艺复兴》［美］查尔斯·哈斯金斯 著 张 澜 刘 疆 译

25.《五十年伤痕：美国的冷战历史观与世界》（上、下）［美］德瑞克·李波厄特 著 郭学堂 潘忠岐 孙小林 译

26.《欧洲文明的曙光》［英］戈登·柴尔德 著 陈 淳 陈洪波 译

27.《考古学导论》［英］戈登·柴尔德 著 安志敏 安家瑗 译

28.《历史发生了什么》［英］戈登·柴尔德 著 李宁利 译

29.《人类创造了自身》［英］戈登·柴尔德 著 安家瑗 余敬东 译

30.《历史的重建：考古材料的阐释》［英］戈登·柴尔德 著 方 辉 方 堃 杨 译

31.《中国与大战：寻求新的国家认同与国际化》［美］徐国琦 著 马建标 译

32.《罗马帝国主义》［美］腾尼·弗兰克 著 宫秀华 译

33.《追寻人类的过去》［美］路易斯·宾福德 著 陈胜前 译

34.《古代哲学史》［德］文德尔班 著 詹文杰 译

35.《自由精神哲学》［俄］尼古拉·别尔嘉耶夫 著 石衡潭 译

36.《波斯帝国史》［美］A.T.奥姆斯特德 著 李铁匠等 译

37.《战争的技艺》［意］尼科洛·马基雅维里 著 崔树义 译 冯克利 校

38.《民族主义：走向现代的五条道路》［美］里亚·格林菲尔德 著 王春华 等 译 刘北成 校

39.《性格与文化：论东方与西方》［美］欧文·白璧德 著 孙宜学 译

40.《骑士制度》［英］埃德加·普雷斯蒂奇 编 林中泽 等译

41.《光荣属于希腊》［英］J.C.斯托巴特 著 史国荣 译

42.《伟大属于罗马》 [英]J.C.斯托巴特 著 王三义 译

43.《图像学研究》 [美]欧文·潘诺夫斯基 著 戚印平 范景中 译

44.《霍布斯与共和主义自由》 [英]昆廷·斯金纳 著 管可秾 译

45.《爱之道与爱之力:道德转变的类型、因素与技术》 [美]皮蒂里姆·A.索罗金 著 陈雪飞 译

46.《法国革命的思想起源》 [法]达尼埃尔·莫尔内 著 黄艳红 译

47.《穆罕默德和查理曼》 [比]亨利·皮朗 著 王晋新 译

48.《16世纪的不信教问题:拉伯雷的宗教》 [法]吕西安·费弗尔 著 赖国栋 译

49.《大地与人类演进:地理学视野下的史学引论》 [法]吕西安·费弗尔 著 高福进 等译

50.《法国文艺复兴时期的生活》 [法]吕西安·费弗尔 著 施诚 译

51.《希腊化文明与犹太人》 [以]维克多·切利科夫 著 石敏敏 译

52.《古代东方的艺术与建筑》 [美]亨利·富兰克弗特 著 郝海迪 袁指挥 译

53.《欧洲的宗教与虔诚:1215—1515》 [英]罗伯特·诺布尔·斯旺森 著 龙秀清 张日元 译

54.《中世纪的思维:思想情感发展史》 [美]亨利·奥斯本·泰勒 著 赵立行 周光发 译

55.《论成为人:神学人类学专论》 [美]雷·S.安德森 著 叶汀 译

56.《自律的发明:近代道德哲学史》 [美]J.B.施尼温德 著 张志平 译

57.《城市人:环境及其影响》 [美]爱德华·克鲁帕特 著 陆伟芳 译

58.《历史与信仰:个人的探询》 [英]科林·布朗 著 查常平 译

59.《以色列的先知及其历史地位》 [英]威廉·史密斯 著 孙增霖 译

60.《欧洲民族思想变迁:一部文化史》 [荷]叶普·列尔森普 著 周明圣 骆海辉 译

61.《有限性的悲剧:狄尔泰的生命释义学》 [荷]约斯·德·穆尔 著 吕和应 译

62.《希腊史》 [古希腊]色诺芬 著 徐松岩 译注

63.《罗马经济史》［美］腾尼·弗兰克　著　王桂玲　杨金龙　译

64.《修辞学与文学讲义》［英］亚当·斯密　著　朱卫红　译

65.《从宗教到哲学:西方思想起源研究》［英］康福德　著　曾琼　王涛　译

66.《中世纪的人们》［英］艾琳·帕瓦　著　苏圣捷　译

67.《世界戏剧史》［美］G.布罗凯特　J.希尔蒂　著　周靖波　译

68.《20世纪文化百科词典》［俄］瓦季姆·鲁德涅夫　著　杨明天　陈瑞静　译

69.《英语文学与圣经传统大词典》［美］戴维·莱尔·杰弗里(谢大卫)主编
　刘光耀　章智源等　译

70.《刘松龄——旧耶稣会在京最后一位伟大的天文学家》［美］斯坦尼斯拉
　夫·叶茨尼克　著　周萍萍　译

71.《地理学》［古希腊］斯特拉博　著　李铁匠　译

72.《马丁·路德的时运》［法］吕西安·费弗尔　著　王永环　肖华峰　译

73.《希腊化文明》［英］威廉·塔恩　著　陈恒　倪华强　李月　译

74.《优西比乌:生平、作品及声誉》［美］麦克吉佛特　著　林中泽　龚伟英　译

75.《马可·波罗与世界的发现》［英］约翰·拉纳　著　姬庆红　译

76.《犹太人与现代资本主义》［德］维尔纳·桑巴特　著　艾仁贵　译

77.《早期基督教与希腊教化》［德］瓦纳尔·耶格尔　著　吴晓群　译

78.《希腊艺术史》［美］F.B.塔贝尔　著　殷亚平　译

79.《比较文明研究的理论方法与个案》［日］伊东俊太郎　梅棹忠夫　江上
　波夫　著　周颂伦　李小白　吴玲　译

80.《古典学术史:从公元前6世纪到中古末期》［英］约翰·埃德温·桑兹
　著　赫海迪　译

81.《本笃会规评注》［奥］米歇尔·普契卡　评注　杜海龙　译

82.《伯里克利:伟人考验下的雅典民主》［法］樊尚·阿祖莱　著　方颂华　译

83.《旧世界的相遇:近代之前的跨文化联系与交流》［美］杰里·H.本特利
　著　李大伟　陈冠堃　译　施诚　校

84.《词与物:人文科学的考古学》修订译本　［法］米歇尔·福柯　著　莫伟民　译

85.《古希腊历史学家》［英］约翰·伯里　著　张继华　译

86.《自我与历史的戏剧》［美］莱因霍尔德·尼布尔　著　方永　译

87.《马基雅维里与文艺复兴》 [意]费代里科·沙博 著 陈玉聊 译

88.《追寻事实:历史解释的艺术》 [美]詹姆士 W.戴维森 著 [美]马克 H.利特尔著 刘子奎 译

89.《法西斯主义大众心理学》 [奥]威尔海姆·赖希 著 张 峰 译

90.《视觉艺术的历史语法》 [奥]阿洛瓦·里格尔 著 刘景联 译

91.《基督教伦理学导论》 [德]弗里德里希·施莱尔马赫 著 刘 平 译

92.《九章集》 [古罗马]普罗提诺 著 应 明 崔 峰 译

93.《文艺复兴时期的历史意识》 [英]彼得·伯克 著 杨贤宗 高细媛 译

94.《启蒙与绝望:一部社会理论史》 [英]杰弗里·霍松 著 潘建雷 王旭辉 向 辉 译

95.《曼多马著作集:芬兰学派马丁·路德新诠释》 [芬兰]曼多马 著 黄保罗 译

96.《拜占庭的成就:公元330～1453年之历史回顾》 [英]罗伯特·拜伦 著 周书垚 译

97.《自然史》 [古罗马]普林尼 著 李铁匠 译

98.《欧洲文艺复兴的人文主义和文化》 [美]查尔斯·G.纳尔特 著 黄毅翔 译

99.《阿莱科休斯传》 [古罗马]安娜·科穆宁娜 著 李秀玲 译

100.《论人、风俗、舆论和时代的特征》 [英]夏夫兹博里 著 董志刚 译

101.《中世纪和文艺复兴研究》 [美]T.E.蒙森 著 陈志坚 等译

102.《历史认识的时空》 [日]佐藤正幸 著 郭海良 译

103.《英格兰的意大利文艺复兴》 [美]刘易斯·爱因斯坦 著 朱晶进 译

104.《俄罗斯诗人布罗茨基》 [俄罗斯]弗拉基米尔·格里高利 耶维奇·邦达连科 著 杨明天 李卓君 译

105.《巫术的历史》 [英]蒙塔古·萨默斯 著 陆启宏 等译 陆启宏 校

106.《希腊-罗马典制》 [匈牙利]埃米尔·赖希 著 曹 明 苏婉儿 译

107.《十九世纪德国史(第一卷):帝国的覆灭》 [英]海因里希·冯·特赖奇克 著 李 娟 译

108.《通史》 [古希腊]波利比乌斯 著 杨之涵 译

欢迎广大读者垂询,垂询电话:021-22895540

图书在版编目(CIP)数据

古人的读与写/(美)威廉·哈里斯著;崔国强译
. —上海:上海三联书店,2023.11
ISBN 978 - 7 - 5426 - 8294 - 9

Ⅰ.①古… Ⅱ.①威…②崔… Ⅲ.①文化史-古希
腊②文化史-古罗马 Ⅳ.①K125②K126

中国国家版本馆 CIP 数据核字(2023)第 241871 号

古人的读与写

著　　者 / [美]威廉·哈里斯
译　　者 / 崔国强

责任编辑 / 宋寅悦　徐心童
装帧设计 / 徐　徐
监　　制 / 姚　军
责任校对 / 王凌霄

出版发行 / 上海三联书店
　　　　　 (200041)中国上海市静安区威海路 755 号 30 楼
邮　　箱 / sdxsanlian@sina.com
联系电话 / 编辑部: 021 - 22895517
　　　　　 发行部: 021 - 22895559
印　　刷 / 上海展强印刷有限公司

版　　次 / 2023 年 11 月第 1 版
印　　次 / 2023 年 11 月第 1 次印刷
开　　本 / 640mm×960mm　1/16
字　　数 / 360 千字
印　　张 / 28.5
书　　号 / ISBN 978 - 7 - 5426 - 8294 - 9/K·751
定　　价 / 108.00 元

敬启读者,如发现本书有印装质量问题,请与印刷厂联系 021 - 66366565